吉林工程技术师范学院学术著作出版专项资助出版

高校
数字化教学资源建设
与共享研究

李毅 李艳 邵琦 著

化学工业出版社

·北京·

内容简介

本书系统阐述了数字化教学资源建设的关键技术、开发方法及应用策略。全书首先从技术基础入手，探讨了资源架构、数据存储和多媒体交互工具，为资源建设提供技术支撑；随后分析了高校数字化资源建设现状及共享平台的技术特点。在开发实践方面，详细介绍了实验教学资源、三维模型和案例库的设计流程与工具应用，并提出了基于云计算的教学资源库优化方案，包括架构设计、性能提升和检索功能改进。在应用层面，重点探讨了数字化资源在实验教学、虚拟仿真、在线课程和项目式学习中的创新应用模式。同时，深入研究了资源共享的技术实现、数据安全及区块链版权保护机制。最后展望了 AI、VR/AR 和个性化学习等前沿技术的教育应用前景。

本书不仅可为教育工作者提供资源建设的实用方法和视野，也可供政策制定者与技术开发者更好地了解教育现代化中的务实需求。

图书在版编目（CIP）数据

高校数字化教学资源建设与共享研究 / 李毅，李艳，邵琦著. -- 北京：化学工业出版社，2025. 10.

ISBN 978-7-122-48847-3

Ⅰ. G434

中国国家版本馆 CIP 数据核字第 20258B6J99 号

责任编辑：张　赛

责任校对：王　静　　　　装帧设计：关　飞

出版发行：化学工业出版社

（北京市东城区青年湖南街 13 号　邮政编码 100011）

印　　装：北京捷迅佳彩印刷有限公司

710mm×1000mm　1/16　印张 14¼　字数 262 千字

2025 年 10 月北京第 1 版第 1 次印刷

购书咨询：010-64518888　　　　售后服务：010-64518899

网　　址：http://www.cip.com.cn

凡购买本书，如有缺损质量问题，本社销售中心负责调换。

定　　价：79.00 元　

前言

党的二十大报告明确提出“推进教育数字化”，将其定位为我国塑造新优势的关键突破口。《教育部 2022 年工作要点》中也明确提出“实施教育数字化战略行动”以加速推进教育领域的数字转型与智能升级。教育数字化不仅是现代教育的要求，更是培养未来人才、提升国家竞争力的战略要务。

在高等教育领域，数字化教学资源的建设与共享不仅是教学模式创新的关键驱动力，也是提升教育质量、促进教育公平的重要手段。本书系统研究了高校数字化教学资源建设的技术基础、现状、设计与开发方法、技术实现与优化策略、在教学模式中的应用以及技术发展趋势等多个方面内容，旨在为高校数字化教学资源的建设与共享提供全面的理论指导和实践参考，推动教育信息化的发展，助力高等教育教学质量的提升和教育资源的均衡分配。

在技术基础方面，第一章详细介绍了数字化教学资源的技术架构与实现方法，包括数据存储与处理技术、多媒体展示与交互工具等内容，为后续研究奠定理论基础。在现状分析方面，第二章对高校数字化教学资源建设的技术现状进行了全面评估，探讨了当前技术应用的成效与不足，并对资源共享的技术平台进行了详细分析。在设计与开发方面，第三章聚焦于数字化教学资源的设计流程与开发工具，详细阐述了实验教学资源、三维模型、仿真资源和机械工程案例库的构建方法，并通过具体案例分析为读者提供实践指导。在技术实现与优化方面，第四章探讨了数字化教学资源库的技术架构、云计算环境下的建设方法、性能优化与扩展策略，以及检索功能优化与用户体验提升的途径。在教学应用方面，第五章分析了数字化教学资源在实验教学、虚拟仿真、在线开放课程以及机械工程项目式学习中的应用，展示了数字化资源在教学模式创新中的重要作用。在安全保护方面，第六章研究了资源共享的技术实现与标准化、数据安全与隐私保护，以及版权保护与区块链技术的应用，确保资源共享的合法性和安全性。在云计算与大数据的应用方面，第七章探讨了云计算环境下教学资源的共建共享模式、基于数据的使用分析与优化策略，以及教学资源云服务平台的架构与实现。在技术发展趋势方面，第八章展望了数字化教学资源建设与共享的未来发展趋势，包括人工智能、虚拟现实（VR）、增强现实（AR）的应用前景，以及智能化工具与个性化学习路径设计等。

本书由吉林工程技术师范学院的李毅、李艳、邵琦负责撰写。在写作过程中，本书从机械工程、计算机科学等多个学科出发，提供了多维度的研究视角。另外，本书力求技术与应用的结合，不仅从技术角度分析数字化教学资源的建设，还结合实际应用案例，展示技术在教学中的具体应用效果，确保研究的全面性和科学性。

不过，由于研究范围和作者能力的限制，本书难免存在不足之处，恳请各位专家、学者予以指正，作者也将会在此基础上继续探索、不断进步。另外，本书在编写过程中，吸收并借鉴了大量前人的研究成果，在此向相关作者表示衷心感谢。

最后，希望本书能够引发更多学者和教育工作者的关注和思考，共同推动数字化教学资源建设与共享的进程。

作者

本书基金项目

1. 吉林省应用型本科机械工程教育研究基地资助出版。

2. 吉林省职业教育与成人教育教学改革研究课题：职业院校数字化课程建设研究——以《机械制图与CAD》课程为例，项目编号：2024ZB245705。

3. 吉林省教育科学“十四五”规划2024年度课题：基于项目教学法的职业院校《机械制图与CAD》课程混合式教学模式构建与实践，项目编号：JD2429。

4. 吉林省教育科学“十四五”规划2024年度课题：职业院校电气类专业数字化课程资源建设路径研究——以《高电压技术》为例，项目编号：GH24562。

5. 吉林省高教科研课题：新工科背景下产业学院人才培养模式研究，项目编号：JGJX2021D243。

6. 吉林省高教科研课题：高校智慧教学模式构建与实施路径研究——以《CAE分析》课程为例，项目编号：JGJX24D0503。

7. 吉林省职业教育科研课题：校企协同吉林省职业院校电气类专业教师数字素养提升策略研究，项目编号：2024XHY271。

8. 吉林工程技术师范学院校级教育教学研究课题：《工程制图》课程思政教学与实践，项目编号：吉工师字〔2023〕64号。

9. 吉林工程技术师范学院校级教育教学研究课题：基于OBE理念的机械专业校企协同育人模式研究，项目编号：吉工师字〔2024〕38号。

10. 吉林工程技术师范学院校级教育教学研究课题：数智时代下课程思政混合教学模式研究——以《高电压技术》课程为例，项目编号：吉工师字〔2024〕38号。

目录

第一章

数字化教学资源的技术基础

数字化教学资源作为教育信息化的核心要素，已成为推动教学模式创新、提升教育质量的关键力量。随着信息技术的飞速发展，数字化教学资源不再仅仅是传统教学内容的电子化呈现，而是教育理念、教学方法与技术深度融合的产物。从云计算、大数据到人工智能、虚拟现实等新兴技术的不断涌现，为数字化教学资源的建设与应用提供了前所未有的机遇。这些技术不仅重新定义了教学资源的存储、管理和共享方式，更为个性化学习、智能教学环境的构建奠定了坚实基础。

本章探讨将从技术架构与实现入手，逐步深入到数据存储与处理技术，再到多媒体展示与交互工具的应用。这一层层递进的结构，既是对技术发展逻辑的遵循，也是对教育实践需求的回应。

第一节

数字化教学资源的技术架构与实现

数字化教学资源是高校教学改革的重要组成部分，而相关技术架构是实现资源高效存储、共享与应用的基础。随着信息技术的快速发展，云计算、大数据、Web 技术等新兴技术为数字化教学资源的建设提供了强有力的支撑。数字化教学资源的建设不仅是教学内容的数字化呈现，更是教学模式创新的重要推动力。通过技术架构的优化，高校能够构建更加智能化、个性化的教学环境，提升教学质量和学生学习体验。

一、数字化教学资源的技术架构关键需求

数字化教学资源的技术架构是支撑高校教育信息化建设的核心骨架，其设计合理性直接决定了教学资源的利用效率、共享范围及可持续发展能力。在教育数字化转型的背景下，技术架构需突破传统存储与传输的局限，构建兼具性能优势与发展韧性的生态系统。以下从四个维度系统剖析其关键需求，揭示各要素间的内在逻辑与实现路径。

（一）高效性：架构性能的核心指标

高效性作为数字化教学资源技术架构的基石，其本质是通过技术优化实现资源全生命周期管理的时间成本最小化与服务质量最大化。随着混合式教学、虚拟仿真实验等新型教学模式的普及，单一课程可能涉及数百吉字节的视频素材、数千份交互式课件及数万条学习行为数据，这种规模的资源流转对架构性能提出了刚性要求。

存储与检索机制的协同优化是高效性的首要保障。传统文件系统采用树形目录结构，在资源数量突破十万级后，检索延迟会呈现指数级增长。现代架构需引入分布式索引技术，通过倒排索引与布隆过滤器的组合，将资源检索时间从毫秒级压缩至微秒级。例如，对教学视频的关键帧建立特征索引，可实现按内容片段的精准定位，而不仅限于文件名匹配。同时，分层存储策略的应用至关重要——将高频访问的精品课程资源部署在全闪存阵列，低频使用的归档资料迁移至磁带

库，通过智能缓存算法动态调整存储层级，既能保证访问速度，又能控制硬件成本。

计算能力的弹性调度决定了大规模资源处理的效率上限。教学资源的转码、格式转换、内容审核等任务具有显著的峰谷特性，如学期初的资源上传高峰期与深夜的低负载时段形成鲜明对比。基于 Kubernetes 的容器编排技术可实现计算资源的秒级伸缩，当检测到转码任务队列长度超过阈值时，自动扩容计算节点，任务完成后迅速释放资源。对于需要实时处理的场景，如直播课堂的弹幕互动分析，流处理框架 Flink 的事件时间语义能够确保数据处理的低延迟与准确性，其状态后端机制可在故障恢复时快速重建计算状态，避免数据丢失。

传输链路的智能优化是提升用户体验的关键环节。跨校区访问时，传统专线传输常因网络拥塞导致视频卡顿，而内容分发网络（CDN）的边缘节点部署可将资源访问距离缩短 80%以上。通过动态路由算法，系统能根据实时网络质量选择最优传输路径，例如当教育网链路拥堵时，自动切换至运营商骨干网进行数据传输。资源压缩技术的创新应用同样不可忽视——采用 H.265 编码的视频文件体积较 H.264 减少 40%而画质无损，WebP 格式的教学图片压缩率比 JPEG 高出 25%，这些技术组合能在有限带宽下实现更高质量的资源交付。此外，断点续传与增量同步机制可避免网络中断后的重复传输，尤其适用于 GB 级实验数据集的分发。

（二）灵活性：应对资源多样性的架构韧性

数字化教学资源的形态正从静态文本向动态交互演进，从单一媒体向多模态融合发展，这种多样性要求技术架构具备自适应的资源处理能力，既能容纳传统课件，又能支持 VR 虚拟实验室等新型资源形态。

存储系统的异构融合是支撑资源多样性的基础工程。关系型数据库（如 PostgreSQL）擅长存储结构化的教学大纲、习题答案等文本数据，其事务一致性保证了成绩数据的准确无误；对象存储服务（如 MinIO）则凭借无限扩展能力和元数据自定义特性，成为视频、三维模型等非结构化资源的理想载体。通过统一存储网关，可将这些异构存储后端抽象为统一的文件系统接口，用户无需关心数据实际存储位置。特别值得注意的是，对于交互式课件（如 SCORM 标准的课程包），其嵌套的目录结构和依赖关系需要文件系统支持符号链接与硬链接功能，避免资源冗余存储。

资源展示层的多终端适配体现了架构的场景适应性。在 PC 端的精品课程平台上，WebGL 技术可实现三维分子模型的实时旋转观察；而在移动端学习 APP 中，同样的模型需转换为轻量化的 glTF 格式，通过渐进式加载减少流量消耗。

响应式设计框架 Bootstrap 的栅格系统能根据屏幕尺寸自动调整布局，使教学 PPT 在投影仪、平板、手机上均保持最佳显示比例。对于特殊格式资源，如 MATLAB 仿真脚本，架构需集成容器化的在线运行环境，用户无需本地安装软件即可通过浏览器执行代码并查看结果，这种沙箱机制既保证了环境一致性，又隔离了潜在的安全风险。

元数据体系的语义化构建为资源的智能管理提供了支撑。基础元数据（如文件格式、大小、MD5 校验值）确保了资源的可识别性，而教育领域特有的教学元数据（如布鲁姆目标分类、知识点关联图谱）则赋予资源教学属性。通过建立领域本体（Ontology），可实现元数据的语义关联，例如“微积分”知识点自动关联到“高等数学”课程、“极限”前置概念等。这种语义化组织使资源推荐超越简单的标签匹配，能够基于学习路径进行关联推送——当学生学习“拉格朗日中值定理”时，系统自动推荐相关的几何直观演示视频和习题案例。元数据的动态更新机制同样重要，通过分析用户的标注行为和资源评价数据，定期优化元数据标签，提升检索精准度。

（三）扩展性：架构演进的内在韧性

教育技术的快速迭代与教学资源的持续增长，要求技术架构具备模块化生长能力，既能应对规模扩张，又能兼容新兴技术，避免“推倒重来”的成本浪费。

水平扩展的无状态设计是应对资源规模增长的核心策略。传统单体架构中，数据库往往成为扩展瓶颈，而采用读写分离架构后，可将查询请求分流至只读副本，主库仅处理写入操作。对于并发量极高的资源点播系统，分布式缓存 Redis 的集群模式可通过哈希槽分配数据，每个节点承担部分存储与计算任务，新增节点时自动进行槽位迁移，无需停机维护。更关键的是应用服务的无状态化改造，将用户会话数据存储在分布式缓存而非本地内存，使任一应用节点都能处理任意用户的请求，这种设计支持通过增加服务器数量线性提升系统容量，满足学期初资源访问高峰的需求。

技术接口的标准化设计决定了架构的兼容能力。遵循 RESTful 规范的 API 设计使第三方系统能通过 HTTP 协议无缝集成教学资源，例如学习管理系统（LMS）可调用资源平台的搜索接口获取相关课件。对于实时性要求高的场景，如虚拟教研室的在线协作，WebSocket 协议提供的全双工通信通道可实现资源修改的即时同步。为适应未来技术融合，架构需预留扩展接口，如机器学习平台的模型调用接口可用于后续实现作业自动批改功能，区块链节点的接入接口为资源版权存证提供可能。这种“松耦合”设计使新功能的集成无需修改核心代码，仅需开发适配模块即可。

功能模块的插件化架构是实现业务扩展的高效方式。核心系统通过定义标准化的插件接口，将资源审核、格式转换、统计分析等功能封装为独立插件，管理员可根据需求灵活启用或禁用。例如，当需要增加对 VR 课件的支持时，只需开发 VR 格式解析插件和三维预览插件，通过插件市场进行安装，系统自动识别并加载新功能。这种架构不仅简化了系统升级流程，还鼓励了生态共建——高校、企业、开发者可基于统一接口开发特色插件，形成丰富的功能生态。同时，模块间的消息队列通信机制确保了插件故障不会影响核心系统运行，提升了整体架构的稳定性。

（四）安全性：资源生态的底线保障

数字化教学资源包含大量师生个人信息、知识产权成果及涉密教学内容，其安全防护体系需要覆盖数据全生命周期，构建多层次的安全屏障。

数据完整性的全链路防护贯穿资源从创建到销毁的全过程。在资源上传阶段，客户端生成的 SHA-256 哈希值与服务器端校验结果比对，确保传输过程未被篡改；存储层面采用 ZFS 文件系统的校验和机制，每个数据块自动生成校验信息，检测到损坏时通过镜像副本自动修复。对于版本迭代频繁的课件资源，区块链技术的不可篡改性可记录每一次修改的时间、作者和内容摘要，形成可追溯的变更链条，既便于版权确权，又能在发生争议时提供客观证据。定期的数据一致性扫描通过比对元数据与实际文件状态，及时发现异常修改并触发告警。

访问控制的精细化管理是保护敏感资源的关键。基于角色的访问控制（RBAC）模型将用户划分为学生、教师、管理员等角色，预定义各角色的资源操作权限，如学生仅能查看本专业课程，教师可编辑自有资源。对于更复杂的场景，属性基访问控制（ABAC）提供了动态决策能力——当判断某篇涉密实验报告的访问请求时，系统同时检查用户职称、所属部门、访问时间等属性，只有满足所有条件时才授予权限。多因素认证（MFA）的推广显著提升了账户安全性，除密码外，结合校园卡刷卡、手机验证码或指纹识别等方式，有效防范账号盗用风险。特别对于远程访问，VPN 网关的强加密隧道和设备指纹识别可确保接入终端的合法性。

安全态势的持续感知是主动防御的前提。日志审计系统集中采集服务器、网络设备、应用系统的操作日志，通过关联分析识别异常行为，如短时间内大量下载不同课程资源的可疑操作。入侵检测系统（IDS）基于特征库和行为基线，实时监测网络中的攻击流量，如针对数据库的 SQL 注入尝试、利用漏洞的缓冲区溢出攻击等。定期开展的渗透测试模拟黑客攻击路径，从外部视角发现架构弱点，而红队演练则通过实战检验应急响应流程的有效性。安全漏洞管理平台对发现的隐患进行分级处置，高危漏洞采用热补丁技术紧急修复，中低危漏洞纳入迭代计划，形成闭环管理。

数字化教学资源技术架构的四大需求并非孤立存在，而是相互支撑的有机整体：高效性为规模扩张提供性能基础，灵活性为资源创新预留空间，可扩展性使技术迭代平滑过渡，安全性则为整个生态保驾护航。在实际建设中，需根据高校的学科特色、师生规模、技术储备等实际情况进行差异化设计，避免盲目追求技术先进而忽视应用实效。通过持续优化架构设计，才能构建出既能满足当前教学需求，又能适应未来发展的数字化资源体系，真正发挥技术对教育变革的支撑作用。

二、数字化教学资源的技术架构概述

数字化教学资源的技术架构是其建设与共享的核心，主要由分层架构、云计算和大数据三部分组成。

（一）分层架构

分层架构是数字化教学资源系统设计的基础，通过将系统划分为前端、后端和数据层，实现了模块化设计与高效协作。

前端层负责用户交互与资源展示，通常采用 Web 技术（如 HTML5、CSS3、JavaScript）实现。前端层通过浏览器或移动应用向用户提供了一个友好的界面，支持资源的浏览、搜索和交互操作。

后端层负责业务逻辑处理，通常采用服务器端技术（如 Java、Python、Node. js）实现。后端层处理用户请求，调用数据库和存储服务，完成资源的存储、检索和管理。Java 因其强大的生态系统和跨平台特性，成为后端开发的主流选择，能够处理复杂的业务逻辑。Python 以其简洁的语法和丰富的库支持，适合快速开发和数据处理。Node. js 通过非阻塞 I/O 模型，能够高效处理高并发请求，特别适合实时交互场景。

数据层负责数据的存储与管理，通常采用关系型数据库（如 MySQL、PostgreSQL）或 NoSQL 数据库（如 MongoDB、Redis）。数据层通过分布式存储技术（如 HDFS、Ceph）实现数据的高可用性和容错性。

分层架构的优势在于其模块化设计，使得系统开发、维护和扩展更加灵活。前端层通过 HTML5、CSS3 等技术实现资源的动态展示，提升用户体验；后端层通过 Java 或 Python 等语言处理复杂的业务逻辑；数据层则通过 MongoDB 等 NoSQL 数据库支持多媒体资源的高效存储与检索。

（二）云计算技术

“云计算”是分布式处理、并行处理和网格计算的发展，是一种网络资源共享利用模式，使分布在大量分布式计算机上或远程服务器中的计算，按照互联网运作模式将资源能够切换到所需要的应用上，并根据需求访问计算机和存储系统。云计算技术为数字化教学资源提供了强大的计算能力和存储资源，支持大规模资源的存储与共享。

云计算的服务模式包括如下内容。

1. IaaS（基础设施即服务）

提供计算、存储和网络资源，如阿里云、腾讯云等。IaaS使得高校能够快速部署教学资源库，无需自行搭建硬件设施。

虚拟化技术通过将物理硬件抽象成多个虚拟机（VM），实现资源的高效利用。

弹性计算资源能够根据需求动态扩展或缩减，确保系统在高负载下的稳定运行。

2. PaaS（平台即服务）

提供开发和运行环境，如Google App Engine、Heroku等。PaaS支持教学资源的快速开发与部署，降低了开发成本。

容器化技术（如Docker和Kubernetes）进一步简化了应用的部署和管理，支持资源的快速扩展和迁移。

PaaS平台通常提供丰富的开发工具和API，加速应用的开发周期。

3. SaaS（软件即服务）

提供完整的应用服务，如Google Classroom、Microsoft Teams等。SaaS使得学生和教师能够随时随地访问教学资源，提升了教学效率。

SaaS服务通常通过订阅模式提供，降低了高校的初期投入成本。

SaaS平台通过多租户架构，支持大规模用户的并发访问。

云计算的核心技术包括虚拟化、容器化和自动化。即通过虚拟化技术实现资源的高效利用；借助容器化技术进一步简化应用的部署和管理；自动化技术通过脚本和工具实现资源的自动配置和管理，减少人工干预。

（三）大数据技术

大数据技术为教学资源的分析与优化提供了支持，通过数据挖掘和机器学习技术，实现资源的个性化推荐与智能管理。

1. 数据采集与存储

通过日志记录、用户行为分析等手段采集教学资源的使用数据，并存储在分布式数据库中。

数据采集包括用户行为数据（如访问时间、访问频率、点击路径等）和系统日志数据（如资源加载时间、错误日志等）。

分布式数据库（如 HBase、Cassandra）能够高效存储大规模数据，支持高并发访问。

2. 数据处理与分析

利用 Hadoop、Spark 等分布式计算框架对数据进行清洗、转换和分析，提取有价值的信息。

Hadoop 通过 MapReduce 模型实现分布式计算，适合大规模数据的批处理。

Spark 通过内存计算实现高效的数据处理，适合实时数据分析。

数据挖掘技术（如关联规则挖掘、聚类分析）能够发现用户行为模式，为资源优化提供依据。

3. 数据可视化与应用

通过数据可视化工具（如 Tableau、Power BI）展示分析结果，为教学资源的优化提供决策支持。

数据可视化能够将复杂的数据以直观的图表形式展示，帮助管理者快速理解数据。

个性化推荐系统通过分析用户行为，为不同用户提供更加精准的资源推荐，提升学习体验。

大数据技术与云计算的深度结合，使得教学资源的分析和优化更加高效。云计算提供了弹性计算资源，支持大规模数据的存储和处理，而大数据技术则通过分析用户行为，为资源的个性化推荐提供了依据。

总而言之，数字化教学资源的技术架构是其实现高效存储、共享与应用的基础。通过分层架构、云计算、大数据等技术的结合，高校能够构建高效、灵活的数字化教学资源系统，为教学改革与创新提供有力支持。未来，随着人工智能、区块链等新兴技术的应用，数字化教学资源将更加智能化、个性化和安全化，为高校教学提供更广阔的发展空间。

同时，随着技术的不断发展，数字化教学资源的建设将面临新的挑战和机遇。例如，人工智能技术可以通过自然语言处理和图像识别，实现资源的自动标注和智能推荐；区块链技术可以通过分布式账本，保障资源的版权保护和数据安全；虚拟现实（VR）和增强现实（AR）技术可以通过沉浸式体验，提升教学资源的互动性和趣味性。这些技术的融合将进一步推动数字化教学资源的发展，为高校教学改革注入新的活力。

第二节

数字化教学资源的数据存储与处理技术

数字化教学资源的数据存储与处理技术是教育信息化的核心支撑，它们决定了资源的管理效率、访问速度和分析能力。随着教育领域对数字化资源需求的不断增长，如何高效地存储和处理这些资源成为了一个关键问题。深入探讨数据存储与处理技术在数字化教学资源中的应用，分析其优势、挑战以及未来的发展趋势至关重要。

一、数据存储技术

（一）关系型数据库

关系型数据库（Relational Database Management System，RDBMS）作为数字化教学资源存储领域的传统中坚力量，长期以来在数据管理方面发挥着极为重要的作用。其核心设计理念是采用表格的形式来组织和存储数据，通过行与列的有机结合，清晰且准确地表示记录与字段。这种结构化的存储方式构建起了一个严谨的数据模型，为数据的高效管理和精确操作奠定了坚实基础。

以高校学生信息管理为例，运用关系型数据库进行存储时，可创建一张包含学号、姓名、性别、专业、入学时间、联系方式等字段的表格。每一位学生的详细信息在表格中对应为独立的一行记录，这种直观且有序的存储方式极大地简化了数据的管理流程。借助 SQL（Structured Query Language，结构化查询语言）这一强大工具，用户能够以极高的效率执行数据的增删改查操作。例如，教师若想查询某一专业所有学生的信息，只需编写一条简洁的 SQL 查询语句，即可迅速从数据库中获取所需数据；学校管理人员在更新学生的学籍状态时，也能通过 SQL 语句准确无误地定位到相应记录并完成修改。

关系型数据库历经多年的发展与完善，积累了诸多显著优势。其技术成熟度极高，拥有广泛的用户基础和丰富的技术文档资源，这使得高校在采用关系型数据库进行教学资源存储时，能够较为轻松地获取技术支持与培训服务。在事务处理方面，关系型数据库展现出了卓越的能力，能够确保一系列数据库操作要么全部成功执行，要么在出现错误时全部回滚，从而有力地保证了数据的一致性和完整性。例如，在处理学生选课事务时，关系型数据库能够同时更新学生的选课记录以及课程的选课人数统计，确保这两个相关操作的一致性，避免出现数据不一致的情况。在数据一致性保障方面，关系型数据库通过严格的约束机制，如主键约束、外键约束、唯一约束等，有效防止了数据的错误录入和非法修改，维护了数据的准确性和可靠性。

然而，随着数字化教学进程的加速推进，教学资源的多样性和数据量呈现出爆发式增长态势，关系型数据库在应对这些新挑战时逐渐暴露出一些局限性。在处理海量非结构化数据方面，传统关系型数据库显得力不从心。教学资源中的多媒体文件，如视频教学资料、3D 虚拟实验模型等，往往具有数据量大、结构复杂且格式多样的特点，难以直接适配关系型数据库固定的表格结构和模式。其复杂的关联关系在处理大规模数据时容易引发性能瓶颈，查询和更新操作的响应时间会显著延长。在存储大量在线课程视频资源时，若采用关系型数据库存储视频相关的元数据以及文件路径信息，随着视频数量的急剧增加，数据库的查询性能会受到严重影响，无法满足师生对视频资源快速检索和访问的需求。此外，在面对数字化教学中日益增长的实时性和扩展性要求时，关系型数据库的表现也不尽如人意。其传统的架构设计在应对高并发访问和数据量的快速增长时，难以实现灵活的扩展，往往需要投入大量的硬件资源和复杂的架构调整才能勉强满足需求，这无疑增加了高校数字化教学资源建设的成本和难度。

（二）NoSQL 数据库

面对关系型数据库在数字化教学资源存储方面的局限，NoSQL（Not Only SQL）数据库应运而生，为教学资源的存储管理带来了全新的思路和解决方案。NoSQL 数据库突破了传统关系型数据库固定模式和复杂关联关系的束缚，采用了更为灵活多样的存储方式，能够更好地适应数字化教学资源多样化和快速变化的特点。

常见的 NoSQL 数据库类型丰富多样，各自具备独特的优势和适用场景。文档数据库（如 MongoDB）以文档形式存储数据，每个文档可根据实际需求自由包含不同类型和数量的字段，这种高度灵活的结构使其在存储复杂教学资源时表现出色。在存储一门综合性课程资料时，该课程资料可能涵盖详细的文字讲解、大量的图片示例、视频链接以及互动式课件等多种元素，MongoDB 能够将这些不同类型的数据整合在一个文档中，完整地保存课程资源的全貌，且无需预先定义严格的结构模式，极大地提高了数据存储的便捷性和灵活性。

键值存储数据库（如 Redis）以其超高的读写速度而备受青睐，尤其适用于存储频繁访问的热点数据。在在线课程的实时互动场景中，学生的实时评论、点赞信息以及教师的即时反馈等数据需要快速读写和处理，Redis 能够在极短的时间内完成这些操作，确保互动的流畅性和及时性，为师生提供良好的在线学习体验。

列族数据库（如 HBase）则擅长处理大规模的分布式数据存储，具有出色的扩展性和高可用性。在高校数字化教学中，当需要存储海量的学生学习行为数据，如学习时间、学习路径、答题情况等，HBase 能够通过分布式架构将数据分散存储在多个节点上，实现数据的高效存储和快速访问，同时保证系统在大规模数据负载下的稳定运行。

图数据库（如 Neo4j）专注于处理具有复杂关系的数据，通过图结构来存储和表示数据之间的关联关系。在构建教学知识图谱时，Neo4j 能够清晰地展现知识点之间的层次关系、因果联系以及交叉引用等，有助于学生更好地理解知识体系的架构，为智能教学推荐和个性化学习提供有力支持。

NoSQL 数据库在处理大规模数据时展现出了卓越的性能优势。其分布式架构和灵活的数据模型使得系统能够轻松应对数据量的快速增长，通过简单地添加硬件或服务节点，即可实现系统的水平扩展，有效避免了关系型数据库在扩展性方面的局限。在云计算环境下，NoSQL 数据库的这种特性与云架构的弹性扩展需求高度契合，能够为高校数字化教学资源的存储提供高效、灵活的解决方案。

然而，如同任何技术一样，NoSQL 数据库并非完美无缺。在数据一致性方面，与关系型数据库相比，NoSQL 数据库通常采用了相对宽松的一致性模型，这在某些对数据一致性要求极高的教学场景中可能会引发问题。在处理学生成绩数据时，若数据一致性得不到严格保证，可能导致成绩统计错误，影响学生的学业评价。在复杂查询能力方面，NoSQL 数据库由于其灵活的数据结构，缺乏关系型数据库中基于表格关联的强大查询功能，对于一些需要进行多条件复杂查询的教学资源检索需求，可能无法提供高效的解决方案。因此，在选择使用 NoSQL 数据库进行数字化教学资源存储时，高校需要充分权衡其优势与不足，根据具体的教学业务需求和数据特点进行合理决策。

（三）分布式文件系统

分布式文件系统作为一种先进的数据存储架构，通过将数据分散存储在多个节点上，为高校数字化教学资源存储带来了高可用性、高扩展性和高容错性等显著优势，成为应对海量教学数据存储挑战的重要技术手段。

Hadoop 分布式文件系统（Hadoop Distributed File System，HDFS）是分布

式文件系统中的典型代表，在高校数字化教学领域得到了广泛应用。HDFS 的核心工作原理是将大文件分割成多个较小的数据块，然后将这些数据块分布存储在集群中的不同节点上。为了确保数据的安全性和可靠性，HDFS 采用了冗余存储策略，即每个数据块通常会在多个节点上保存多个副本。在存储高清视频讲座这类大容量教学资源时，HDFS 会将视频文件分割成若干数据块，并将这些数据块分散存储在集群中的多个节点上，同时为每个数据块创建多个副本存储在不同节点。当某个节点出现故障时，系统能够自动检测到故障，并迅速从其他拥有该数据块副本的节点获取数据，从而保证教学活动的不间断进行，有效避免了因单点故障导致的数据丢失和教学中断风险。

在数字化教学资源的存储实践中，HDFS 能够充分发挥其优势，高效地存储大量的多媒体文件以及大型实验数据集等。对于高校的在线课程平台而言，往往需要存储海量的视频课程资源，HDFS 的分布式存储架构能够轻松应对这种大规模数据存储需求，通过并行处理和数据块的分布式存储，显著提高了数据的读写速度和存储效率。然而，分布式文件系统在实际应用中也并非尽善尽美。在数据读写速度方面，尽管分布式文件系统在处理大文件时表现出色，但在面对大量小文件时，由于其元数据管理和数据块分配机制的特点，可能会出现读写性能下降的情况。小文件存储效率方面，多个小文件可能会占用过多的元数据空间，导致元数据管理负担加重，进而影响整个系统的存储效率。为了克服这些局限性，通常需要结合其他技术进行优化。可以采用小文件聚合技术，将多个小文件合并成一个较大的文件进行存储，减少元数据的管理开销；或者引入缓存机制，对频繁访问的小文件进行缓存，提高访问速度。通过这些优化措施，能够进一步提升分布式文件系统在数字化教学资源存储中的整体性能和适用性。

（四）云存储

云存储作为基于云计算技术发展而来的一种创新型存储服务模式，正逐渐成为高校数字化教学资源存储的重要选择，为教学资源的存储和管理带来了诸多变革性的优势。

云存储的核心运作机制是通过网络将数据存储在远程的数据中心，用户无需关心存储设备的物理位置、硬件配置以及日常管理维护等细节问题，只需通过互联网连接，即可随时随地便捷地访问和管理自己的数据。云存储提供商通常会根据不同的应用场景和用户需求，精心提供多种存储类型，包括对象存储、块存储和文件存储等，以满足高校数字化教学中多样化的数据存储需求。

在高校数字化教学资源的存储实践中，云存储展现出了多方面的显著优势。

首先，云存储具有几乎无限的扩展性，能够根据高校实际教学需求的动态变化，实时、灵活地调整存储容量。在学期初，随着大量新的教学资源上传至平台，以及在线课程的集中开展，对存储容量的需求会迅速增长，云存储服务能够自动、快速地扩展存储资源，确保平台能够顺利承载新增的数据存储压力，而无需高校预先投入大量资金进行硬件设备的购置和扩容。当学期末数据存储需求相对降低时，云存储又能灵活地缩减资源，避免资源的闲置浪费，真正实现了存储资源的按需分配和高效利用。

其次，云存储在数据可靠性和备份方面表现卓越。通过先进的多副本机制和数据中心的冗余设计，云存储能够确保数据在存储过程中的安全性和持久性。在数据中心内部，数据会被复制到多个存储设备和节点上，即使某个节点或设备出现故障，系统也能够迅速从其他副本中获取数据，保证数据的完整性和可用性。云存储提供商通常还会定期进行数据备份，并采用异地灾备等策略，进一步提高数据的安全性，有效防止因自然灾害、硬件故障、人为误操作等原因导致的数据丢失风险，为高校数字化教学资源的长期保存和稳定使用提供了坚实保障。

此外，云存储还具备便捷的共享和协作功能，这对于促进高校教学活动的开展和师生之间的互动交流具有重要意义。教师可以轻松地将精心准备的教学资源，如课件、教案、参考资料等，通过云存储平台共享给学生，学生能够在任何时间、任何地点通过互联网访问这些资源，实现了教学资源的无边界传播和高效利用。在一些课程项目中，学生们可以利用云存储平台进行协作学习和项目开发，共同编辑文档、共享数据和交流想法，打破了时间和空间的限制，提高了学习和项目协作的效率。

然而，如同其他新兴技术一样，云存储在为高校数字化教学带来便利的同时，也存在一些不容忽视的安全隐患。数据隐私泄露问题是云存储面临的主要安全挑战之一。由于高校教学资源中可能包含大量师生的个人敏感信息、学术研究成果以及涉及学校机密的教学资料等，一旦这些数据在云存储过程中发生泄露，将对师生权益和学校声誉造成严重损害。云存储对网络的高度依赖性也可能带来潜在风险。在网络不稳定或出现故障的情况下，师生可能无法及时访问存储在云端的教学资源，影响教学活动的正常进行。为了有效防范这些安全隐患，高校在采用云存储服务时，需要采取一系列严格的安全措施。选择具有良好信誉和严格安全管理机制的云存储提供商，对提供商的安全认证、数据加密技术、访问控制策略等进行全面评估和审查。加强高校自身的数据安全管理，制定完善的数据安全政策和流程，对上传至云端的数据进行加密处理，设置严格的访问权限，确保只有授权人员能够访问相关数据。通过这些措施，能够在充分享受云存储带来的便利的同时，最大程度地保障高校数字化教学资源的安全。

二、数据处理技术

（一）数据清洗

数据清洗，作为数字化教学资源数据处理的前置与奠基性步骤，承担着净化数据环境、夯实数据质量根基的重任。在高校数字化教学资源的多元生态中，数据来源广泛且繁杂，犹如百川归海却水质各异。学生提交的作业文件，可能裹挟着格式错乱的文本，恰似排版无序的古籍；其中的公式或许存在错误，仿佛精密仪器中安装错误的零件；附带的图片也可能因损坏而无法正常显示，犹如美丽画卷遭遇损毁。教师上传的教学课件，也可能存在信息不完整、格式不一致等问题。这些数据瑕疵，如同隐藏在数字丛林中的暗礁，若不加以清理，将严重阻碍后续教学资源的顺畅利用与深度分析。

为有效攻克这些数据质量难题，一系列先进的数据清洗工具和技术应运而生，宛如一群训练有素的工匠，精心雕琢每一份数据。格式标准化技术，如同为数据穿上统一的制服，使其呈现出整齐划一的风貌。通过预设的格式规范和规则，能够自动识别并修正文本数据中的格式错误，确保数据在格式层面的一致性和兼容性。在处理学生作业中的文本数据时，可利用正则表达式这一强大工具，精准匹配文本格式，将不符合规范的格式迅速纠正，使所有文本数据遵循统一的格式标准，便于后续的存储、检索和分析。

重复记录删除技术，则像一位明察秋毫的卫士，能够敏锐地识别出数据集中重复出现的记录，并将其果断清理，以消除数据冗余，提升数据存储和处理的效率。在学生信息管理系统中，由于数据录入过程中的人为失误或系统故障，可能会出现部分学生信息重复录入的情况。重复记录删除技术通过对关键字段（如学号）的比对和识别，能够快速准确地找出这些重复记录，并根据预设的规则进行删除或合并操作，确保每个学生的信息在数据库中唯一且准确，避免因重复数据导致的统计误差和管理混乱。

异常值检测与处理技术，恰似一位经验丰富的医生，能够精准诊断数据中的异常情况，并开出恰当的治疗方案。在教学资源数据中，异常值可能表现为学生成绩的极端值、学习时间的异常记录等。这些异常值的出现，可能源于数据采集过程中的错误、学生的特殊情况或其他干扰因素。异常值检测算法，如基于统计方法的 Z-score 算法、基于聚类分析的 DBSCAN 算法等，能够通过对数据分布特征的分析，识别出偏离正常范围的数据点，并进一步判断其是否为真正的异常值。对于因数据采集错误导致的异常值，可通过与数据源核对或采用合理的插值方法进行修正；对于反映学生特殊情况的异常值，则需结合实际教学背景进行深入分析和处理，以确保数据的真实性和有效性。

（二）数据转换

数据转换，堪称数字化教学资源数据处理过程中的神奇魔法棒，它能够将原始数据从一种形态巧妙地转变为另一种更适合后续分析和应用的形态，为数据的深度挖掘和广泛应用开辟通途。在高校数字化教学资源的广袤领域中，数据格式丰富多样，犹如一座五彩斑斓但略显杂乱的宝库。不同格式的文件，如 Word 文档、PDF 文件、Excel 表格等，各自承载着独特的教学信息，但这种格式的多样性也给数据的集成和共享带来了诸多挑战，仿佛不同语言的人们在交流时面临的语言障碍。

数据转换技术的出现，成功打破了这一格式壁垒。通过将这些不同格式的文件转换为统一的 XML 或 JSON 格式，数据得以拥有了通用的“语言”，实现了无缝对接和高效共享。XML（可扩展标记语言）和 JSON（JavaScript 对象表示法）格式具有良好的结构化和自描述性特点，能够清晰地表达数据的内容和结构关系，方便不同系统和应用之间的数据交换与处理。在构建高校教学资源共享平台时，将来自各个学院、不同教师的多种格式教学资料统一转换为 XML 或 JSON 格式后，平台能够轻松地对这些数据进行整合、存储和检索，为师生提供便捷、高效的资源访问服务。

数据转换不仅仅局限于格式的转换，还包括对数据结构的重组和内容的映射等深度操作。在数字化教学资源的复杂体系中，一些教学资源可能结构复杂、层次繁多，不利于直接进行分析和利用。数据转换能够将这些复杂的教学资源巧妙地分解为多个简单的组成部分，使其结构更加清晰、层次更加分明，犹如将一座庞大的建筑拆解为一个个独立的模块，便于深入研究和精细管理。在处理一门包含丰富教学内容的在线课程时，可通过数据转换将课程大纲、教学视频、课后习题、参考资料等资源进行分离和重组，形成一个个具有明确功能和逻辑关系的子模块，方便教师根据教学需要进行灵活组合和调整，也有助于学生有针对性地进行学习和复习。

数据转换还能够将多个相关的资源有机地合并为一个综合的资源包，实现资源的整合与优化。在高校开展跨学科教学时，往往需要将来自不同学科领域的教学资源进行整合，以满足综合性教学的需求。数据转换技术能够将这些分散的资源按照一定的逻辑关系和教学目标进行合并和封装，形成一个完整的、具有协同效应的教学资源包。将物理学、化学、生物学等学科中与环境科学相关的教学资源整合为一个“环境科学综合教学资源包”，在这个资源包中，不同学科的知识点相互关联、相互补充，为学生提供了一个全面、系统的学习视角，有助于培养学生的跨学科思维和综合素养。

在数据转换的奇妙旅程中，严格遵循一定的规则和标准是确保转换后的数据能够精准反映原始数据语义和关系的关键所在。这就如同在翻译过程中，需要遵循语言的语法和语义规则，以保证译文准确传达原文的含义。数据转换规则和标准的制定，需要充分考虑教学资源数据的特点、应用场景，以及后续分析和处理的需求。在将Excel表格中的学生成绩数据转换为XML格式时，需要明确规定每个字段在XML文档中的标签名称、数据类型以及数据的存储方式，确保转换后的数据能够完整、准确地保留学生成绩的所有信息，并且能够被后续的数据分析工具和教学管理系统正确识别和处理。

（三）数据分析

数据分析，无疑是数字化教学资源数据处理的核心与灵魂所在，它宛如一座智慧的灯塔，照亮了教学决策的前行道路，为高校教育教学质量的提升提供了强大的智力支持。在教育领域这片充满探索与创新的广袤海洋中，数据分析犹如一艘装备精良的探测船，能够深入挖掘数据背后隐藏的丰富信息和深刻洞察，为教育教学的各个方面提供精准的导航。

在学生学习行为分析方面，数据分析能够通过对学生在在线学习平台上留下的海量点击流数据进行深入剖析，宛如一位细致入微的观察者，洞察学生的每一个学习举动。通过分析学生对不同教学资源的访问频率，能够清晰地了解学生对各类知识内容的关注度和兴趣点。频繁访问某一章节的教学视频，表明学生对该部分知识具有较高的兴趣或存在学习困难，需要进一步深入学习。学生在教学资源上的停留时间，也能反映出他们对知识的理解和消化程度。较长的停留时间可能意味着学生在该知识点上遇到了障碍，需要更多的时间来思考和理解；而较短的停留时间则可能表示学生对该内容较为熟悉或只是简单浏览。通过分析学生的学习路径，即学生在学习过程中依次访问不同教学资源的顺序和逻辑，能够揭示学生的学习习惯和思维方式，为教师提供个性化教学的重要依据。有些学生习惯于按照课程章节的顺序依次学习，而有些学生则更倾向于跳跃式学习，先浏览感兴趣的部分，再回过头来补充其他内容。教师可以根据学生的学习路径特点，调整教学策略和资源的组织方式，以更好地满足学生的学习需求，提高教学效果。

教学资源使用情况评估是数据分析在教育领域的另一个重要应用方向。通过对教学资源的下载量、评分、评论等多维度数据进行综合分析，能够全面、客观地评估资源的质量和受欢迎程度。较高的下载量通常表明该教学资源具有较高的实用性和吸引力，受到了广大师生的关注和认可；而评分和评论则能够从师生的主观感受出发，为资源的质量提供更为具体和详细的反馈。积极的评论和高评分反映了资源在内容、设计、呈现方式等方面的优点，而负面的评论则指出了资源存在的问题和不足，为教师优化教学资源提供了宝贵的参考意见。在评估一门在线课程的教学资源时，若发现该课程的某个章节教学视频下载量较低，且评分不高，评论中反映出内容枯燥、讲解不清晰等问题，教师就可以针对性地对该视频进行重新录制或编辑，优化教学内容和讲解方式，提高资源的质量和吸引力。

教学效果预测是数据分析在教育领域的一项具有前瞻性和战略意义的应用。通过对学生的历史学习数据、个人基本信息、学习环境等多源数据进行深度挖掘和建模分析，能够预测学生在未来学习中的表现和成绩趋势，为教师提前制定个性化的教学干预措施提供科学依据。利用机器学习算法构建学生成绩预测模型，该模型可以综合考虑学生的入学成绩、平时作业完成情况、考试成绩、学习时间投入等因素，对学生在未来某一阶段的考试成绩进行预测。如果预测结果显示某部分学生可能在即将到来的考试中成绩不理想，教师可以提前为这些学生提供有针对性的辅导和学习建议，帮助他们调整学习方法，提高学习效率，从而避免成绩下滑，提升整体教学质量。

在数据分析的璀璨星空中，多种分析方法交相辉映，各自发挥着独特的优势和作用。描述性统计分析，宛如一幅细腻的素描画，能够对数据进行全面而细致的概括和总结。通过计算数据的平均值、中位数、众数等集中趋势指标，以及标准差、方差等离散程度指标，能够直观地了解数据的分布特征和整体水平。在分析学生的考试成绩时，计算平均成绩可以反映出班级整体的学习水平；中位数则能体现成绩分布的中间位置，避免受到极端值的影响；而标准差则可以衡量成绩的离散程度，反映出学生成绩之间的差异大小。

相关性分析，如同一条无形的纽带，能够揭示不同变量之间的内在联系和关联程度。在教育领域中，通过相关性分析可以探究学生的学习行为与学习成绩之间的关系，以及教学资源的使用情况与教学效果之间的关联。分析学生的在线学习时长与考试成绩之间的相关性，如果发现两者存在正相关关系，即学习时长越长，成绩越高，那么教师可以鼓励学生适当增加在线学习时间，提高学习效果。通过分析教学资源的下载量与学生对该课程的满意度之间的相关性，若发现下载量高的资源对应的课程满意度也较高，教师可以进一步优化这些资源，提高教学质量。

聚类分析，恰似一位智慧的分类大师，能够将具有相似特征的数据对象聚集在一起，形成不同的类别或簇。在学生群体分析中，聚类分析可以根据学生的学习成绩、学习行为、兴趣爱好等多维度特征，将学生划分为不同的群体，以便教师针对不同群体的特点制定差异化的教学策略。通过聚类分析发现，部分学生在数学和物理学科上成绩优异，且具有较强的逻辑思维能力和自主学习能力，针对这一群体，教师可以提供更具挑战性的拓展学习资源，鼓励他们参加学科竞赛，进一步挖掘他们的潜力；而对于另一部分在语言类学科表现突出，具有较强的表达能力和创造力的学生群体，教师可以组织更多的语言实践活动，如演讲比赛、戏剧表演等，培养他们的特长。

分类分析，犹如一把精准的手术刀，能够根据已有的数据特征和标签，构建分类模型，对新的数据进行分类和预测。在教学资源管理中，分类分析可以根据教学资源的内容、类型、适用对象等特征，将资源自动分类到相应的类别中，提高资源的检索效率和管理效果。利用文本分类算法对大量的教学文档进行分类，将其分为课件、教案、试题、论文等不同类型，方便教师和学生快速查找和使用所需的教学资源。在学生成绩管理中，分类分析可以根据学生的成绩情况，将学生分为优秀、良好、中等、及格和不及格等不同等级，为教学评价和教学决策提供依据。

（四）数据挖掘

数据挖掘，作为数字化教学资源数据处理领域的一项前沿技术，宛如一座蕴藏着无尽宝藏的矿山，能够从海量的教学资源数据中深度挖掘出隐藏的模式、关联规则和趋势，为教学创新和教育资源配置的优化提供极具价值的决策支持，为高校教育教学的发展注入新的活力与动力。

在高校教育教学的复杂生态系统中，学生的学习成绩和学习行为数据犹如一座蕴含丰富信息的宝库，等待着数据挖掘技术去开启。通过运用关联规则挖掘算法，能够像一位敏锐的探险家，发现隐藏在这些数据深处的微妙关联。在分析学生的学习行为数据时，关联规则挖掘算法可以揭示出某些学习行为与高成绩之间的潜在联系。频繁观看教学视频、按时完成作业、积极参与课堂讨论等学习行为，可能与学生取得优异成绩存在紧密的关联。这些关联规则的发现，为教师引导学生养成良好的学习习惯提供了科学依据。教师可以根据这些关联规则，制定相应的教学策略，鼓励学生增加这些有益学习行为的频率，提高学习成绩。在课程设计中，教师可以根据关联规则，合理安排教学内容和教学活动，引导学生通过有效的学习行为掌握知识，提高教学质量。

数据挖掘在教学资源管理方面也发挥着重要作用。通过分类算法，能够对纷繁复杂的教学资源进行自动分类和精准标注，如同为每一件教学资源贴上清晰的标签，使其在资源的海洋中能够被快速、准确地检索和定位。在高校的教学资源库中，存储着海量的教学课件、视频、文档、试题等资源，传统的人工分类和标注方式效率低下且容易出现错误。利用基于机器学习的分类算法，如决策树算法、支持向量机算法等，能够根据教学资源的内容特征、格式类型、适用学科等多维度信息，自动将资源分类到相应的类别中，并为其添加准确的标签。在处理一批新上传的教学课件时，分类算法可以根据课件的主题、章节内容、教学目标等信息，自动判断其所属的学科领域和课程类别，并为其标注相关的关键词，如"数学""高等代数""向量空间"等，大大提高了教学资源的管理效率和检索准确性，方便师生快速获取所需的教学资源。

数据挖掘的过程宛如一场精心策划的寻宝之旅，通常包括多个紧密相连的步骤。数据预处理作为这场旅程的起点，承担着清理数据杂质、规范数据格式、填补数据缺失值等重要任务，为后续的数据挖掘工作奠定坚实的基础。在这个阶段，需要运用数据清洗、数据转换等技术，对原始数据进行全面的梳理和优化，确保数据的质量和可用性。在分析学生的学习行为数据时，可能存在部分数据记录缺失学生的登录时间、学习时长等关键信息，通过数据预处理中的缺失值填补技术，如均值填充、回归填充等方法，可以合理地估算出缺失值，使数据更加完整，为后续的挖掘分析提供可靠的数据支持。

模式发现是数据挖掘旅程中的核心环节，在这个阶段，各种数据挖掘算法如同寻宝者手中的探测工具，发挥着关键作用。关联规则挖掘算法、聚类算法、分类算法等不同类型的算法，能够从不同角度对数据进行深入挖掘，发现数据中隐藏的各种模式和规律。在分析学生的考试成绩数据时，聚类算法可以根据学生的成绩分布情况，将学生划分为不同的成绩群体，每个群体具有相似的成绩特征和学习表现，从而为教师制定差异化的教学策略提供依据。

模式评估则是对挖掘出的模式进行严格检验和评估的重要步骤，如同对寻得的宝藏进行真伪鉴定和价值评估。在这个阶段，需要运用统计学方法、领域知识以及实际应用效果等多维度标准，对挖掘出的模式进行全面、客观的评价，判断其是否具有实际意义和应用价值。在运用关联规则挖掘算法发现了学生的某种学习行为与高成绩之间的关联规则后，需要通过进一步的数据分析和实际教学验证，评估该关联规则的可靠性和稳定性，以及在实际教学应用中的可操作性和有效性。

知识应用是数据挖掘旅程的最终目标，即将挖掘出的有价值的知识和模式应用到实际的教学实践中，为教学决策提供支持，推动教学创新和教育质量的提升。将通过数据挖掘发现的学生学习行为与成绩之间的关联规则，应用到教学过程中，教师可以根据这些规则，调整教学方法和策略，引导学生优化学习行为，提高学习成绩；将教学资源分类和标注的结果应用到教学资源管理系统中，能够提高资源的检索效率和利用效果，为师生提供更加便捷、高效的教学资源服务。

在实际应用中，数据挖掘技术需要根据具体的问题和数据特点，精心选择合适的挖掘算法和参数设置，这就如同在不同的地形中选择合适的寻宝工具和挖掘方法。不同的数据挖掘算法具有各自的优缺点和适用场景，在处理具有复杂非线性关系的数据时，神经网络算法可能表现出更好的性能；而在处理大规模数据集时，基于分布式计算的大数据挖掘算法则能够提高挖掘效率。在选择算法后，还需要对算法的参数进行合理调整和优化，以确保挖掘结果的准确性和有效性。在使用聚类算法对学生群体进行分类时，需要根据学生数据的特征和分布情况，合理设置聚类的数量、距离度量方法等参数，使聚类结果能够准确反映学生群体的真实特征和差异。

（五）数据可视化

数据可视化，堪称数字化教学资源数据处理领域中的璀璨明珠，它以直观、形象的图表、图形或地图等视觉形式将原本晦涩难懂的数据直观、形象地呈现出来，宛如为数据披上了一层绚丽的外衣，使其焕发出迷人的魅力，极大地降低了用户理解数据内涵的难度，为教学决策和教学改进提供了清晰、有力的支持。在高校数字化教学资源的庞大体系中，数据可视化扮演着至关重要的角色，它能够将海量的教学数据转化为易于理解和解读的图形、图表，帮助教育工作者和学生快速洞察数据背后隐藏的信息和规律，从而为教学活动的优化和创新提供精准的方向指引。

在学生学习情况可视化方面，数据可视化技术能够将学生的学习成绩、学习进度、学习行为等多维度数据以直观的图表形式呈现出来，为教师和学生提供全面、清晰的学习状况概览。成绩分布直方图能够直观地展示学生成绩在各个分数段的分布情况，使教师一眼便能了解班级整体的成绩水平和学生成绩的离散程度，从而为教学评价和教学策略的调整提供重要依据。学习进度跟踪折线图则可以实时反映学生在课程学习过程中的进展情况，通过观察折线的斜率和趋势，教师能够及时发现学生学习进度滞后或过快的情况，并针对性地给予指导和建议。学生学习行为热力图通过不同颜色的深浅来表示学生在不同学习资源上的操作频率和停留时间，帮助教师深入了解学生的学习兴趣和学习习惯，为个性化教学资源的推荐和教学方法的改进提供有力支持。

教学资源利用情况可视化是数据可视化在高校教学中的另一个重要应用方向。通过对教学资源的访问量、下载量、使用时长等数据进行可视化处理，可以直观地呈现出各类教学资源的受欢迎程度和利用效率。资源访问量柱状图能够清晰地展示不同教学资源（如教学课件、教学视频、在线测试题等）的被访问次数，帮助教师了解学生对不同类型教学资源的需求和偏好，从而优化教学资源的配置和更新策略。资源使用时长饼图则可以直观地反映出学生在不同教学资源上花费的时间比例，为教师评估教学资源的质量和有效性提供参考依据。如果发现学生在某个教学视频上的平均停留时间较短，且该视频的访问量较低，可能意味着该视频的内容或呈现方式存在问题，需要教师进行优化和改进。

教学评估结果可视化能够将复杂的教学评估数据转化为直观、易懂的图形，为教学质量的持续改进提供有力支持。在教学评估过程中，通常会涉及学生评教、同行互评、专家评价等多个维度的数据，这些数据经过综合分析后形成的评估结果往往较为复杂，难以直观地理解和把握。通过数据可视化技术，可以将这些评估结果以雷达图、仪表盘等形式呈现出来。雷达图能够从多个维度（如教学内容、教学方法、教学态度、教学效果等）对教师的教学质量进行综合评价，不同维度的数据通过雷达图的不同坐标轴来表示，各维度的得分情况通过雷达图的多边形面积来体现，使教师能够一目了然地了解自己在各个方面的教学表现，从而有针对性地进行教学改进。仪表盘则可以将教学评估中的关键指标（如学生满意度、课程通过率、教学成果获奖情况等）以直观的指针和刻度形式展示出来，方便教学管理者实时监控教学质量的动态变化，及时发现教学过程中存在的问题，并采取相应的措施加以解决。

在数据可视化的绚丽舞台上，众多可视化工具和技术各显神通，为数据的精彩呈现提供了丰富多样的选择。Echarts 作为一款强大的基于 JavaScript 的可视化库，拥有丰富的图表类型（如柱状图、折线图、饼图、散点图、地图等）和灵活的交互功能，能够轻松地创建出美观、动态的可视化图表，广泛应用于高校教学数据的可视化展示中。在构建高校教学资源使用情况可视化系统时，利用 Echarts 可以快速地将教学资源的各类数据转化为直观、生动的图表，并且支持用户通过鼠标悬停、点击等交互操作，深入查看数据的详细信息，为用户提供更加便捷、高效的数据探索体验。Tableau 则是一款专业的数据可视化工具，它以简洁易用的界面和强大的数据处理能力著称，能够帮助用户快速地连接各种数据源，进行数据的清洗、转换和可视化分析。在高校教育管理部门进行教学质量评估数据的可视化分析时，使用 Tableau 可以轻松地将来自不同系统（如教务管理系统、学生信息管理系统、教学评价系统等）的数据整合在一起，并通过简单的拖拽操作，创建出具有专业水准的可视化报表和仪表盘，为教育管理者提供全面、深入的教学质量洞察。

随着科技的飞速发展，数据可视化技术也在不断创新和演进，为高校数字化教学资源的应用带来了更多的可能性。虚拟现实（VR）和增强现实（AR）技术的融入，使数据可视化呈现出更加沉浸式和交互性的特点。通过 VR 技术，学生可以身临其境地进入一个虚拟的学习数据空间，以全新的视角观察和分析自己的学习数据，如在一个虚拟的三维教室中，通过不同颜色的光柱来展示各个学科的成绩分布情况，学生可以自由地穿梭其中，更加直观地感受自己在不同学科上的学习表现。AR 技术则可以将虚拟的可视化数据叠加在现实场景中，为教学活动带来更加丰富的体验。在课堂教学中，教师可以利用 AR 设备，将教学资源的使用情况数据以虚拟图表的形式展示在教室的墙壁或桌面上，学生可以通过手机或平板电脑等设备扫描这些图表，获取更加详细的数据信息和解释说明，增强了教学的趣味性和互动性。

此外，动态可视化和实时数据更新技术的发展，使数据可视化能够更加及时、准确地反映教学过程中的变化和趋势。在在线学习平台中，通过动态可视化技术，可以实时展示学生的学习行为数据，如学生的实时在线人数、学习进度的实时更新、学生在不同教学资源之间的切换轨迹等，这些动态变化的数据以生动的动画形式呈现出来，让教师能够实时了解学生的学习状态，及时调整教学策略。同时，实时数据更新技术确保了可视化图表中的数据始终与实际教学数据保持同步，为教学决策提供了最新、最可靠的依据。

数据可视化在高校数字化教学资源领域中具有不可替代的重要作用，它通过直观、形象的视觉呈现方式，将复杂的数据转化为易于理解和利用的信息，为教学决策、教学资源优化、教学质量提升以及学生的个性化学习提供了强大的支持。随着可视化技术的不断创新和发展，相信它将在高校教育教学中发挥更加重要的作用，为推动高校教育数字化转型和创新发展注入新的活力与动力。

三、数据存储与处理技术的集成与优化

（一）存储与处理的协同优化

在数字化教学资源的管理体系中，数据存储与处理技术宛如紧密咬合的齿轮，彼此关联且相互影响。要显著提升整体性能与效率，对存储与处理进行协同优化势在必行。

在存储技术的选型过程中，需充分考量其与数据处理任务的适配程度。当主要的数据处理工作聚焦于实时查询和分析时，具备高性能读写能力的 NoSQL 数据库通常是更优选择。以高校图书馆的电子资源管理系统为例，学生和教师可能随时查询各类文献资料的详细信息，此时 NoSQL 数据库能够快速响应大量并发的查询请求，高效地从海量数据中检索出所需内容，确保用户能够及时获取信息，提升使用体验。

而若数据处理侧重于批量处理和复杂计算，分布式文件系统搭配 Hadoop 生态系统则展现出强大的优势。例如，在对全校学生的学期成绩进行综合分析时，涉及大量数据的读取、计算和统计操作。分布式文件系统可将这些成绩数据分散存储在多个节点上，利用 Hadoop 生态系统中的 MapReduce 等框架，将复杂的计算任务分解为多个子任务，并行地在不同节点上进行处理。这种方式极大地提高了数据处理的速度，使得原本可能耗时较长的成绩分析工作能够在较短时间内

完成，为教学管理决策提供及时的数据支持。

与此同时，在数据处理流程中，也必须依据存储的特性和限制灵活调整处理策略。对于存储在云平台上的数据，巧妙利用云平台所提供的丰富计算资源进行分布式处理，可有效减少数据传输带来的开销，显著提高处理速度。云平台拥有强大的弹性计算能力，能够根据数据处理任务的需求动态调配计算资源。在处理大规模在线课程视频的分析任务时，可将视频数据存储在云存储中，通过云平台的分布式计算功能，将视频内容分析、用户观看行为分析等任务分配到多个计算节点上同时进行处理。这样，既避免了大量数据在传输过程中可能出现的延迟和带宽瓶颈问题，又充分发挥了云平台的计算优势，快速得出分析结果，为课程优化和教学策略调整提供有力依据。

（二）异构存储系统的融合

随着数字化教学资源在数量、种类和形式上的持续丰富与多样化，单一的存储技术愈发难以全面满足复杂多变的存储需求。在此背景下，越来越多的教育机构纷纷采用异构存储系统的融合方案，将多种不同的存储技术有机结合，以充分发挥各自的优势。

关系型数据库凭借其强大的结构化数据管理能力，在存储结构化的教学管理数据方面表现出色。诸如学生信息，涵盖姓名、学号、年龄、专业等详细字段；课程信息，包括课程名称、课程编号、授课教师、学分等内容。这些数据具有明确的结构和关系，适合存储在关系型数据库中。关系型数据库能够高效地进行数据的插入、更新、查询和删除操作，确保数据的一致性和完整性，为学校的日常教学管理工作，如学籍管理、课程安排、成绩统计等提供坚实的数据支撑。

与之相对，NoSQL 数据库在处理非结构化的教学资源数据时独具优势。教学视频、课件等资源往往缺乏固定的结构，难以用传统的关系型数据库模式进行存储和管理。NoSQL 数据库的灵活数据模型，如文档型、键值对型等，能够很好地适应这些非结构化数据的特点。以教学视频为例，NoSQL 数据库可以将视频文件及其相关的元数据（如视频标题、时长、简介、标签等）以文档的形式进行存储，方便快捷地进行存储和检索。当教师和学生需要查找特定主题的教学视频时，能够通过对文档中的元数据进行搜索，迅速定位到所需的视频资源。

分布式文件系统则在存储大规模的多媒体数据方面发挥着重要作用。实验数据、仿真模型等多媒体数据通常数据量庞大，对存储容量和读写性能要求较高。分布式文件系统通过将数据分散存储在多个物理节点上，实现了存储容量的线性扩展，能够轻松应对大规模数据的存储需求。同时，其分布式架构也提高了数据的读写性能，在读取和写入实验数据或仿真模型时，能够快速地在多个节点之间并行传输数据，减少数据访问的延迟。例如，在进行大型科学实验时，实验设备产生的大量数据可以实时存储在分布式文件系统中，科研人员能够及时对这些数据进行后续的分析和处理，提高科研工作的效率。

此外，云存储作为一种便捷的备份和共享补充手段，也在数字化教学资源存储中占据重要地位。云存储具有高可靠性、高扩展性和便捷的访问性等特点。学校可以将重要的教学资源数据定期备份到云存储中，以防止本地存储设备出现故障导致数据丢失。同时，云存储也为教学资源的共享提供了便利，教师和学生可以通过互联网随时随地访问云存储中的教学资源，实现资源的高效共享。例如，在开展在线教学活动时，教师可以将教学课件、视频等资源上传至云存储，并通过共享链接方便地分享给学生，学生无需担心本地存储空间的限制，即可随时下载和学习这些资源。

通过异构存储系统的融合，能够实现数据的分级存储和管理，根据数据的类型、使用频率和重要性等因素，将不同的数据存储在最适合的存储系统中。对于经常被访问的核心教学资源数据，存储在高性能的存储设备中，以确保快速访问；而对于一些历史数据或使用频率较低的数据，则可以存储在成本较低、容量较大的存储设备中。这样既提高了存储资源的利用率，又保障了数据的安全性。

然而，异构存储系统的融合并非一帆风顺，面临着诸多挑战。数据一致性问题是其中的关键难题之一。由于不同存储系统的数据更新机制和同步方式存在差异，当数据在多个存储系统之间进行交互和共享时，容易出现数据不一致的情况。例如，当在关系型数据库中更新了学生的某一信息后，可能未能及时同步到与之关联的其他存储系统中，导致数据出现偏差。为解决这一问题，需要建立一套完善的数据同步机制，确保数据在不同存储系统之间的实时同步和一致性。

数据迁移也是异构存储系统融合过程中需要面对的挑战。随着学校教学业务的发展和存储需求的变化，可能需要将数据从一种存储系统迁移到另一种存储系统中。在迁移过程中，要确保数据的完整性和准确性，同时尽量减少对教学业务的影响。这需要精心规划数据迁移方案，选择合适的迁移工具和时机，对迁移过程进行严密监控和验证。

系统集成同样是一项复杂的任务。不同的存储系统来自不同的厂商，具有不同的接口和协议，要将它们无缝集成在一起，实现统一的管理和调度，需要投入大量的技术力量和时间成本。需要开发专门的中间件或管理软件，对各个存储系统进行统一的接口封装和管理，使得用户能够通过一个统一的界面方便地访问和管理不同存储系统中的数据。

（三）数据处理的并行化与分布式计算

在数字化教学资源数据量呈爆炸式增长的当下，传统的单机数据处理方式在时效性和性能方面已难以满足日益增长的需求。在此形势下，数据处理的并行化与分布式计算成为了必然的发展趋势，为解决海量数据处理难题提供了有力的技术支撑。

并行化计算的核心原理是将复杂的数据处理任务巧妙地分解为多个相对独立的子任务，然后同时在多个处理器或计算节点上并行执行这些子任务，从而大幅提升数据处理的速度。这就如同将一项大型工程拆分成多个小型项目，由多个施工团队同时作业，大大缩短了工程的整体工期。在数字化教学资源的数据处理场景中，并行化计算有着广泛的应用。例如，在对大规模的在线课程学习数据进行分析时，这些数据可能包含了众多学生的学习行为记录，如登录时间、观看视频时长、参与讨论次数、作业完成情况等。通过并行化计算技术，可以将这些数据按照一定的规则（如按照学生 ID、课程章节等）进行分区，将不同分区的数据分配到多个处理器或计算节点上同时进行分析。每个计算节点负责处理自己所分配到的数据部分，对学生的学习行为进行统计和分析，如计算每个学生的平均学习时长、作业完成率等指标。最后，将各个计算节点的分析结果进行汇总，得到全面的在线课程学习数据分析报告。这样，原本需要在单机上耗费大量时间才能完成的数据分析任务，通过并行化计算能够在短时间内高效完成，为教师及时了解学生的学习情况、调整教学策略提供了及时的数据支持。

分布式计算则是将数据和计算任务分散部署在网络中的多个节点上，这些节点通过协同合作共同完成大规模数据的处理工作。分布式计算充分利用了网络中各个节点的计算资源和存储资源，打破了单机计算资源的限制，实现了强大的计算能力。在数字化教学资源的数据处理中，MapReduce、Spark 等分布式计算框架被广泛应用。以 MapReduce 框架为例，它主要包含两个核心阶段：Map 阶段和 Reduce 阶段。在 Map 阶段，计算任务会将输入的大规模数据集进行分割，每个分割部分由一个 Map 任务负责处理。Map 任务会对数据进行特定的转换操作，将数据转换为键值对的形式，并按照键进行分组。例如，在分析学生的考试成绩数据时，Map 任务可以将每个学生的成绩数据按照学科进行分组，将同一学科的成绩数据归为一组。在 Reduce 阶段，系统会将 Map 阶段输出的具有相同键的值汇聚到一个 Reduce 任务中进行进一步的处理。在上述成绩分析的例子中，Reduce 任务可以对每个学科的成绩数据进行统计计算，如计算平均分、最高分、最低分等统计指标。通过 MapReduce 框架的这种分布式计算方式，能够高效地处理海量的学生考试成绩数据，快速生成各种统计分析结果，为教学质量评估和教学决策提供有力的数据依据。

再以 Spark 框架为例，它在数据处理速度和灵活性方面具有显著优势。Spark 基于内存计算，能够将中间计算结果存储在内存中，避免了频繁的数据磁盘读写操作，大大提高了数据处理的效率。在处理实时性要求较高的教学数据时，如在线教学过程中的学生实时互动数据，Spark 能够快速地对这些数据进行处理和分析，及时反馈学生的学习状态和问题。同时，Spark 还支持多种数据处理模型，如批处理、流处理和迭代计算等，能够满足不同类型的数字化教学资源数据处理需求。例如，在对学生的学习行为进行长期跟踪分析时，可能需要进行多次迭代计算，以挖掘学生学习行为中的潜在模式和规律。Spark 的迭代计算功能能够高效地支持这种复杂的数据处理任务，通过在内存中快速迭代计算，快速得出分析结果，为教学研究和教学改进提供深入的数据洞察。

通过采用数据处理的并行化与分布式计算技术，高校能够在短时间内对海量的数字化教学资源数据进行高效处理，及时获取有价值的信息，为教学管理、教学决策、教学研究等提供有力的支持，推动高校数字化教学的深入发展。

（四）数据安全与隐私保护

在数字化教学资源的数据存储与处理过程中，数据安全与隐私保护是至关重要且不容忽视的核心问题。教学资源数据中往往蕴含着学生的个人信息，如姓名、身份证号、家庭住址等；学习记录，包括考试成绩、作业完成情况、课程选修记录等，以及教师的教学资料，如教学课件、教案、科研成果等敏感信息。这些信息一旦泄露，将对学生的学业发展、个人权益以及教师的教学和科研工作造成严重的负面影响。因此，必须采取一系列行之有效的安全措施，全方位保障数据的安全性和隐私性。

在数据存储环节，加密技术是保障数据安全的重要手段之一。通过采用先进的加密算法，对存储在各类存储设备中的数据进行加密处理，将原始数据转换为密文形式进行存储。这样，即便数据不幸被非法获取，由于没有正确的解密密钥，攻击者也无法轻易读取其中的真实内容，从而有效保护了数据的机密性。在选择加密算法时，需充分考虑算法的安全性、计算效率和适用性等因素。目前，常用的加密算法如 AES（高级加密标准）、RSA 等，在保障数据安全方面具有较高的可靠性。AES 算法具有加密速度快、安全性高的特点，适用于对大量数据进行加密存储；而 RSA 算法则常用于密钥交换和数字签名等场景，能够确保数据传输和存储过程中的完整性和不可否认性。在实际应用中，高校可以根据自身的数据特点和安全需求，合理选择和配置加密算法，对教学资源数据进行全面加密存储。

同时，建立严格且精细的访问控制机制是限制对敏感数据访问权限的关键举措。通过制定详细的访问策略，明确规定只有经过授权的特定用户才能访问和操作相关敏感数据。在访问控制体系中，可采用基于角色的访问控制（RBAC）模型，根据用户在学校教学管理中的不同角色，如教师、学生、管理员等，为其分配相应的访问权限。教师通常只能访问和修改自己所教授课程的相关教学资料和学生成绩；学生只能查看自己的个人信息、学习记录和选修课程资料；管理员则根据其职责范围，拥有对特定教学管理数据的访问和管理权限。此外，还可以结合多因素认证等技术，进一步增强访问控制的安全性。例如，在用户登录系统访问敏感数据时，除了要求输入正确的用户名和密码外，还需要通过手机验证码、指纹识别等额外的验证方式进行身份确认，确保用户身份的真实性和合法性，防止非法用户通过窃取用户名和密码等方式访问敏感数据。

在数据处理过程中，保护数据隐私同样至关重要。为避免在数据分析和挖掘过程中不慎泄露个人隐私信息，数据脱敏、匿名化等技术被广泛应用。数据脱敏技术通过对原始数据中的敏感信息进行替换、变形或屏蔽等操作，使其在保留数据的统计特征和业务价值的同时，无法识别出具体的个人身份信息。在处理学生的考试成绩数据时，可以将学生的姓名替换为随机生成的匿名标识符，而保留成绩数据的数值部分用于后续的统计分析。这样，在进行成绩分析时，能够保证数据的可用性，同时有效保护了学生的个人隐私。匿名化技术则是通过对数据进行一系列复杂的变换和处理，使得从处理后的数据中无法推断出原始数据所对应的个人身份信息。例如，在对学生的学习行为数据进行分析时，可以采用泛化、抑制等匿名化方法，对数据中的某些属性进行模糊处理或删除，从而在满足数据分析需求的前提下，最大限度地保护学生的隐私安全。

此外，加强网络安全防护是抵御外部攻击和防止数据窃取的重要防线。高校需要构建完善的网络安全防护体系，包括部署防火墙、入侵检测系统（IDS）、入侵防御系统（IPS）等安全设备，实时监测和防范网络攻击行为。防火墙能够阻挡外部非法网络流量进入学校内部网络，保护数据存储与处理系统的网络边界安全；IDS 和 IPS 则可以实时监测网络中的异常流量和攻击行为，一旦发现威胁，及时进行报警和阻断，防止攻击者入侵系统窃取数据。同时，定期进行全面的安全审计和漏洞扫描也是保障数据安全的必要措施。通过安全审计，能够对数据存储与处理系统中的操作行为进行详细记录和分析，及时发现潜在的安全风险和违规操作；漏洞扫描则可以定期对系统进行全面检测，查找系统中存在的安全漏洞，并及时进行修复，确保数据存储与处理系统始终处于安全稳定的运行状态，为数字化教学资源的数据安全与隐私保护提供坚实的保障。

第三节

数字化教学资源的多媒体展示与交互工具

多媒体展示与交互工具是数字化教学资源的重要组成部分，它们为教学活动提供了更加生动、互动和个性化的学习体验。随着信息技术的飞速发展，多媒体展示技术（如 HTML5、JavaScript、视频流技术等）和交互工具（如在线协作工具、虚拟现实、增强现实等）在教育领域的应用日益广泛。这些技术不仅能够提升教学资源的吸引力和互动性，还能为学生提供更加沉浸式的学习环境，激发学习兴趣和创造力。

一、多媒体展示技术

（一）HTML5

HTML5 是第五代超文本标记语言，它为多媒体内容的嵌入与交互提供了强大的支持。HTML5 通过 Canvas、WebGL 和 Audio/Video API 等技术，能够实现复杂的图形渲染、3D 模型展示和音频视频播放。例如，Canvas 可以用于绘制 2D 图形，WebGL 则能够实现 3D 图形的渲染，使得教学资源的展示更加生动和直观。HTML5 还支持响应式设计，能够确保教学资源在不同设备（如桌面电脑、平板、手机）上的良好展示效果。通过 HTML5，教师可以轻松地将多媒体内容嵌入到在线课程中，学生则可以通过浏览器直接访问和交互，无需安装额外的插件。

HTML5 的优势在于其开放性和跨平台特性。它不需要依赖任何第三方插件（如 Flash），这使得它在各种设备和浏览器上都能保持良好的兼容性。此外，HTML5 的语义化标签和结构化数据支持，使得教学资源更加易于搜索引擎优化（SEO），提高了资源的可见性和可访问性。例如，教师可以使用 HTML5 的<video>标签直接嵌入教学视频，并通过<track>标签添加字幕和描述，使得视频内容更加易于理解和访问。

（二）JavaScript

JavaScript 是一种脚本语言，广泛用于 Web 开发，能够实现动态效果与用户交互。通过 JavaScript，教师可以为教学资源添加交互功能，如按钮点击、滑动条控制、弹出提示等。例如，AJAX 技术允许在不刷新页面的情况下动态加载数据，从而提升用户体验。JavaScript 框架（如 React、Vue. js）进一步简化了前端开发，使得代码更加模块化和可维护。此外，JavaScript 通过 WebSocket 技术实现实时通信，支持在线协作和即时反馈，为教学活动提供了更多的互动可能性。

JavaScript 的灵活性和强大的生态系统使得它成为数字化教学资源开发的首选语言之一。通过 JavaScript，教师可以创建互动式的教学内容，如在线测验、模拟实验和互动图表。例如，使用 D3. js 库可以创建动态的数据可视化图表，帮助学生更直观地理解复杂的数据关系。同时，JavaScript 的事件驱动特性使得它能够响应用户的操作，如点击、拖拽和键盘输入，从而实现高度互动的教学体验。

（三）视频流技术

视频流技术是数字化教学资源展示的重要手段，它通过网络将视频内容实时传输到用户的设备上。常见的视频流技术包括实时流媒体协议（如 RTMP、HLS）和自适应比特率流媒体（如 DASH）。这些技术能够根据用户的网络状况自动调整视频质量，确保流畅的观看体验。在教育领域，视频流技术被广泛应用于在线课程、远程教学和虚拟课堂中。例如，教师可以录制高质量的教学视频，并通过视频流技术将其发布到在线学习平台上，学生则可以根据自己的时间和需求随时观看。此外，视频流技术还支持实时互动，如直播课堂中的弹幕评论和实时问答，增强了师生之间的互动性。

视频流技术的优势在于其高效的数据传输和广泛的兼容性。通过使用内容分发网络（CDN），视频流技术可以将视频内容分发到全球各地的服务器上，减少延迟和卡顿，确保用户能够获得高质量的观看体验。此外，视频流技术还支持多种格式和编码标准（如 H. 264、H. 265），使得视频内容能够在不同设备和平台上无缝播放。例如，HLS 协议通过将视频分割成小片段并使用 HTTP 传输，使得视频流可以在任何支持 HTTP 的设备上播放，无需复杂的设置和配置。

二、交互工具

（一）在线协作工具

在线协作工具为数字化教学资源的共享与协作提供了便利。Google Classroom 是一个典型的在线协作平台，它允许教师创建课程、分配作业、发布通知，并与学生进行实时沟通。Microsoft Teams 则结合了即时通信、视频会议和文件共享功能，支持团队协作和项目管理。这些工具通过云存储技术实现了资源的集中管理和实时同步，学生和教师可以随时随地访问和编辑教学资源。在线协作工具不仅提高了教学效率，还促进了学生之间的互动与合作，培养了团队协作能力。

在线协作工具的优势在于其丰富的功能和用户友好的界面。例如，Google Classroom 允许教师通过简单的拖放操作上传教学材料，并自动创建课程日历和作业提醒。学生可以在线提交作业，教师则可以直接在平台上进行批改和反馈。Microsoft Teams 进一步扩展了协作功能，支持多人同时编辑文档、共享屏幕和进行视频会议。这些功能使得在线协作工具成为远程教学和混合式教学的理想选择，特别是在疫情期间，它们为全球数百万学生和教师提供了稳定和高效的教学支持。

（二）虚拟现实（VR）技术

虚拟现实技术通过创建一个虚拟的三维环境，为学生提供沉浸式的学习体验。在教育领域，VR 技术被广泛应用于虚拟实验室、历史场景重现和地理探索等场景。例如，某高校利用 VR 技术构建了虚拟机械装配实验室，学生可以在虚拟环境中进行复杂机械部件的拆装操作，避免了实际操作中对昂贵设备的损耗和安全风险。VR 技术的优势在于其高度的沉浸感和互动性，能够激发学生的学习兴趣和创造力。然而，VR 设备的成本较高，且对硬件性能要求较高，这在一定程度上限制了其大规模应用。

VR 技术在教育中的应用不仅限于科学实验。它还可以用于历史、地理、艺术等学科的教学。例如，学生可以通过 VR 技术“穿越”到古埃及，探索金字塔的内部结构；或者“置身”于文艺复兴时期的意大利，欣赏达·芬奇和米开朗基罗的作品。这些沉浸式体验使得学习变得更加生动和有趣，帮助学生更好地理解和记忆复杂的概念和历史事件。此外，VR 技术还可以用于特殊教育和职业培训，为学生提供个性化的学习路径和实践机会。

（三）增强现实（AR）技术

增强现实技术通过将虚拟信息叠加到现实世界中，可为学生提供更加丰富的学习体验。AR 技术在教育中的应用包括虚拟教具、互动教材和实地考察等。例如，教师可以使用 AR 应用将 3D 模型叠加到纸质教材上，学生通过手机或平板设备扫描教材，即可看到动态的 3D 模型，增强了学习的趣味性和直观性。AR

技术的优势在于其灵活性和低成本，学生可以使用现有的移动设备进行学习，无需额外购买昂贵的设备。

AR 技术在教育中的应用正在不断扩展。例如，在机械设计课程中，AR 技术可以帮助学生将平面设计图转换为三维模型，进行旋转、缩放和拖拽操作，从而更深入地了解机械部件的装配过程和工作原理。这种交互式学习体验不仅增加了学生的参与度，还提升了他们的空间思维能力。此外，AR 技术还可以用于机械制图教学。通过手机摄像头扫描教材上的平面图形，学生可以实时查看对应的三维模型，帮助他们将平面图与三维结构联系起来，弥补传统教学中实物教具不足的问题。这些应用使得 AR 技术成为教育领域中一个极具潜力的工具，为学生提供了更加互动和直观的学习方式。

三、实时反馈与个性化学习路径设计

（一）实时反馈

实时反馈是数字化教学资源的重要特性之一，它能够帮助学生及时了解自己的学习进度和问题。通过在线测验、即时评分和学习管理系统（LMS），教师可以实时监控学生的学习情况，并提供针对性的反馈。例如，学生在完成在线测验后，系统可以立即显示答案和评分，并提供详细的解析，帮助学生理解错误的原因。实时反馈不仅提高了学习效率，还能增强学生的学习动力和自信心。

实时反馈系统的优势在于其自动化和个性化。通过使用人工智能技术，系统可以根据学生的学习行为和错误模式提供个性化的反馈和建议。例如，如果一个学生在数学题中反复出现某种类型的错误，系统可以自动推送相关的学习资源和练习题，帮助学生针对性地改进。此外，实时反馈还可以通过数据可视化技术展示学生的学习进度和成绩趋势，使学生和教师能够一目了然地了解学习状况，及时调整学习策略。

（二）个性化学习路径设计

个性化学习路径设计是数字化教学资源的核心优势之一。借助于学习管理系统（LMS）和人工智能等技术，教师可以根据学生的学习行为和成绩数据，为每个学生设计个性化的学习路径。个性化学习路径的设计通常基于大数据分析和机器学习算法。学习管理系统通过收集和分析学生的学习数据（如作业完成情况、测验成绩、学习时间等），可构建出学生的学习模型，并根据模型预测学生的学习需求和潜在困难。例如，系统可以识别出哪些学生在某个主题上需要更多的练习，哪些学生可以提前学习更高级的内容。然后通过动态调整学习内容和难度，确保每个学生都能以最适合自己的节奏和方式学习，从而提高学习效果和满意度。

四、多媒体展示与交互工具的集成与优化

（一）技术集成

多媒体展示与交互工具的集成是提升教学效果的关键。通过将 HTML5、JavaScript、视频流技术等多媒体展示技术与在线协作工具、VR/AR 技术等交互工具相结合，可以构建更加丰富和互动的教学环境。例如，在线课程平台可以结合 HTML5 的多媒体展示功能和 JavaScript 的交互功能，提供动态的课程内容和实时的用户反馈。同时，通过集成 VR/AR 技术，可以为学生提供沉浸式的学习体验，进一步提升教学效果。

技术集成的优势在于其综合性和灵活性。通过整合多种技术，教学平台可以提供一站式的解决方案，满足不同教学场景和学习需求。例如，一个综合性的在线学习平台可以同时支持视频播放、互动测验、实时讨论和虚拟实验等多种功能，为学生提供全方位的学习支持。此外，技术集成还可以通过开放的 API 和模块化设计，方便第三方应用和服务的接入，进一步扩展平台的功能和应用场景。

（二）性能优化

为了确保多媒体展示与交互工具的高效运行，需要进行性能优化。例如，通过压缩多媒体文件、优化网络传输协议和使用 CDN（内容分发网络）技术，可以提高资源的加载速度和响应时间。此外，通过优化代码结构和减少不必要的计算，可以降低系统的资源消耗，提升用户体验。

性能优化的具体措施包括对图像和视频文件进行压缩，以减少文件大小而不显著影响质量；使用懒加载技术，只在用户需要时才加载资源，从而减少初始加载时间；以及通过缓存机制存储频繁访问的数据，减少重复请求。在网络传输方面，使用 HTTP/2 协议可以提高数据传输效率，减少延迟和带宽消耗。CDN 技术通过将内容分发到全球各地的服务器上，使得用户可以从最近的服务器获取资源，从而显著提高加载速度和稳定性。

（三）用户体验设计

用户体验设计是多媒体展示与交互工具成功应用的关键。通过简洁的界面设计、直观的操作流程和个性化的功能设置，可以提升用户的满意度和使用频率。

例如，教学平台可以通过响应式设计确保在不同设备上的良好展示效果，通过个性化推荐功能为学生提供符合其兴趣和需求的学习资源。

用户体验设计的核心在于以用户为中心，关注用户的需求和感受。通过用户调研和测试，可以了解用户在使用过程中的痛点和需求，从而进行针对性的设计和改进。例如，通过简化导航菜单和提供清晰的指示，可以帮助用户快速找到所需的内容；通过提供多种交互方式（如触摸、语音、手势等），可以满足不同用户的操作习惯和偏好。此外，个性化推荐功能可以通过分析用户的学习历史和兴趣，为用户提供一个性化的学习体验，提高用户的学习积极性和参与度。

五、未来发展趋势

（一）人工智能与自适应学习

人工智能技术将在数字化教学资源中发挥越来越重要的作用。通过机器学习和自然语言处理，系统可以自动分析学生的学习行为和需求，提供个性化的学习建议和资源推荐。自适应学习系统将根据学生的学习进度和表现，动态调整学习内容和难度，确保每个学生都能获得最适合自己的学习体验。

人工智能在教育中的应用还包括智能辅导系统和自动评分系统。智能辅导系统可以通过对话和互动的方式帮助学生解决学习中的问题，提供即时的指导和支持。自动评分系统可以快速准确地评估学生的作业和测验，减轻教师的工作负担，并为学生提供及时的反馈。这些技术的应用将使教学过程更加智能化和个性化，提高教学质量和效率。

（二）5G与高速网络

5G技术的普及将为多媒体展示与交互工具带来更高的网络带宽和更低的延迟。这将使得高清视频流、实时互动和沉浸式VR/AR体验更加流畅和稳定。5G技术的应用将进一步推动数字化教学资源的发展，为学生提供更加丰富的学习体验。

5G网络的高速率和低延迟特性将支持更多设备的同时连接和高效通信。例如，在远程教学中，5G网络可以确保多个学生同时参与高清视频会议，而不会出现卡顿或延迟。在VR/AR应用中，5G网络可以实现更快速的数据传输和更流畅的交互体验，使学生能够更加身临其境地学习。此外，5G技术还将推动物联网（IoT）设备在教育中的应用，如智能教室设备和可穿戴学习设备，为教学提供更多的可能性和创新。

（三）跨平台与多设备支持

随着移动设备的普及，跨平台与多设备支持将成为数字化教学资源的重要发展方向。通过响应式设计和云存储技术，教学资源可以无缝地在不同设备（如桌面电脑、平板、手机）之间切换和同步，为学生提供更加灵活和便捷的学习方式。

跨平台与多设备支持的优势在于其灵活性和便捷性。学生可以根据自己的设备和环境选择最适合的学习方式，随时随地进行学习。例如，学生可以在课堂上使用平板设备参与互动活动，在家中使用桌面电脑完成作业，或者在通勤途中使用手机观看教学视频。通过云存储技术，学生的学习进度和数据可以自动同步到所有设备上，确保学习的连续性和一致性。这种灵活性和便捷性将极大地提高学生的学习效率和参与度，推动数字化教学资源的广泛应用。

第二章

高校数字化教学资源建设的技术现状分析

随着信息技术的飞速发展和教育改革的深入推进，数字化教学资源已成为提升教学效率、优化学习体验以及实现教育公平的关键抓手。尤其是在疫情背景下，在线教学的普及进一步凸显了数字化资源建设的紧迫性与重要性。因此，当前高校在数字化资源建设过程中的技术现状如何，值得研究与探讨。

第一节

高校数字化教学资源建设的技术现状

数字化教学资源建设是高校教学改革的重要组成部分，它不仅能够提升教学效率和质量，有效增强课堂教学效果，还能为学生提供更加丰富和个性化的学习体验，有助于激发学生的学习兴趣和建立学习自信心。随着信息技术的飞速发展，数字化教学资源已经成为现代教育不可或缺的一部分。

一、建设的必要性

探究高校数字化教学资源建设的技术现状具有极其重要的意义。在当今数字化时代，教育领域正经历着前所未有的变革，而数字化教学资源建设作为教育信息化的核心内容，其技术现状直接关系到教育教学的质量和效率，以及教育现代化的进程。

从教学效果提升的角度来看，数字化教学资源能够将抽象、复杂的知识通过图像、动画、视频等直观的形式呈现出来，使学生更容易理解和掌握。例如，某国内顶尖学府通过优化智慧教学环境，加强在线课程体系建设，所有教室均支持开展录播直播授课，线上线下融合教学，全校 100 多个专业的所有课程都实现了数字化，极大地提高了教学效果和学生的学习体验。

另外，教育资源的共享和传播变得更加便捷和高效。数字化教学资源打破了传统教育资源的时空限制，使得优质教育资源能够通过互联网快速传播到更广泛的区域，不同地区、不同学校的师生都可以共享这些资源。这不仅有助于提高教育资源的利用效率，还能在一定程度上促进教育公平，缩小教育资源分配的差距。

数字化教学资源建设还可以推动教学模式的创新。传统的教学模式以教师讲授为主，而数字化教学资源为混合式教学、在线教学等新型教学模式提供了可能。教师可以利用各种数字化平台和工具，如在线讨论板、实时视频会议、虚拟实验室等，开展互动式、沉浸式的教学活动，增强师生之间的互动和交流，提高学生的学习积极性和参与度。

不仅如此，探究高校数字化教学资源建设的技术现状对于推动教育技术的发展也具有重要意义。随着大数据、人工智能、云计算等先进技术的不断涌现，教育领域需要及时了解和掌握这些技术的发展动态，以便更好地将它们应用到教学资源建设中，提升教育资源的质量和智能化水平。

从教育质量提升的角度出发，了解数字化教学资源建设的技术现状有助于高校制定更加科学合理的教育资源建设规划，合理分配资源，提高教育资源的建设质量和效益。同时，也有助于培养教师的信息化教学能力，使他们能够更好地适应数字化教学环境，提高教学水平。

二、主要技术现状

高校数字化教学资源建设的技术现状涵盖了技术基础设施、资源建设技术和技术应用三个关键领域。

（一）技术基础设施现状

1. 网络环境

高校的网络环境是数字化教学资源建设的基础。近年来，随着信息技术的不断进步，高校校园网的覆盖范围和带宽得到了显著提升。大多数高校已经实现了校园内的全面网络覆盖，包括教学楼、图书馆、宿舍等区域。高速稳定的校园网能够支持大规模的在线教学活动，确保师生能够流畅地访问和使用数字化教学资源。

例如，某高校通过升级校园网带宽至 10Gbps，显著提升了网络的稳定性和速度。在疫情期间，该校成功开展了大规模的在线教学活动，数万名师生同时在线教学和学习，网络未出现明显卡顿或中断。此外，5G 技术的逐步普及也为高校网络环境的进一步优化提供了可能。5G 的高速率和低延迟特性能够支持高清视频流、实时互动和沉浸式虚拟现实（VR）体验，为数字化教学资源的展示和交互提供了更强的技术保障。

2. 硬件设施

硬件设施是数字化教学资源建设的重要支撑。高校在服务器、存储设备和计算设备等方面的配置现状直接影响到资源的存储、管理和访问效率。目前，大多数高校已经配备了较为完善的硬件设施，以满足数字化教学资源建设的需求。

在服务器方面，高校通常采用高性能的服务器集群来支持大规模的在线教学活动。这些服务器具备强大的计算能力和存储容量，能够处理高并发的访问请求。例如，某高校采用了基于云计算的服务器架构，通过动态分配计算资源，确保在高峰时段也能稳定运行。在存储设备方面，高校普遍采用了分布式存储系统（如 HDFS）或云存储服务，以满足大量多媒体教学资源的存储需求。分布式存储系统通过数据冗余和负载均衡，确保数据的安全性和高可用性。云存储服务则提供了几乎无限的扩展性和便捷的共享功能，方便师生随时随地访问教学资源。

计算设备方面，高校为教师和学生配备了多种类型的终端设备，包括台式电脑、笔记本电脑等。这些设备支持多种操作系统和应用程序，能够满足不同教学场景的需求。例如，教师可以使用笔记本电脑进行在线授课，学生则可以通过平板电脑或智能手机参与互动学习。

3. 软件平台

软件平台是数字化教学资源建设的核心工具。高校普遍采用多种教学管理软件和课程开发工具，以支持教学资源的创建、管理和使用。学习管理系统（LMS）是其中最重要的软件平台之一，它为教师提供了课程管理、资源发布和学生评估等功能，为学生提供了学习资源访问和作业提交的便捷途径。

目前，常见的学习管理系统包括 Moodle、Blackboard 和 Canvas 等。这些系统具备丰富的功能模块，能够满足不同课程和教学模式的需求。例如，Moodle 以其开源性和高度的可定制性受到许多高校的青睐。教师可以使用 Moodle 创建个性化的课程页面，发布教学资源，设计在线测验，并通过论坛和聊天功能与学生进行互动。Blackboard 则以其稳定性和易用性著称，特别适合大规模的在线教学活动。Canvas 则以其现代化的界面和强大的协作功能受到师生的欢迎，支持多种文件格式的上传和在线协作编辑。

除了学习管理系统，高校还广泛使用课程开发工具来创建高质量的数字化教学资源。例如，Articulate Storyline 和 Adobe Captivate 等工具可以帮助教师制作交互式的课件和视频内容。这些工具提供了丰富的模板和动画效果，使得教学资源更加生动和吸引人。此外，高校还采用视频编辑软件（如 Adobe Premiere Pro）和音频录制设备（如专业麦克风）来制作高质量的多媒体资源，提升教学资源的制作水平。

（二）资源建设技术现状

1. 多媒体资源制作技术

多媒体资源是数字化教学资源的重要组成部分，其制作技术直接影响到资源的质量和教学效果。高校在制作文本、图像、音频、视频等多媒体教学资源时，采用了多种先进的技术和工具。

在文本资源方面，高校普遍使用专业的排版软件（如 LaTeX 和 Microsoft Word）来创建高质量的电子教材和讲义。这些软件支持复杂的排版需求，能够生成美观且易于阅读的文档。在图像资源方面，高校使用图像编辑软件（如 Adobe Photoshop）来处理和优化图片，确保图像的清晰度和视觉效果。音频资源的制作则依赖于专业的录音设备和音频编辑软件（如 Audacity 和 Adobe Audition）。通过高质量的麦克风和音频接口，教师可以录制清晰的讲解音频，并通过音频编辑软件进行后期处理，去除噪声和优化音质。

视频资源的制作是多媒体资源建设的重点。高校通常配备专业的视频拍摄设备（如高清摄像机和无人机）和视频编辑软件（如 Adobe Premiere Pro 和 Final Cut Pro）。教师和多媒体团队可以合作制作高质量的教学视频，包括讲座录播、实验演示和动画讲解等。例如，某高校通过引入虚拟演播室技术，制作了生动的虚拟实验视频，学生可以通过这些视频直观地理解复杂的实验过程和原理。此外，高校还采用屏幕录制软件（如 Camtasia 和 OBS Studio）来录制计算机屏幕操作过程，制作教学演示视频，特别适合计算机科学和工程类课程。

2. 课程设计与开发技术

课程设计与开发技术是数字化教学资源建设的核心环节。高校在进行课程整体设计和开发时，采用了多种先进的技术手段，以确保课程的科学性和互动性。

基于学习对象的课程设计方法是当前的主流趋势。学习对象是指具有明确学习目标和独立学习价值的数字化教学资源单元。通过将课程内容分解为多个学习对象，教师可以更加灵活地组织和管理教学资源，满足不同学生的学习需求。例如，某高校采用学习对象设计方法，将一门课程的内容分解为数十个独立的学习模块，每个模块包含视频讲解、互动测验和拓展阅读材料。学生可以根据自己的学习进度和兴趣选择学习模块，实现个性化的学习路径。

在线课程开发平台为课程设计与开发提供了强大的支持。例如，Coursera、edX 和 Udemy 等平台不仅提供了课程创建和管理工具，还支持多种多媒体资源的上传和互动功能的设计。高校教师可以利用这些平台快速创建高质量的在线课程，并通过平台的分析工具了解学生的学习行为和反馈，及时调整课程内容和教学策略。

此外，高校还采用协作开发工具来促进课程设计团队的协作。例如，Google Workspace 和 Microsoft Teams 等工具支持多人同时编辑文档、共享文件和进行视频会议，使得课程设计团队能够高效协作，共同完成课程的开发工作。

3. 资源存储与管理技术

资源存储与管理技术是数字化教学资源建设的重要保障。高校需要采用高效的存储和管理技术，确保资源的安全性、完整性和易用性。

在资源存储方面，高校普遍采用集中式的资源存储库。这种存储方式通过统一的存储平台管理所有的教学资源，方便资源的集中管理和共享。例如，某高校建立了校级的数字资源库，所有教师都可以将自己制作的教学资源上传到该库中，学生则可以通过学习管理系统访问这些资源。集中式存储库通常采用分布式存储技术（如 HDFS）或云存储服务，以确保数据的高可用性和容错性。

资源管理方面，高校广泛使用资源管理系统（RMS）来对教学资源进行分类、标注和检索。资源管理系统通过元数据标注技术，为每个资源添加详细的描述信息，如资源类型、学科领域、适用对象等。这使得师生能够快速准确地找到所需的资源，提高了资源的利用率。例如，某高校的资源管理系统支持按关键词、学科分类和资源类型进行检索，教师可以轻松找到适合自己的教学资源，学生也可以根据自己的学习需求搜索相关的学习材料。

此外，高校还注重资源的版权管理和版本控制。通过建立完善的版权管理制度，确保资源的合法使用和分享。同时，通过版本控制系统记录资源的修改历史，方便资源的更新和维护。

（三）技术应用现状

1. 教学模式创新

数字化教学资源建设为高校教学模式的创新提供了有力支持。近年来，翻转课堂、混合式教学和项目式学习等新型教学模式在高校中得到了广泛应用。

翻转课堂通过将传统的课堂讲授和课后作业环节颠倒，使学生在课前通过数字化资源自主学习基础知识，课堂上则通过互动讨论和实践活动深化理解。例如，某高校在计算机编程课程中采用翻转课堂模式，学生在课前观看教学视频学习编程语法，课堂上则通过实际编程项目巩固所学知识。这种模式不仅提高了学生的学习积极性，还培养了学生的自主学习能力和实践能力。

混合式教学结合了线上和线下的优势，通过数字化资源和面对面教学的有机结合，实现教学效果的最大化。例如，某高校在机械设计课程中采用混合式教学模式，学生通过在线平台学习机械设计的基本原理、设计规范和相关软件操作视频，参与在线讨论和完成在线测验。课堂上，教师则引导学生进行实际的机械设计项目操作，如使用 CAD 软件进行机械部件的设计，或在实验室中操作机床进行零件加工。这种模式不仅丰富了教学内容，使理论与实践紧密结合，还增强了师生之间的互动，教师可以及时解答学生在实际操作中遇到的问题，指导学生优化设计方案。同时，学生通过线上线下的学习和实践，不仅掌握了机械设计的理论知识，还提高了实际操作技能和解决工程问题的能力，为今后的工程实践和创新打下了坚实的基础。

项目式学习通过让学生在实际项目中应用所学知识，培养学生的综合能力和创新思维。例如，某高校在工程类课程中采用项目式学习模式，学生通过团队合作完成一个实际的工程项目，从项目规划、资源分配到实施和评估，全程使用数字化工具进行协作和管理。这种模式不仅提高了学生的学习兴趣，还培养了学生的团队协作能力和解决实际问题的能力。

2. 教师技术应用能力

教师的技术应用能力是数字化教学资源建设的关键因素。近年来，高校通过多种方式提升教师的技术应用能力，取得了显著成效。

高校普遍开展教师技术培训项目。这些培训项目涵盖从基础的计算机操作到高级的课程开发和数据分析技术，帮助教师掌握数字化教学所需的各项技能。例如，某高校定期举办教师技术培训工作坊，邀请技术专家为教师讲解虚拟现实、人工智能等新兴技术在教学中的应用。通过这些培训，教师能够了解最新的技术发展趋势，并将其应用到教学实践中。

不仅如此，高校还鼓励教师参与技术研究和创新项目。通过参与这些项目，教师不仅能够提升自己的技术能力，还能为学校的数字化教学资源建设贡献力量。例如，某高校成立了数字化教学创新团队，教师可以申请加入团队，参与在线课程开发、教学资源优化等项目。通过这些实践项目，教师能够积累丰富的技术应用经验，提升教学水平。

此外，高校还通过建立技术支持平台，为教师提供持续的技术支持。例如，某高校设立了专门的技术支持团队，为教师提供课程开发工具的使用指导、服务器维护和技术故障排除等服务。这使得教师能够更加专注于教学内容的创作，而不必担心技术问题。

3. 学生学习体验

数字化教学资源建设显著提升了学生的学习体验。通过丰富的多媒体资源和互动功能，学生能够更加积极地参与学习，提高学习效果。

数字化教学资源为学生提供了更加灵活的学习方式。学生可以根据自己的时间和需求，随时随地访问在线学习平台，进行自主学习。例如，某高校的学生可以在课后通过学习管理系统复习课程内容，观看教学视频，完成在线测验。这种灵活的学习方式特别适合当代大学生的生活节奏，提高了学习的便利性和效率。

多媒体资源的丰富性和互动性增强了学生的学习兴趣和参与度。通过观看生动的教学视频、参与互动讨论和完成在线实验，学生能够更加直观地理解复杂的概念和原理。例如，某高校在物理课程中引入了虚拟实验室，学生可以通过虚拟实验平台进行物理实验操作，观察实验现象，分析实验数据。这种沉浸式的学习体验不仅提高了学生的学习积极性，还培养了学生的科学思维和实践能力。

此外，数字化教学资源还支持个性化的学习路径设计。通过学习管理系统和数据分析技术，教师可以根据学生的学习行为和成绩数据，为每个学生设计个性化的学习方案。例如，系统可以根据学生的学习进度和兴趣，推荐相关的学习资源和练习题，帮助学生有针对性地学习。这种个性化的学习方式能够更好地满足不同学生的学习需求，提高学习效果。

三、面临的挑战

（一）技术更新换代快

随着信息技术的飞速发展，数字化教学资源建设正面临技术更新换代快的挑战。虚拟现实、人工智能、区块链等新兴技术不断涌现，高校需要持续跟进这些技术的发展，以保持教学资源建设的技术先进性。与此同时，操作系统、网络浏览器、编码技术以及视频格式的不断更新，使得以往的数字化资源在新技术环境下难以完美呈现，这不仅影响了数字化教学资源的建设，也对后期的维护和升级提出了更高要求。因此，数字化教学资源建设必须与技术发展同步升级，以确保其前瞻性和有效性。

为了应对这一挑战，高校需要建立持续的技术跟踪和评估机制。通过设立专门的技术研究团队，定期对新兴技术进行调研和评估，筛选出适合教学应用的技术。例如，某高校成立了技术趋势研究小组，每学期发布一份技术趋势报告，为学校的技术采购和应用提供参考。同时，高校还需要加强与技术企业的合作，通过产学研合作项目，共同探索新技术在教育领域的应用。

此外，高校还需要为教师和学生提供持续的技术培训和支持。通过定期举办技术培训课程和工作坊，帮助师生掌握最新的技术应用方法。例如，某高校每年举办一次教育技术创新大会，邀请国内外技术专家和教育工作者分享最新的技术应用案例和技术发展趋势，为师生提供学习和交流的平台。

（二）数据安全与隐私保护

数字化教学资源建设中，数据安全和隐私保护是一个至关重要的问题。随着高校数字化程度的提高，大量的教学数据和学生个人信息被存储和处理，数据泄露和滥用的风险也随之增加。

为了保障数据安全和隐私，高校需要采取多层次的防护措施。在技术层面，高校需要采用先进的安全技术，如数据加密、访问控制和防火墙等，确保数据在存储、传输和使用过程中的安全性。在管理层面，高校需要建立健全的数据安全管理制度，明确数据的访问权限和使用规范。在法律层面，高校需要遵守相关的法律法规，如《中华人民共和国网络安全法》和《中华人民共和国个人信息保护法》等，确保数据的合法收集、存储和使用。通过与法律机构合作，高校可以制定符合法律要求的数据保护政策，并对师生进行数据保护的法律知识培训，提高师生的法律意识和自我保护能力。

（三）数字化教学资源的整合与系统化不足

数字化教学资源的整合与系统化不足已成为制约教育数字化发展的瓶颈之一。一方面，各学校在数字化教学资源建设中拥有较大的自主性，加之各地缺乏统一的规划与标准，导致教育数字化教学资源的建设呈现出多样化、分散化的特点，质量也参差不齐。这种状况使得资源的共享与利用效率大打折扣，难以形成规模效应。因此，必须加强对数字化教学资源内容和技术水平的审核与评估，确保资源的高质量、高稳定性和高可靠性，使其能够真正为教育发展提供有力支持。另一方面，数字化教学资源体系缺乏顶层设计，导致资源松散、逻辑不紧密，缺乏贯通性和多元性。资源框架设计不合理，基本处于碎片化采集与开发状态，缺乏一体化设计，呈现出的资源是零碎的而非系列的。

将分散的数字化教学资源整合成一个连贯、系统的课程体系是一项复杂而艰巨的任务。资源整合与系统化难度大的原因，首先在于缺乏统一的标准和规范，这使得不同来源的资源难以兼容与整合。其次，资源来源的多样性也增加了整合的复杂性，不同地区、不同学校开发的资源在内容、形式和技术实现上存在较大差异，给整合工作带来了额外的挑战。此外，技术实现的复杂性也是一个重要因素，不同资源可能基于不同的技术平台和开发工具，这进一步加大了整合的难度。

为解决这些问题，一是需要建立统一的资源标准和规范，为资源整合提供技术基础。通过制定统一的资源分类、元数据标准和接口规范，可以有效提高资源的兼容性和互操作性。二是应加强顶层设计，从整体上规划数字化教学资源的框架和逻辑结构，确保资源的系统性和连贯性。这需要教育主管部门、学校和技术开发者共同努力，形成合力。三是需要重视资源整合的技术实现，通过云计算、大数据等技术手段，提高资源整合的效率和效果。此外，还需要加强资源整合的协作机制，鼓励不同地区、不同学校之间的资源共享与合作。通过建立资源共享联盟或合作平台，可以促进资源的优化配置和高效利用。同时，应加强对资源整合工作的支持与保障，包括提供必要的资金、技术和人员支持，确保资源整合工作的顺利进行。

（四）数字化教学资源的用户体验不佳

数字化教学资源在提升学习效果方面发挥着重要作用，然而，部分资源的用户体验不佳，这已成为一个亟待解决的问题。优质的学习体验是激发学生学习积极性、提高学习效果的重要因素。然而，当前许多数字化教学资源在设计上存在明显不足，例如界面设计不够友好、交互逻辑复杂且不够直观等，这些问题使得教师和学生在使用过程中感到不便，难以快速上手，从而削弱了他们的教学与学习动力，进而影响了学习效果。此外，一些虚拟仿真教学系统在模拟现实环境方面也存在明显不足，虚拟环境与现实环境之间的差异感和疏离感较强，无法有效满足实际教学需求。这些系统在生成真实体验方面存在困难，沉浸感不足，难以让学生真正融入虚拟学习情境，进一步影响了教学资源的实用性和教学效果。

用户体验不佳的根源往往在于缺乏对用户的深入研究和正确的设计思维。开发者在设计过程中可能没有充分考虑用户的实际需求和使用习惯，导致最终的数字化教学资源在界面和交互设计上与用户的期望存在较大差距。为解决这些问题，开发者应重视用户研究，深入了解教师和学生的实际需求，采用以用户为中心的设计思维，优化界面设计和交互逻辑，提升用户体验。同时，对于虚拟仿真教学系统，应加强技术研发，提高虚拟环境的真实感和沉浸感，使其更好地适应教学需求，从而充分发挥数字化教学资源的优势，提高教学质量和学习效果。

第二节
高校数字化教学资源共享的技术平台分析

数字化教学资源共享是高校教育信息化的重要组成部分，它不仅能够提高资源的利用效率，减少重复建设，还能促进教育资源的均衡分配，推动教育公平的实现。在当今信息时代，知识的传播和共享不再受限于传统的物理载体，数字化资源以其便捷性、可扩展性和丰富性，成为教育教学中的重要支撑。基于此，深入探讨高校数字化教学资源共享的技术平台，分析其架构、功能、应用效果以及面临的挑战，可为高校构建更加高效、便捷、安全的资源共享平台提供理论依据和实践指导。

一、校内共享平台

（一）校园网共享平台

校园网共享平台是高校内部实现教学资源共享的基础架构。它通常以高速局域网为依托，连接校园内的各个教学楼、图书馆、实验室和宿舍等区域，为师生提供了一个稳定、快速的网络环境。校园网共享平台的架构一般采用分层设计，包括核心层、汇聚层和接入层，以确保网络的高效性和可扩展性。在核心层，高性能的路由器和交换机负责整个校园网的数据转发和路由选择；汇聚层则连接各个建筑物的网络设备，实现部门间的通信和策略控制；接入层直接面向用户，提供网络接入服务。

校园网共享平台的功能丰富多样。它支持多种资源的共享，包括教学课件、电子教材、学术论文、实验数据等。教师可以通过共享平台上传自己制作的教学资源，设置访问权限，方便学生在授权范围内下载和使用。同时，平台还提供了资源搜索和分类功能，使学生能够快速找到所需的资源。例如，某高校的校园网共享平台集成了全文检索引擎，学生只需输入关键词，就能在海量资源中精准定位到相关的教学资料。此外，平台还支持资源的版本控制和更新通知，确保资源的时效性和准确性。

校园网共享平台的使用情况在不同高校有所差异，但总体上呈现出逐渐增长的趋势。随着高校对信息化建设的重视和投入，校园网的覆盖范围和带宽不断提升，为共享平台的使用提供了更好的网络条件。例如有的高校校园网的平均带宽已达到10Gbps，能够同时支持数千名师生的在线访问和资源下载，平台的月均访问量超过数万人次。然而，校园网共享平台也存在一些问题，如资源质量参差不齐、部分教师对平台的使用积极性不高等，这些问题需要通过加强培训和激励机制来解决。

（二）校内学习管理系统（LMS）

校内学习管理系统（LMS）是高校实现教学资源共享和教学管理的重要工具。LMS集成了课程管理、资源发布、在线测验、作业提交、成绩评估等多种功能，为教师和学生提供了一个全面的教学支持平台。常见的LMS有Moodle、Blackboard、Canvas等，它们各自具有不同的特点和优势。

在资源共享方面，LMS发挥着重要作用。教师可以将课程相关的教学资源，如PPT、视频、阅读材料等，上传到LMS的课程页面，供学生随时访问和学习。LMS支持多种资源格式的上传和预览，方便学生在不同设备上查看。例如，Moodle允许教师创建资源库，对不同类型的资源进行分类管理，并设置访问条件和时间限制。此外，LMS还具备资源推荐功能，根据学生的选课情况和学习进度，向学生推荐相关的学习资源，帮助学生更好地掌握课程内容。

LMS的个性化学习功能也是其一大亮点。通过记录学生的学习行为和成绩数据，LMS能够为学生提供个性化的学习路径和建议。例如，Blackboard的分析工具可以跟踪学生的学习时间和作业完成情况，识别学生在学习中的薄弱环节，并向学生推送有针对性的学习资源和练习题。这种个性化的学习支持有助于提高学生的学习效果和学习体验。

（三）校内云存储平台

校内云存储平台为高校师生提供了一种便捷的资源存储和共享服务。它通过在校园网内部署云存储服务器，为师生提供了大容量的存储空间，使师生能够随时随地通过网络访问和管理自己的教学资源。云存储平台通常采用分布式存储技术，确保数据的安全性和高可用性。

教师可以利用云存储平台存储课程资料、教学视频、学生作业等各类资源，并通过共享链接或权限设置，与学生或其他教师共享资源。学生也可以将个人的学习笔记、小组作业等文件存储在云平台上，方便团队协作和资料备份。例如，某高校的校内云存储平台支持多人协同编辑功能，学生可以在云平台上共同编辑一个文档，实时查看彼此的修改内容，提高了小组作业的效率和质量。

校内云存储平台的优势在于其与校园网的紧密集成，提供了较高的访问速度和良好的数据安全性。与公共云存储服务相比，校内云存储平台能够更好地保护学校的教学资源和师生的隐私。同时，学校可以对云存储平台进行定制化管理，根据教学需求设置存储策略和访问规则，确保资源的合理使用和有效共享。

二、校外共享平台

（一）区域教育资源共享平台

区域教育资源共享平台是由高校与区域内其他高校或教育机构合作共建的资源共享平台。这类平台旨在促进区域内的教育资源共享，缩小区域间的教育差距，实现教育资源的优化配置。平台的资源共享范围通常覆盖整个区域内的高校、中小学、职业院校等教育机构。

区域教育资源共享平台的共享机制主要包括资源上传、审核、发布和下载等环节。各参与机构可以将自己优质的教学资源上传到平台，经过平台的审核确保资源的质量和合法性后，向区域内其他机构的师生开放下载和使用。例如，某地区的高校联盟建立了区域教育资源共享平台，各高校将自己的特色课程资源、实验教学资源等上传到平台，供联盟内的其他高校师生共享。这种共享机制不仅丰富了教学资源的种类，还促进了区域内的教学交流与合作。

区域教育资源共享平台在促进教育均衡发展方面发挥了重要作用。通过共享优质教育资源，区域内的薄弱学校和偏远地区的学生也能够获得高质量的学习材料和教学支持，缩小了与发达地区学校之间的教育差距。例如，在一些经济欠发达地区，由于师资力量和教学资源的匮乏，某些学科的教学质量一直难以提高。通过区域教育资源共享平台，这些地区的学校可以引入发达地区高校的优质课程资源，提升教学水平，为学生提供更好的教育机会。

（二）全国性教育资源共享平台

全国性教育资源共享平台是由国家教育部门或相关机构主导建设的，面向全国高校的教育资源共享平台。这类平台汇聚了全国范围内的优质教学资源，包括精品课程、教材、学术论文、实验教学资源等，为高校师生提供了丰富的学习和教学素材。2022 年 3 月国家智慧教育公共服务平台正式启动。该平台汇聚了基础教育、职业教育和高等教育等领域的优质教学资源，并提供了大量与课程匹配的学习资源。

高校在这些平台上的资源贡献和获取情况呈现出积极的互动态势。一方面，高校将自己的特色课程和优秀教学成果上传到平台，与其他高校共享，提升学校的知名度和影响力。例如，某顶尖高校将其获得国家级教学成果奖的课程资源上传到国家高等教育智慧教育平台，供全国高校师生学习和参考。另一方面，高校也积极从平台上获取其他高校的优质资源，用于改进自身的教学工作。通过引入外部资源，高校能够拓宽教学视野，丰富教学内容，提高教学质量。

全国性教育资源共享平台还承担着推动教育教学改革和创新的使命。平台通过组织线上线下相结合的培训活动、教学研讨会等，促进高校间的教学交流与合作。例如，平台定期举办虚拟教研室活动，邀请全国知名教授分享教学经验和改革成果，吸引大量高校教师参与，推动了教学理念和方法的更新。

（三）专业领域资源共享平台

专业领域资源共享平台是针对特定学科或专业领域而建立的教育资源共享平台。这类平台专注于某一专业领域的教学资源建设，汇聚了该领域内的优质课程、实验案例、行业标准、前沿研究成果等资源，为专业教学提供了强有力的支持。例如，工程领域高校的虚拟仿真实验教学资源共享平台，为工程类专业的学生提供了丰富的虚拟实验资源，使学生能够在虚拟环境中进行实验操作和工程实践。

专业领域资源共享平台的建设通常由相关专业的教育联盟或行业协会牵头，联合高校和企业共同参与。通过整合各方资源，平台能够提供具有专业深度和广度的教学资源，满足不同层次和方向的专业教学需求。例如，在机械设计领域，多所知名高校和多家机械行业企业联合建立了机械设计资源共享平台，平台可以提供大量的机械设计图纸、3D 模型、设计规范和视频教程等资源。这些资源涵盖从基础机械原理到复杂机械系统的各个方面，为机械专业的教学和实践提供了宝贵的素材。教师可以利用这些资源进行课程设计和教学，学生则可以通过平台获取丰富的学习材料，提高实践能力和创新思维。这种资源共享模式不仅可以促进教育资源的高效利用，还可以加强高校与企业之间的合作，进而推动机械专业的教育改革和发展。

简而言之，专业领域资源共享平台对专业教学的支持作用显著。它不仅丰富了教学资源的种类和数量，还通过虚拟仿真、在线实践等方式拓展了教学的时空边界，为学生提供了更加真实和多样化的学习体验。同时，平台还促进了专业内的教学交流与合作，推动了专业教学的标准化和国际化发展。

三、共享平台的技术特点与优势

（一）技术架构

共享平台的技术架构是保障资源共享高效性和稳定性的关键。现代共享平台普遍采用云计算、大数据和分布式存储等先进技术，构建了强大的技术支撑体系。

云计算技术为共享平台提供了弹性计算和存储能力。通过在云端部署服务器和存储资源，平台能够根据用户的访问量和资源需求动态调整资源配置，确保在高并发访问情况下也能稳定运行。例如，某大型教育资源共享平台采用云计算架构，在开学季等访问高峰期，通过自动扩展服务器资源，成功应对了数百万用户的同时访问，保障了平台的顺畅运行。

大数据技术则用于处理和分析平台上的海量资源数据和用户行为数据。通过数据挖掘和机器学习算法，平台能够实现资源的精准推送和个性化推荐。例如，平台可以根据学生的历史学习记录和兴趣偏好，为其推荐相关的课程资源和学习路径，提高学习的针对性和效果。

分布式存储技术确保了资源的安全性和高可用性。平台将资源数据分散存储在多个节点上，并通过冗余备份机制，防止数据丢失和损坏。即使某个存储节点出现故障，用户仍能从其他节点获取资源。

（二）资源共享机制

共享平台的资源共享机制是实现资源高效共享和合理利用的核心。一个完善的资源共享机制包括资源上传、审核、发布、下载等一系列环节，确保资源的质量、合法性和可用性。

在资源上传环节，平台为用户提供更加便捷的上传工具和规范的上传指南，帮助用户快速准确地上传资源。同时，平台对上传的资源进行自动病毒扫描和格式检查，确保资源的安全性和可用性。

审核环节是保障资源质量的关键。平台通常设立专业的审核团队，对上传的资源进行内容审核和质量评估。审核内容包括资源的准确性、完整性、合法性等方面。只有通过审核的资源才能在平台上发布和共享，确保用户获取到的资源是优质可靠的。

发布和下载环节注重用户体验和资源推广。平台为资源提供丰富的元数据描述和多维度的分类标签，方便用户快速搜索和定位所需资源。同时，平台通过积分奖励、荣誉徽章等激励机制，鼓励用户积极下载和使用资源，提高资源的共享率和利用率。

（三）用户交互功能

用户交互功能是共享平台促进用户交流与合作、提高资源共享效果的重要手段。共享平台通常提供在线讨论、资源评价、协同编辑等多种交互功能，营造活跃的用户社区氛围。

在线讨论功能为用户提供个性化交流空间。用户可以在资源页面发表评论、提问或分享使用心得，与其他用户进行实时互动。例如，某共享平台的在线讨论区活跃着大量的教师和学生，他们围绕某一教学资源展开热烈讨论，分享教学经验和学习方法，形成了良好的教学互助氛围。

资源评价功能帮助用户筛选优质资源。用户可以根据自己的使用体验对资源进行评分和评价，平台将评价结果进行汇总和展示，为其他用户提供更加客观的参考。高评价的资源会获得更多用户的关注和使用，形成优质资源的正向循环。

协同编辑功能支持用户共同创作和完善资源。例如，在文档资源的编辑上，平台允许多个用户同时在线编辑一个文档，实时查看彼此的修改内容，共同完成资源的创作和优化。这种协同创作模式不仅提高了资源的质量，还促进了用户之间的合作与交流。

四、共享平台的应用效果与挑战

（一）应用效果

共享平台在促进高校数字化教学资源共享方面取得了显著的应用效果。通过实际案例和数据可以看出，共享平台极大地丰富了教学资源的种类和数量，提高了资源的利用效率。例如，某区域教育资源共享平台自建立以来，已汇聚了数万份优质教学资源，涵盖了各个学科和专业领域，资源的共享数量和使用频率呈现出逐年增长的趋势。平台的使用不仅降低了学校的资源建设成本，还为师生提供了更加便捷的学习和教学支持。

共享平台对教学质量和学生学习效果的提升作用也日益凸显。通过共享优质课程资源和教学案例，教师能够借鉴先进的教学方法和经验，改进教学设计，提高教学质量。学生则能够获取更加丰富和多样化的学习资源，拓宽学习视野，提高学习效果。

（二）面临的挑战

尽管共享平台在应用中取得了良好的效果，但在实际运行过程中也面临着一些挑战。首先是平台的可持续发展问题。共享平台的建设和维护需要大量的资金和技术投入，包括服务器租赁、带宽购买、软件开发、人员培训等。然而，部分平台由于缺乏稳定的资金来源和技术支持，面临着运营困难的局面。例如，一些地区性的共享平台在建设初期获得了政府的财政支持，但随着财政补贴的减少，平台的后续发展面临困境。

其次是用户积极性不高的问题。部分教师和学生对共享平台的认知度和使用意愿较低，导致平台的资源上传量和使用量不足。一些教师担心自己上传的资源会被他人无偿使用，影响自己的教学成果和知识产权；而学生则可能因为部分平台资源质量参差不齐或操作不够便捷，而更倾向于使用其他商业化的学习平台。

最后是资源版权纠纷问题。随着共享平台上的资源数量不断增加，资源版权问题也日益凸显。部分用户上传的资源可能侵犯了他人的知识产权，引发了版权纠纷。例如，某共享平台曾因用户上传未经授权的教材电子版而被出版社起诉，给平台的运营带来了负面影响。解决这些问题需要加强平台的版权管理，建立完善的版权保护机制，同时加强对用户的版权教育，提高用户的版权意识。

五、应对措施与未来展望

（一）应对措施

为应对共享平台面临的挑战，可以从以下几个方面采取措施。

一是加强资金和技术支持，探索多元化的资金筹集渠道。例如，通过政府与高校共建、企业赞助、用户付费等方式，确保平台的可持续发展。同时，加强与技术企业的合作，引入先进的技术和管理经验，提升平台的技术水平和服务能力。

二是提高用户积极性，加强平台的宣传和推广。通过举办培训活动、教学研讨会等形式，向师生介绍共享平台的功能和优势，提高用户对平台的认知度和使用意愿。同时，完善平台的激励机制，通过积分奖励、荣誉表彰等方式，鼓励用户积极上传和使用资源。

三是加强版权管理，建立完善的版权保护机制。平台应加强对上传资源的版权审核，要求用户在上传资源时提供版权证明或授权声明。同时，建立版权纠纷处理机制，及时解决用户之间的版权争议。此外，加强对用户的版权教育，提高用户的版权意识，营造良好的版权保护氛围。

（二）未来展望

随着技术的不断发展和教育信息化的深入推进，高校数字化教学资源共享平台将迎来更加广阔的发展前景。人工智能、区块链等新兴技术的应用将为共享平台带来新的发展机遇。例如，人工智能技术可以通过智能推荐、自动评估等功能，进一步提升平台的个性化服务水平；区块链技术则可以用于资源的版权保护和数据安全，确保资源的合法共享和使用。

此外，共享平台应进一步加强与社会各界的合作，拓展资源的来源和应用范围。通过与企业、科研机构、社会组织等建立合作关系，共享平台可以获取更多优质的行业资源和实践案例，为高校教学提供更加贴近实际需求的教学资源。同时，共享平台还需更加注重用户体验，不断优化平台的功能和界面设计，提高平台的易用性和稳定性，为用户提供一个更加便捷、高效、安全的资源共享环境。

总之，高校数字化教学资源共享平台在促进教育资源共享、提高教学质量和推动教育公平方面发挥着重要作用。尽管面临一些挑战，但通过采取有效的应对措施和不断创新发展，共享平台必将在未来的发展中取得更大的成就，为高校教育事业的发展做出更大的贡献。

第三章
数字化教学资源的设计与开发

数字化教学资源作为教育信息化的核心要素，不仅承载着知识传递的功能，更肩负着重塑教学逻辑、优化学习体验、培养创新思维的历史使命。聚焦数字化教学资源的设计流程、开发工具与技术实现，本章将系统探讨如何通过科学的设计方法与技术支撑，构建高效、互动、个性化的数字教学资源体系，为教育现代化注入全新活力。

第一节

数字化教学资源的设计流程与开发工具

数字化教学资源设计与开发对提升教学质量的重要性不言而喻。在现代教育中，它已广泛应用于各个学科和教学环节。通过合理的设计流程和开发工具，教师能够创造出更加丰富、互动和个性化的教学资源，以满足不同学生的学习需求，从而显著提升教学效果。数字化教学资源不仅能够提供多样化的学习材料，还能通过互动功能增强学生的学习体验，激发学生的学习兴趣和主动性。

一、数字化教学资源的设计流程

（一）需求分析

1. 剖析教学目标

明确课程教学目标是数字化教学资源设计的基石，其如同灯塔，指引着资源设计的方向，决定内容重点。在信息技术深度融入教育的当下，数字化教学资源建设需紧密围绕教学目标，构建数字化内容体系。

从教育心理学的布鲁姆目标分类学视角来看，教学目标涵盖知识、技能与综合素养三个维度。在知识维度，不仅要关注事实性知识的传授，更要注重概念性知识的理解与系统性构建。以机械设计课程为例，学生不仅需记忆各类机械零件的名称、基本结构等事实性知识，更要深刻理解机械设计原理、力学分析等概念性知识，形成完整的知识架构。在技能维度，要培养学生的操作技能与心智技能。对于机械设计课程，学生需熟练掌握专业设计软件操作，如运用 SolidWorks 进行机械部件的三维建模，这属于操作技能；同时，能够依据设计要求进行合理的方案构思、力学计算，这是心智技能的体现。而在综合素养维度，要着重培养学生的创新思维、批判性思维以及解决实际问题的能力。通过设定具体且可量化的目标，如要求学生在规定时间内完成特定复杂程度的机械部件设计，并能撰写规范设计报告，报告中需体现对多种设计方案的比较分析与创新点阐述，为数字化教学资源建设提供清晰导向，确保资源有效助力教学目标达成，也为后续资源评估与教学效果评价提供明确标准，使教学活动有的放矢。

2. 洞察学习者特征

学习者特征对教学资源设计影响深远，学生的学习需求、兴趣、风格及先前知识水平，如同多样的钥匙，决定着资源能否开启学生学习的大门，直接关乎资源适用性与有效性。高校需深入开展用户需求分析，紧扣人才培养定位，精准把握学生个性化需求，提供适配服务。

学习风格理论指出，学生学习风格存在多种类型。在感知觉偏好上，有的学生是视觉型，对图像、视频等视觉信息接受度高，通过观看机械设计的动画演示能迅速理解机械运动原理；有的学生是听觉型，更适合通过教师讲解、音频资料来学习理论知识；还有动觉型学生，倾向于通过实际操作、模拟实验来掌握技能。在认知风格方面，场独立型学生善于独立思考，在面对复杂机械设计问题时，能自主分析、构建解决方案；而场依存型学生则更依赖外部环境与他人指导，在小组协作设计中表现更佳。

通过问卷调查、访谈以及学习数据分析等多元方法，教师可深入洞察学生学习特征。例如，利用在线学习平台记录学生学习行为数据，分析其在不同学习环节的停留时间、参与互动频率等，精准了解学生学习习惯与困难点，为资源设计提供科学依据，使资源更具吸引力与互动性，激发学生学习积极性与参与度，提升学习效果。

3. 选定资源类型

依据教学内容与学习者需求，恰当选择资源类型是设计关键环节。常见资源类型包括文本、图像、音频、视频与动画等，各有独特教学优势，如同不同工具，适用于不同教学场景。文本资源逻辑严谨，适合系统阐述理论知识，如机械设计课程中的设计规范、力学计算公式推导等内容，通过精心编写的电子教材、文档，能让学生深入理解理论精髓。图像资源直观形象，可清晰展示机械部件复杂结构，高分辨率的零件图纸、实物图片，能帮助学生快速建立空间认知。音频资源可用于知识讲解、营造学习氛围，在复杂机械原理讲解中，搭配音频讲解，强化学生理解，同时背景音乐能调节学习情绪。视频资源动态性强，生动呈现实验过程与实际操作，机械制造过程的视频，让学生如身临其境，掌握操作要点。动画资源擅长演示复杂动态过程，利用动画模拟机械传动系统的运动，将抽象原理直观化。

对于理论教学，可制作精美的演示文稿（PPT），结合微课视频，深入讲解知识要点；实践技能教学则借助虚拟实验室、教学游戏或模拟软件，让学生在虚拟环境中反复练习。例如在机械原理课程设计中，综合运用多种资源，以高清图像展示机械结构细节，动画演示运动过程，视频呈现实际操作，音频辅助讲解，满足不同学生学习偏好，增强学习趣味性与互动性，助力学生高效掌握知识与技能。

（二）规划与设计

1. 编排教学内容

将教学内容系统化组织是保障资源逻辑性与连贯性的根基。教师需依据学科知识体系与学生认知规律，将课程内容解构为章节与知识点，并梳理其逻辑关联，构建清晰知识框架。从课程论视角，教学内容组织有纵向与横向两种方式。纵向组织遵循知识逻辑序列，由浅入深、由易到难、由具体到抽象编排内容，符合学科知识系统性要求，如机械设计课程，先介绍简单机械零件，再深入讲解复杂机械系统设计，逐步提升知识深度。横向组织打破学科壁垒，围绕问题或主题整合不同学科知识，强调知识综合性与广度，在讲解机械设计与环保节能主题时，融合机械工程、环境科学知识，培养学生跨学科思维。同时，教学内容组织要兼顾逻辑顺序与心理顺序。逻辑顺序基于学科知识体系，确保内容科学性；心理顺序契合学生心理发展特点与认知规律，如在引入新知识点时，从学生熟悉生活实例出发，降低学习难度。此外，注重层次性与模块化设计，针对不同层次学生，设置基础、提高、拓展等不同难度层级内容；将课程内容拆分为独立又关联的模块，如机械设计课程分为零件设计、机构设计、系统设计等模块，提高资源灵活性与可扩展性，满足多样化教学需求，提升学习效率。

2. 构思教学活动

教学活动是激发学生积极参与、促进主动学习的核心手段。教师需精心设计与教学资源适配的教学活动，提升学生参与度与学习成效。

教学活动设计应遵循紧密关联教学目标、形式多样化、兼顾个体差异等原则。活动与教学目标紧密相连，确保学生通过活动达成预期学习成果，如在机械设计课程中，设置设计项目活动，要求学生运用所学知识完成机械装置设计，直接指向培养学生设计能力目标。活动形式丰富多样，常见有在线讨论、测验、案例分析、小组项目等。在线讨论营造开放交流氛围，学生围绕机械设计方案可行性展开讨论，碰撞思维火花，拓宽设计思路；测验及时巩固知识，通过在线测试，学生自查知识掌握漏洞，教师精准了解学习情况；案例分析将理论应用于实际，呈现经典机械设计案例，引导学生分析优缺点，提升解决问题能力；小组项目培养团队协作与实践能力，学生分组完成复杂机械系统设计项目，在协作中发挥各自优势，提升综合素养。同时，根据学生个体差异，设计不同难度与类型任务，如简单机械零件设计任务面向基础薄弱学生，复杂机械系统创新设计任务供学有余力学生挑战，满足不同层次学生学习需求，促进全体学生发展。

3. 雕琢界面设计

用户界面设计直接关乎学生学习体验与资源使用效果，友好美观界面如舒适学习环境，能提升学生使用意愿与学习效率。

布局简洁性是界面设计关键，清晰标题与子标题如同道路指示牌，引导学生快速定位内容，避免信息繁杂导致认知负荷过重。导航便捷性至关重要，直观导航栏与高效搜索功能，让学生如拥有精准地图，迅速找到所需资源，减少学习挫败感。视觉吸引力不可忽视，合理色彩搭配与字体选择，如和谐色彩营造舒适视觉感受，易读字体提升内容可读性，增强界面美观度。响应式设计原则要求资源在桌面电脑、平板、手机等不同设备上均能完美展示，提供一致的学习体验，满足学生随时随地的学习需求。此外，遵循一致性原则，包括结构、色彩、操作一致性，如各页面布局相似、色彩风格统一、操作流程相同，降低学生学习成本，提高学习效率，使学生专注于学习内容本身，提升学习效果。

（三）开发与制作

1. 遴选开发工具

选择适宜开发工具是提升资源制作效率与质量的关键因素。教师需依据资源类型与设计要求，在众多工具与技术平台中精准抉择。

对于文本资源创作，Microsoft Word 功能强大，拥有丰富的排版、编辑功能，广泛应用于电子教材、教案编写；WPS 文字则具有良好兼容性与云服务优势，方便教师随时随地编辑、保存文档。图像资源制作方面，Adobe Photoshop 作为行业标杆，具备强大的图像编辑、合成、特效制作能力，适合处理复杂图像；GIMP 是开源免费软件，功能也较为全面，能满足基础图像编辑需求。视频资源开发，Adobe Premiere Pro 专业高效，拥有丰富剪辑、特效、调色功能，适用于高质量教学视频制作；Final Cut Pro 专为苹果系统设计，在视频剪辑流畅性、色彩处理上表现出色。动画资源制作，Adobe Animate 擅长二维动画制作，操作简便，能制作出多种风格动画；Blender 则是开源三维动画制作软件，功能强大，涵盖建模、动画、渲染等全流程。教师要综合考虑工具功能、自身技术能力、易用性及技术支持等因素，如自身对某工具熟悉且能满足需求，优先选择，确保顺利完成资源制作。

2. 打造优质资源

利用选定工具与技术，教师开启教学资源精心制作之旅，制作过程中质量与细节把控至关重要。

录制教学视频时，运用专业摄像设备与稳定器可保证画面稳定，避免晃动影响观看体验；采用优质麦克风与音频处理软件，确保声音清晰、无杂音，准确传达教学内容；反复核对内容准确性，避免知识错误。制作动画时，精心设计角色动作、场景切换，运用动画原理确保动画流畅自然，同时注重视觉效果，通过色彩搭配、光影处理增强动画吸引力。编写文本时，锤炼语言，做到简洁明了、逻辑严密，运用图表、案例辅助说明，提升文本可读性。在资源制作全程，时刻关注版权问题，确保使用素材经合法授权，避免侵权纠纷，以匠心打造高质量教学资源，为学生提供优质学习体验。

3. 整合各类资源

将不同类型资源整合为有机整体，是确保资源完整性与连贯性的关键步骤。教师需运用合适平台与技术，将文本、图像、视频、动画等资源融合于统一教学资源包。

设计在线课程时，借助 Moodle、Canvas 等在线课程开发平台，将课程介绍、教学大纲、学习资源、作业提交、在线讨论等模块有序整合，构建完整课程页面。学生登录平台，可便捷访问各类资源，按学习进度自主学习，提高学习便捷性与效率。资源整合过程中，注重各部分协调连贯，如视频讲解搭配相关文本资料、图像演示，形成有机整体。同时，考虑资源可维护性与可扩展性，采用标准化文件格式、合理目录结构，方便后续更新优化，确保教学资源与时俱进，持续为教学服务。

（四）评估与优化

1. 专家评审

邀请教育专家与领域专家对教学资源进行评审，是保障资源质量与教学价值的关键环节。专家评审从多维度为资源把关，助力教师优化设计，提升教学质量。

从学科知识角度，专家凭借深厚专业知识与丰富教学经验，细致审查资源内容，确保科学性、准确性，符合学科前沿发展与学术规范。在机械设计课程资源评审中，专家会对设计原理、计算公式等内容进行严格审核，避免知识错误。从教学设计视角，专家评估资源是否契合不同层次学生学习需求，能否有效支撑课程目标实现。针对资源深度、广度，专家提出合理调整建议，使其更贴合教学实际。在用户体验与教学效果方面，专家对资源结构、界面、交互设计进行评价，如评估界面布局是否合理、交互操作是否便捷，提出改进方案，提升资源易用性。专家还能带来新视角与思路，突破教师思维局限，激发创新，如引入先进教学理念、技术应用建议，助力教师优化资源设计，提升资源品质与教学效果。

2. 用户测试

组织学生试用教学资源，是评估资源实际效果的重要途径，能帮助教师发现资源潜在问题，收集真实反馈，优化资源设计。

教学资源设计基于教师经验与理论假设，实际应用中可能暴露出内容难度不适中、界面设计不直观、互动功能不完善等问题。通过组织学生试用，教师收集学生学习过程中的操作数据、反馈意见，如学生在资源使用中遇到的困难、对内容理解的困惑等。学生反馈是优化资源的宝贵依据，教师分析反馈数据，明确问题根源，确定改进方向与重点。对于学生反映界面操作复杂问题，教师可简化操作流程、优化界面布局；针对内容难度问题，调整内容深度、广度，增加引导性内容，确保资源实用性与有效性，满足学生学习需求。

3. 优化改进

依据专家评审与用户测试结果，教师对教学资源进行持续优化改进，提升资源质量与可用性。

若用户测试显示学生对界面设计不满，教师运用设计知识与工具，重新设计界面，遵循简洁、易用原则，优化布局、色彩、导航等元素，提升用户体验。专家评审指出内容准确性问题，教师及时修订完善，查阅权威资料、咨询专业人士，确保知识无误。为提升资源互动性与教学效果，教师引入新教学技术与方法，如在资源中融入虚拟现实（VR）、增强现实（AR）技术，让学生沉浸式学习；采用智能化学习分析系统，为学生提供个性化学习路径与反馈。通过持续优化改进，教学资源不断迭代升级，更好地服务教学，满足学生日益增长的学习需求，推动教育教学质量提升。

二、数字化教学资源的开发工具

（一）文本编辑工具

1. 常用工具介绍

文本编辑工具作为数字化教学资源设计的基础性设施，宛如搭建知识殿堂的脚手架，为教学文档的构建提供了必要的平台。在众多文本编辑工具的璀璨星空中，Microsoft Word 无疑是一颗耀眼的巨星，以其功能的完备性与广泛的适用性，在教学领域占据着重要地位。其丰富的文字排版功能，可实现字体、字号、颜色等多样化设置，为文本赋予丰富的视觉层次。在处理长篇教学文档时，多级标题功能恰似为文档构建起清晰的骨架，使章节结构一目了然；脚注功能则如贴心的旁白，为关键知识点提供补充说明；而目录生成功能更是如同便捷的导航图，让读者能够迅速定位所需内容，极大地提升了长篇教学资料的可读性与易用性，契合了系统性知识传授的需求。

WPS 文字以其独特优势，在教师群体中也收获了颇高的人气。免费使用的特性降低了教师获取工具的成本门槛，使其能无负担地应用于教学工作。跨平台兼容性更是一大亮点，无论教师使用 Windows 系统，还是苹果的 Mac 系统，抑或是 Linux 系统，WPS 文字都能稳定运行，确保教师随时随地开展教学文档的编辑工作，打破了设备与系统的限制，为教学资源创作的时空灵活性提供了有力保障。

随着互联网技术的蓬勃发展，在线文本编辑工具崭露头角，Google Docs 便是其中的杰出代表。它借助实时协作的强大功能，为教师间的协同工作开辟了全新路径。身处不同地域的教师团队，能够同步编辑同一教学文档，宛如在同一虚拟办公室并肩工作，思维的火花得以实时碰撞，极大地提升了教学资源创作的效率与质量。云存储功能更是为教师的资料管理带来了革命性变革，教学文档自动保存于云端，教师无需担忧因本地设备故障导致的数据丢失，且可在任意联网设备上便捷访问，为教学资源的安全存储与便捷调用筑牢了根基。

2. Markdown 的应用

在数字化时代的浪潮中，Markdown 作为一种轻量级标记语言，凭借其简洁性与高效性，在教学资源编写领域迅速风靡，宛如一股清新的春风，吹进了传统文本编辑的天地。它以极为简单的语法规则，实现了丰富的文本格式化效果。在标题设置上，仅需在文字前添加特定数量的“#”符号，即可轻松创建不同层级的标题，从一级标题的醒目呈现到多级标题的细致划分，条理清晰。列表功能同样便捷，使用“-”“*”等符号就能快速生成无序列表，而有序列表只需输入数字与英文句点的组合，便自动按序排列，为教学内容的分点阐述提供了直观方式。链接与代码块的标记也极为简洁，通过特定符号与语法，可将相关信息便捷关联，或是清晰展示代码内容，这在编写技术类教学文档时尤为实用。

教师使用 Markdown 编写教学文档后，可借助诸如 Pandoc 或 Typora 等工具，将其无缝转换为 PDF、HTML 等多种格式。这种格式转换的灵活性，使得教学资源能够适配不同的展示平台与应用场景。在在线课程平台的搭建中，许多平台（如 GitHub Pages）对 Markdown 格式文档的原生支持，让教师能够快速创建并发布课程内容，大大缩短了教学资源从创作到上线的周期，为知识的快速传播提供了便利。

3. LaTeX 的学术应用

对于学术性与技术性含量颇高的课程教学资源创作而言，LaTeX 堪称一款无可替代的强大排版工具。在高等数学、物理学等学科领域，充斥着大量复杂的数学公式、精密的图表以及严谨的参考文献引用需求，LaTeX 在此类场景中展现出了卓越的性能。它能够精准地处理数学公式的排版与编号，从简单的四则运算到复杂的微积分公式，从普通的等式到矩阵、向量等数学结构，LaTeX 都能以清晰、规范的格式呈现，确保公式在文档中的美观与准确，为学术知识的严谨表达奠定了基础。

在图表制作方面，LaTeX 提供了丰富的宏包与工具，教师可根据教学内容需求，创建各类专业图表，如函数图像、实验数据图表等，使抽象的数据与概念以直观可视化的形式展现。在参考文献管理上，LaTeX 具备完善的引用与标注体系，能够按照不同学术期刊与学科规范，自动生成准确的参考文献列表，极大地减轻了教师手动整理参考文献的繁琐工作。更为重要的是，LaTeX 支持自定义模板与样式，教师可依据课程特点、个人教学风格以及学校或学科的特定要求，精心打造个性化的教学资源，从页面布局、字体选择到章节格式等各个细节，实现深度定制，让教学资源在内容与形式上都高度契合学术教学需求，提升教学资源的专业性与规范性。

（二）图像处理工具

1. 图像在教学中的作用

在数字化教学的宏大画卷中，图像资源宛如灵动的画笔，描绘出知识的多彩轮廓，发挥着举足轻重的作用。从视觉效果强化层面来看，相较于单纯的文字表述，图像能够以更为直观、生动的方式冲击学生的视觉感官，瞬间吸引学生的注意力，激发其学习兴趣。在复杂概念与结构的阐释中，图像更是一把钥匙，能够打开学生理解知识的大门。例如在讲解物理学科中的电路结构、机械工程中的机械部件构造等抽象复杂内容时，一幅精心绘制的原理图或结构示意图，能够将晦涩难懂的知识具象化，使学生迅速在脑海中构建起清晰的认知模型，大幅降低理解难度。

图像在信息整合方面的优势也不容小觑。它如同高效的收纳盒，能够将零散、繁杂的信息汇聚于一体，以简洁直观的画面呈现核心要点。通过合理布局与设计，图像可将关键信息突出展示，引导学生快速抓取重点，避免在海量文字信息中迷失。在数据与信息的可视化呈现中，图像同样表现卓越。将数据转化为柱状图、折线图、饼图等形式，或是制作信息图，能够让学生更直观地洞察数据背后的规律与趋势，培养学生的数据解读与分析能力，从而显著提升教学内容的吸引力与可理解性，为学生营造丰富、高效的学习环境。

2. 图像处理工具介绍

在图像处理工具的广阔天地里，Adobe Photoshop 作为专业级的“巨擘”，以其无与伦比的丰富功能，成为众多教师在图像处理领域的首选利器。其强大的图层管理功能，如同搭建了一座灵活的积木城堡，教师可将图像的不同元素放置于独立图层，进行单独编辑与调整，无论是图像的合成、特效添加还是局部修改，都能通过图层操作实现精准控制。滤镜效果宛如神奇的魔法棒，为图像赋予各种艺术风格与特殊视觉效果，从复古色调到现代科技感呈现，从模糊处理到锐化增强，极大地拓展了图像的表现力。色彩调整功能则为教师提供了对图像色彩的绝对掌控权，可对色相、饱和度、明度等进行精细调节，使图像色彩更加鲜明、准确，契合教学内容的氛围与主题需求。

GIMP 作为一款免费开源的图像处理工具，以其“亲民”的姿态，为广大教师提供了另一种实用选择。尽管在功能丰富度上与 Photoshop 相比稍显逊色，但对于日常教学资源制作中的常见需求，如图像裁剪、大小调整、色彩优化以及简单文字说明添加等操作，GIMP 都能出色完成。它的出现，降低了教师进行图像处理的技术门槛与成本，即使是对图像处理技术掌握有限的教师，也能借助 GIMP 对教学图像资源进行有效处理，满足基础教学需求，提升教学资源的视觉质量。

3. 图像格式与优化

在教学资源制作的精细流程中，图像格式的选择与优化恰似为图像穿上合适的“外衣”，关乎图像在教学场景中的展示效果与运行效率。

常见的图像格式各有千秋，JPEG 格式以其较高的压缩率，成为存储照片及复杂图像的理想选择。在保留图像大部分视觉细节的前提下，有效减小文件体积，便于在网络传输与电子文档存储中快速加载与使用，适用于展示实验照片、自然风光等丰富色彩与细节的图像内容。

PNG 格式则凭借其对透明背景的出色支持，在图标、图表等设计中大放异彩。当需要将图像与不同背景融合，或是突出图像特定元素时，PNG 格式的透明特性能够确保图像边缘过渡自然，与其他元素完美融合，呈现出整洁、专业的视觉效果。

GIF 格式以其独特的动画制作与展示能力，在简单动画图像创作领域占据一席之地。它可通过连续播放多帧图像，实现动态效果展示，常用于制作教学中的演示动画、简单交互效果等，为教学增添动态活力。

在实际应用中，教师需根据教学资源的具体使用场景与需求，精准选择合适的图像格式。同时，为进一步提升图像在网页或电子文档中的加载速度与显示效果，图像优化工作至关重要。借助如 ImageOptim 等专业图像压缩工具，教师可在不显著影响图像质量的前提下，对图像文件进行压缩处理，去除冗余数据，控制文件大小，确保教学资源在各类平台上能够快速、流畅地展示，为学生提供顺畅的学习体验，使图像资源更好地服务于教学目标的达成。

（三）音频录制与编辑工具

在数字化教学资源的丰富体系中，音频资源以其独特的信息传递方式占据着不可或缺的地位。随着移动学习和碎片化学习模式的兴起，音频资源的灵活性和适配性愈发凸显，成为连接教师与学生的重要纽带。深入探究音频录制与编辑工具的应用逻辑、技术特性及质量控制体系，对于构建高质量数字化教学资源具有重要的实践意义。

1. 音频资源的应用场景

音频资源在教学场域中的应用维度远超传统认知，其核心价值在于构建多模态的知识传递网络。从认知科学视角看，听觉通道的信息处理具有较低的认知负荷阈值，当学生在视觉疲劳状态下（如长时间阅读电子教材或观看视频后），音频资源能够通过听觉中枢激活大脑的语义加工系统，形成与视觉学习的互补效应。这种双通道学习模式不仅符合梅耶（Richard E. Mayer）的多媒体学习认知理论，更能显著提升知识留存率——研究表明，结合听觉信息的学习任务完成度比单一视觉输入高出23%～35%。

在具体教学场景中，音频资源呈现出多元化的应用形态。在语言类课程中，音频可提供标准发音示范、语调解析及语境对话，帮助学生建立听觉表征与语义理解的关联；在技能操作类课程中，同步解说的音频能精准匹配操作步骤，如实验室仪器使用的关键节点提示；在理论讲授中，音频可转化为“知识播客”，使学生能在通勤、运动等非固定场景中进行学习，实现时间资源的高效利用。

更具创新性的应用在于构建情境化学习环境。通过环境音效与教学内容的有机融合，音频能够模拟特定场景的声学特征——例如历史课程中模拟古代市集的嘈杂声、地理课程中模拟火山喷发的声响，这种多感官刺激能激活学生的情境记忆，使抽象知识具象化。同时，音频的即时反馈功能在个性化学习中具有不可替代的作用，教师可通过语音批注针对学生作业中的问题进行精准指导，其情感温度往往比文字反馈更能激发学生的学习动力。

2. 音频录制工具介绍

音频录制工具的选择需基于教学目标、资源质量要求及教师技术能力形成梯度配置。Audacity作为开源软件的代表，其核心优势在于零成本接入与功能实用性的平衡。该工具支持16位/24位采样精度，满足教学音频的基本质量需求，多轨录音功能可实现讲解声、背景音乐与音效的分层录制，便于后期独立编辑。其内置的降噪插件通过采样噪声样本，能有效消除环境中的稳态噪声（如空调运行声），适合简易录音环境使用。

Adobe Audition则代表专业级处理能力，其32位浮点音频处理精度可保留更丰富的声音细节，在复杂音频合成中优势显著。频谱编辑功能允许对特定频率段的声音进行精准处理，如去除录音中的高频杂音（如电流声）而不损伤人声频段。该软件提供的音频修复套件包含“去除咔嗒声”“减少混响”等专业工具，能解决录音中常见的声学缺陷。对于需要批量处理音频资源的场景，其批处理功能可通过预设参数自动完成降噪、音量标准化等流程，大幅提升工作效率。

工具应用的关键在于形成“录制—处理—优化”的工作流：先用 Audition 进行环境噪声采样建立降噪模板，再用 Audacity 完成初步录制，最后返回 Audition 进行精细处理。这种组合模式既能控制成本，又能保障资源质量，特别适合中小型教学团队采用。

3. 音频质量控制

音频质量的核心评价维度包括清晰度、信噪比、音量一致性与声学舒适度，其控制体系贯穿录制全流程。前期环境控制需构建声学隔离空间，理想状态是采用专业录音室的悬浮地板与隔音墙体，若条件有限，可通过在普通房间内布置吸音棉（重点覆盖墙面与天花板）、使用防喷罩减少气流噪声、选择室内声学特性较好的时段（如夜间外界干扰较小时）进行录制等方式优化。

硬件配置需遵循“瓶颈效应”原则：麦克风作为声音捕获的第一道关口，电容式麦克风（如心形指向性型号）相比动圈式麦克风具有更高的灵敏度与频率响应范围，适合捕捉人声细节；USB 音频接口需保证至少 24 位/48kHz 的模数转换精度，避免信号传输中的量化损失。麦克风摆放位置遵循“3∶1 法则”——当使用多个麦克风时，麦克风间距应至少为声源到最近麦克风距离的 3 倍，防止相位抵消现象。

后期处理构成质量控制的关键环节：噪声消除需采用“采样-应用”两步法，先选取纯噪声片段建立基准，再控制降噪强度（通常不超过 6dB）以避免声音失真；音量标准化应将峰值控制在 −3dBFS，平均响度维持在 −16LUFS（流媒体平台标准），确保不同设备播放时的音量一致性；动态范围压缩可将音量波动控制在 12dB 以内，避免学生频繁调节音量影响学习连贯性。这些技术处理需遵循“适度原则”，过度处理反而会破坏声音的自然质感，影响听觉舒适度。

4. 音频资源的教学适配性设计

优质音频资源不仅需要技术质量保障，更需符合教学传播规律。在时长控制上，知识讲解类音频宜控制在 5～8min，符合注意力持续周期；语言类听力材料则可根据内容复杂度灵活调整，但单段不宜超过 15min。声音呈现方式需根据内容特性设计：理论讲解采用中速（约 120～150 字/min）、平稳语调；故事化叙述可适当提高语速变化，增强感染力；关键概念处应适当停顿（0.5～1s），给学生预留思考空间。

音频结构设计需遵循“引导—呈现—总结”的逻辑：开头 10s 需明确主题（如“本节将讲解微积分中的洛必达法则”），中间部分采用“讲解—举例—重申”的三段式结构，结尾处进行要点归纳。这种结构化设计符合认知负荷理论，能有效提升信息接收效率。

（四）视频制作与编辑工具

视频作为综合视觉与听觉信息的复合型媒介，在数字化教学资源中具有最强的信息承载能力。其动态呈现特性能够突破时空限制，将抽象概念、复杂操作与宏观现象转化为可感知的视听体验，构建起更高效的知识传递通道。深入理解视频资源的教学价值、掌握专业制作工具的应用逻辑、建立科学的质量控制体系，是高校数字化教学资源建设的核心任务之一。

1. 视频资源的重要性

视频资源的教学价值源于其多维度的信息传递能力。从认知心理学角度看，视频同时激活视觉与听觉加工系统，形成双通道信息处理模式，这种模式能有效降低单一通道的认知负荷，使学生在相同时间内接收更多有效信息。研究表明，结合动态图像与同步解说的视频教学，其知识留存率比单纯文字阅读高出 65%，比静态图片配合文字高出 29%，这种优势在技能型与原理型知识传授中尤为显著。

在具体教学场景中，视频的应用价值呈现多元化特征。在理论课程中，动画演示与实景拍摄相结合的视频可将抽象概念可视化，如通过 3D 动画展示 DNA 分子的双螺旋结构及复制过程；在实验课程中，特写镜头与慢动作技术能清晰呈现实验关键步骤，如化学反应中的颜色变化瞬间；在实践课程中，全景拍摄与多机位切换可完整记录操作流程，如手术教学中的器械使用规范。

视频资源的另一重要价值在于构建自主学习生态。通过将课程内容分解为 10～15min 的微视频，学生可根据自身节奏进行选择性学习，实现“哪里不懂学哪里”的精准化学习模式。同时，视频的可重复性特征使学生能反复观看难点内容，突破传统课堂中“一次性讲授”的局限。在混合式教学模式中，视频资源可作为课前预习的核心材料，使课堂时间更多用于深度讨论与互动，显著提升教学效率。

2. 视频制作工具介绍

视频制作工具的选择需构建与教学需求相匹配的技术体系。

Adobe Premiere Pro 作为行业标准的非线性编辑软件，其核心优势在于强大的兼容性与专业功能的平衡。该软件支持几乎所有主流视频格式（如 H.264、ProRes、DNxHD 等），可无缝对接不同拍摄设备的素材。多轨道时间线编辑功能允许对视频、音频、字幕进行分层处理，实现复杂的音画同步控制，如精确匹配解说词与对应画面的出现时机。其色彩校正系统包含 Lumetri 颜色面板，提供 HSL 调整、曲线控制等专业工具，能实现不同场景素材的色调统一，保证系列课程视频的视觉一致性。

Final Cut Pro 则以高效性与稳定性著称，其基于 64 位架构的引擎能充分利用多核处理器性能，在处理 4K 甚至 8K 高分辨率视频时保持流畅操作。该软件独创的 Magnetic Timeline（磁性时间线）功能通过自动吸附与轨道避让机制，大幅简化剪辑操作，特别适合非专业人员快速上手。其内置的 Motion 模板库提供丰富的字幕样式与转场效果，教师可直接应用于教学视频制作，减少后期制作时间。Final Cut Pro 对苹果生态的深度优化使其能与 MacBook Pro 的 ProRes 编码硬件加速功能协同工作，输出效率比同类软件提升 30%以上。

对于入门级需求，Camtasia 作为专为教学视频设计的工具具有独特优势。其集成的屏幕录制功能可同时捕获电脑屏幕、摄像头画面与系统音频，特别适合软件操作演示类视频制作。内置的标注工具（如箭头、高亮框）能在视频中突出关键信息，互动元素（如测验、分支剧情）的添加功能可增强视频的交互性。该软件提供的简化时间线与预设模板，使教师无需专业知识也能制作规范的教学视频。

工具应用的高级阶段在于构建“拍摄—编辑—包装”的全流程解决方案：用专业摄像机获取高质量原始素材，通过 Premiere Pro 完成粗剪与调色，导入 After Effects 制作特效元素，最后用 Final Cut Pro 进行精细调整与输出。这种工作流既能保证资源质量，又能兼顾制作效率，适合系统性视频资源建设。

3. 视频制作流程与质量控制

视频制作的质量控制需要贯穿“前期准备—中期拍摄—后期制作”的全流程管理。前期准备阶段需完成三项核心工作：脚本设计要明确每段视频的教学目标、核心内容与呈现方式，形成分镜头脚本；场景布置需考虑光线条件（如使用三点布光法：主光提供基础照明，辅光减少阴影，轮廓光分离主体与背景）、背景简洁度（避免杂乱元素分散注意力）与声学环境（尽量选择吸音效果好的空间）；设备调试需确保摄像机参数设置合理（如 1080p 分辨率、30fps 帧率、手动对焦模式）、麦克风与音频接口连接稳定。

拍摄阶段的质量控制聚焦于画面与声音两大核心要素。画面质量控制需关注：曝光准确性（使用 histogram 确保亮度范围合理）、对焦清晰度（关键信息需处于景深范围内）、构图规范性（采用三分法构图突出主体）、运动平稳性（使用三脚架或稳定器避免画面抖动）。声音质量控制更为关键，需采用外接麦克风（领夹麦适合单人讲解，指向性麦适合环境音收录），保证音频电平在 －6dB～

−12dB之间（避免过载失真），同时监测背景噪声水平（理想状态下应低于−48dB）。

后期制作阶段需建立标准化处理流程：剪辑环节遵循“信息密度优先”原则，去除冗余内容，保证每分钟至少包含1～2个关键知识点；调色环节通过统一白平衡与色调曲线，确保同系列视频的视觉一致性；字幕制作需符合“易读性”标准（字号不小于24pt，对比度不低于3∶1，停留时间不短于3s）；音频处理需实现解说声、背景音乐与音效的合理配比（通常解说声比背景音乐高6～9dB）。输出参数设置需考虑兼容性与质量平衡，推荐采用H.264编码、1920×1080分辨率、30fps帧率、2500～5000kbps比特率，这种配置能在保证清晰度的同时控制文件大小，适合在线播放。

视频优化的高级策略包括：添加章节标记便于跳转，嵌入交互式字幕实现点击查词，使用动态信息图展示数据变化，这些增强功能能显著提升视频的教学效能。同时，需建立视频资源的元数据规范，包括标题、关键词、知识点标签等，便于后期管理与检索，提升资源的复用率。

（五）动画制作工具

动画作为一种通过逐帧变化创造动态视觉体验的媒介，在数字化教学资源中具有独特的表现力。其核心价值在于突破物理世界的限制，将不可见、难观察或抽象的内容转化为直观的动态图像，构建起超越现实的教学场景。深入挖掘动画资源的教学潜能、掌握专业制作工具的应用方法、形成科学的创作方法论，是提升数字化教学资源质量的关键环节。

1. 动画在教学中的优势

动画的教学优势源于其对认知过程的精准适配。从知识表征角度看，动画能够同时呈现事物的空间特征与时间变化，特别适合展示具有过程性与动态性的知识内容。例如，在讲解血液循环系统时，动画可清晰展示血液在心脏与血管中的流动路径、流速变化及物质交换过程，这种动态呈现远比静态图示更易理解。认知研究表明，动画对“过程性知识”的教学效果比静态媒介高出40%，因为它能直接模拟事物的变化机制，减少学生的认知转换成本。

在复杂概念的教学中，动画的分层展示功能具有独特价值。通过将复杂系统分解为多个组成部分，动画可采用“逐步呈现”策略——先展示基础结构，再逐层添加功能模块，如在讲解计算机工作原理时，可先展示CPU、内存、硬盘等硬件结构，再通过动画演示数据在各组件间的传输过程。这种由简到繁的呈现方式符合认知负荷理论，能有效避免信息过载。

动画的另一显著优势在于激发学习动机。其生动的视觉效果与动态特征能自然吸引学生注意力，研究表明，包含适度动画元素的教学资源能使学生的持续专注时间延长50%以上。更重要的是，动画可通过拟人化、夸张化等艺术手法增加学习的趣味性，如将原子结构拟人化为“小太阳系”，使枯燥的知识变得生动有趣。在低年级教学或通识课程中，这种趣味性能够显著提升学生的学习参与度，建立积极的学习情感。

2. 动画制作工具介绍

动画制作工具的选择需根据教学内容的呈现需求确定技术路径。Adobe Animate 作为 2D 动画制作的专业工具，其核心优势在于矢量图形技术与交互功能的深度整合。该软件采用的矢量绘图系统确保动画在任何分辨率下都能保持清晰，特别适合制作图标、流程图等示意性动画。时间轴与关键帧系统支持逐帧动画、形状补间与动画补间等多种创作方式，其中骨骼动画功能可实现角色肢体的自然运动，适合制作教学演示中的人物解说动画。其 ActionScript 脚本支持使动画具备交互能力，如学生可通过点击触发不同的动画分支，实现探索式学习。

Blender 作为开源 3D 动画工具，其功能完整性可与专业商业软件媲美。该软件的 3D 建模系统支持多边形建模、曲面建模等多种方式，能创建精确的科学模型，如分子结构、机械零件等。动画系统包含关键帧动画、路径动画与物理模拟（如重力、碰撞检测），可真实模拟物理过程，如自由落体运动、化学反应中的分子碰撞。渲染引擎 Cycles 支持全局光照与材质反射效果，能生成具有真实质感的动画画面，增强视觉说服力。其粒子系统可模拟烟雾、火焰等自然现象，适合环境科学、化学等学科的教学动画制作。

工具应用的进阶模式是构建“2D+3D”的混合制作体系：用 Blender 创建核心 3D 模型与复杂动态效果，导出为序列帧；在 Adobe Animate 中添加 2D 交互元素与解说图形；最后通过 After Effects 进行合成与特效处理。这种组合模式既能发挥 3D 动画的真实感优势，又能利用 2D 动画的交互灵活性，满足复杂教学场景的需求。对于非专业教师，工具厂商提供的教学模板与社区共享的资源库可大幅降低入门门槛，如 Blender 的教育资源库包含大量现成的科学模型，可直接用于动画制作。

3. 动画制作技巧与应用原则

动画制作的核心技巧在于平衡科学性与表现力。在科学性层面，需保证内容的准确性：物理运动需符合力学原理（如自由落体的加速度恒定），比例关系需符合实际尺寸（如细胞结构中各细胞器的相对大小），颜色使用需遵循学科规范（如医学动画中动脉血用红色、静脉血用蓝色）。在表现力层面，需掌握视觉简化原则：去除无关细节，突出核心要素（如在电路动画中重点展示电流路径而非导线材质）；采用对比色增强区分度（如用暖色表示活跃状态，冷色表示静止状态）；控制运动节奏，关键过程采用慢动作，过渡环节可加速处理。

动画时长与信息密度的控制是制作的关键。根据认知负荷理论，单个教学动画的时长应控制在1～3min，每分钟呈现的知识点不超过2个。信息呈现需遵循“先整体后局部”的逻辑：先展示完整系统，再聚焦关键部分；先演示完整过程，再分解步骤解析。例如，在制作DNA复制动画时，应先展示整体复制过程，再重点演示解旋、碱基配对、连接等关键步骤。

交互设计是提升动画教学效果的高级策略。基础交互可设计为“暂停解说”功能，允许学生随时暂停查看细节；中级交互可设置“步骤选择”，学生可直接跳转至感兴趣的环节；高级交互可构建“参数调节”功能，如在物理实验动画中，学生可调整变量（如斜面角度）观察结果变化。通过这种交互设计，动画从单向知识传递转变为双向探索过程，充分激发学生的主动性与好奇心，使学习过程更具深度与乐趣。

在动画发布与应用环节，需适配不同教学平台的技术规范。对于在线学习平台，应将动画文件格式转换为HTML5，确保跨设备兼容性与流畅播放；对于移动学习应用，需进行分辨率适配（如720p适用于手机端），并优化文件大小以减少流量消耗。同时，动画资源的传播需建立有效的推广机制，教师可通过课程平台、社交媒体等渠道分享优质动画，形成资源共享生态，提升动画资源的影响力与覆盖范围。

（六）在线课程平台的选择与应用

在线课程平台作为数字化教学资源的集成与分发枢纽，在构建新型教学模式中具有核心地位。其功能架构不仅决定了教学资源的呈现方式，更影响着师生互动的深度与广度，以及教学过程的管理效率。深入分析在线课程平台的类型特征、功能优势及应用策略，是推动高校数字化教学转型的关键步骤。

1. 在线课程平台的类型与特点

当前在线课程平台呈现多元化发展态势，主要分为学习管理系统（LMS）、大规模开放在线课程（MOOC）平台与社交学习平台三大类型，每种类型在功能定位与应用场景上各具特色。

学习管理系统以Blackboard、Moodle为代表，其核心功能在于课程管理与教学流程控制。这类平台提供标准化的课程框架，教师可在平台上创建课程内容模块（如教学大纲、课件上传、作业布置），设置课程进度与考核方式（如在线测验、考试安排）。平台内置的学生管理系统可记录学生的学习轨迹（如登录时间、作业提交记录、测验成绩），生成详细的学习分析报告，为教师提供精准的教学决策依据。例如，通过分析学生在不同知识点的答题准确率，教师可确定教学难点，调整教学策略。其优势在于教学管理的规范性与数据安全性，适合高校内部课程的线上化管理。

大规模开放在线课程平台以 Coursera、edX 为代表，具有开放性与大规模性特征。这些平台汇聚全球顶尖高校的优质课程资源，课程类型涵盖多学科领域，面向全球学习者开放注册。平台采用视频为主、文本为辅的内容呈现方式，结合在线讨论区、同伴互评作业等互动形式，构建起大规模的学习社区。其独特之处在于引入“微证书”与“专业证书”体系，学习者完成课程学习并通过考核后，可获得具有行业认可度的证书，为职业发展提供助力。例如，在计算机科学领域，学习者可通过完成一系列相关课程获得“人工智能专业证书”，提升自身竞争力。此类平台适合学生进行拓展性学习与跨校选修。

社交学习平台以 Edmodo、Schoology 为代表，强调社交互动与个性化学习。平台以社交网络为架构，教师可在平台上创建班级群组，发布教学动态、分享学习资源；学生可在群组内交流学习心得、提问答疑，形成学习共同体。平台内置的个性化学习工具允许学生根据自身兴趣与能力选择学习路径，如通过智能推荐系统获取适合的学习资料。例如，学生在阅读一篇文章后，平台可根据其阅读时长、理解程度推荐相关拓展阅读材料。这类平台的优势在于打破传统教学的时空限制，营造轻松的学习氛围，激发学生的学习积极性，适合开展项目式学习与小组协作学习。

2. 在线课程平台的功能分析

在线课程平台的核心功能围绕教学资源管理、师生互动、学习分析与评价展开，各功能模块相互协同，构建起完整的数字化教学生态。

教学资源管理功能涵盖资源的上传、存储与分类。平台需支持多种文件格式（如 PDF、PPT、MP4、音频文件）的上传，通过元数据标注实现资源的精准分类与检索，方便教师快速调用。例如，教师可通过关键词“微积分教学视频”在资源库中精准定位相关视频资源。同时，平台应具备资源版本管理功能，允许教师对课件进行更新与修订，确保教学内容的时效性。

师生互动功能是在线教学的关键环节，主要包括实时互动与异步互动。实时互动通过直播功能实现，平台需支持高清视频直播、屏幕共享、互动白板等功能，确保教学过程的流畅性与互动性。例如，在直播授课中，教师可通过互动白板进行板书演示，学生可随时提问，教师即时解答。异步互动则通过讨论区、邮件、作业提交系统实现，学生可在课后针对课程内容发起讨论，教师定期回复；作业提交系统应具备自动批改（针对客观题）与在线批注（针对主观题）功能，提高反馈效率。

学习分析功能通过大数据技术收集与分析学生的学习行为数据，为教学优化提供依据。平台可实时监测学生的登录频率、学习时长、视频观看进度、作业完成情况等数据，通过可视化图表呈现学生的学习状态。例如，以折线图展示学生在一学期内每周的学习时长变化，以柱状图对比不同学生在各知识点的掌握程度。基于这些数据，教师可及时发现学习困难学生，进行个性化辅导；同时，根据学生的整体学习情况调整教学节奏与内容。

评价功能包括对学生学习成果的评价与对课程质量的评价。学生学习成果评价应采用多元化方式，除传统的考试成绩外，还应纳入作业成绩、课堂参与度、小组项目表现等指标，通过加权计算得出综合成绩。课程质量评价则通过学生反馈（如课程满意度调查）、同行评议、教学督导评价等方式收集数据，从教学内容、教学方法、平台使用体验等维度对课程进行全面评估，为课程改进提供方向。

3. 在线课程平台的选择策略

高校在选择在线课程平台时，需综合考虑教学目标、用户需求、技术性能与成本效益四大核心因素，形成科学的决策框架。

教学目标是平台选择的首要依据。若高校旨在推进校内课程的信息化改革，强化教学管理，学习管理系统是首选，因其能精准匹配课程管理与教学流程控制需求；若高校希望拓展国际交流，引入优质外部课程资源，或推动本校课程的国际化传播，大规模开放在线课程平台更为合适，可实现课程资源的全球共享与交流；若高校注重培养学生的自主学习能力与协作精神，开展创新教学模式（如项目式学习、探究式学习），社交学习平台则能提供良好的支持环境。

用户需求分析需兼顾教师与学生的使用体验。教师层面，平台应具备简洁易用的课程创建与编辑界面，丰富的教学工具（如在线测验创建工具、互动课件制作工具），以及便捷的资源管理功能，减少技术操作负担，使教师能专注于教学内容设计。学生层面，平台需提供流畅的学习界面，支持多终端访问（如 PC、平板、手机），具备个性化学习推荐功能，以及及时有效的互动反馈机制，提升学习体验与学习效果。

技术性能是平台稳定运行的保障。平台需具备高并发处理能力，确保在大规模用户同时访问时（如课程直播时段）不出现卡顿或崩溃现象；数据存储与传输应采用加密技术，保障教学数据的安全性；系统应具备良好的兼容性，能与高校现有的信息系统（如教务管理系统、身份认证系统）无缝对接，实现数据共享与业务协同。

成本效益分析需综合考虑平台采购成本、维护成本与应用效益。平台采购成本包括软件授权费用、硬件设备采购费用（若需本地部署）等。维护成本涵盖系统升级、技术支持、数据备份等方面的费用。应用效益则体现在教学质量提升、教学效率提高、学生满意度增加等方面带来的长期价值。高校应在成本可控的前提下，选择能实现最大应用效益的平台。

4. 在线课程平台的应用案例分析

以某综合性大学采用 Canvas 平台为例，该平台在课程管理、教学互动与学习分析方面展现出显著优势。在课程管理方面，教师通过 Canvas 简洁的界面轻松创建课程大纲、上传课件、布置作业，平台的课程模板功能可快速复制课程结构，提高课程建设效率。在教学互动方面，Canvas 的讨论区支持实时消息推送，学生的提问能及时得到教师与同学的回应；直播功能可实现高清授课与屏幕共享，互动效果良好。在学习分析方面，Canvas 的学习仪表盘为教师提供详细的学生学习数据，教师通过分析发现部分学生在特定课程模块的学习时间过长且作业错误率高，经针对性辅导后，这些学生的学习成绩得到显著提升。该案例表明，科学选择与有效应用在线课程平台能显著提升教学质量与管理效率。

数字化教学资源的建设与共享是一项系统性工程，涵盖音频、视频、动画等多种资源形式，以及从资源创作到平台应用的全流程环节。通过深入研究各类资源创作工具的特性与应用技巧，建立科学的质量控制体系，并结合教学需求选择与应用合适的在线课程平台，高校能够构建起高效、优质的数字化教学资源生态，为教育教学创新发展提供坚实支撑。

三、结论

数字化教学资源的设计与开发是现代教育技术的重要组成部分，它对提升教学质量和学生学习体验具有重要意义。通过合理的设计流程和合适的开发工具，教师能够创建出更加丰富、互动和个性化的教学资源，满足不同学生的学习需求。在设计流程中，需求分析、规划与设计、开发与制作、评估与优化是四个关键环节，每个环节都需要教师的精心策划和执行。在开发工具方面，文本编辑工具、图像处理工具、音频录制工具、视频制作工具、动画制作工具和在线课程开发平台等提供了强大的技术支持，帮助教师高效完成资源的设计与开发。

教师需要不断学习和掌握新的技术和工具，积极探索其在教学中的应用，为学生提供更加优质的教育资源和学习体验。同时，高校也需要加大对数字化教学资源建设的投入，提供必要的技术支持和培训，推动数字化教学资源的持续发展和创新。

第二节

实验教学资源的数字化构建

实验教学资源在高等教育中占据着举足轻重的地位。实验教学不仅是理论知识的验证和补充，更是培养学生实践能力、创新精神和解决实际问题能力的重要途径。随着信息技术的飞速发展，数字化技术为实验教学带来了前所未有的机遇和挑战。

数字化技术在实验教学中的应用，不仅能够模拟真实实验场景，还能提供高风险、高成本实验的替代方案。这种虚拟化和仿真的方式，不仅降低了实验成本，而且显著提高了实验的安全性和可重复性。此外，数字化技术还支持远程实验和协作实验，打破了传统实验教学的时空限制，使学生能够随时随地进行实验学习。

一、实验教学资源数字化构建的技术架构

（　）虚拟实验平台

在数字化浪潮席卷教育领域的当下，实验教学资源的数字化转型成为提升教育质量、拓展教学边界的关键路径。虚拟实验平台作为这一转型的核心载体，其技术架构的合理性与先进性直接决定了虚拟实验的实施效果与教学价值。该平台的技术架构主要涵盖硬件支持和软件平台两大关键领域，二者相互协同，为虚拟实验的高效开展筑牢坚实根基。

1. 硬件支持：多元设备协同，夯实运行基础

在硬件支持体系中，服务器和计算设备宛如虚拟实验平台的基石，承载着平台运行的关键任务。高性能的服务器集群在应对虚拟实验的高并发请求时发挥着中流砥柱的作用。随着高校实验教学规模的不断扩大以及实验复杂度的日益提升，同一时段内可能会有大量学生同时登录平台进行实验操作，这就对服务器的处理能力提出了极高要求。以大规模的在线虚拟化学实验为例，众多学生同时进行复杂化学反应的模拟，服务器不仅要实时处理每个学生的实验指令，还要快速生成并反馈实验结果。高性能服务器集群凭借其强大的运算能力和出色的并行处

理机制，能够轻松应对此类高负载场景，确保平台在高并发情况下依然保持稳定运行，为学生提供流畅、无卡顿的实验体验。

而学生端的计算设备同样不容忽视，其性能直接影响学生对虚拟实验的操作感受与学习效果。这些计算设备包括常见的台式电脑、笔记本电脑、平板电脑以及智能手机等。在虚拟实验中，往往涉及复杂的 3D 模型展示、物理过程模拟以及实时交互操作，这就要求计算设备具备足够的计算能力和图形处理能力。例如，在虚拟生物解剖实验中，学生需要通过计算设备清晰地观察生物器官的三维结构以及内部组织的细节，此时配备高性能显卡的计算设备便能充分发挥其优势，以卓越的图形渲染能力将复杂的 3D 模型生动、逼真地呈现出来，使学生如同置身于真实的解剖实验室，极大地增强了实验的沉浸感与直观性。此外，随着移动学习的普及，平板电脑和智能手机等移动设备在虚拟实验中的应用也越来越广泛。为了确保这些设备能够流畅支持虚拟实验操作，其硬件配置也在不断升级，如采用更先进的处理器、大容量内存以及高分辨率屏幕等，以满足虚拟实验对设备性能的严苛要求。

2. 软件平台：多类工具融合，打造实验生态

从软件平台层面来看，虚拟现实引擎和仿真软件构成了虚拟实验平台的核心工具集。以 Unity 和 Unreal Engine 为代表的虚拟现实引擎，在创建高度逼真的虚拟实验环境方面展现出卓越的能力。这些引擎拥有强大的 3D 建模、材质渲染以及光照模拟等功能，能够精确地还原现实世界中的各种场景细节。在虚拟物理实验中，利用虚拟现实引擎可以构建出与真实实验室无异的环境，从实验台的布局、仪器设备的外观到实验室内的光照效果，都能做到高度仿真。同时，其对复杂 3D 模型和交互设计的出色支持，使得学生能够与虚拟实验对象进行自然、流畅的互动。学生可以通过手势、控制器等方式自由操作实验仪器，进行实验步骤的模拟，仿佛真正在实验室中进行操作一般。

仿真软件如 MATLAB/Simulink 则专注于精准模拟物理过程和实验现象。在理工科实验教学中，许多实验涉及复杂的物理原理和数学模型，仿真软件能够依据这些原理和模型，通过算法模拟出实验过程中的各种参数变化和现象。在电子电路实验中，利用 MATLAB/Simulink 可以对电路的电流、电压等参数进行精确计算和动态模拟，展示电路在不同输入条件下的响应，为学生提供科学、准确的实验结果，帮助学生深入理解电路原理和实验规律。

除了核心的虚拟现实引擎和仿真软件，虚拟实验平台还需配备功能强大的实验管理软件。这一软件在整个平台的运行中扮演着“管家”的角色，负责实现实验资源的高效发布、精细管理以及学生实验数据的准确记录与科学评估。实验管理软件能够将各类实验资源进行整合分类，以清晰、直观的方式呈现给教师和学生，方便教师根据教学计划发布实验任务，学生快速找到所需实验项目。在实验过程中，软件能够实时记录学生的操作步骤、实验数据以及花费的时间等信息。实验结束后，通过内置的评估算法，对学生的实验表现进行综合评价，为教师提供详细的学情分析报告，助力教师优化教学策略，提升教学质量。

（二）数据处理与存储

实验数据的采集、处理和存储是实验教学资源数字化构建的关键环节，其技术架构包括数据采集、数据处理和数据存储三个紧密相连的部分，共同确保实验数据的完整性、准确性和可用性，为实验教学的改进与创新提供有力的数据支撑。

1. 数据采集：传感技术赋能，获取精准数据

在数据采集领域，传感器技术无疑处于核心地位。高精度的传感器宛如敏锐的“触角”，能够实时采集实验过程中的各种关键数据，如温度、压力、位移、电流、电压等。这些数据作为后续数据分析的原始素材，其质量直接影响到分析结果的可靠性与有效性。以材料力学实验为例，高精度的压力传感器可以精确测量材料在承受不同压力时的形变数据，位移传感器则能精准捕捉材料在受力过程中的微小位移变化，为深入研究材料的力学性能提供丰富、准确的数据基础。

为了确保采集到高质量的数据，数据采集设备需要具备高采样率和高精度两大关键特性。高采样率能够保证在单位时间内获取更多的数据点，从而更细致地反映实验过程中的参数变化。在声学实验中，高采样率的数据采集设备可以准确捕捉到声音信号的细微波动，还原声音的真实特征。而高精度则确保了采集到的数据能够真实、准确地反映实验物理量的实际值，减少测量误差。在精密仪器实验中，高精度的数据采集设备对于获取精准的实验数据至关重要，能够为实验结果的准确性提供坚实保障。

2. 数据处理：大数据技术驱动，洞察学习本质

大数据技术在实验数据处理方面发挥着不可替代的关键作用。通过对学生在虚拟实验中的学习行为数据和实验操作数据进行深入分析，教师能够透过数据表象，洞察学生的学习难点和兴趣点。利用数据挖掘技术对学生大量的实验操作记录进行分析，可以发现学生在特定实验步骤中出现错误的频率和类型，进而找出学生普遍存在的学习难点。教师可以据此有针对性地调整教学内容和方法，如在教学中加强对这些难点的讲解，设计更具针对性的练习或实验项目，帮助学生突破学习瓶颈。

实时数据处理技术在虚拟实验中也具有重要意义。它能够实现对学生实验操作的实时反馈和动态调整，极大地提升学生的实验体验。在虚拟飞行模拟实验中，学生的每一个操作指令都会实时传递给系统，系统通过实时数据处理，迅速计算出飞机的飞行状态变化，并将结果及时反馈给学生。学生可以根据反馈结果，及时调整操作策略，优化实验过程，仿佛真正在驾驶飞机进行飞行一般，增强了实验的真实感和互动性。

3. 数据存储：分布式与云存储结合，保障数据安全与便捷

在数据存储方面，分布式存储系统和云计算平台成为主流的技术手段。以HDFS为代表的分布式存储系统通过独特的数据冗余和负载均衡机制，为数据的安全性和高可用性提供了可靠保障。在分布式存储系统中，数据被分散存储在多个节点上，并且通过数据冗余技术，将重要数据的副本存储在不同节点。即使部分节点出现故障，系统依然能够通过其他节点上的数据副本恢复数据，确保数据不会丢失。这种机制在应对大规模实验数据存储时具有显著优势，能够有效避免因单点故障导致的数据丢失风险。

云计算平台如阿里云、AWS等则凭借其几乎无限的扩展性和便捷的共享功能，为师生的数据访问带来了极大便利。在跨地区的科研合作项目中，不同地区的师生可以通过云计算平台同时在线访问和分析实验数据。无论身处何地，只要有网络连接，师生们就能够便捷地获取所需数据，实现跨区域的协作研究。这种便捷性打破了地域限制，促进了学术交流与合作，提升了实验数据的利用效率。

（三）交互技术

交互技术作为实验教学资源数字化构建的关键要素，宛如一座桥梁，连接着学生与虚拟实验环境，直接影响着学生的实验体验和学习效果。触控技术、手势识别、语音交互、眼动追踪技术和力反馈技术等多种交互技术的综合应用，为学生打造了自然、直观、沉浸式的实验交互方式。

1. 常见交互技术：自然直观，提升操作体验

触控技术借助多点触控屏幕，为学生提供了一种极为直观的操作方式。在虚拟实验中，学生可以通过简单的手势，如拖拽、旋转、缩放等，与虚拟实验对象进行互动。在虚拟地理实验中，学生可以通过手指在屏幕上的滑动，自由缩放地图，查看不同地区的地形地貌；通过拖拽操作，移动虚拟地理模型中的元素，模拟地理现象的演变过程。这种直观的操作方式符合人类的自然交互习惯，降低了学生的操作门槛，使学生能够更专注于实验内容本身。

手势识别技术进一步拓展了学生与虚拟实验环境的交互维度。学生可以通过挥手、抓取、握拳等手势控制实验对象的移动、操作虚拟仪器等。在虚拟机械装配实验中，学生可以通过简单的手势操作，模拟真实的装配动作，将不同的机械零件进行组合安装，增强了实验的真实感和趣味性。

语音交互技术则通过语音识别和合成技术，实现了学生与虚拟实验系统的语音对话。学生只需说出“开始实验”“记录数据”“暂停实验”等语音指令，系统便能自动识别并执行相应操作，同时通过语音反馈实验结果。在语言类虚拟实验中，语音交互技术更是发挥着重要作用，学生可以与虚拟角色进行对话练习，系统能够实时对学生的发音、语法等进行评估和反馈，提升学生的语言实践能力。

2. 新兴交互技术：个性化与沉浸感增强

眼动追踪技术和力反馈技术作为新兴的交互技术，正在逐渐融入实验教学资源中，为学生带来更具个性化和沉浸感的实验体验。眼动追踪技术通过精密的设备监测学生的视线焦点，从而深入了解学生的注意力分布情况。在虚拟化学实验中，当学生注视某个实验仪器时，系统能够自动感知并弹出该仪器的详细说明和操作提示，为学生提供个性化的实验指导，帮助学生更好地理解和操作实验仪器。

力反馈技术则通过模拟真实的触觉和力感，极大地增强了虚拟实验的真实感和沉浸感。在虚拟机械装配实验中，力反馈设备可以精确模拟机械零件的重量、质感以及装配过程中的阻力等，让学生在虚拟环境中也能切实感受到真实装配时的力的变化。学生在操作虚拟零件时，能够通过力反馈设备感受到零件之间的相互作用力，从而更准确地完成装配任务，仿佛真的在进行实际的机械装配工作，显著提升了实验的沉浸体验和学习效果。

这些交互技术并非孤立存在，而是相互融合、协同作用。在实际的虚拟实验中，学生可能会同时运用触控、手势、语音等多种交互方式与实验环境进行互动，眼动追踪技术和力反馈技术则进一步优化学生的实验体验，为学生提供更加全面、深入的学习支持。通过这些交互技术的综合应用，学生的实验参与度和学习效果得到了显著提升，虚拟实验的教学价值也得以充分发挥。

二、实验教学资源数字化构建的设计原则

（一）教学目标导向

教学目标在实验教学资源的设计中占据着核心地位，宛如灯塔指引着资源建设的方向。其设计需紧密贴合课程大纲与人才培养方案，确保所构建的实验教学资源能够精准助力教学活动，切实达成教学预期。遵循具体（Specific）、可衡量（Measurable）、可实现（Attainable）、相关联（Relevant）和有时限（Time-bound）的 SMART 原则，教学目标得以清晰界定，为资源设计提供明确且有力

的指引。

以机械工程实验资源设计为例，教学目标可细化为多个具体维度。在知识掌握层面，要求学生深入理解机械设计的基本原理，不仅熟知各类机械构件的工作机制，还能洞悉其在不同工况下的力学特性与性能表现。在技能培养方面，着重训练学生熟练掌握机械零件的装配流程，从零件的识别、清洗、检测，到按照精确的装配顺序与工艺要求进行组装，确保每个环节都能操作规范、精准无误。同时，培养学生运用专业软件进行机械系统仿真的能力，使其能够依据设计方案，在虚拟环境中构建机械系统模型，模拟其运行状态，分析运动学、动力学参数，进而对设计进行优化与验证。

为有效达成这些教学目标，教师可精心设计一系列由浅入深、循序渐进的虚拟设计任务。从简单的二维零件设计入手，引导学生熟悉设计软件的操作界面与基本功能，掌握绘图规范与尺寸标注技巧。随着学习的深入，逐步过渡到复杂的三维机械装配体设计，要求学生综合考虑零件的结构、公差配合、材料选择等因素，进行整体设计与优化。在虚拟设计过程中，系统可适时提供设计指导与反馈，如对不合理的设计结构给予提示，对关键参数的设置范围进行引导，帮助学生逐步积累设计经验，提升设计能力。

教学目标的设定还需充分考量学生的专业方向与课程定位，实现精准适配。对于机械设计专业的学生，实验资源应侧重于激发其创新思维，培养复杂机械系统的创新设计与优化能力。可引入前沿的设计理念与方法，如模块化设计、仿生设计、优化设计等，设置具有挑战性的设计项目，鼓励学生突破传统思维定式，提出创新性的设计方案，并通过虚拟仿真与实验验证，不断完善设计。而对于机械制造专业的学生，则应聚焦于制造工艺的精准模拟与生产流程的高效管理。实验资源可围绕机械加工工艺、数控编程、生产调度等核心环节展开，通过虚拟制造环境，让学生深入了解制造过程中的工艺参数选择、刀具路径规划、设备操作与维护等实际问题，提升其解决生产现场问题的能力。

（二）内容准确性与科学性

实验教学资源的内容质量是其核心价值所在，必须严格遵循学科标准和行业规范，确保科学性与权威性，为学生提供准确、可靠的知识与技能传授。在当今知识快速更新的时代，实验资源的内容应及时吸纳最新的研究成果和行业标准，坚决摒弃过时或错误的信息，以保持其时效性与准确性。

在机械工程领域，实验教学资源需精准呈现机械设计原理与技术操作流程。例如，在讲解机械传动系统设计时，应基于最新的机械传动理论与研究成果，详细阐述各类传动方式（如齿轮传动、带传动、链传动等）的工作原理、特点、应用场景以及设计计算方法。对于技术操作流程，如机械加工工艺中的车削、铣削、磨削等加工方法，要严格按照行业现行的工艺标准与操作规程进行演示与讲解，包括刀具的选择与安装、切削参数的设定、加工步骤的顺序等，确保学生所学与实际生产实践紧密接轨。

内容的准确性对学生的知识构建与技能发展具有深远影响。正确的实验原理与操作方法是学生筑牢知识根基、掌握实验技能的基石。学生在准确无误的知识引导下，能够形成正确的思维方式与操作习惯，避免因错误信息导致的认知偏差与操作失误。同时，严谨规范的内容设计有助于培养学生一丝不苟的科学态度与实事求是的科研精神，使其在今后的学习与工作中，始终保持对知识的敬畏之心，追求真理，严谨治学。

在工程类实验资源中，融入行业前沿技术与标准规范，能让学生提前洞察行业发展动态，为未来职业发展做好充分准备。例如，随着智能制造技术的蓬勃发展，在实验资源中引入工业互联网、人工智能、大数据等新兴技术在机械工程领域的应用案例，让学生了解智能工厂的运行模式、智能装备的控制原理以及数字化设计与制造流程，培养学生的创新意识与跨学科融合能力，使其在毕业后能够迅速适应行业的技术变革与发展需求。

为确保实验教学资源内容的准确性与科学性，需汇聚多方专业力量。由领域内资深专家、经验丰富的一线教师以及行业内的工程师组成专业的设计团队，对资源内容进行多轮严格审核与精心修订。专家凭借其深厚的学术造诣与前沿的研究视野，对资源中的学科知识进行把关，确保其深度与广度符合学科发展要求；教师从教学实践的角度出发，考量内容的可教性与可学性，优化内容的呈现方式与教学逻辑；行业工程师则依据实际生产经验，对技术操作流程与行业标准进行审核，确保资源内容与实际生产场景高度契合。通过团队成员的协同努力，全方位保障实验教学资源在学科知识与专业技能层面的高质量与可靠性，为学生提供优质的学习素材。

（三）安全性与风险控制

实验教学资源的设计必须将实验操作的安全性置于首位，尤其是对于涉及高风险的实验项目。虚拟实验平台凭借其强大的模拟功能，为学生营造了一个无风险的实验环境，有效规避了实际操作中可能出现的潜在危险，成为保障实验安全的重要手段。

以具有爆炸风险的化学实验为例，虚拟实验平台需全方位、多层次地提供详尽的安全提示。在实验前，通过图文并茂的方式向学生展示防护装备的正确佩戴方法，如实验服的穿着规范、防护眼镜的选择与佩戴、手套的材质与使用注意事项等，确保学生在实验开始前做好充分的安全防护准备。在实验过程中，对每一个操作步骤进行详细的安全操作规范讲解，如药品的取用剂量与方法、实验仪器的正确组装与使用、化学反应条件的控制等，同时通过动画演示、语音提示等方式，实时提醒学生注意安全事项。一旦检测到学生出现违规操作，平台立即发出警示信号，以醒目的颜色、闪烁的图标以及急促的警报声引起学生的注意，并强制中止实验流程，防止危险的发生。

平台还可嵌入丰富多样的安全教育资源，进一步强化学生的安全意识与应对突发状况的能力。安全视频教程以生动形象的画面，展示各类实验事故的发生原因、过程与后果，让学生深刻认识到安全操作的重要性；事故案例分析则选取真实的实验事故案例，从事故背景、原因分析、处理措施到经验教训总结等方面进行深入剖析，引导学生从中吸取教训，提高安全防范意识。通过这些安全教育资源的学习，学生在虚拟实验过程中能够不断强化安全知识，逐渐培养起敏锐的安全风险感知能力与应对突发状况的冷静判断和果断处理能力。

对于涉及放射性物质或高速旋转机械的实验，虚拟实验平台能够精准模拟潜在风险，让学生在安全环境下熟悉风险源，掌握正确的防护与操作技巧。在模拟放射性物质实验时，平台通过逼真的场景构建，展示放射性物质的存储、运输、使用过程中的安全防护要求，以及辐射监测仪器的使用方法和辐射剂量的测量与防护措施。学生可以在虚拟环境中进行模拟操作，如佩戴辐射防护设备、进行放射性物质的取样与实验操作等，同时实时了解自身所处环境的辐射剂量情况，学习如何在确保安全的前提下完成实验任务。在高速旋转机械实验模拟中，平台精确模拟机械旋转时的动态特性，包括机械部件的高速运转、振动与噪声等现象，让学生直观感受高速旋转机械的潜在危险。通过虚拟操作，学生学习如何正确启动、停止设备，如何进行设备的日常维护与故障排查，以及在紧急情况下如何采取有效的安全措施，如紧急制动、疏散撤离等，从而在安全的虚拟环境中积累丰富的操作经验，为未来实际操作筑牢坚实的安全防线。

（四）互动性与参与度

互动性是实验教学资源设计的关键要素之一，它通过多样化的互动环节，激发学生的参与热情，提升学习效果。在虚拟实验环境中，学生能够借助多种交互方式与虚拟实验对象展开深度互动，增强学习的沉浸感与体验感。

以虚拟物理实验为例，学生可以通过简单的拖拽、旋转、缩放等操作，实时调整实验参数，直观观察实验现象的变化。在研究物体的运动学与动力学规律时，学生可自由设置物体的初始位置、速度、加速度等参数，观察物体在不同条件下的运动轨迹与受力情况，仿佛置身于真实的物理实验室，亲自操作实验仪器进行探究。这种动态交互方式让学生能够主动探索知识，积极参与实验过程，极大地激发了学生的学习兴趣与好奇心。

实时反馈机制是提升互动性的重要保障。当学生完成某个实验步骤后，系统迅速对其操作进行评估，判断操作的准确性，并推送针对性的指导信息。若学生在实验操作中出现错误，系统会详细指出错误之处，并提供相应的改进建议，帮助学生及时纠正错误，优化实验策略。例如，在电路实验中，学生连接电路后，系统可自动检测电路连接是否正确，若存在短路、断路等问题，系统立即给出提示，并引导学生排查故障点，重新进行连接，使学生在不断尝试与修正中掌握正确的实验方法，提升实验技能。

在线讨论和协作功能进一步拓展了学习的社交维度。学生在实验过程中可随时与同伴交流心得、分享见解，不同专业背景、思维方式的学生在思维碰撞中激发创新火花，提升学习的互动性与趣味性。在复杂的工程实验项目中，学生可分组承担不同的任务，通过平台的实时交流功能，共享实验数据、讨论实验方案、协同解决实验难题。例如，在建筑结构设计实验中，学生分别负责结构力学分析、建筑材料选择、施工工艺设计等任务，通过在线讨论与协作，共同完成一个完整的建筑结构设计方案，不仅培养了学生的团队协作能力，还提高了学生综合运用多学科知识解决实际问题的能力，全方位提升学生的综合素质。

（五）个性化与差异化

实验教学资源的设计应充分尊重学生的个体差异，满足不同学习风格和需求，为每一位学生提供个性化的学习支持。不同学习风格的学生在信息获取与知识理解方面具有不同的偏好，教学资源需针对性地提供多样化的学习素材与交互方式。

对于视觉型学习者，丰富的图像、视频和动画资源能够以直观的视觉呈现帮助他们快速理解复杂概念。在机械工程领域，通过精美的3D动画可详细展示机械零件的内部结构、装配过程以及运动原理，将抽象的机械知识转化为生动形象的视觉画面。学生能够清晰观察到零件的每一个细节，如齿轮的齿形、轴的键槽结构等，以及它们在机械系统中的协同工作方式，从而加深对知识的理解与记忆。

听觉型学习者则更适应音频讲解和有声读物。专业的语音讲解能够为他们营造专注的学习氛围，帮助其深入把握知识要点。在讲解复杂的理论知识或实验操作步骤时，配以清晰、准确的语音解说，学生可以通过倾听，集中注意力，跟随讲解的节奏理解知识内容。同时，有声读物还可设置背景音乐、音效等元素，增强学习的趣味性与吸引力。

动手型学习者偏好实践操作，交互式模拟和虚拟操作为他们提供了充足的动手机会。在虚拟实验平台上，学生能够亲自动手操作虚拟仪器设备，进行实验步骤的模拟，在实践中深化对理论知识的理解。例如，在电子电路实验中，学生通过虚拟面包板搭建电路，焊接电子元件，测试电路性能，在实际操作过程中，不仅掌握了电路原理与实验技能，还培养了问题解决能力与创新思维。

除了依据学习风格提供个性化资源，设计还应关注学生的学习进度和兴趣差异。平台借助智能学习管理系统，实时追踪学生的学习行为数据，如实验操作时长、答题准确率、知识点掌握程度等，据此绘制详细的学习画像。基于学习画像，系统能够智能推荐适合学生当前水平的学习内容，为初学者推送基础实验教程与引导性学习资源，帮助其快速入门；为进阶学生提供拓展性实验项目与深度分析资料，激发其探索欲与求知欲。同时，平台融入多元学习路径，学生可依据个人兴趣自由选择专注于机械设计、制造工艺、自动化控制等不同领域，平台根据学生的选择，针对性地推送相关资源，助力学生在感兴趣的方向上深入学习，加速成长。

（六）技术适用性与可访问性

实验教学资源的设计必须确保在不同设备和平台上的兼容性，同时兼顾对不同技术熟练度学生的友好性，为学生提供便捷、高效的学习体验。随着移动学习的普及，学生期望能够在各种设备上随时随地访问实验教学资源，开展学习活动。

资源应支持多平台访问，无缝适配桌面电脑、平板电脑和智能手机等各类终端设备。采用响应式设计技术，实验资源能够依据设备屏幕尺寸自动调整界面布局，优化交互流程，确保在不同设备上都能呈现出良好的视觉效果与操作体验。在大屏电脑上，界面可展示完整的实验步骤、详细的数据图表以及丰富的操作选项，满足学生对信息全面性与操作精准性的需求；在平板和手机上，界面则突出关键操作区域，简化操作流程，以触摸式交互为主，方便学生单手操作，提升学习的便捷性。

界面设计应遵循简洁直观的原则，操作流程力求简单易懂。避免复杂的菜单层级和晦涩的技术术语，采用通俗易懂的图标、文字和可视化元素引导学生快速上手。例如，实验操作界面采用直观的可视化按钮，如“开始实验”“暂停实验”“保存数据”等，学生只需点击按钮即可轻松启动相应功能；实验步骤以图文并茂的引导式流程呈现，每个步骤都配有清晰的图片说明与文字指导，学生按部就班即可顺利完成操作，降低了学习的技术门槛。

对于技术基础薄弱的学生，平台贴心配备详尽的操作指南和视频教程，从设备连接、软件安装，到界面布局、功能使用，全方位、一站式地消除技术障碍。操作指南以简洁明了的语言，结合截图与步骤说明，详细介绍实验资源的使用方法；视频教程则通过实际操作演示，更加直观地展示每个操作环节，让学生能够轻松跟随学习。此外，平台还可设置在线技术支持与答疑板块，学生在使用过程中遇到问题时，能够及时获得专业的帮助与指导，确保学习过程不受技术问题的干扰。

为应对网络不稳定或无网络的情况，平台提供离线学习模式，支持学生提前下载实验资源包。学生在有网络的环境下将所需的实验文档、教学视频、虚拟实验程序等资源下载到本地设备，在网络不佳或无网络时，依然能够查看实验资料、学习理论知识、熟悉操作流程，待网络恢复后，再上传实验数据和学习成果，保障学习进度的连续性与稳定性，为学生打造全天候、无死角的学习支持体系。

三、实验教学资源数字化构建的开发流程

（一）需求分析

需求分析是实验教学资源数字化构建的首要步骤，教师需全方位剖析实验教学的具体需求，涵盖教学目标、学生特点和实验内容等关键要素。

教学目标是资源设计的导航仪，它明确了资源的设计方向和内容重点。教师需依据课程标准和教学大纲，精准定位教学目标。例如，在机械工程实验课程中，若目标是培养学生对机械系统的综合调试能力，那么资源设计就应聚焦于多部件协同调试的复杂场景模拟，而非单一零件的操作演示。学生特点直接左右资源的呈现方式和交互设计。针对低年级学生，资源宜采用生动形象的动画演示和引导式操作流程，逐步培养基础实验技能；而对于高年级学生，则可融入开放性实验项目和科研级仿真工具，激发创新潜能。

实验内容决定了资源的具体形式和功能需求。不同类型的实验对资源的要求截然不同，材料力学实验需要精准的数据采集与分析功能，机械装配实验则侧重于3D模型的互动操作与装配流程的可视化。教师需深入调研行业前沿实验技术，确保资源内容紧跟时代步伐，为学生提供具有前瞻性的学习素材。

（二）资源设计

依据需求分析成果，教师开启实验资源的结构与内容设计之旅。虚拟场景设计是核心环节，其逼真程度直接影响学生的学习沉浸感。通过高精度3D建模和精细的纹理映射，虚拟场景应全方位还原真实实验环境，从实验台的布局到仪器

设备的外观细节，让学生置身其中如临现场。例如，在虚拟电子实验室，学生不仅能清晰看到示波器、万用表等仪器的外观，还能精准操作各个旋钮，观察仪器指针的实时变化。

实验步骤规划需兼顾科学性与引导性。步骤应逻辑清晰、层次分明，既确保学生能循序渐进掌握实验技能，又避免繁琐流程削弱学习积极性。采用模块化设计思路，将复杂实验拆解为多个独立又关联的子模块，学生可根据自身进度和需求灵活选择学习内容。例如，机械设计实验可划分为基础绘图、零件装配、系统调试等模块，学生逐一攻克，逐步构建完整的实验能力体系。

互动环节设置是提升学习效果的关键。除了基础的拖拽、旋转操作，还可融入创新的互动形式，如多人协作实验任务和虚拟实验竞赛。在协作任务中，学生分组承担不同职责，通过实时通信工具交流探讨，共同攻克复杂实验难题；虚拟竞赛则以积分、排名等激励机制激发学生的挑战热情，让学习在轻松有趣的氛围中高效进行。

（三）技术实现

技术实现是实验教学资源数字化构建的关键环节，教师需精心挑选合适的技术和工具，为资源开发注入强大动力。

虚拟现实引擎（Unity、Unreal Engine）是创建逼真虚拟实验环境的利器，它支持复杂的3D模型渲染和物理引擎模拟，让学生在虚拟世界中感受真实的力学反馈和视觉效果。仿真软件（MATLAB/Simulink）则专注于物理过程和实验现象的精准模拟，为学生呈现科学严谨的实验数据和现象。3D建模软件（3DMAX、MAYA）负责打造高精度实验模型，从微观的分子结构到宏观的机械系统，为实验资源提供丰富的视觉素材。

数据管理技术是确保资源高效运行的基石。关系型数据库（MySQL、Oracle）用于存储结构化实验数据，如学生操作记录、实验结果等，其强大的查询和分析功能为教学评估提供有力支持；非关系型数据库（MongoDB、Redis）则应对海量非结构化数据，如实验视频、模型文件等，凭借其灵活的数据存储结构和高效的读写性能，保障资源的快速加载与流畅运行。

网络通信技术保障了资源的实时交互性。WebSocket技术实现了服务器与客户端的双向实时通信，让学生的操作指令瞬间传至服务器，实验反馈即时返回，确保远程实验的流畅性；HTTP/HTTPS协议负责资源文件的安全传输，保障实验数据在公网传输中的完整性和保密性，为分布式实验协作筑牢安全防线。

（四）资源测试与优化

资源测试与优化是确保实验教学资源质量和可用性的关键步骤，涵盖用户测试、专家评审和性能测试三个重要方面。

用户测试聚焦于学生的实际使用体验，通过收集学生的操作行为数据和主观反馈意见，深入了解资源的使用效果和存在的问题。例如，分析学生在实验操作中的停留时间、错误频率和操作流畅度等数据，能精准定位交互设计的瓶颈；问卷调查和访谈则直接获取学生的主观感受，了解他们对资源内容、界面设计和功能实现的意见。基于测试结果，教师针对性地优化资源设计，调整交互流程，修复功能漏洞，持续提升资源的易用性和学习效果。

专家评审则从教学内容的科学性、技术实现的先进性和教育资源的规范性等多维度进行深度评估。学科专家严格审核实验原理、操作流程和数据准确性，确保教学内容无懈可击；技术专家细致审查代码质量、系统架构和安全机制，保障资源技术层面的稳定性与可靠性；教育研究者则依据教育学原理和教学设计规范，评估资源的教育价值和学习体验。评审专家提出的专业建议为资源优化指明方向，助力资源在教学实践中发挥最大效用。

性能测试全面评估资源的运行效率和稳定性。负载测试模拟高并发场景，检测服务器的响应时间和资源占用情况，提前发现潜在的性能瓶颈；兼容性测试确保资源在不同操作系统、浏览器和硬件设备上均能稳定运行，为多设备学习提供坚实保障；安全性测试深入排查系统漏洞，模拟黑客攻击检测数据防护能力，全方位守护教学数据安全。依据性能测试报告，开发团队优化代码、调整系统参数、加固安全防护，全方位提升资源性能，确保其在实际教学中的稳定运行。

（五）资源发布与维护

资源发布与维护是实验教学资源数字化构建的收尾环节，但其重要性不容小觑，它直接决定了资源的使用寿命和教学价值。

在资源发布阶段，教师需精心挑选教学平台，综合考量平台的用户群体、功能特性与资源适配度。对于高校内部课程，学校自建的教学管理平台是首选，它与学籍系统无缝对接，方便教师精准管理学生学习过程；而面向社会开放的实验课程，如慕课平台，则能依托其庞大的用户基础和成熟的运营模式，扩大资源影响力，吸引更多学习者。发布过程中，教师需严格遵循平台规范，精心准备资源文件、详细填写课程信息，并开展全面的测试工作，确保资源发布后能稳定运行，为学习者提供流畅的学习体验。

维护更新是资源保持生命力的关键。随着学科知识的持续演进和技术的迭代升级，实验资源需定期注入新鲜内容，如纳入前沿研究成果、优化实验案例、更新操作流程等，确保资源始终与时俱进。同时，紧密关注技术发展动态，适时升级所用技术栈，修复安全漏洞，提升系统性能，为资源的长期稳定运行筑牢根基。此外，建立高效的问题反馈与响应机制，及时处理学习者在使用过程中反馈的问题，不仅有助于提升用户满意度，还能借助用户反馈持续优化资源设计，实现资源质量的螺旋式上升。

第三节 三维模型与仿真资源的开发

三维模型与仿真资源在机械工程教学中扮演着不可或缺的角色，其重要性和应用前景日益凸显。随着信息技术的飞速发展，三维模型与仿真技术已经成为机械工程教育领域的重要支撑，为学生提供了更加直观、互动和高效的学习体验。通过三维模型，学生能够清晰地观察机械零件的结构、装配关系和运动过程，深入理解复杂的机械原理和设计思想。仿真资源则进一步为学生提供了虚拟实验环境，使他们能够在无风险的情况下进行实验操作、故障诊断和性能优化，极大地提升了实践能力和创新思维。

一、三维模型的开发流程

（一）需求分析

机械工程课程涵盖了多个领域，如机械设计、制造工艺、机械原理等。不同课程对三维模型的需求各不相同。例如，在机械设计课程中，学生需要通过三维模型理解零件的设计思路和装配关系；在制造工艺课程中，三维模型则用于展示加工过程和工艺细节。因此，在开发三维模型之前，必须深入分析课程的教学目标和内容，明确模型的具体需求。例如，某高校在开发“机械零件设计”课程的三维模型时，通过对课程大纲和教学计划的详细分析，确定了需要开发的模型类型，包括齿轮、轴承、连杆等常见机械零件，以及它们的装配体模型。

学生的学习需求是三维模型开发的重要依据。通过调查问卷、课堂反馈等方式，了解学生在学习过程中遇到的困难和对三维模型的期望，能够更好地满足他们的学习需求。例如，学生普遍反映在理解复杂机械结构的内部运动时存在困难，因此在开发三维模型时，可以重点展示零件的运动轨迹和相互作用，通过动态演示帮助学生克服学习障碍。同时，考虑到学生对交互功能的需求，可以在模型中设计可拆卸、可旋转的交互式部件，增强学习的趣味性和参与度。

（二）模型设计与创建

1. 建模软件的选择

选择合适的三维建模软件是模型开发的关键步骤。常见的三维建模软件包括SolidWorks、AutoCAD、Pro/ENGINEER等，每种软件都有其独特的功能和适用场景。SolidWorks以其强大的参数化设计功能和易用性，成为机械工程领域最受欢迎的建模软件之一；AutoCAD则在二维绘图和三维建模的结合方面表现出色，适合复杂的工程图纸和模型的创建；Pro/ENGINEER在大型装配体设计和模具设计方面具有优势。根据具体的建模需求和开发团队的技术背景，选择最适合的建模软件能够显著提高开发效率和模型质量。

2. 建模原则与技巧

在模型设计与创建过程中，遵循一定的建模原则和技巧能够确保模型的准确性和可用性。参数化设计是三维建模的核心原则之一，通过定义零件的参数（如尺寸、形状、材料属性等），可以方便地进行模型的修改和优化。特征建模则是另一种重要的建模方法，它将零件的几何特征（如孔、槽、凸台等）作为独立的模块进行设计，便于模型的分解和重组。此外，合理使用约束条件和关联尺寸，能够确保模型在装配和修改过程中的几何关系和尺寸精度。例如，在创建一个齿轮模型时，通过参数化设计定义齿轮的模数、齿数、压力角等参数，可以快速生成不同规格的齿轮模型，并通过特征建模添加键槽、倒角等细节特征。

（三）模型优化与简化

1. 优化的必要性

三维模型的复杂程度直接影响到其渲染速度和交互性能。在教学应用中，为了确保模型能够在普通计算机上流畅运行，并且能够实时响应用户的操作，对模型进行优化和简化是必不可少的。复杂的模型往往包含大量的多边形和细节，这会增加计算负担，导致渲染速度变慢，影响教学效果。例如，在展示一个大型装配体的运动过程时，如果模型过于复杂，可能会出现卡顿现象，使学生无法清晰地观察到运动细节。

2. 优化方法

常用的模型优化方法包括减少多边形数量、纹理映射和LOD（Level of Detail）技术。减少多边形数量是通过简化模型的几何形状，去除不必要的细节，来降低模型的复杂度。纹理映射则是通过在模型表面贴上预先绘制的纹理图像，用二维图像来代替部分三维细节，从而减少模型的多边形数量。LOD 技术根据模型在场景中的距离和重要性，动态地切换不同精度的模型，远处的模型使用简化模型，近处的模型使用高精度模型，以达到在保证视觉效果的同时提高渲染速度的目的。例如，在展示一个机械系统的整体运动时，可以对远处的背景模型使用简化模型，而对近处的关键部件使用高精度模型，这样既能保证整体的视觉效果，又能提高渲染速度。

（四）模型验证与测试

1. 几何精度验证

验证三维模型的几何精度是确保模型能够真实反映实际物体的重要环节。几何精度验证主要包括尺寸验证、形状验证和装配关系验证等方面。尺寸验证是检查模型的尺寸是否与设计图纸或实际物体的尺寸一致；形状验证是确认模型的形状是否符合设计要求，是否存在变形或扭曲等问题；装配关系验证则是检查模型中各个零件的装配关系是否正确，是否能够正常装配和运动。例如，在验证一个发动机模型的几何精度时，需要仔细检查气缸的直径、活塞的行程、曲轴的形状等尺寸参数，以及各个零件之间的装配间隙和运动副是否符合设计规范。

2. 物理特性验证

除了几何精度，三维模型的物理特性验证也至关重要。物理特性验证主要包括材料属性验证、运动学验证和动力学验证等。材料属性验证是检查模型中各个零件的材料属性（如密度、弹性模量、摩擦系数等）是否设置正确，以确保模型在仿真分析中的物理行为与实际情况相符；运动学验证是验证模型的运动学特性，如关节运动、传动比等是否符合设计要求；动力学验证则是通过施加载荷和边界条件，模拟模型在实际工作条件下的受力情况，验证其动力学响应是否合理。例如，在验证一个机器人模型的物理特性时，需要对其关节的运动范围、传动机构的传动比进行运动学验证，同时通过施加不同的载荷和运动轨迹，对其动力学性能进行仿真分析，确保模型在实际应用中的可靠性和稳定性。

3. 兼容性测试

三维模型的兼容性测试是为了确保模型能够在不同的软件平台和硬件环境下正常运行和显示。不同的软件和硬件对模型的格式、精度和性能要求可能有所不同，因此需要对模型进行广泛的兼容性测试。测试内容包括模型在不同操作系统（如 Windows、Mac OS、Linux 等）、不同建模软件（如 SolidWorks、AutoCAD、Pro/ENGINEER 等）和不同渲染引擎（如 OpenGL、Direct3D 等）下的加载速度、显示效果和交互性能。此外，还需要测试模型在不同硬件配置（如CPU、GPU、内存等）下的运行情况，确保模型能够在普通教学计算机上流畅运行。例如，在将一个三维模型应用于在线教学平台时，需要对其在不同浏览器（如Chrome、Firefox、Safari等）和不同设备（如台式电脑、笔记本电脑、平板电脑等）上的兼容性进行测试，以保证学生能够在各种设备上顺利访问和使用模型。

二、仿真资源的开发技术

（一）仿真软件的选择

1. 常用仿真软件介绍

在机械工程领域，有多种常用的仿真软件，它们各自具有不同的功能特点和适用范围。ADAMS是一款专注于机械系统动力学仿真的软件，能够对机械零件的运动学和动力学行为进行精确模拟，广泛应用于机械设计、机器人、车辆工程等领域；ANSYS是一款功能强大的有限元分析软件，涵盖了结构力学、流体力学、热力学等多个物理场的仿真分析，适用于复杂机械系统的多物理场耦合分析；ABAQUS则以其在非线性有限元分析方面的卓越性能而闻名，能够处理复杂的材料非线性、几何非线性和接触问题，在航空航天、汽车、土木工程等领域得到了广泛应用。此外，还有如MATLAB/Simulink、COMSOL Multiphysics等仿真软件，它们在控制系统仿真、多物理场耦合分析等方面具有独特的优势。

2. 选择合适工具的方法

选择合适的仿真软件需要综合考虑多个因素。首先，要明确仿真的目的和需求，根据具体的教学内容和研究方向确定所需的仿真功能。例如，如果是进行机械零件的强度分析，ANSYS或ABAQUS可能是更好的选择；如果是进行机械系统的运动学仿真，ADAMS则更为合适。其次，要考虑软件的易用性和学习成本。对于教学应用，选择操作界面友好、学习曲线平缓的软件能够降低教师和学生的使用门槛，提高教学效率。例如，ADAMS的可视化操作界面和直观的模型搭建方式使其在教学中更容易被学生接受。此外，还需要考虑软件的兼容性和扩展性，确保仿真软件能够与已有的三维建模软件和其他教学资源进行良好的集成和交互。例如，ANSYS能够与SolidWorks、AutoCAD等建模软件无缝集成，方便教师将三维模型直接导入进行仿真分析。

（二）仿真场景的搭建

1. 场景搭建的基本步骤

搭建机械系统的仿真场景是仿真资源开发的基础工作，其基本步骤包括模型导入、定义材料属性、设置约束条件和施加载荷等。首先，将已经创建好的三维模型导入仿真软件中，确保模型的几何精度和拓扑关系正确无误。然后，根据实际材料的特性，为模型中的各个零件定义材料属性，如密度、弹性模量、泊松比等。接下来，设置约束条件，限制模型在仿真过程中的运动自由度，例如固定支座、铰链连接等。最后，根据实际工作条件，施加载荷，如力、力矩、压力等，以模拟模型在实际运行中的受力情况。例如，在搭建一个起重机模型的仿真场景时，需要将起重机的三维模型导入仿真软件，为其各个部件定义材料属性（如钢结构的密度和弹性模量），设置回转支承的约束条件，并施加起吊重物的力矩载荷，以模拟起重机在起吊作业时的力学行为。

2. 场景搭建技巧

在仿真场景搭建过程中，掌握一些技巧能够提高建模效率和仿真精度。合理使用参数化建模技术，通过定义参数来控制模型的几何形状和尺寸，便于在不同工况下快速调整模型；灵活运用软件提供的标准库和模板，能够快速搭建常见的机械结构和连接副，减少建模时间；准确设置接触属性，确保模型中各个零件之间的接触关系（如摩擦系数、接触刚度等）符合实际情况，以提高仿真的真实性；合理划分网格，根据模型的几何复杂度和分析精度要求，选择合适的网格划分方法和单元类型，既能保证仿真精度，又能减少计算量。例如，在搭建一个齿轮传动系统的仿真场景时，可以利用仿真软件的标准齿轮库快速创建齿轮模型，并通过参数化调整齿轮的模数、齿数等参数；设置齿轮副之间的接触属性，包括摩擦系数和法向接触刚度，以模拟实际齿轮传动中的啮合行为；采用合适的网格划分方法，对齿轮齿面进行细化网格划分，以提高接触应力分析的精度，同时对齿轮的轮体部分采用较粗的网格，以减少计算量。

（三）仿真过程与结果分析

1. 仿真运行与结果观察

运行仿真过程是验证模型正确性和获取仿真数据的关键步骤。在仿真运行过程中，仿真软件会根据设定的材料属性、约束条件和载荷，按照一定的求解算法对模型进行数值计算，模拟模型在实际工作条件下的行为和响应。教师和学生可以通过仿真软件的可视化界面，实时观察模型的运动、变形、应力分布等物理现象，直观地了解机械系统的运行状态。例如，在对一个汽车悬挂系统进行仿真时，可以观察到车轮在不同路况下的运动轨迹、悬挂弹簧的变形情况以及减震器的受力变化，从而对悬挂系统的性能有一个清晰的认识。

2. 结果分析与信息提取

对仿真结果进行深入分析和信息提取是实现教学目标的重要环节。通过分析仿真结果，学生可以验证所学的理论知识，加深对机械原理和设计方法的理解；教师可以发现教学中的难点和重点，优化教学内容和方法。常用的仿真结果分析方法包括数据图表分析、应力应变云图分析、动画演示分析等。数据图表分析可以帮助学生直观地了解物理量（如位移、速度、应力等）随时间或空间的变化规律；应力应变云图分析能够清晰地展示模型中应力和应变的分布情况，帮助学生识别潜在的薄弱环节和失效位置；动画演示分析则可以通过动态展示模型的运动和变形过程，使学生更直观地理解复杂的机械运动和物理现象。例如，在分析一个机械臂的仿真结果时，通过数据图表观察关节角度随时间的变化曲线，了解机械臂的运动轨迹；通过应力云图分析机械臂在不同工作位置下的应力分布，确定易发生疲劳失效的部位；通过动画演示观察机械臂的抓取和搬运过程，优化其运动控制策略。

（四）仿真与三维模型的集成

1. 集成的意义

将三维模型与仿真结果进行集成，能够实现模型的动态展示和交互，为学生提供更加直观和沉浸式的学习体验。通过集成，学生不仅能够观察到三维模型的静态结构，还能够实时了解模型在不同工况下的动态行为和性能指标，将抽象的理论知识与实际的工程应用紧密结合起来。例如，在展示一个发动机模型时，通过将三维模型与仿真结果集成，学生可以在观察发动机外观的同时，看到内部零件的运动过程、温度分布、压力变化等仿真数据，深入了解发动机的工作原理和性能特性。这种动态展示和交互方式能够激发学生的学习兴趣，提高他们的学习积极性和参与度，增强教学效果。

2. 集成方法与技术

实现三维模型与仿真结果集成的方法和技术主要包括插件开发、脚本编程和数据接口转换等。插件开发是通过在三维建模软件或仿真软件中开发定制插件，实现两者之间的数据交互和功能集成。例如，在 SolidWorks 中开发 ADAMS 插件，能够将 SolidWorks 创建的三维模型直接导入 ADAMS 进行仿真分析，并将仿真结果反馈到 SolidWorks 中进行可视化展示。脚本编程是利用软件支持的脚本语言（如 Python、VBA 等），编写脚本程序来实现模型与仿真数据的关联和动态更新。例如，通过 Python 脚本读取仿真软件生成的结果数据文件，并将其映射到三维模型的相应部位，实现模型的动态可视化。数据接口转换则是通过转换数据格式，使三维模型和仿真结果能够在不同软件之间进行兼容和交换。例如，将三维模型导出为通用的 STL 格式，再导入仿真软件进行仿真分析；将仿真结果导出为 CSV 或 Excel 等数据格式，再导入三维建模软件进行可视化处理。

通过这些集成方法和技术，能够有效地将三维模型与仿真结果结合起来，为机械工程教学提供更加丰富和有效的教学资源。

第四节

机械工程案例库与项目式教学资源的开发

在机械工程教育领域，案例库与项目式教学资源的开发日益受到重视。这些资源不仅能够为学生提供丰富的学习素材，帮助他们更好地理解和应用机械工程的理论知识，还能够培养学生的实践能力、创新思维和团队协作精神。通过实际案例的分析和项目实践，学生能够接触到真实的工程问题，了解工程设计、制造和管理的全过程，为未来的职业生涯做好充分准备。

一、机械工程案例库的开发

（一）案例收集与整理

机械工程案例的收集需要从多个渠道入手，以确保案例的多样性和实用性。企业是案例的重要来源之一，通过与企业合作，可以获得实际工程项目中的设计案例、制造工艺改进案例、设备故障诊断与维修案例等。这些案例通常具有较高的实用价值和行业相关性，能够帮助学生了解企业实际面临的问题和解决方案。科研机构则是另一个重要的案例来源，它们在机械工程领域的研究成果和实验案例可以为教学提供前沿的理论支持和技术指导。此外，高校之间的案例共享也是丰富案例库的重要途径，不同高校在教学和科研过程中积累的案例可以相互借鉴和补充，形成更加全面的案例资源体系。

为了方便用户查询和使用，收集到的案例需要进行科学的分类和整理。根据机械工程的不同领域和知识点，可以将案例分为设计类、制造类、故障诊断类、性能优化类等多个类别。每个类别下的案例还可以进一步细分为子类别，如设计类案例可以分为机械零件设计、机械系统设计、产品创新设计等子类别。同时，为每个案例建立详细的索引信息，包括案例名称、所属类别、关键词、适用课程、教学目标等，以便用户能够快速准确地找到所需的案例。例如，在一个机械工程案例库中，可以通过索引快速定位到“汽车发动机故障诊断案例”，并查看其所属的故障诊断类别、关键词（如发动机、故障诊断、振动分析）、适用课程（如机械故障诊断学）以及教学目标（如掌握发动机常见故障的诊断方法和分析思路）等信息。

（二）案例编写与标准化

为了确保案例内容的完整性和一致性，需要制定统一的编写模板。模板应包括以下几个基本要素：背景介绍、问题描述、解决方案、结果分析和教学反思。背景介绍部分简要说明案例的来源、工程背景和相关情况，使学生能够了解案例的实际应用场景；问题描述部分详细阐述案例中所面临的具体问题或挑战，包括技术难题、设计要求、性能指标等；解决方案部分介绍针对问题所采取的措施和方法，包括设计思路、工艺流程、技术手段等；结果分析部分对解决方案的实施效果进行评估和分析，包括性能指标的提升、问题的解决程度、经济效益等方面；教学反思部分则从教学的角度对案例的使用效果进行总结和反思，提出改进建议和教学启示。

在案例编写过程中，还需要遵循一定的规范和要求。语言表达应简洁明了、准确规范，避免使用过于专业或晦涩的术语，确保学生能够轻松理解案例内容。案例的结构应清晰合理，各部分之间逻辑连贯，能够引导学生逐步深入地分析问题和理解解决方案。同时，应注重案例的图文并茂，通过插入相关的图纸、图表、照片等多媒体资料，增强案例的直观性和吸引力。例如，在编写一个机械零件疲劳断裂案例时，可以插入零件的结构图、断裂面的显微照片、应力分布云图等，帮助学生更直观地理解零件的受力情况和断裂原因。

（三）案例审核与优化

为了保证案例的技术准确性和教学价值，需要建立严格的专家审核机制。邀请来自高校、科研机构和企业的领域专家组成审核团队，对案例进行多方面的审核评估。专家从技术角度审核案例的准确性，确保案例中所涉及的技术原理、设计方案、工艺流程等内容符合工程实际和行业标准；从教学角度审核案例的适用性和有效性，评估案例是否能够满足教学目标，是否有助于学生理解和掌握相关知识点。例如，一个关于数控加工工艺优化的案例，专家会审核其中的加工参数设置是否合理、优化方法是否科学有效，以及案例的教学设计是否能够引导学生掌握数控加工工艺优化的基本思路和方法。

根据专家的审核意见，对案例进行针对性的优化和改进。对于技术内容存在错误或不合理之处的案例，及时修正和完善，确保案例的技术准确性；对于教学设计不够合理的案例，调整教学环节和方法，增强案例的教学效果。同时，定期收集教师和学生在使用案例过程中的反馈意见，根据实际使用情况对案例进行进一步的优化和更新，不断提高案例的质量和可用性。例如，如果学生普遍反映某个案例的问题描述不够清晰，容易引起误解，那么就需要对问题描述部分进行重新梳理和修改，使其更加简洁明了、易于理解。

（四）案例库的管理和维护

为了实现案例库的高效管理和便捷使用，需要开发专门的案例库管理系统。该系统应具备案例的存储、检索、更新、共享等功能，能够满足用户在不同场景下的使用需求。存储功能应确保案例数据的安全性和完整性，支持多种格式的案例文件上传和存储，如文档、图纸、图片、视频等；检索功能应提供多种检索方式，如按关键词、类别、适用课程等进行检索，方便用户快速找到所需的案例；更新功能应及时反映机械工程领域的最新技术发展和教学改革成果，允许用户对案例进行在线编辑和更新；共享功能则应支持案例在不同用户之间的共享和交流，促进教学资源的最大化利用。

案例库的维护和更新是确保其时效性和适用性的关键。定期对案例库进行全面检查和维护，修复系统漏洞和数据错误，确保系统的稳定运行。同时，根据机械工程领域的技术发展趋势和教学需求变化，及时更新和补充案例内容。例如，随着增材制造、智能制造等新技术的不断涌现，应及时将相关的案例纳入案例库，使案例库能够紧跟时代步伐，为教学提供最新的案例资源。此外，定期清理和优化案例库中的数据，删除过时或质量较低的案例，提高案例库的整体质量和使用效率。

二、项目式教学资源的开发

（一）项目设计与规划

项目式教学资源的设计应紧密围绕机械工程课程的教学目标和学生的能力水平展开。首先，明确课程的教学目标，即希望通过项目式教学让学生掌握哪些知识点和技能，如机械设计的基本方法、制造工艺的优化技巧、团队协作和项目管理能力等。然后，根据教学目标确定项目的主题和方向，确保项目内容与课程目标高度相关，能够有效支持教学内容的传授和学习。例如，在机械设计课程中，可以设计以“小型机械产品创新设计”为主题的项目，让学生通过实际设计过程掌握机械设计的基本原理和方法，同时培养他们的创新思维和实践能力。

制定详细的项目计划是确保项目顺利实施的关键。项目计划应包括项目的步骤、时间安排、资源需求和评价标准等内容。步骤方面，明确项目从启动到结束的各个阶段，如需求分析、方案设计、模型制作、测试优化等，并确定每个阶段的具体任务和目标；时间安排方面，根据课程进度和学生的实际情况，合理分配各个阶段的时间，确保项目能够在规定时间内完成；资源需求方面，列出项目所需的各类资源，如硬件设备、软件工具、材料等，并提前做好准备工作；评价标准方面，制定明确的项目评价标准，包括技术指标、创新性、团队协作、项目报告等方面，以便对学生的项目成果进行全面客观的评价。

（二）资源开发与集成

项目式教学资源的开发需要涵盖多种类型的资源，以满足项目实施过程中的不同需求。文档资源是项目式教学的基础，包括项目任务书、指导手册、参考文献等，为学生提供项目背景、技术要求、设计指导等信息；图纸资源则是机械工程项目的必备要素，如零件图、装配图、工程图等，可以通过专业绘图软件绘制或从企业实际项目中获取；视频资源能够直观展示项目制作过程、操作技巧、案例分析等内容，帮助学生更好地理解和掌握项目的关键环节；模型资源包括三维模型、仿真模型等，可用于项目的设计验证、性能分析和虚拟展示，提高项目的可行性和创新性。

将不同类型的资源整合到项目中，形成完整的项目资源包，是确保项目式教学顺利开展的重要环节。资源集成可以通过建立项目资源管理平台来实现，将文档、图纸、视频、模型等资源按照一定的分类和结构存储在平台上，方便学生随时访问和使用。同时，利用项目管理软件（如 Microsoft Project、WBS 等）对资源进行调度和分配，确保资源在项目各个阶段的合理利用。例如，在一个机械制造工艺项目中，将项目任务书、工艺流程图、加工视频、三维模型等资源集成到项目资源管理平台上，并通过项目管理软件制定资源使用计划，确保每个团队在项目实施过程中能够及时获取所需的资源，提高项目的执行效率。

（三）项目实施与评估

在教学中实施项目式教学，需要精心组织和引导学生参与项目实践。首先，在项目启动阶段，向学生详细介绍项目背景、目标、任务和评价标准，激发学生的兴趣和参与热情；然后，在项目实施过程中，定期组织课堂讨论和小组汇报，了解学生的项目进展情况，及时解决学生遇到的问题和困难，提供必要的指导和支持；最后，在项目结束阶段，组织项目成果展示和交流活动，让学生分享自己的项目经验和收获，促进学生之间的相互学习和交流。例如，在一个机械工程创新设计项目中，教师在项目启动时通过实际产品案例和视频展示，让学生了解项目的设计要求和创新点；在项目实施过程中，每周组织一次小组汇报，了解学生的方案设计和模型制作进度，针对学生在结构设计、材料选择等方面的问题给予专业指导；在项目结束时，举办项目成果展览，邀请企业专家和校内师生参观评价，为学生提供展示自己才华的平台，同时也让学生了解到行业内的最新技术和设计思路。

建立科学合理的项目评估体系是确保项目式教学质量的关键。评估体系应包括多个维度，如技术指标、创新性、团队协作、项目报告等，全面评价学生的项目成果。技术指标方面，评估项目在技术方案、工艺流程、性能测试等方面是否达到了预期目标，是否符合工程实际和技术规范；创新性方面，考查学生在项目设计、解决方案、应用领域等方面的创新思维和创新能力；团队协作方面，评价团队成员之间的分工合作、沟通协调、任务完成情况等，是否发挥了团队的优势，提高了项目效率；项目报告方面，检查项目报告的内容完整性、逻辑性、规范性等，是否能够清晰地表达项目的设计思路、实施过程和成果分析。例如，在一个机械自动化生产线项目中，技术指标评估可以包括生产线的自动化程度、生产效率、产品质量稳定性等；创新性评估可以考查学生在生产线布局、控制算法、人机交互界面等方面的新颖想法；团队协作评估可以通过观察团队成员在项目策划、设备安装调试、程序编写等环节中的合作表现来进行评价；项目报告评估则重点检查报告是否详细记录了项目的设计方案、实施过程、测试结果和总结反思等内容，是否符合学术规范和工程报告的要求。

（四）项目资源的共享与推广

为了促进项目式教学资源的交流和利用，需要建设专门的共享平台。共享平台可以基于网络，提供项目资源的在线存储、检索、下载和分享功能，方便不同高校、教师和学生之间的资源共享。平台应具备良好的用户界面和操作体验，支持多种格式的资源上传和下载，如文档、图纸、视频、模型等；同时，应建立完善的用户权限管理系统，确保资源的合法使用和版权保护。例如，某地区高校联合建设了一个机械工程教学资源共享平台，各高校可以将自己开发的项目式教学资源上传到平台上，其他高校的教师和学生可以通过注册账号访问和下载资源，实现区域内教学资源的最大化共享。

除了建设共享平台，还需要通过多种策略和活动推动项目式教学资源的广泛应用。举办教学研讨会是推广项目式教学资源的重要途径之一，通过组织教师交流项目式教学的经验和成果，分享优秀案例和教学资源，促进项目式教学方法在机械工程教育领域的推广和应用；开展教学案例分享活动，鼓励教师将自己的项目式教学案例整理成文，在学术期刊、专业网站等平台上发表，扩大案例的影响力和使用范围；此外，还可以通过举办项目式教学竞赛、学生创新创业大赛等活动，吸引更多学生参与项目式学习，展示项目式教学资源的应用效果，提高社会各界对项目式教学的认知度和认可度。

第四章

高校数字化教学资源库的技术实现与优化

随着高校数字化转型的深入推进，教学资源库的规模呈指数级增长，用户需求日益多样化。如何通过技术创新实现资源库的高效运行、智能服务与可持续发展，已成为教育信息化领域的核心命题。本章立足于高校教学资源库建设的现实需求与技术痛点，全景式描绘了从技术架构设计到用户体验优化的完整实现路径。不仅揭示了高校数字化教学资源库技术实现的内在逻辑，更为教育信息化实践提供了可落地、可复制的解决方案，助力高校在数字化转型浪潮中打造高效、智能、可持续的教学资源生态系统。

第一节

专业教学资源库的技术架构

专业教学资源库是高校数字化教学资源建设的重要组成部分，它为教师和学生提供了丰富的教学素材和学习支持，极大地促进了教学质量和学习效果的提升。随着信息技术的飞速发展，专业教学资源库的规模和用户数量不断增加，对资源库的性能和可扩展性提出了更高的要求。技术架构作为资源库建设的基础，直接决定了其功能的实现、性能的优劣以及未来的扩展能力。一个合理的技术架构能够确保资源库在高并发访问下保持稳定运行，快速响应用户的多样化需求，同时保障数据的安全性和隐私性。

一、主流架构模式

（一）分层架构

分层架构是一种经典的软件设计模式，它将系统划分为多个层次，每个层次负责特定的功能，层次之间通过明确的接口进行通信。在专业教学资源库中，常见的分层架构如下。

1. 表现层

负责与用户交互，提供友好的用户界面和操作入口。通常采用 Web 技术（如 HTML5、CSS3、JavaScript）实现，支持多种终端设备的访问。

2. 业务逻辑层

包含资源库的核心业务逻辑，如资源的上传、审核、分类、检索等。这一层通过编程语言（如 Java、Python）和框架（如 Spring、Django）实现，确保业务逻辑的清晰和可维护性。

3. 数据访问层

负责与数据库进行交互，实现数据的存储、读取和更新。常用的数据库技术包括关系型数据库（如 MySQL、PostgreSQL）和 NoSQL 数据库（如 MongoDB、Redis），根据资源类型和访问需求选择合适的数据库解决方案。

分层架构的优点在于其清晰的层次划分和职责分离，使得系统易于开发、测试和维护。然而，随着用户数量和资源量的增加，分层架构可能面临性能瓶颈和扩展困难的问题。例如，某高校在初期采用分层架构建设专业教学资源库时，系统运行稳定，但随着资源数量增长到百万级，数据库查询速度变慢，用户响应时间延长，不得不通过优化数据库查询和增加缓存机制来缓解性能问题。

（二）微服务架构

微服务架构将系统分解为多个小型、独立的服务，每个服务专注于特定的业务功能，并通过轻量级通信机制（如 RESTful API）进行交互。在专业教学资源库中，微服务架构具有以下特点。

1. 服务模块化

将资源库的功能划分为多个微服务，如用户管理服务、资源存储服务、搜索服务、统计分析服务等。每个微服务独立开发、部署和扩展，互不影响。

2. 技术多样性

不同微服务可以根据自身需求选择最适合的技术栈，如使用 Node. js 实现高效的 API 网关，使用 Elasticsearch 构建强大的搜索服务，使用 RabbitMQ 实现服务间的消息通信。

3. 弹性扩展

根据用户需求和负载情况，灵活扩展特定微服务的实例数量，提高系统的整体性能和可用性。例如，在学期初大量学生上传资源时，可以增加资源存储服务的实例数量；在考试期间搜索请求激增时，可以扩展搜索服务的计算资源。

微服务架构的优势在于其高度的灵活性和可扩展性，能够更好地适应复杂多变的教学需求。然而，它也带来了服务治理、数据一致性、分布式事务处理等挑战。某高校在采用微服务架构重构专业教学资源库后，成功应对了高并发访问和资源类型多样化的挑战，但同时也需要投入更多的人力和物力进行服务的监控、维护和优化。

（三）SOA 架构

面向服务的架构（SOA）是一种以服务为中心的架构风格，它通过封装和标准化服务接口，实现不同系统之间的松耦合集成和互操作性。在专业教学资源库中，SOA 架构主要体现在以下几方面。

1. 服务封装

将资源库的业务功能封装为独立的服务，如用户认证服务、资源管理服务、数据分析服务等。每个服务具有明确的边界和功能定义，通过 WebService、SOAP 等标准协议对外提供服务。

2. 服务复用

促进服务的复用，不同应用系统可以通过调用相同的服务实现功能共享，减少重复开发。例如，多个教学平台可以共用同一个用户认证服务，提高系统的开发效率和一致性。

3. 系统集成

通过企业服务总线（ESB）等中间件，实现资源库与其他教学系统（如学习管理系统、在线考试系统）的无缝集成，构建统一的教学信息化生态。例如，资源库可以与学习管理系统集成，教师在学习管理系统中创建课程时，能够直接引用资源库中的教学资源，提高教学准备的效率。

SOA 架构在资源整合和系统集成方面具有明显优势，但其复杂的中间件配置和服务治理要求较高的技术门槛和维护成本。某高校通过采用 SOA 架构整合多个教学资源库和教学管理系统，实现了数据的共享和流程的优化，但需要专业的技术团队进行持续的运维和支持。

二、架构选型与实践案例

（一）高校架构选型分析

不同高校在建设专业教学资源库时，会根据自身的教学需求、资源规模、技术实力和预算等因素选择合适的技术架构。以下是一些典型的选型场景。

1. 小型高校或专业资源库

对于资源量较少、用户数量有限的小型高校或特定专业的资源库，分层架构可能是最经济实用的选择。它能够满足基本的教学需求，开发和维护成本较低。例如，某艺术设计学院的绘画作品资源库，采用基于 PHP 和 MySQL 的分层架构，能够稳定运行并满足教师和学生的日常使用需求。

2. 中型高校或综合性资源库

当资源量和用户数量达到一定规模，且对性能和扩展性有一定要求时，微服务架构可以提供更好的解决方案。通过将功能模块化，能够灵活应对不同学科和教学场景的需求变化。例如，某理工大学采用微服务架构建设全校范围的专业教学资源库，成功支持了数十个专业的教学资源管理，并能够根据各学院的需求快速扩展新的服务功能。

3. 大型高校或跨校资源库

对于资源量巨大、用户众多且需要与多个教学系统集成的大型高校或跨校资源库，SOA 架构能够发挥其在系统集成和资源整合方面的优势。通过建立统一的服务接口和数据标准，实现不同高校资源库之间的互联互通和资源共享。例如，某地区高校联盟采用 SOA 架构构建区域教学资源共享平台，整合了多所高校的优质教学资源，为区域内的师生提供了丰富的学习和教学支持。

（二）实践案例与经验总结

1. 某高校基于分层架构的专业教学资源库建设

某语言类高校为了提升本校语言教学资源的管理水平，采用分层架构建设了专业教学资源库。在表现层，使用 HTML5 和 CSS3 技术构建了响应式用户界面，支持教师和学生在不同设备上访问资源库；业务逻辑层采用 Java 语言和 Spring 框架实现，封装了资源上传、分类、检索等核心业务逻辑；数据访问层使用 MySQL 数据库存储资源元数据和用户信息，采用文件服务器存储实际的教学资源。通过这种分层架构，资源库在初期运行稳定，能够满足语言类课程的教学需求。随着学校对外交流的增加，外国语言资源的不断丰富，资源库面临存储空间不足和查询效率下降的问题。为此，学校引入了分布式文件存储系统和 Redis 缓存，优化了数据访问层的性能，同时对业务逻辑层的代码进行了模块化重构，为后续的功能扩展奠定了基础。该案例表明，分层架构在小型资源库建设中具有快速实施和低成本的优势，但随着资源库规模的扩大，需要及时进行技术升级和架构优化，以保持良好的性能和扩展性。

2. 某高校基于微服务架构的专业教学资源库升级

某工科高校早期采用传统的单体架构建设专业教学资源库，随着学校招生规模的扩大和学科建设的推进，资源库在高并发访问和资源类型多样化方面遇到了瓶颈。为了解决这些问题，学校决定采用微服务架构对资源库进行升级改造。首先，将原有的单体应用拆分为多个微服务，包括用户认证服务、资源管理服务、搜索服务、统计分析服务等。每个微服务独立部署在 Docker 容器中，通过 Spring Cloud 框架实现服务的注册、发现和通信。在数据存储方面，根据不同服务的需求选择了多种数据库技术，如 MySQL 用于存储用户信息和资源元数据，MongoDB 用于存储非结构化的资源文件，Redis 用于实现高速缓存和会话管理。通过这种微服务架构，资源库能够灵活应对不同学科和教学场景的需求变化，例如，在机械工程专业的虚拟仿真资源管理中，通过扩展资源管理服务的实例数量，成功支持了大量学生同时访问和操作虚拟实验设备。同时，微服务架构的弹性扩展能力使得资源库在应对学校大型教学活动（如毕业设计展览、学科竞赛培训等）时能够快速调整资源配置，确保系统的稳定运行。然而，在实施微服务架构的过程中，学校也面临着服务治理、数据一致性等挑战。为此，学校建立了专门的 DevOps 团队，采用 Jenkins、GitLab 等工具实现服务的自动化部署和持续集成，通过分布式事务处理框架（如 Seata）解决数据一致性问题。经过一年多的实践，该资源库在性能、扩展性和可用性方面均取得了显著提升，为学校的教学改革和学科建设提供了有力支持。该案例表明，微服务架构虽然在实施过程中需要克服一定的技术难题，但对于中大型高校的专业教学资源库建设，它能够提供更高的灵活性、可扩展性和可靠性，是值得投入和探索的技术方向。

3. 某高校联盟基于 SOA 架构的跨校教学资源库整合

某地区高校联盟为了促进区域内高校之间的教学资源共享和优势互补，采用 SOA 架构构建了跨校教学资源库整合平台。在服务封装方面，各高校将自己的专业教学资源库核心功能封装为 WebService 服务，包括资源检索、授权访问、数据同步等服务。这些服务遵循统一的接口规范和数据标准，确保不同高校资源库之间的兼容性和互操作性。通过企业服务总线（ESB）作为中间件，实现了各高校资源库与联盟平台之间的消息传递和协议转换，解决了不同系统之间的技术差异和通信障碍。在系统集成方面，联盟平台与各高校的学习管理系统、在线考试系统等教学应用进行了深度集成，教师可以在学习管理系统中直接引用联盟平台中的优质教学资源，构建个性化的课程内容；学生可以在联盟平台上跨校选修课程，利用统一的身份认证服务访问不同高校的资源库，拓宽学习视野。同时，联盟平台通过建立资源评价和共享激励机制，鼓励高校积极贡献优质资源，提高资源的利用率和影响力。经过三年的建设和发展，该联盟平台已经整合了区域内十余所高校的优质教学资源，涵盖了工学、理学、文学等多个学科领域，为区域内的教育教学改革和人才培养做出了重要贡献。该案例充分展示了 SOA 架构在跨校教学资源库整合中的强大优势，它能够打破高校之间的信息孤岛，实现资源的共享和协同，为构建区域性的教学资源共享生态提供了有效的技术解决方案。

通过以上案例分析可以看出，不同高校在专业教学资源库建设中选择合适的技术架构，需要综合考虑自身的实际情况和长远发展规划。分层架构适合快速启动和小型资源库建设，微服务架构能够满足中大型资源库对灵活性和扩展性的需求，SOA 架构则在跨校资源整合和系统集成方面具有不可替代的优势。希望这些案例和经验总结能够为其他高校在专业教学资源库的技术架构选型和实施过程中提供有益的参考和借鉴。

第二节

基于云计算的教学资源库建设

传统教学资源库在面对资源量快速增长、用户访问量激增以及多样化教学需求时，往往面临性能瓶颈、扩展困难和高昂的运维成本等问题。随着信息技术的飞速发展，云计算技术逐渐成为高校教学资源库建设的重要支撑。云计算以其弹性计算、资源池化、快速部署等优势，为高校提供了高效、灵活、经济的教学资源管理解决方案。

一、云计算技术概述

（一）云计算显著特点

大规模：云计算通过连接大量计算机节点，构建出超大规模的计算集群。例如，亚马逊、微软、雅虎、IBM 等知名互联网公司的云计算服务通常拥有数十万台服务器节点，而谷歌的云计算规模更是达到 100 万台服务器，为用户提供了一个强大的数据处理能力。

虚拟化：云计算服务和数据处理完全运行在虚拟化的环境中。用户只需通过支持云计算服务的终端设备（如电脑、手机等），即可获取服务，而无需关心资源的具体位置或物理实体。

高可靠性：云计算的可靠性主要依赖于数据的多副本冗余机制和计算节点的同构互换性。这种设计确保了云端数据的安全性，使得重要数据丢失的可能性极低，甚至比本地计算机存储更为可靠。

通用性：云计算是一种通用的数据处理模式，而非针对某一特定应用。基于云计算技术，可以开发出多种应用场景，如在线教育、云存储、信息共享、搜索引擎等，体现了其广泛的适用性。

可伸缩性：云计算具备动态扩展的能力，能够根据用户规模的增长或应用需求的变化灵活调整资源分配，从而满足不断变化的需求。

按需服务：云计算采用按需付费的模式，用户可以根据自身需求选择不同的服务套餐。这种模式不仅降低了管理成本和能源消耗，还提高了资源利用率，使得云计算服务价格相对低廉，具有较高的经济性。

（二）云计算的关键技术

1. 虚拟化技术

虚拟化技术是云计算的核心技术之一，它通过将物理硬件资源虚拟化为多个独立的虚拟机（VM），实现了资源的高效利用和灵活分配。在教学资源库建设中，虚拟化技术可以将服务器、存储设备等硬件资源进行池化管理，根据资源库的实际需求动态分配资源。例如，某高校采用 VMware 虚拟化技术，将多台物理服务器虚拟化为数十台虚拟机，分别用于运行资源库的不同功能模块。通过虚拟化技术，学校不仅提高了硬件资源的利用率，还实现了资源的快速扩展和故障隔离，确保系统的稳定性和可靠性。

2. 分布式存储

分布式存储技术通过将数据分散存储在多个节点上，实现了数据的高可用性和容错性。在教学资源库中，分布式存储可以确保大量教学资源的安全存储和快速访问。例如，Hadoop 分布式文件系统（HDFS）将文件分割成多个块，分布在集群中的不同节点上，并通过冗余存储机制确保数据的安全性。某高校采用 HDFS 构建教学资源库的存储系统，成功存储了数 TB 的教学资源，包括视频、图片、文档等。分布式存储技术不仅提高了资源的存储容量和访问速度，还通过数据冗余机制保障了资源的安全性和持久性。

3. 负载均衡

负载均衡技术通过将用户请求均匀分配到多个服务器上，实现了系统的高性能和高可用性。在教学资源库建设中，负载均衡可以有效应对高并发访问，避免单点故障，提高系统的响应速度和稳定性。例如，某高校采用 Nginx 负载均衡器，将用户请求分发到多台云服务器上，确保每台服务器的负载均衡。通过负载均衡技术，学校成功应对了开学季和考试期间的高访问量，资源库的响应时间始终保持在 1s 以内，用户满意度显著提高。

二、云计算平台选型

（一）公有云、私有云和混合云

1. 公有云

公有云是由云服务提供商通过互联网向公众开放的云计算服务，具有成本低、部署快、资源丰富等优点。对于预算有限的高校，公有云是构建教学资源库的理想选择。例如，腾讯云提供了丰富的 IaaS 和 PaaS 服务，包括云服务器、云存储、数据库、CDN 加速等。某高校采用腾讯云的公有云服务，快速部署了教学资源库，并通过 CDN 加速技术提高了资源的访问速度。公有云的优势在于其弹性扩展能力和按需付费模式，学校可以根据实际需求灵活调整资源配置，无需担心硬件设备的采购和维护问题。

2. 私有云

私有云是专门为单个组织构建的云计算环境，具有高度的安全性和定制化能力。对于对数据安全和隐私要求较高的高校，私有云是更合适的选择。例如，某高校采用 OpenStack 开源技术构建了自己的私有云平台，将教学资源库部署在私有云环境中。通过私有云，学校能够完全掌控数据的存储和管理，确保教学资源的安全性和保密性。私有云还支持高度的定制化，学校可以根据自身的教学需求和业务流程，灵活配置资源库的功能和性能。

3. 混合云

混合云结合了公有云和私有云的优势，既提供了公有云的灵活性和经济性，又保留了私有云的安全性和定制化能力。对于资源量大、用户需求多样化的高校，混合云是最佳的解决方案。例如，某高校采用混合云架构，将非敏感的教学资源（如公开课程、学术讲座等）部署在公有云上，利用公有云的弹性扩展能力快速响应用户访问；将敏感的教学资源（如学生作业、考试数据等）存储在私有云中，确保数据的安全性和隐私性。通过混合云架构，学校既降低了运维成本，又满足了不同类型的资源存储和访问需求。

（二）主流云服务提供商

1. 阿里云

阿里云是中国领先的云服务提供商，提供了全面的云计算服务，包括弹性计算、存储、数据库、安全、人工智能等。阿里云的特点是产品线丰富、技术成熟、服务稳定。在教学资源库建设中，阿里云的 ECS（弹性计算服务）和 OSS（对象存储服务）是常用的服务。某高校采用阿里云的 ECS 和 OSS 服务，构建了高性能的教学资源库，支持数万名师生的同时访问。阿里云还提供了丰富的安全防护服务，如 DDoS 防护、Web 应用防火墙等，确保资源库的安全运行。

2. 腾讯云

腾讯云是另一家国内知名的云服务提供商，以其强大的计算能力和丰富的应用生态著称。腾讯云在教学资源库建设中提供了多种服务，如云服务器、云存储、CDN 加速、人工智能等。某高校采用腾讯云的 CDN 加速服务，将教学资源分发到全国多个节点，显著提高了资源的访问速度和用户体验。腾讯云还提供了简单易用的管理控制台和丰富的 API 接口，方便学校进行资源的管理和自动化运维。

3. AWS（亚马逊云服务）

AWS是全球领先的云服务提供商，提供了广泛而深入的云计算服务。AWS的特点是技术先进、全球化布局、服务种类繁多。在教学资源库建设中，AWS的S3（简单存储服务）和EC2（弹性计算云）是常用的服务。某高校采用AWS的S3服务存储教学资源，利用其全球化的数据中心确保资源的高可用性和快速访问。AWS还提供了强大的数据分析和机器学习服务，帮助学校优化教学资源的管理和推荐功能。

三、基于云计算的教学资源库建设实践

（一）资源库迁移与部署

1. 数据迁移

数据迁移是将现有的教学资源从本地服务器或旧系统迁移到云端的关键步骤。在迁移过程中，需要确保数据的完整性和一致性。首先，对现有数据进行备份，确保在迁移过程中数据不会丢失。然后，根据云平台的存储格式和要求，对数据进行转换和整理。例如，某高校在将教学资源迁移到阿里云OSS时，使用了OSS的迁移工具，将本地存储的数TB资源快速迁移到云端。迁移完成后，通过数据校验工具检查数据的完整性和一致性，确保迁移后的数据能够正常使用。

2. 应用部署

应用部署是将教学资源库的应用程序部署到云平台上的过程。在部署过程中，需要根据云平台的特点和资源需求，选择合适的部署方案。例如，某高校采用Docker容器技术，将教学资源库的应用程序打包为容器镜像，部署到阿里云的容器服务上。通过容器化部署，学校能够实现应用的快速部署和弹性扩展，确保资源库在高并发访问下仍能稳定运行。同时，利用云平台的自动化部署工具（如Ansible、Terraform），学校能够简化部署流程，提高部署效率。

3. 系统配置

系统配置是确保教学资源库在云端正常运行的重要环节。在配置过程中，需要根据云平台的环境和资源库的需求，进行网络设置、安全配置、性能优化等。例如，某高校在配置教学资源库的网络环境时，通过云平台的VPC（虚拟私有云）服务，创建了一个安全隔离的网络环境，确保资源库的访问安全。同时，通过配置负载均衡器和CDN加速服务，提高了资源库的访问速度和稳定性。

（二）云服务的应用与优化

1. 弹性扩展

弹性扩展是云计算的核心优势之一，它能够根据资源库的访问量和负载情况自动调整计算和存储资源。在教学资源库建设中，弹性扩展可以有效应对高并发访问和资源需求的波动。例如，某高校在考试期间，通过阿里云的弹性伸缩服务，自动增加了云服务器的实例数量，确保资源库能够快速响应学生的访问请求。考试结束后，系统自动减少实例数量，降低了资源浪费和成本。

2. 自动备份

自动备份是保障教学资源安全的重要措施。云平台通常提供了自动备份和恢复功能，确保数据的安全性和持久性。例如，某高校采用腾讯云的云数据库服务，开启了自动备份功能，每天定时备份数据库中的教学资源数据。在发生数据丢失或损坏的情况下，学校可以通过备份数据快速恢复系统，确保教学活动的正常进行。

3. 性能优化

性能优化是提高教学资源库访问速度和用户体验的关键。通过优化云平台的配置和应用程序的代码，可以显著提升资源库的性能。例如，某高校通过优化数据库查询语句和添加 Redis 缓存，将资源库的响应时间从原来的 5s 缩短到 1s 以内。同时，通过调整云服务器的资源配置和网络带宽，进一步提高了资源的加载速度和访问稳定性。

（三）案例分析

1. 某高校基于阿里云的教学资源库建设

某工科高校为了提升教学资源的管理水平和访问效率，采用阿里云的 IaaS 和 PaaS 服务构建了教学资源库。在数据迁移阶段，学校使用阿里云的闪电立方工具，将本地存储的数 TB 教学资源快速迁移到云端 OSS 存储服务中。在应用部署阶段，学校采用 Docker 容器技术，将资源库的应用程序打包为容器镜像，部署到阿里云的容器服务上。通过容器化部署，学校实现了应用的快速部署和弹性扩展。在系统配置阶段，学校通过 VPC 服务创建了安全隔离的网络环境，并配置了负载均衡器和 CDN 加速服务，确保资源库的访问安全和速度。通过这种基于云计算的建设方案，学校成功解决了传统资源库在性能和扩展性方面的瓶颈问题，资源库的访问量和用户满意度均显著提升。

2. 某高校基于混合云的教学资源库建设

某综合性高校为了满足不同类型的资源存储和访问需求，采用了混合云架构构建教学资源库。学校将公开课程、学术讲座等非敏感资源部署在腾讯云的公有云上，利用公有云的弹性扩展能力快速响应用户访问；将学生作业、考试数据等敏感资源存储在私有云中，确保数据的安全性和隐私性。在数据迁移过程中，学校使用了腾讯云的数据传输服务（DTS），将本地数据库中的资源数据同步到云端。在应用部署阶段，学校通过私有云平台的自动化部署工具，快速部署了资源库的应用程序。通过混合云架构，学校既降低了运维成本，又满足了不同类型的资源存储和访问需求，为学校的教学改革和信息化建设提供了有力支持。

总体而言，基于云计算的教学资源库建设为高校提供了高效、灵活、安全的解决方案。通过合理选择云计算服务模式和平台，高校能够有效解决传统资源库在性能、扩展性和成本方面的瓶颈问题，提升教学资源的管理水平和利用效率。在实施过程中，数据迁移、应用部署和系统配置是关键步骤，需要根据云平台的特点和资源库的需求进行精心规划和优化。通过实际案例可以看出，云计算技术在教学资源库建设中具有显著的优势和广阔的应用前景。

第三节

教学资源库的性能优化与扩展

随着高校数字化教学的深入推进，教学资源库已成为师生获取知识、开展教学活动的核心平台。然而，随着用户数量的激增和资源量的指数级增长，教学资源库面临着前所未有的性能挑战。页面加载缓慢、资源检索延迟、系统响应迟钝等问题频繁出现，严重影响了用户体验和教学效率。性能优化和扩展不仅是解决当前困境的迫切需求，更是确保教学资源库可持续发展的关键战略。深入探讨教学资源库的性能优化策略和扩展方法，结合前沿技术工具，提供一套全面的解决方案，助力高校打造高效、稳定、可扩展的教学资源库势在必行。

一、性能优化策略

（一）前端优化

1. 网页代码优化

精简 HTML、CSS 和 JavaScript：去除冗余代码、注释和空格，采用自动化工具如 HTMLMinifier、CSSNano、Terser 进行压缩，减少文件大小，加快传输速度。例如，某高校通过精简前端代码，将首页加载时间缩短了 30%。

采用语义化 HTML 和高效 CSS 选择器：合理使用 HTML5 语义化标签，提高页面可读性和搜索引擎友好性；优化 CSS 选择器，避免过度嵌套和复杂选择器，提升渲染效率。

实施懒加载技术：对于页面中的图片、视频等非关键资源，采用懒加载方式，仅在用户滚动到相应位置时才加载资源，显著减少初始加载时间。如某在线教育平台通过懒加载图片，首页加载时间从 5s 降至 1.5s。

2. 减少 HTTP 请求

合并文件：将多个 CSS、JavaScript 文件合并为一个文件，减少 HTTP 请求数量。例如，将多个样式表文件合并为一个 style. css，多个脚本文件合并为一个 script. js。

使用 CSS Sprites 和图标字体：将多个小图标合并为一个图片精灵（CSS Sprites），通过 CSS 背景定位显示不同图标；或采用图标字体（如 Font Awesome），将图标以字体形式加载，减少图片请求。

启用 HTTP/2 协议：HTTP/2 支持多路复用、头部压缩和服务器推送，可显著减少请求延迟和带宽消耗。某高校升级到 HTTP/2 后，资源加载速度提升了 40%。

3. 利用浏览器缓存

设置合理的缓存策略：通过配置 HTTP 头信息（如 Cache-Control、Expires），为静态资源设置长期缓存，减少重复请求。例如，将图片、CSS、JavaScript 等资源的缓存时间设置为一周或一个月。

采用 CDN 缓存：利用内容分发网络（CDN）将资源缓存到离用户最近的节点，加快资源加载速度。如某高校采用阿里云 CDN 后，全国用户访问资源的平均延迟降低了 60%。

实现本地存储缓存：对于用户频繁访问的数据（如搜索历史、收藏资源），利用 localStorage 或 IndexedDB 在用户本地存储，减少服务器请求。

（二）后端优化

1. 数据库查询优化

索引优化：为数据库表中的常用查询字段（如资源名称、标签、上传时间）创建索引，加快查询速度。例如，某资源库通过为资源名称添加索引，查询性能提升了 5 倍。

查询语句优化：避免使用复杂的子查询和多表连接，采用分步查询或预查询方式；限制返回结果集大小，使用分页查询。如将复杂的多表连接查询拆分为多个简单查询，执行时间从10s缩短到0.5s。

数据库连接池：使用数据库连接池（如HikariCP）管理数据库连接，减少连接创建和销毁的开销，提高数据库并发处理能力。

2. 缓存机制优化

引入Redis缓存：将频繁访问的资源数据（如热门资源列表、用户信息）缓存到Redis中，减少数据库查询次数。例如，某资源库通过Redis缓存热门资源，数据库查询压力降低了70%。

实现分布式缓存架构：采用Redis Cluster或Memcached分布式缓存，提高缓存的可用性和扩展性。在高并发场景下，分布式缓存可确保数据的一致性和快速访问。

缓存失效策略：合理设置缓存过期时间和更新机制，避免缓存击穿和雪崩。采用渐进式缓存更新和多级缓存策略，确保数据的新鲜度和稳定性。

3. 服务器性能优化

硬件资源升级：根据资源库的负载情况，合理增加服务器的CPU、内存和存储资源。例如，将数据库服务器的内存从32GB升级到64GB，查询性能提升了30%。

服务器参数调优：优化操作系统内核参数（如文件描述符限制、网络缓冲区大小）、Web服务器（如Nginx、Apache）配置参数（如worker_processes、keepalive_timeout），提高服务器的并发处理能力。

应用服务器优化：优化Java虚拟机（JVM）参数（如堆内存大小、垃圾回收策略），减少应用的内存泄漏和响应延迟。采用轻量级应用服务器（如Tomcat、Jetty）提高启动速度和资源利用率。

（三）网络优化

1. CDN加速

选择合适的CDN服务商：根据资源库的用户分布和业务需求，选择阿里云CDN、腾讯云CDN或网宿CDN等主流服务商。某高校通过对比测试，选择了阿里云CDN，全国范围内的资源加载速度提升了2倍。

配置CDN缓存策略：为不同类型的资源（如静态文件、动态内容）设置合理的缓存规则，确保用户获取最新资源的同时减少回源流量。例如，将静态资源缓存时间设置为7天，动态内容通过特定URL参数实现缓存。

优化CDN节点分布：根据用户访问热力图，调整CDN节点的分布和带宽分配，确保用户能够访问到最近、最快的节点。

2. 网络配置优化

优化 DNS 解析：采用高性能 DNS 服务商（如阿里云 DNS、Cloudflare DNS），减少 DNS 解析时间；配置 DNS 缓存，提高解析效率。

调整网络拓扑结构：优化校园网与外部网络的连接，采用多链路负载均衡技术，提高网络的可用性和带宽利用率。例如，某高校通过部署双链路负载均衡设备，网络可用性从 90%提升到 99.5%。

启用 HTTP/2 和 QUIC 协议：HTTP/2 通过多路复用和头部压缩提高传输效率；QUIC 协议基于 UDP 实现更快的连接建立和更低的延迟。某资源库启用 HTTP/2 后，页面加载时间缩短了 40%；试点 QUIC 协议后，海外用户访问速度提升了 60%。

二、扩展方法

（一）垂直扩展与水平扩展

1. 垂直扩展

适用场景：适用于资源库处于发展初期，用户数量和资源量相对较少，但对单机性能要求较高的情况。例如，小型高校的教学资源库可以通过垂直扩展提高数据库服务器的性能，满足初期的教学需求。

实施方法：升级服务器的 CPU、内存和存储设备；优化服务器的硬件配置，如增加固态硬盘（SSD）提高 I/O 性能；采用高性能的网络接口卡（NIC）提升网络吞吐量。

局限性：垂直扩展存在硬件性能瓶颈，当资源库规模进一步扩大时，单机性能将无法满足需求；硬件成本较高，且存在单点故障风险。

2. 水平扩展

适用场景：适用于资源库用户数量和资源量快速增长，需要分布式处理和高可用性的场景。例如，大型高校或区域教学资源共享平台，通过水平扩展构建分布式架构，提高系统的扩展性和可靠性。

实施方法：增加服务器节点，采用负载均衡器（如 Nginx、HAProxy）将用户请求分发到多个节点；采用分布式缓存（如 Redis Cluster）、分布式数据库（如 MongoDB Sharding）和分布式文件系统（如 HDFS）实现数据的分布式存储和管理。

优势：水平扩展能够根据需求灵活增加节点，理论上可无限扩展；通过多节点冗余提高系统的可用性和容错性；成本相对较低，适合大规模部署。

（二）分布式架构扩展

1. 分布式缓存

Redis Cluster：采用 Redis Cluster 构建分布式缓存系统，支持自动分片和故障转移。例如，某资源库通过部署 Redis Cluster，将热门资源的响应时间从 2s 缩短到 0.1s，缓存命中率达到 95%。

Memcached 分布式缓存：利用 Memcached 的简单高效特性，构建分布式缓存集群，适用于大规模数据的缓存。例如某在线教育平台通过部署 Memcached 分布式缓存，将用户会话数据的查询延迟降低了 80%。

2. 分布式数据库

MongoDB Sharding：采用 MongoDB Sharding 实现数据的水平分片，将大规模数据分布到多个服务器上。例如，某高校资源库通过 MongoDB Sharding，将资源元数据的查询性能提升了 4 倍，存储容量扩展到 10TB。

MySQL Cluster：利用 MySQL Cluster 的高可用性和高性能特性，构建分布式数据库集群，支持实时数据复制和故障恢复。某资源库通过 MySQL Cluster 实现了 99.99%的高可用性，数据写入和查询延迟均小于 1s。

3. 负载均衡

Nginx 负载均衡：采用 Nginx 作为反向代理服务器，实现请求的负载均衡。支持多种负载均衡算法（如轮询、最少连接、IP 哈希），确保流量均匀分配到后端服务器。某资源库通过 Nginx 负载均衡，将服务器的平均负载从 80%降至 30%，响应时间缩短了 50%。

硬件负载均衡器：对于高流量场景，采用硬件负载均衡器（如 F5 BIGIP）提供更强大的性能和可靠性。某大型高校通过部署 F5 BIGIP，成功应对了开学季数万名学生的并发访问，系统可用性达到 99.9%。

三、性能监测与持续优化

（一）性能监测工具

1. APM 工具

New Relic：提供全面的应用性能监测，包括服务器性能、数据库查询、网络请求等。通过实时仪表盘展示性能指标，帮助快速定位性能瓶颈。例如，某资源库通过 New Relic 发现数据库连接池配置不当，导致连接耗尽，优化后数据库响应时间缩短了 60%。

Prometheus+Grafana：开源的监控解决方案，Prometheus 负责数据采集和

存储，Grafana 提供直观的数据可视化。某高校采用此组合监测资源库性能，通过自定义告警规则及时发现和处理性能问题，系统稳定性提升了 40%。

Application Insights：微软提供的 APM 工具，与 Azure 云服务深度集成，支持 .NET、Java、Python 等多种技术栈。某高校通过 Application Insights 监测资源库的异常请求和依赖调用，快速定位并修复了多个性能问题。

2. 日志分析工具

ELK Stack：由 Elasticsearch、Logstash 和 Kibana 组成，用于日志收集、处理和可视化。某资源库通过 ELK Stack 分析用户访问日志，发现热门资源的访问路径和用户行为模式，优化了资源推荐算法，用户满意度提升了 30%。

Splunk：强大的日志管理和分析平台，支持实时日志监控、搜索和可视化。某高校通过 Splunk 分析系统日志，及时发现服务器的硬件故障和安全威胁，系统运维效率提升了 50%。

Sumo Logic：云原生日志分析工具，支持多源日志采集和机器学习分析。某资源库通过 Sumo Logic 实现了日志的自动化分析和异常检测，运维成本降低了 30%。

（二）持续优化实践

1. 定期性能评估

制定性能评估指标体系：包括页面加载时间、资源检索延迟、服务器响应时间、吞吐量等关键指标。例如，某高校制定了性能评估指标体系，每季度对资源库进行全面评估，确保性能指标符合教学要求。

使用自动化测试工具：采用 JMeter、LoadRunner 等工具进行性能测试，模拟高并发访问场景，评估系统的性能瓶颈。某资源库通过 JMeter 测试发现，在 1000 并发用户下，资源检索延迟超过 5s，通过优化数据库查询和增加缓存，延迟降至 1s 以内。

对比分析与基准测试：定期与行业标杆进行对比分析，设定性能基准，持续改进。例如，某高校通过对比分析发现，其资源库的页面加载速度比行业平均水平慢 20%，通过优化前端代码和启用 CDN 加速，加载速度提升了 30%。

2. 问题分析与优化调整

性能瓶颈定位：通过 APM 工具和日志分析工具，精准定位性能瓶颈，如数据库查询慢、网络延迟高、服务器资源利用率不均等问题。例如，某资源库通过 New Relic 发现，某个 SQL 查询耗时占整个请求处理时间的 80%，通过优化查询语句和添加索引，查询时间缩短了 90%。

优化方案实施：针对性能瓶颈制定优化方案，如调整数据库参数、优化网络配置、增加服务器节点等。某资源库通过调整数据库连接池参数，将数据库连接数从 100 增加到 200，系统吞吐量提升了 40%。

效果验证与迭代优化：实施优化方案后，通过性能测试验证优化效果，如未达到预期目标，则重新分析问题，调整优化方案，持续迭代。例如，某资源库在优化网络配置后，页面加载时间仍不符合预期，通过进一步分析发现 CDN 缓存配置不当，重新调整缓存策略后，加载时间最终达到了目标。

3. 用户体验优化

用户反馈收集：建立用户反馈机制，通过问卷调查、在线反馈表单、用户访谈等方式收集用户对资源库性能的评价和建议。例如，某高校通过问卷调查发现，用户对资源库的搜索功能满意度较低，主要原因是搜索结果不准确。通过优化搜索算法和增加搜索过滤条件，用户满意度提升了 45%。

个性化性能优化：根据用户行为数据和偏好，提供个性化的性能优化服务，如智能推荐、预加载资源等。某资源库通过分析用户搜索历史和收藏记录，实现了个性化资源推荐，用户发现优质资源的概率提高了 35%。

跨设备性能优化：确保资源库在不同终端设备（如桌面电脑、平板、手机）上均能提供流畅的用户体验。采用响应式设计和自适应布局，优化移动端资源加载策略。例如，某资源库通过优化移动端页面，将加载时间从 4s 缩短到 1.2s，移动端用户活跃度提升了 60%。

总之，教学资源库的性能优化与扩展是高校数字化教学发展的关键环节。通过前端优化、后端优化和网络优化，能够显著提升资源库的响应速度和用户体验；通过垂直扩展、水平扩展和分布式架构扩展，能够有效应对用户数量和资源量的增长，确保系统的高可用性和扩展性；通过性能监测工具和持续优化实践，能够及时发现性能瓶颈并进行针对性优化，不断提升资源库的性能和稳定性。未来，随着技术的不断发展和教学需求的变化，高校应持续关注性能优化和扩展技术的前沿动态，积极探索人工智能、边缘计算等新兴技术在教学资源库中的应用，为教育教学改革和人才培养提供更加坚实的技术支撑。

第四节

教学资源库的检索功能优化与用户体验提升

在数字化教学资源库的建设中，检索功能和用户体验是两个至关重要的方面。高效的检索功能能够帮助用户快速找到所需的资源，而良好的用户体验则能显著提升用户对资源库的满意度和使用频率。

一、检索功能优化

（一）搜索引擎技术

1. Elasticsearch

Elasticsearch 是一个基于 Lucene 构建的开源、分布式、全文搜索引擎。它提供了分布式索引、分布式搜索、分布式存储等核心功能，能够快速处理海量数据的搜索请求。

它适用于大规模教学资源库的全文检索。例如，某高校采用 Elasticsearch 构建教学资源库的搜索引擎，能够对数百万条资源记录进行快速索引和检索，支持复杂的查询条件和过滤器组合。

实现方法：首先，需要安装和配置 Elasticsearch 集群，根据资源库的规模选择合适的硬件配置。然后，通过 API 将教学资源的数据导入 Elasticsearch，创建索引并定义字段映射。最后，开发搜索接口，将 Elasticsearch 的搜索功能集成到资源库的前端界面中。

2. Solr

Solr 是另一个基于 Lucene 的开源企业级搜索服务器，它提供了高度可扩展的全文检索功能，支持多种数据源的索引和搜索。

它适用于需要高度定制化搜索功能的教学资源库。例如，某高校利用 Solr 实现了对多媒体资源（如视频、音频、图像等）的元数据检索，支持基于内容特征（如颜色、纹理、声音频率等）的高级搜索。

实现方法：安装 Solr 服务器，配置数据源和索引策略。通过 Solr 的管理界面导入教学资源数据，使用 Schema. xml 文件定义字段类型和索引规则。开发自定义搜索插件，将 Solr 的搜索功能与资源库的业务逻辑相结合。

（二）检索算法与策略

1. 全文检索

全文检索通过建立倒排索引，将文档中的每个词与文档的对应关系记录下来。在搜索时，根据用户的查询词快速定位到包含该词的文档，并返回相关结果。

优化方法：对教学资源的标题、摘要、关键词等关键字段进行重点索引，提高检索的准确性和召回率。例如，某资源库通过调整倒排索引的权重，使包含关键词的标题字段在搜索结果中优先显示，显著提高了用户找到目标资源的概率。

2. 模糊检索

模糊检索允许用户使用通配符、模糊匹配等方式进行搜索，能够处理用户输入的拼写错误或不完整信息。

优化方法：采用 Levenshtein 距离算法计算用户输入与资源库中关键词的相似度，返回与用户意图最接近的资源。例如，在某高校的资源库中，当用户输入“机械设计基础”时，模糊检索能够同时返回“机械设计基础教程”“机械设计基础习题集”等相关资源，即使用户输入存在轻微拼写错误。

3. 语义检索

语义检索通过理解用户查询的语义含义，利用自然语言处理技术对资源进行语义分析和匹配，提供更精准的搜索结果。

优化方法：引入 Word2Vec、BERT 等预训练语言模型，对教学资源和用户查询进行语义向量化表示。通过计算向量之间的相似度，返回语义相关的资源。例如，当用户输入“如何提高机械零件的强度”时，语义检索能够返回与“机械零件强度优化方法”“机械设计中的应力分析”等语义相关的资源。

（三）检索结果排序与展示

1. 基于用户行为的排序

收集用户的搜索行为数据（如点击率、停留时间、下载次数等），建立用户行为模型。根据用户行为模型对检索结果进行排序，将用户更可能感兴趣的结果排在前面。

案例：某高校资源库通过分析用户的点击行为，发现某些资源在特定学科的用户群体中点击率较高。在排序算法中增加学科相关性的权重，使这些资源在对应学科用户的搜索结果中优先展示，点击率提升了 40%。

2. 基于资源热度的排序

统计资源的访问量、下载量、收藏次数等指标，计算资源的热度值。根据热度值对检索结果进行排序，将热度较高的资源排在前面，提高资源的曝光率和利用率。

案例：某在线教育平台在资源库中实施基于热度的排序策略，每周更新资源热度排行榜。热门资源的下载量平均增长了 30%，同时带动了相关资源的访问量，资源库的整体使用效率显著提升。

3. 多维度展示

除了传统的列表展示方式，提供多种维度的检索结果展示，如图文展示、分组展示、地图展示等。图文展示能够直观呈现资源的封面和关键信息；分组展示可以按照资源类型、学科领域等进行分类展示；地图展示适用于展示地理相关的教学资源（如地理信息数据、实地考察报告等）。

案例：某高校资源库采用图文展示方式，将每个资源的封面图、标题、简介等信息以卡片形式展示，用户能够快速浏览资源的主要内容。同时，对于多媒体资源，提供预览功能（如视频预览、音频试听等），进一步提高用户对资源的识别效率和使用意愿。

二、用户体验提升策略

（一）用户界面设计

1. 简洁性

保持界面简洁明了，避免过多的装饰元素和复杂的功能入口。将核心功能和常用操作放在显眼位置，减少用户的操作步骤和认知负担。

案例：某高校资源库的界面设计采用了极简风格，首页仅展示搜索框、热门资源推荐和学科分类导航。用户能够在 3s 内找到所需的入口，搜索效率提高了 50％。

2. 一致性

确保界面元素在风格、布局和交互方式上保持一致。使用统一的色彩方案、字体样式和按钮形状，使用户在不同页面之间切换时能够快速适应。

案例：某在线教育平台通过规范界面设计，将所有页面的导航栏、操作按钮和信息提示框统一为相同的样式。用户在使用过程中不会因为界面风格的突然变化而感到困惑，操作效率提升了 30％。

3. 视觉层次

通过合理的排版和视觉设计，突出重点信息，引导用户的视觉流向。使用标题、副标题、段落、列表等结构化元素组织内容，提高信息的可读性。

案例：某高校资源库在资源详情页采用了视觉层次设计，将资源标题用较大字体突出显示，关键信息（如作者、上传时间、资源类型等）以列表形式排列在标题下方，详细描述和下载按钮则放在页面中部。用户能够快速获取核心信息，页面停留时间平均增加了 20％。

（二）个性化推荐

1. 基于协同过滤的推荐

通过分析用户的历史行为和与其他用户的相似度，推荐与之兴趣相似的用户喜欢的资源。例如，基于用户的浏览历史、收藏资源和下载记录，计算用户与其他用户的相似度，向用户推荐相似用户喜欢的资源。

优化方法：采用矩阵分解算法处理用户-资源交互矩阵，提取用户的潜在兴趣特征，提高推荐的准确性和多样性。某高校资源库通过协同过滤算法为用户推荐相关资源，点击率提升了35%。

2. 基于内容的推荐

分析资源的内容特征（如关键词、主题、标签等）和用户的兴趣特征，匹配两者之间的相似度，推荐符合用户兴趣的资源。

优化方法：利用 TF-IDF 算法提取资源的关键特征词，建立资源的特征向量。同时，通过用户行为数据构建用户的兴趣模型，计算资源特征向量与用户兴趣模型的相似度，返回最匹配的资源。某资源库通过基于内容的推荐算法，使用户发现新资源的概率提高了40%。

3. 混合推荐

结合协同过滤和内容推荐的优点，通过加权融合或级联方式构建混合推荐模型，提供更全面、更精准的推荐结果。

优化方法：根据不同的场景和用户群体，动态调整协同过滤和内容推荐的权重。例如，在新用户首次访问时，以内容推荐为主，帮助用户快速了解资源库的资源类型；随着用户行为数据的积累，逐渐增加协同过滤的权重，提供基于用户社交网络的个性化推荐。某在线教育平台采用混合推荐策略后，用户留存率提升了25%，资源库的活跃度显著提高。

（三）多终端适配

1. 响应式设计

采用响应式设计框架（如 Bootstrap、Foundation 等），根据设备屏幕尺寸自动调整界面布局和元素大小。使用媒体查询（Media Queries）定义不同屏幕尺寸下的样式规则，确保资源库在桌面电脑、平板和手机上都能提供一致的用户体验。

案例：某高校资源库采用 Bootstrap 框架进行响应式设计，通过媒体查询为不同设备设置了专门的样式。在手机上，导航菜单自动折叠为汉堡菜单，资源列表以单列显示；在平板上，资源列表以双列显示，导航菜单展开为顶部标签；在桌面电脑上，资源列表以三列显示，提供完整的侧边栏导航。用户在不同设备上的满意度均达到90%以上。

2. 自适应布局

通过检测设备的特性（如屏幕分辨率、触摸屏支持等），动态调整界面元素的位置和大小。使用弹性布局（Flexbox）和网格布局（Grid）等 CSS 技术，实现界面元素的灵活排列和自适应填充。

案例：某在线教育平台在资源播放页面采用自适应布局，根据设备屏幕宽度自动调整视频播放器的大小和位置。在手机上，视频播放器全屏显示，控制按钮以简洁的图标形式排列在视频下方；在桌面电脑上，视频播放器与相关资源推荐并排显示，控制按钮以完整的文本标签形式展示。用户在不同设备上的操作便捷性显著提高，资源播放完成率提升了30%。

3. 性能优化

针对不同终端设备的性能特点，进行针对性的优化。在移动设备上，减少资源的加载量，采用懒加载技术延迟加载非关键资源；优化图片和视频的编码格式，控制文件大小，提高加载速度。在桌面设备上，充分利用硬件加速功能，提升界面的渲染速度和交互流畅度。

案例：某高校资源库通过优化移动设备上的图片格式，将PNG和JPEG图片转换为WebP格式，文件大小平均减少了40%，加载速度提升了60%。同时，采用懒加载技术，将页面中的广告图片和相关推荐资源延迟加载，页面首屏加载时间从原来的5s缩短到1.5s，移动用户的访问量增长了40%。

第五章

数字化教学资源在教学模式中的应用

数字化教学资源正在革新教学模式，为实验教学注入活力，助力虚拟仿真突破壁垒，推动在线开放课程迈向新高度，赋能机械工程项目式学习实现创新。本章深入探讨这些应用，展现数字化资源如何全方位提升教学质量，激发学生学习潜能，培养适应数字时代的高素质人才。

第一节

数字化教学资源在实验教学中的应用

实验教学在高等教育中占据着举足轻重的地位，它不仅是理论知识的实践验证，更是培养学生实践技能、科学素养和创新思维的关键途径。通过实验教学，学生能够将抽象的理论知识与实际操作相结合，深化对学科概念的理解，掌握科学研究的方法与技巧，为未来的职业发展和学术研究奠定坚实基础。然而，传统实验教学模式受到诸多局限，如实验设备资源紧张、实验时间地点固定、高成本实验无法普及、危险实验存在安全风险等，这些因素制约了实验教学质量的进一步提升。随着信息技术的飞速发展，实验教学资源的数字化实现成为破解传统实验教学困境的有力武器。数字化实验资源不仅能突破时空限制，提供丰富多样的实验体验，还能通过虚拟仿真、数据挖掘等技术深化学生对知识的理解与应用，为个性化学习和精准教学奠定基础。

一、实验教学资源的特点

（一）实验设备的多样性与专业性

实验教学资源的核心要素之一是实验设备，不同学科领域对实验设备的需求千差万别。物理实验需要高精度的测量仪器，如示波器、光谱仪；化学实验离不开各类反应釜、色谱仪；生物实验则依赖显微镜、PCR 仪等专业设备。这些设备不仅价格昂贵，且操作复杂，对实验环境要求严苛，传统教学中设备资源的稀缺性往往导致学生实际操作机会有限。而数字化技术可通过虚拟仿真将设备操作流程、功能原理生动呈现，让学生在虚拟环境中熟悉设备使用，提升实际操作的熟练度与自信心。

（二）实验步骤的逻辑性与严谨性

实验过程遵循严格的步骤规范，从前期准备、实验操作到数据记录分析，每一步都环环相扣，容不得丝毫差错。数字化实验资源能够将这些复杂步骤拆解为可视化模块，通过动画演示、交互式操作引导学生逐步掌握实验技巧，实时纠正错误操作，确保学生在虚拟实践中深刻理解实验流程的科学性与严谨性。在虚拟实验中，学生如果出现错误，系统会立即提示并解释错误原因，帮助学生及时纠正。

（三）数据记录与分析的科学性

实验数据是验证理论、发现规律的关键依据，其记录与分析过程必须严谨规范。传统实验中，数据多以手工记录，易出现误差。数字化实验资源借助传感器、数据采集卡等工具实现数据的自动采集与存储，通过专业软件（如 Excel、SPSS、Origin）对数据进行可视化处理，绘制图表、拟合曲线、统计分析，帮助学生从海量数据中挖掘有价值的信息，培养科学的数据处理思维与分析能力。

二、应用效果

（一）提高实验教学的灵活性

在线实验平台：数字化教学资源通过在线实验平台，使学生能够突破传统实验室的时空限制，随时随地进行实验学习。这些平台提供了丰富的虚拟实验环境，学生可以按照自己的学习进度进行实验操作。例如，某高校引入的虚拟化学实验室，不仅在课前为学生提供了熟悉实验流程的机会，还允许学生在课后反复练习，巩固实验技能。这种灵活性极大地提高了学生的学习效率，使实验教学不再受制于实验室的开放时间。

远程实验操作：借助互联网技术，数字化教学资源支持远程实验操作。学生可以通过网络控制实验室中的真实设备，进行实际的实验操作。例如，在一些工程类课程中，学生可以远程操控机械臂、机器人等设备，完成复杂的实验任务。这种方式不仅节省了学生往返实验室的时间，还为因距离或时间冲突无法参与实验的学生提供了平等的学习机会。远程实验操作还可以记录学生的操作过程和结果，方便教师进行评估和指导。

移动学习：随着移动设备的普及，数字化教学资源进一步拓展了实验教学的时空边界。学生可以使用智能手机或平板电脑访问实验教学平台，进行实验学习。例如，某高校开发的移动实验学习应用，让学生可以随时随地观看实验视频、完成简单的实验模拟。这种移动学习方式使学生能够利用碎片化时间进行学习，如在通勤途中、课间休息时等。移动学习应用还可以提供互动功能，如在线讨论、问题解答等，增强学生之间的交流与合作。

（二）增强实验教学的可访问性

数字化实现通过虚拟仿真技术将高精尖实验设备的操作界面和实验场景还原，使普通高校学生也能在虚拟环境中体验尖端科技的魅力，拓宽实验视野。例如，虚拟仿真平台可以模拟电子显微镜、核磁共振仪等高端设备的操作过程，让学生在虚拟环境中熟悉这些设备的功能和使用方法。这种技术的应用不仅降低了高端设备使用的门槛，还为学生提供了一个安全、无风险的学习环境。在虚拟实验中，学生可以自由地操作设备，尝试不同的参数设置，观察实验结果的变化，而不用担心设备损坏或实验失败带来的后果。这种反复实践的机会有助于学生更好地理解复杂的实验原理和操作技巧，为将来的实际操作打下坚实的基础。

对于因身体残疾、地域限制等无法参与实地实验的学生群体，数字化实验资源为其打开了通往科学世界的大门，保障了教育公平。无论学生身处何地，只要有网络连接，他们就可以通过虚拟实验平台参与实验学习。这对于偏远地区的学生、身体不便的学生以及因其他原因无法亲临实验室的学生来说，无疑是一个巨大的福音。数字化实验资源消除了地理和身体条件对实验教学的限制，让每一位学生都有机会接触到高质量的实验教育资源，为他们提供了平等的学习机会。

此外，数字化资源还可以提供多语言支持，满足不同语言背景学生的学习需求，进一步扩大了教育资源的覆盖面。在国际化的教育环境中，多语言支持显得尤为重要。通过提供多种语言的界面和指导说明，数字化实验资源能够帮助非母语学生更好地理解和掌握实验内容。这不仅有助于提升他们的学习效果，也有助于促进不同文化背景学生之间的交流与合作，也为全球教育事业的发展注入了新的活力。

（三）提升实验教学的效果评估

数字化实验资源借助人工智能算法与大数据分析，能够全程跟踪学生在虚拟实验中的操作行为、时间消耗、错误频次等数据，生成详细的学习分析报告。这些报告不仅能够帮助教师精准定位学生的知识盲点与技能短板，还能为学生提供个性化的学习建议。例如，通过分析学生在虚拟实验中的操作数据，教师可以发现学生在某一实验步骤中反复出错，从而有针对性地加强该部分的教学指导。这种精准的教学反馈机制，使得教师能够及时调整教学策略，优化教学方案，确保每一位学生都能全面掌握实验技能。

此外，数字化评估系统还能实时记录学生的学习过程和成果，为学生提供及时的反馈和激励。例如，学生在完成一个虚拟实验后，系统可以立即显示实验结果和评估分数，并提供详细的改进建议。这种即时反馈机制能够帮助学生及时发现和纠正错误，提高学习效果。同时，系统还可以记录学生的学习进度和成就，为学生提供学习的动力和成就感，激励他们不断改进学习方法，提升学习效果。

不仅如此，效果评估数据还可以用于教学研究和改进。教师可以分析不同班级、不同学期的教学数据，找出教学过程中的共性问题和改进方向。例如，通过对比不同学期的学生评估数据，教师可以发现某一实验项目在教学效果上的波动，并据此调整教学内容和方法，确保教学质量的持续提升。数字化评估系统提供的量化数据，帮助教师评估不同教学方法的有效性，从而选择最适合学生的教学策略，推动实验教学不断向更高水平发展。

（四）培养创新思维

数字化实验资源的开放性和交互性激发了学生的好奇心和探索欲，为他们提供了广阔的创新空间。学生可以在虚拟实验中自由调整参数、构建个性化模型，探索多种解决方案。

数字化实验资源的开放性让学生能够突破传统实验的限制，尝试在真实实验中难以实现的复杂条件和场景。例如，学生可以在虚拟环境中模拟极端温度、压力或化学反应条件，观察材料在这些条件下的行为变化。这种自由探索的机会激发了学生的好奇心，促使他们主动思考和提出新的假设。通过反复试验和调整，学生不仅能够验证自己的假设，还能发现新的现象和规律，培养了科学探究的能力。

例如，学生可以利用数字化实验平台设计和优化实验方案，模拟实验过程，提前验证实验的可行性。这种能力在科研项目中尤为重要，因为它能够帮助学生在实际操作前减少资源浪费和时间成本。同时，数字化实验资源还为学生提供了丰富的数据支持，使他们能够在竞赛中展示基于数据的创新成果，增强竞争力。

（五）促进学科融合

实验教学数字化在跨学科方面的贡献主要体现在其能够打破传统学科之间的壁垒，促进知识的交叉融合与创新应用。通过虚拟仿真技术，学生可以在同一实验环境中综合运用不同学科的知识和技能，实现多学科的协同学习与研究。例如，在材料科学与工程领域，学生可以利用数字化工具模拟不同材料的性能，设计新型材料的制备工艺。这种方式不仅加深了学生对材料科学原理的理解，还培养了他们综合运用化学、物理和工程学知识解决实际问题的能力。学生能够在虚拟实验中自由调整参数、构建个性化模型，探索多种解决方案，从而激发了他们的好奇心和探索欲，促使他们主动思考和创新。

数字化实验资源支持学生参与跨学科的科研项目和创新竞赛，为他们提供了展示创新能力的平台。这种跨学科的实验项目不仅拓宽了学生的学术视野，还培养了他们的团队协作能力和沟通技巧。学生在项目中需要与不同学科背景的同伴合作，共同攻克技术难题，这种经历有助于他们未来在多元化的科研团队中发挥积极作用。

三、应用案例与效果评估

（一）应用案例：高校机械工程实验教学数字化转型

某机械工程学院为解决传统机械实验教学中存在的实验设备昂贵、学生操作机会少、实验数据处理复杂等问题，全面启动了机械工程实验教学数字化转型项目。学院引入虚拟仿真软件，构建了涵盖机械设计、制造工艺、机械原理等模块的虚拟实验平台，逼真模拟机械零件加工、装配、故障诊断等实验场景；同时组织教师团队录制系列实验教学视频，详细解析实验原理、操作技巧；配备智能数据采集终端，实现实验数据的自动记录与云端存储。

项目实施两年来，学生实验事故发生率显著降低，实验设备损耗减少约30%，学生实验技能考核优秀率大幅提升，教学效果显著提升。

（二）效果评估

1. 评估指标体系构建

为科学衡量实验教学资源数字化成效，需构建全面的评估指标体系。学生学习效果维度涵盖知识掌握程度（通过理论考试成绩评估）、技能熟练度（依据实验操作考核评分）、创新能力（以实验改进方案、科研成果数量为衡量标准）；教师教学效率维度关注备课时间节省率、课堂教学互动质量（通过学生课堂反馈评分体现）、教学工作负担减轻程度；资源使用频率维度统计虚拟实验平台登录次数、实验视频观看时长、数据处理软件调用频次等数据，综合反映数字化资源的受欢迎程度与实际应用价值。通过实验教学效果评估体系，全面量化评估数字化实验资源的教学成效。

2. 评估方法与结果分析

运用问卷调查广泛收集学生对数字化实验资源的学习体验反馈，包括资源易用性、内容实用性、学习兴趣提升度等；通过学生作业分析对比数字化教学前后作业完成质量、错误率变化，精准定位资源对学生知识应用能力的影响；考试成绩对比则从宏观层面呈现数字化教学对学生成绩分布、优秀率、及格率的提升效果。例如，某高校实施数字化实验教学后，问卷调查显示92%的学生认为虚拟实验平台显著提升了学习兴趣，作业分析发现学生实验设计类作业的平均得分从

65 分提升至 85 分，期末考试成绩优秀率增长 25 个百分点，充分验证了数字化实验资源在提升教学质量方面的显著成效。

3. 改进建议与优化方向

基于评估结果，针对数字化实验资源存在的问题制定改进建议。若学生反馈虚拟实验平台操作复杂，应优化用户界面设计，简化操作流程，增加新手引导教程；若实验视频内容陈旧，需及时更新视频素材，融入学科前沿案例与新技术应用；若数据处理软件使用率低，应加强教师培训，开发软件操作实战课程，提升师生数据处理能力。同时，积极探索人工智能辅助实验教学、物联网技术实现远程实验设备操控等创新方向，持续拓展数字化实验教学的边界，为高校实验教学注入源源不断的活力。

总之，实验教学资源的数字化实现是高等教育领域一场深刻且意义重大的变革，它以信息技术为杠杆，撬动了传统实验教学在资源、方法、评价等多方面的局限，为学生打造了安全、高效、创新的实验学习新生态。从虚拟实验平台的沉浸式体验到实验视频的直观演示，从精准的数据处理到多元的应用案例，数字化技术全方位提升了实验教学的质量与效能，培养了大批具备实践能力、创新精神的高素质人才。随着人工智能深度学习算法融入实验教学个性化辅导，物联网技术实现全球实验设备远程共享，虚拟现实与增强现实技术进一步模糊虚拟与现实实验界限，实验教学资源数字化必将迈向更加智能化、全球化、融合化的新阶段，为高等教育质量提升注入磅礴动力，助力人类科技教育事业迈向新高峰。

第二节

数字化教学资源在虚拟仿真中的应用

虚拟仿真技术作为数字化教学资源的重要组成部分，正在彻底改变传统的教学模式。它通过营造沉浸式的学习环境，打破学科之间的壁垒，推动教学研究的创新，为学生提供了前所未有的学习体验。本节将深入探讨虚拟仿真技术在机械类教学中的应用，分析其如何通过多感官交互和复杂系统可视化提升学习效果，如何支持跨学科融合和产学研协同，以及如何通过数据驱动和实验平台助力教学研究的突破。

一、构建沉浸式学习环境

（一）多感官交互体验

虚拟现实（VR）和增强现实（AR）技术是构建沉浸式学习环境的核心。通过佩戴VR头盔，学生可以进入完全虚拟的环境，身临其境地体验各种机械场景。例如，在机械设计领域，学生可以模拟数控机床的操作，感受真实的加工环境。这种沉浸式体验不仅提高了学生的学习兴趣，还加速了操作技能的掌握。数据显示，采用VR模拟数控加工的学生，其操作技能掌握速度比传统教学方法快35%。

此外，VR技术还可以用于模拟复杂的机械装配过程。学生可以在虚拟环境中拆解和组装机械零件，理解其结构和功能。这种反复练习的机会在传统教学中是难以实现的，因为真实设备的拆装不仅成本高昂，还存在安全隐患。通过VR技术，学生可以在安全的环境中进行无数次练习，从而显著提高动手能力。

AR技术则通过在现实世界中叠加虚拟信息，为学生提供了更加丰富的学习体验。在机械维修中，学生可以通过AR应用观察机械零件的三维模型，直观理解其结构和装配关系。例如，在维修复杂机械时，学生通过AR设备查看零件的虚拟标注和操作指南，快速定位问题并完成维修任务。这种技术特别适用于现场维修培训，因为它可以在真实设备上叠加虚拟指导，帮助学生更高效地完成任务。

沉浸式学习环境不仅局限于视觉体验，还融合了听觉、触觉等多种感官刺激。在虚拟仿真环境中，学生可以听到机械运转的声音，感受到操作反馈的触觉，甚至可以通过特定设备体验到温度和压力的变化。这种多感官刺激的融合使学习体验更加真实和全面。例如，在模拟机械加工过程中，学生通过触觉反馈设备感受刀具的切削阻力，结合视觉和听觉提示，更加精准地完成加工操作。

此外，多感官刺激还可以帮助学生更好地理解机械系统的动态行为。例如，在模拟机械臂的运动时，学生可以通过听觉反馈听到电机的运转声音，通过触觉反馈感受到机械臂的运动阻力。这种多感官的结合使学生能够更直观地理解机械系统的运行原理，从而提高学习效果。

多感官交互体验不仅提高了学生的学习效果，还培养了他们的观察力和注意力。例如，在模拟复杂机械系统的故障诊断时，学生需要通过听觉和触觉感知异常信号，结合视觉观察进行综合判断。这种训练使学生在面对实际问题时能够更加冷静和高效地处理，显著提升了他们的综合能力。

（二）复杂系统可视化

虚拟仿真技术将抽象的理论知识转化为直观的视觉模型，使学生能够更容易地理解和掌握复杂的概念。在机械工程领域，学生可以通过3D虚拟模型探索机械系统的内部结构和力学分布，观察应力和应变的变化。这种可视化呈现帮助学生将理论知识与实际应用相结合，显著增强了知识的内化效果。例如，通过虚拟模型，学生可以清晰地看到不同机械结构在动态载荷下的受力情况，理解疲劳设计的关键原理。

虚拟仿真可以展示机械系统的装配过程。学生可以通过动画演示逐步了解复杂机械的装配顺序和关键步骤。这种可视化教学不仅帮助学生理解机械结构，还为他们未来的实际操作提供了重要的参考。

虚拟仿真还能够模拟动态过程，展示系统随时间的变化。在机械系统中，学生可以模拟机械臂的运动轨迹、齿轮传动的动态过程等，观察机械规律的实际应用。例如，在汽车工程中，学生通过虚拟仿真模拟汽车悬挂系统的动态响应，优化悬挂参数，提高车辆的舒适性和稳定性。

此外，虚拟仿真还可以用于模拟机械系统的故障模式。学生可以通过观察虚拟环境中机械系统的异常行为，学习如何诊断和解决实际问题。这种动态模拟不仅提高了学生对复杂系统的理解能力，还培养了他们的系统思维和问题解决能力。

二、支持跨学科融合教学

（一）打破学科壁垒

虚拟仿真平台整合了多学科的知识和技能，支持跨学科的综合实践。学生可以在同一虚拟环境中进行机械设计、电子控制和软件编程的综合应用。例如，在智能机械臂设计项目中，学生需要融合机械工程、电子工程和计算机科学的知识，设计和制造多功能智能机械臂。这种跨学科的学习模式不仅拓宽了学生的知识面，还培养了他们的综合应用能力和创新思维。数据显示，参与跨学科机械臂设计项目的学生在综合应用能力评估中得分比传统单一学科项目的学生高出40％。

此外，虚拟仿真还可以用于模拟复杂的自动化生产线。学生需要结合机械、电气和自动化知识，设计高效的生产流程。这种综合实践不仅帮助学生理解不同学科之间的联系，还为他们未来的工程实践提供了宝贵的经验。

多学科知识的整合还体现在解决实际问题的过程中。例如，在设计一个智能工厂时，学生需要综合运用机械设计、自动化控制和数据分析的知识，优化生产效率和资源利用率。这种跨学科的学习模式使学生能够更好地应对复杂的工程挑战，培养了他们的系统思维和创新能力。

通过虚拟仿真平台，学生能够在复杂的项目中应用多学科知识，解决实际问题。在智能制造领域，学生可以利用虚拟仿真模拟生产线的运行过程，并结合机械、电气和自动化知识，设计高效的生产流程。例如，某高校的学生通过虚拟仿真设计了一套基于工业 4.0 的智能制造系统，该系统在实际应用中显著提高了生产效率，展示了跨学科融合教学的潜力。

（二）促进产学研协同

虚拟仿真环境能够模拟真实的企业研发和生产场景，让学生提前接触行业标准和工作流程。在机械制造领域，学生可以通过虚拟仿真参与数控加工中心的优化设计。他们可以在模拟环境中进行刀具路径规划、加工参数优化和故障诊断，体验真实的企业研发过程。这种真实场景的模拟不仅提高了学生的职业技能，还缩短了他们从校园到职场的适应期。

此外，虚拟仿真还可以用于模拟企业的生产管理过程。学生可以通过虚拟环境学习如何优化生产计划、管理库存和提高资源利用率。这种模拟为学生提供了一个了解企业运作的窗口，使他们能够更好地适应未来的工作环境。

真实企业场景的模拟还可以帮助学生理解行业标准和技术规范。例如，在模拟一个汽车制造工厂时，学生需要按照实际的生产标准进行操作，从而熟悉行业内的最佳实践。这种训练使学生在毕业后能够更快地融入企业，成为合格的工程师。

高校与企业联合开发虚拟仿真项目，还实现了产学研的深度融合。企业为高校提供实际的工程问题和技术支持，高校则为企业培养具备实践能力和创新精神的人才。企业还可以利用高校的科研资源开发新的虚拟仿真工具，而高校则可以通过企业的需求导向优化课程设计。

三、推动教学研究创新

（一）数据驱动教学改进

虚拟仿真平台能够详细记录学生的学习行为数据，包括操作时长、错误频次、决策路径等。这些数据为教师提供了深入了解学生学习过程的窗口。通过数据挖掘技术，教师可以识别学生在学习中的困难点和薄弱环节。例如，数据分析显示学生在虚拟机械设计中的某模块错误率较高，教师可以针对性地强化该模块的教学内容，设计更多的练习和案例分析。这种数据驱动的教学改进方法显著提高了教学效果，学生在后续评估中的表现明显改善。

此外，学习行为数据还可以帮助教师优化课程设计。例如，通过分析学生在不同模块中的表现，教师可以调整课程的难度和内容顺序，使其更符合学生的学习需求。

学习行为数据的分析还可以用于评估教学方法的有效性。例如，通过对比不同教学方法下的学生表现，教师可以找到最适合的教学策略，从而提高整体教学质量。

基于学习行为数据的分析，教师可以为每个学生制定个性化的教学策略。对于在某一方面表现较弱的学生，教师可以推荐相关的学习资源和练习项目，帮助他们逐步提高能力。例如，对于在虚拟数控加工中表现不佳的学生，教师可以推荐基础机械知识的在线课程和简单的加工模拟项目。这种个性化的教学策略不仅提高了学生的学习效果，还增强了他们的学习信心和动力。

此外，个性化教学策略还可以通过智能推荐系统实现。虚拟仿真平台可以根据学生的学习进度和表现，自动推荐适合的学习内容和练习项目。这种智能化的教学支持使学生能够按照自己的节奏学习，从而提高学习效率。

个性化教学策略还可以帮助学生发现自己的兴趣和优势。通过分析学生在不同模块中的表现，教师可以引导学生选择适合自己的发展方向，为未来的职业规划提供参考。

（二）助力教育研究突破

虚拟仿真为教育研究提供了一个理想的实验平台，研究者可以在该平台上模拟不同的教学方法和资源设计，评估它们对学生学习效果的影响。例如，某教育研究团队通过虚拟仿真对比了传统教学与项目式学习在机械设计教学中的效果差异。研究发现，采用项目式学习的学生在解决问题和创新思维方面表现更为突出，这一发现为教学模式的创新提供了有力的实证支持。

虚拟仿真还可以用于测试新的教学工具和技术。例如，研究者可以通过虚拟环境评估不同类型的虚拟仿真平台对学生学习效果的影响，从而为高校选择合适的教学工具提供科学依据。

教学方法的实验平台还可以帮助研究者探索不同的教学策略。例如，通过模拟不同的课堂互动模式，研究者可以评估它们对学生参与度和学习效果的影响，从而为课堂管理理论提供新的见解。

虚拟仿真还为教育理论的验证和创新提供了机会。研究者可以在虚拟环境中设计实验，验证新的教育理论和假设。例如，通过模拟不同的学习环境，研究者可以评估多感官交互对学生学习效果的影响，从而为教育心理学理论提供新的支持。

此外，虚拟仿真还可以推动教育理论的创新。例如，研究者可以通过虚拟环境探索新的教学模式，如基于游戏的学习或协作式学习，并通过实验验证其有效性。这种创新不仅丰富了教育理论的内涵，还为教学实践提供了新的思路。

教育理论的验证与创新还可以通过跨学科研究实现。例如，研究者可以结合机械工程和教育学的知识，探索如何通过虚拟仿真技术提高工程教育的质量。这种跨学科的研究方法为教育理论的发展提供了新的视角，也为工程教育的改革提供了科学依据。

四、应用案例

某大学采用数字手段，如虚拟仿真技术、人工智能、大数据等，创新构建智能化精密制造虚拟仿真实训中心。该中心通过模拟真实工作环境和工艺流程，实现了低成本、高效率、高安全性的实训教学，有效解决了实训资源短缺、实训过程难以再现等问题。同时，该案例还通过开发系列虚拟仿真实训教学资源，构建了虚拟仿真实训项目体系，实现了教学资源的数字化、网络化和智能化，为培养符合智能制造时代需求的高素质技术技能人才提供了有力保障。

第三节 数字化教学资源在在线开放课程中的应用

在线开放课程（MOOCs）的兴起标志着数字化教学资源在教育领域的广泛应用。通过互联网技术，在线开放课程打破了传统教育的时空限制，为全球学习者提供了丰富多样的学习机会。数字化教学资源不仅拓展了课程的覆盖范围，还推动了教学方法的创新，为个性化学习提供了可能。本节将深入探讨数字化教学资源在在线开放课程中的应用，分析其如何通过全球化学习社区、终身学习支持、互动式视频教学、实时协作学习以及精准学习分析和个性化服务，提升教学效果和学习体验。

一、拓展课程覆盖范围

（一）全球化学习社区

1. 多语言支持与文化多样性

在线开放课程平台如Coursera、edX和FutureLearn等，通过提供多语言字幕、讲解和课程材料，吸引了来自世界各地的学习者。这种多语言支持不仅消除了语言障碍，还促进了不同文化背景学生之间的交流与理解。例如，某高校开设的“机械设计基础”课程，不仅提供了中英文双语字幕，还通过案例分析展示了不同国家机械设计的风格和标准。课程吸引了来自30多个国家的学员，学习者在讨论区分享各自国家的机械设计经验，形成了一个多元文化的学习社区。这种全球化学习社区不仅传播了专业知识，还提升了课程的国际影响力，为跨文化交流提供了平台。

此外，在机械工程领域，多语言支持使得发展中国家的学生也能够接触到先进的机械设计理论和实践方法。例如，某非洲国家的工程学院通过在线课程学习数控机床编程技术，并将其应用于本地化的机械制造项目中，显著提高了当地的工业水平。这种知识的跨国传播不仅促进了全球机械工程教育的均衡发展，还为不同国家的工程师提供了合作的机会。

2. 国际合作与课程共建

高校与国际教育机构、企业合作开发在线课程，进一步拓展了课程的覆盖范围。通过国际合作，在线课程的质量和权威性得到了提升，吸引了更多国际学习者参与。此外，合作项目还促进了课程内容的本地化，使其更符合不同国家和地区的学习者需求。例如，某国际合作课程针对亚洲学习者增加了关于精密机械制造的案例研究和实践项目，使课程内容更具针对性和吸引力。

在机械工程领域，国际合作课程尤为重要。例如，德国某大学与中国某高校合作开发了一门关于汽车制造技术的在线课程。课程中不仅涵盖了德国的汽车制造标准和先进技术，还结合了中国在新能源汽车领域的创新实践。这种合作不仅提升了课程的国际化水平，还为两国学生提供了了解彼此技术和市场的机会，促进了全球汽车产业的技术交流。

3. 全球学习者网络的形成

在线开放课程汇聚了来自不同国家、不同背景的学习者，形成了庞大的全球学习者网络。这种网络为学习者提供了丰富的学习资源和交流机会。学习者可以在讨论区分享学习心得、参与国际团队项目、与全球专家互动。例如，在某“智能制造技术”在线课程中，学习者来自全球各地，他们在讨论区分享了各自国家在智能制造领域的政策和实践。这种全球视角的学习体验不仅拓宽了学生的视野，还培养了他们的全球意识和合作精神。全球学习者网络还通过社交媒体、在线论坛等渠道延续学习交流，形成了持续的学习社区效应。

在机械工程领域，全球学习者网络的形成尤为显著。例如，某在线课程的学习者组成了一个虚拟的机械设计团队，成员来自美国、德国、日本和中国。他们通过在线协作平台共同完成了一个机械臂的设计项目，每个成员根据各自国家的技术优势负责不同的模块。这种跨国协作不仅提高了项目的设计质量，还为学生未来参与国际工程项目积累了经验。

（二）终身学习支持

1. 职业发展与技能提升

数字化教学资源为职业人士提供了便捷的学习途径，帮助他们在快速变化的职业环境中保持竞争力。在线课程平台如 Udemy、LinkedIn Learning 等，提供了丰富的职业技能培训课程，涵盖机械设计、数控加工、自动化控制等多个领域。这些课程由行业专家授课，内容紧跟最新技术发展趋势。例如，某在线机械设计课程平台为不同基础的学习者提供了从入门到精通的完整学习路径，包括 CAD/CAM 软件应用、有限元分析、机械优化设计等课程。用户可以根据自己的职业需求选择课程，通过系统学习提升专业技能。据统计，该平台用户学习满意度达 92%，许多学员在完成课程后成功转行或获得了职业晋升。

此外，机械行业的快速发展要求工程师不断更新知识和技能。例如，随着工业 4.0 和智能制造的兴起，在线课程平台及时推出了关于工业物联网、智能传感器和机器人技术的课程。这些课程帮助在职工程师快速掌握新技术，适应行业变革的需求。

2. 兴趣拓展与个人成长

除了职业发展，在线开放课程还满足了学习者在兴趣爱好和个人成长方面的学习需求。以机械专业为例，课程内容涵盖了机械历史、古机械修复、机械艺术等多个领域，为学习者提供了丰富的学习选择。例如，某高校开设的“古代机械文明”课程，通过在线平台分享了来自不同国家和历史时期的机械发明，介绍了其技术原理和文化背景。学习者可以根据自己的兴趣选修课程，在欣赏古代机械智慧的同时了解不同文化的内涵。这种兴趣导向的学习不仅丰富了学习者的精神生活，还促进了他们的全面发展。此外，在线课程的灵活性使得学习者能够根据自己的时间和节奏进行学习，真正实现了终身学习的理念。

在机械艺术领域，在线课程也为学习者提供了独特的学习机会。例如，某课程通过视频展示了如何将废旧机械零件改造成艺术品的过程。学习者在欣赏这些创意作品的同时，还可以学习到机械加工的基本技巧，从而将技术与艺术相结合，拓展个人兴趣。

3. 教育资源的公平与普惠

在线开放课程通过数字化资源的共享，为教育资源匮乏地区的学习者提供了平等的学习机会。在发展中国家或偏远地区，由于经济条件和教育资源的限制，许多学生无法接受高质量的机械工程教育。在线课程平台如 Khan Academy 提供了免费的基础机械课程，涵盖静力学、动力学、材料力学等多个学科。这些课程通过简单的动画讲解和互动练习，帮助学生掌握基础知识。同时，平台还提供了学习进度跟踪和成绩评估功能，使学生能够自主学习并检验学习效果。通过这种方式，在线开放课程为缩小全球机械工程教育的差距、促进教育公平发挥了积极作用。

例如，某非洲国家的工程学院通过在线课程平台学习机械设计和制造技术，并在本地建立了小型机械工作坊。学生们利用在线课程中学到的知识，设计并制造了适合当地农业需求的简易机械，显著提高了农业生产效率。这种教育公平的实现不仅改变了个人的命运，还为当地经济的发展注入了新的活力。

二、创新在线教学方法

（一）互动式视频教学

1. 嵌入式互动元素的设计

互动式视频是在线开放课程的重要教学手段之一。与传统视频课程不同，互动式视频在关键知识点处嵌入了提问、讨论触发器等互动元素。这些元素要求学生在继续观看之前回答问题或参与讨论，从而提高了学生的注意力和参与度。例如，在某“机械原理”在线课程中，教师在讲解齿轮传动理论后，插入了一个案例分析讨论题，要求学生分析某机械装置中齿轮传动的效率问题。学生需要在讨论区发表自己的观点，并回复其他同学的评论。这种互动设计不仅加深了学生对知识点的理解，还培养了他们的批判性思维和沟通能力。数据显示，采用互动式视频教学的课程，学生参与度较传统视频课程提升了 60%。

此外，互动式视频还可以通过模拟实验的方式增强学习效果。例如，在某“材料力学”课程中，教师在视频中嵌入了一个虚拟实验环节，要求学生通过调整材料参数观察其对结构强度的影响。学生在实验中需要记录数据并回答相关问题，这种动手实践的方式显著提高了学习效果。

2. 即时反馈与知识巩固

互动式视频能够为学生提供即时反馈，帮助他们及时纠正错误并巩固知识点。在视频中，学生提交答案后，系统会立即显示正确答案和解析。对于回答错误的学生，系统还会提供额外的学习资源或提示，引导他们重新思考。例如，在某“机械制图”在线课程中，学生在观看制图规范视频时，需要回答课间插入的练习题。系统根据学生的答案提供详细的解题步骤和常见错误分析，帮助学生理解制图规则。这种即时反馈机制使学生能够在学习过程中及时发现问题并进行改进，提高了学习效果。此外，互动式视频还可以通过重复练习和知识点回顾，帮助学生巩固所学内容，形成长期记忆。

在机械工程领域，即时反馈尤为重要。例如，在某“数控加工”课程中，学生通过互动式视频学习数控编程的基本操作。每当学生完成一个编程任务后，系统会模拟加工过程并指出程序中的错误。学生可以根据反馈立即修改程序，这种即时纠正的过程显著提高了编程技能的掌握速度。

3. 多样化互动形式的运用

为了满足不同学习风格和需求，在线课程采用了多样化的互动形式。除了嵌入式提问和讨论，还包括投票、问卷调查、虚拟实验等。例如，在某“热力学”课程中，教师通过插入投票环节，了解学生对热力学第二定律的理解程度，并根据投票结果调整讲解重点。在“机械振动”课程中，学生通过虚拟实验互动环节进行模拟操作，观察不同阻尼系数下振动系统的响应并记录数据。这些多样化的互动形式不仅丰富了学习体验，还激发了学生的学习兴趣和主动性，使学习过程更加生动有趣。

在机械设计课程中，教师还可以通过互动式视频展示机械零件的装配过程。学生在观看过程中需要回答关于装配顺序的问题，并通过虚拟操作完成零件的装配。这种互动形式不仅提高了学生的参与度，还增强了他们的实际操作能力。

（二）实时协作学习

1. 云文档协作与团队项目

数字化平台为学生提供了实时协作学习的工具，如云文档、在线白板等。在团队项目中，学生可以通过云文档实时编辑报告、共享资料，利用在线白板进行头脑风暴和方案讨论。例如，在某“机械系统设计”模拟课程中，学生跨国组队，设计一个自动化生产线。团队成员通过云文档共同撰写设计报告，在线白板上绘制生产线布局图。这种实时协作不仅提高了团队项目的效率，还培养了学生的跨文化交流能力和团队合作精神。数据显示，采用实时协作学习的课程，学生团队项目的完成质量提高了 30%，课程评价优秀率提升了 25%。

此外，云文档协作还支持不同学科背景的学生共同完成复杂的机械工程项目。例如，在某“机器人设计”课程中，机械工程、电子工程和计算机科学的学生组成团队，通过云文档协作完成机器人的结构设计、电路搭建和程序编写。这种跨学科协作不仅提高了项目的创新性，还为学生未来的职业发展提供了宝贵的经验。

2. 虚拟课堂与实时互动

在线开放课程平台通过虚拟课堂技术实现了师生之间的实时互动。教师可以在虚拟课堂中进行直播授课，学生通过视频连线参与课堂讨论、提问和回答问题。例如，某“机械制造工艺”课程采用了每周一次的虚拟直播课，教师在课堂上讲解复杂的加工工艺原理，并通过共享屏幕演示数控编程过程。学生可以实时提问，教师当场解答疑惑。这种实时互动使学生感受到课堂氛围，增强了学习的参与感和归属感。此外，虚拟课堂还支持课后回放功能，学生可以观看课堂录像复习知识点，进一步巩固学习效果。

在机械工程领域，虚拟课堂还可以用于远程实验指导。例如，教师通过虚拟课堂实时指导学生操作远程实验室中的设备，学生可以通过网络控制设备并观察实验结果。这种远程实验不仅提高了实验资源的利用率，还为学生提供了更多的实践机会。

3. 协作学习社区的构建

数字化平台促进了协作学习社区的形成，为学生提供了持续的学习支持。在课程讨论区，学生可以发起话题、分享资源、解答同伴问题。平台还支持学习小组的创建，学生可以根据兴趣或项目需求组队学习。例如，在某“机械创新设计”课程中，学生自发组成了多个学习小组，共同完成创新设计项目。小组成员通过在线会议工具定期交流进展，分享学习心得。协作学习社区不仅提高了学生的学习积极性，还培养了他们的自主学习能力和问题解决能力。研究表明，参与协作学习社区的学生在课程成绩和学习满意度方面均表现更佳。

在机械工程领域，协作学习社区还可以连接学生与行业专家。例如，某在线课程邀请了机械制造企业的工程师作为社区导师，学生可以在讨论区向导师请教实际工程问题。导师的指导不仅帮助学生解决了学习中的难题，还为他们未来的职业发展提供了宝贵的建议。

三、精准学习 analytics 与个性化服务

（一）学习行为分析

1. 全面的数据收集与分析

在线学习平台通过各种技术手段全面记录学生的学习行为数据，包括视频观看时长、暂停次数、快进/快退操作、作业提交时间、讨论参与度、测验成绩等。

这些数据为教师提供了深入了解学生学习过程的依据。例如，某在线机械设计课程平台通过分析学生在复杂机构动画视频中的暂停次数和重复播放区间，发现学生在某些机构运动部分存在理解困难。教师据此在后续课程中加强了这些机构的动画演示和案例讲解，帮助学生克服学习障碍。通过全面的数据收集与分析，教师能够及时发现学生的学习问题，调整教学策略，提高教学效果。

此外，平台还可以通过热力图分析学生在课程页面上的点击和停留时间，了解哪些内容最受学生关注，哪些部分可能需要进一步优化。

2. 预测模型与学习干预

利用机器学习算法，平台可以基于学习行为数据建立预测模型，预测学生的学习进度和成绩趋势。例如，通过分析学生在课程初期的作业完成情况和测验成绩，预测模型能够识别出可能落后于进度的学生。平台及时向这些学生发送提醒和学习建议，如增加学习时间、观看补充视频、参加辅导课程等。同时，教师也可以根据预测结果对这些学生进行有针对性的辅导和干预，帮助他们赶上学习进度。某在线机械原理课程通过学习行为分析和预测模型，提前识别出学习困难的学生并提供个性化辅导，学生期末考试通过率提高了18%。

在机械工程领域，预测模型还可以用于评估学生在实践操作中的表现。例如，通过分析学生在虚拟实验中的操作数据，预测他们在实际操作中的表现，从而提前进行针对性的训练。

3. 教学质量评估与改进

学习行为数据不仅有助于学生学习的个性化支持，还为教学质量评估提供了客观依据。教师可以通过分析学生的整体学习行为数据，了解课程设计和教学方法的有效性。例如，如果大部分学生在某个知识点的测验中表现不佳，可能表明该知识点的教学内容或方法需要改进。通过数据驱动的教学质量评估，教师能够及时调整课程内容、优化教学方法，提高课程的整体质量。此外，平台还可以通过对比不同教师的教学效果数据，为教师提供专业发展建议，促进教学质量的持续提升。

在机械工程课程中，教师可以通过分析学生在设计项目中的表现，评估课程的实践教学效果。例如，如果学生在团队项目中的协作能力普遍较弱，教师可以在后续课程中增加团队协作的培训内容，提高学生的综合能力。

（二）个性化学习路径推荐

1. 学习风格识别与资源匹配

在线学习平台通过问卷调查、学习行为分析等方法识别学生的学习风格，如视觉型、听觉型、阅读型、动手型等。根据学生的学习风格，平台智能推荐适合的学习资源和活动。例如，对于视觉型学习者，在“机械制图”课程中推荐更多的3D模型展示和动画演示内容；对于动手型学习者，推荐虚拟实验项目和实际操作练习。这种个性化资源匹配能够更好地满足学生的学习需求，提高学习效率。数据显示，采用个性化学习路径推荐的课程，学生学习效率平均提升了30%。

在机械工程领域，学习风格的识别尤为重要。例如，对于喜欢动手操作的学生，平台可以推荐更多的虚拟实验和实际项目；而对于喜欢理论分析的学生，可以推荐更多的案例研究和技术论文。

2. 知识掌握评估与动态调整

平台通过定期测验、作业成绩、学习行为数据等多维度评估学生的知识掌握情况。根据评估结果，动态调整学生的学习路径，推送适合的学习内容。例如，在某“机械振动”课程中，学生在模态分析模块的测验中得分较低，平台自动为其推荐更多的模态分析基础视频、练习题和案例分析。随着学生在后续学习中的进步，平台逐渐推送更高级的内容。这种动态调整机制确保学生始终在适合自己的学习轨道上前进，避免学习内容过于简单或困难导致的学习动力下降。

在机械设计课程中，平台还可以通过分析学生在设计项目中的表现，动态调整学习路径。例如，如果学生在齿轮设计部分表现不佳，平台可以推送更多的齿轮设计视频和练习题，帮助学生巩固知识。

3. 学习目标设定与进度跟踪

个性化学习路径推荐还包括帮助学生设定学习目标和跟踪学习进度。学生可以根据自己的学习计划和职业目标，在平台上设定短期和长期学习目标。平台通过学习数据分析，为学生提供实时的学习进度报告，包括已完成的课程比例、掌握的知识点、剩余学习任务等。例如，在某“数控加工”课程中，学生设定了在三个月内掌握数控编程基础的学习目标。平台通过进度跟踪功能，每周向学生发送学习报告，提醒学习进度和提供学习建议。这种目标导向的学习方式不仅提高了学生的学习动力，还帮助他们更好地规划学习时间，实现学习目标。

在机械工程领域，学习目标的设定和进度跟踪尤为重要。例如，学生可以根据未来的职业需求设定学习目标，如掌握某种机械设计软件或通过某个专业认证。平台通过进度跟踪功能，帮助学生按时完成学习任务，实现职业发展目标。

现如今，数字化教学资源在在线开放课程中的应用正在引领一场教育变革。通过构建全球化学习社区，它为学生提供了更加丰富和真实的学习体验；通过支持终身学习和创新教学方法，它培养了学生的综合应用能力和创新思维；通过精准学习分析和个性化服务，它推动了教学效果的提升和学习体验的优化。未来，随着技术的不断进步和教育理念的更新，数字化教学资源将在机械工程教育中发挥更加重要的作用。高校和企业应加强合作，共同开发高质量的在线课程，为培养适应未来挑战的高素质机械工程人才提供有力支持。

第四节

数字化教学资源在机械工程项目式学习中的应用

机械工程项目式学习作为一种以学生为中心、以项目为驱动的教学模式，正在改变传统机械工程教育的面貌。它通过模拟真实的工程场景，要求学生综合运用多学科知识解决复杂问题，培养学生的工程思维、实践能力和创新精神。数字化教学资源的引入为机械工程项目式学习带来了新的机遇。它们不仅提供了丰富的项目案例和工具，还通过在线协作平台和智能评估系统优化了学习流程，为项目的成功实施提供了坚实保障。

一、驱动项目式学习全流程

（一）项目启动与规划

数字化资源平台整合了海量的机械工程项目案例库和模板，覆盖从基础机械设计到复杂自动化系统的各类项目。这些案例库不仅提供了详细的项目背景、目标和实施步骤，还展示了不同阶段的成果样本和常见问题解决方案。教师可以根据课程的教学目标和学生的实际水平，快速筛选并定制合适的项目主题。例如，在“智能制造生产线设计”项目中，教师从案例库中选取了汽车零部件自动化装配线的设计案例，结合课程要求调整了项目范围和难度，确保项目既具有挑战性又切实可行。这种丰富的案例资源为项目启动提供了明确的方向和扎实的基础，节省了教师大量的前期准备工作。此外，案例库中的项目通常经过行业专家的审核和优化，确保了案例的专业性和实用性，为学生提供了高质量的学习素材。

项目管理软件如 Microsoft Project、Trello 等成为教师规划项目流程的得力助手。它们提供了直观的界面和强大的功能，支持教师创建项目计划、设定里程碑、分配任务和跟踪进度。在项目启动阶段，教师利用这些工具将项目分解为多个子任务，明确每个任务的责任人、时间节点和交付物。例如，在“机器人路径规划”项目中，教师通过 Microsoft Project 制定了详细的甘特图，将项目分为需求分析、方案设计、仿真验证和实物调试四个阶段，并为每个阶段分配了具体的工作包。这种精细化的规划确保了项目按部就班地推进，同时也为学生提供了清晰的任务指引，帮助他们更好地理解和执行项目要求。此外，项目管理软件还支持实时进度跟踪和资源分配优化，教师可以根据项目的实际进展及时调整计划，确保项目按时完成。

（二）资源支持与协作

在线资源平台汇聚了机械工程项目所需的各类资料，如机械设计图纸、编程代码库、技术文档和学术论文等。这些资源通常按照项目类型和学科领域进行分类，方便学生快速查找和使用。例如，在“智能小车设计”项目中，学生通过学校的在线资源平台获取了多种小车底盘设计图纸和电机控制代码示例，为项目的硬件制作和软件开发提供了重要的参考。此外，平台还支持资源的版本控制和更新通知，确保学生能够获取最新和最准确的信息，避免因使用过时资料而走弯路。在线资源平台还提供了丰富的学习社区和论坛，学生可以在其中与其他学习者和专家交流经验，获取技术支持和建议。

云存储服务如 Google Drive、百度云等为项目团队提供了便捷的文件共享和协作环境。团队成员可以实时上传、下载和编辑项目文件，无需担心文件版本不一致和数据丢失的问题。同时，这些服务集成了在线协作工具，如协同编辑、评论和实时聊天等功能，促进了团队成员之间的沟通与合作。在“工业自动化控制系统开发”项目中，学生团队利用 Google Drive 共享项目文档，通过在线评论功能对控制算法进行讨论和优化。即使成员分布在不同的地点，也能高效地协同工作，避免项目进度受到任何影响。这种无缝的协作体验极大地提高了团队的工作效率，培养了学生的团队合作能力和远程协作技能。此外，云存储服务还支持多设备同步，团队成员可以在不同设备上随时随地访问项目文件，进一步提高了工作的灵活性和便捷性。

二、提升项目学习成效

（一）知识应用深化

数字化模拟工具如 SolidWorks Simulation、ANSYS 等为学生提供了一个安全、低成本的虚拟实验环境，使他们能够在项目设计阶段对方案进行充分的测试和优化。在机械工程领域，这些工具可以模拟结构力学行为、流体动力学特性、热传递过程等复杂物理现象，帮助学生提前发现设计中的潜在问题并进行改进。例如，在“桥梁结构设计”项目中，学生使用 ANSYS 模拟了桥梁在不同载荷条件下的应力分布，根据模拟结果调整了桥梁的截面形状和材料分布，显著提高了桥梁的承载能力和安全性。通过这种虚拟与现实相结合的学习方式，学生不仅加深了对理论知识的理解，还培养了解决实际工程问题的能力。此外，数字化模拟工具还支持多种材料和环境参数的设置，学生可以在模拟中探索不同的设计方案，找到最优解。

项目式学习中的数字化资源强调理论与实践的深度融合。学生在项目过程中不仅要运用所学的理论知识进行方案设计，还要通过实际操作和实验验证来检验设计的可行性和有效性。例如，在“数控加工工艺优化”项目中，学生首先利用Mastercam软件进行数控加工程序的编制和模拟，学习刀具路径规划和加工参数设置的理论知识；然后在实际的数控机床上运行程序，观察加工效果并与模拟结果进行对比分析。这种理论与实践的紧密结合使学生能够更加直观地理解抽象的理论概念，同时在实践中积累宝贵的经验，为未来的职业发展打下坚实基础。此外，这种结合还帮助学生培养了严谨的科学态度和工程思维，使他们在面对实际问题时能够更加冷静和高效地处理。

（二）创新能力培养

1. 开源硬件与软件的催化作用

开源硬件平台如Arduino、Raspberry Pi以及配套的开源软件库为学生提供了一个低门槛、高灵活性的创新实验环境。学生可以自由组合这些硬件组件，并利用丰富的软件资源实现各种创意想法。在“智能农业监测系统”项目中，学生团队将Arduino开发板与传感器、无线通信模块相结合，开发了一套能够实时监测土壤湿度、温度和光照强度的监测系统，并通过手机应用远程控制灌溉设备。这种基于开源平台的创新实践不仅激发了学生的创造力，还培养了他们解决实际问题的能力，使他们能够将所学知识应用于不同领域的创新项目中。此外，开源平台的全球社区支持为学生提供了丰富的学习资源和技术支持，学生可以通过社区获取最新的技术动态和解决方案。

2. 跨学科融合的创新思维

数字化资源打破了学科之间的壁垒，促进了机械工程与电子、计算机、材料等多学科的深度融合。在项目式学习中，学生需要综合运用不同学科的知识和技术，开发出具有创新性的工程解决方案。例如，在“医疗康复机器人”项目中，学生团队融合了机械设计、电子控制、生物医学工程和人工智能等多学科知识，设计了一款能够辅助患者进行康复训练的机器人。该机器人通过机械臂的精确运动控制和传感器的实时反馈，为患者提供了个性化的康复训练方案，并利用机器学习算法对训练效果进行评估和优化。这种跨学科的创新实践拓宽了学生的知识视野，培养了他们的系统思维和创新能力，为解决复杂的工程问题提供了新的思路和方法。此外，这种融合还帮助学生理解不同学科之间的联系和相互作用，为他们未来的职业发展提供了更广阔的空间。

三、完善项目评价体系

（一）多维度成果评估

1. 综合性评价指标的设计

数字化平台支持构建全面、多维的项目评价体系，涵盖了传统成绩评价之外的多个维度。除了考核项目的最终成果质量和技术难度外，还注重评估团队协作能力、创新性思维、文档规范性、项目管理过程等多个方面。例如，在“新能源汽车电池管理系统”项目中，评价指标体系包括技术性能指标（如电池充放电效率、温度控制精度等）、创新性指标（如提出的新算法、新结构）、团队协作指标（如团队沟通频率、任务分配合理性）和文档质量指标（如报告完整性、代码注释规范性）等。这种综合性评价指标能够更全面地反映学生在项目中的综合表现，激励他们在各个方面追求卓越。此外，评价指标的设计还可以根据项目的具体需求进行定制，确保评价的针对性和有效性。

2. 数据驱动的客观评价

平台通过嵌入式工具和传感器收集项目过程中的各类数据，如团队成员的在线协作时长、讨论次数、代码提交频率等，为评价提供了客观的数据支持。这些数据能够真实反映学生在项目中的投入程度和工作状态，避免了主观评价的偏差。例如，在“智能仓储系统”项目中，平台记录了学生团队在云协作平台上的文件共享次数、评论数量和任务完成时间等数据，结合项目成果的质量进行综合评价。数据驱动的评价方式不仅提高了评价的准确性和公正性，还为学生提供了具体的改进建议，帮助他们在后续项目中取得更好的成绩。此外，数据驱动的评价还可以通过可视化工具展示评价结果，使评价过程更加透明和易于理解。

（二）反馈与持续改进

1. 可视化报告的生成与解读

数字化平台能够自动汇总评价结果，生成直观易懂的可视化报告。这些报告以图表、图形等形式展示了学生在各个评价指标上的得分情况、团队的整体表现以及与预期目标的差距。教师可以通过解读这些报告，快速了解学生的优势和不足之处，为他们提供针对性的反馈和指导。例如，在“工业机器人应用开发”项目中，平台生成的可视化报告清晰地显示了学生在机器人运动控制算法方面的薄弱环节，教师据此为学生安排了额外的培训课程和练习任务，帮助他们提升相关能力。这种基于数据的反馈机制能够有效地促进学生的学习和成长，提高项目教学质量。此外，可视化报告还可以帮助学生更好地理解自己的学习进度和项目状态，为自我反思和改进提供依据。

2. 形成性评价与迭代优化

项目式学习强调形成性评价的重要性，即在项目进行过程中持续收集反馈信息，并根据反馈及时调整和优化项目方案。数字化平台支持教师和学生在项目的不同阶段进行多次评价和反馈，形成一个持续改进的闭环。例如，在“智能家居系统设计”项目中，学生在方案设计阶段、原型制作阶段和测试优化阶段分别接受了教师和同伴的评价，根据反馈不断改进系统功能和用户体验。通过这种迭代优化的方式，学生不仅能够逐步提高项目的质量，还能培养批判性思维和自我反思能力，为未来的职业生涯奠定坚实基础。此外，形成性评价还可以帮助学生及时发现和解决问题，避免项目后期的重大修改和延误。

第六章

数字化教学资源共享的技术机制与安全保护

在数字化教育蓬勃发展的今天，教学资源的共享与保护已成为教育信息化的核心议题。一方面，资源共享能够打破地域和机构的壁垒，推动优质教育资源的公平分配和高效利用；另一方面，资源共享的扩大也带来了数据安全、隐私保护和版权管理的严峻挑战。如何在开放共享与安全保障之间找到平衡，既是技术层面的难题，也是教育治理的关键命题。本章聚焦数字化教学资源共享的技术机制与安全保护，从技术实现、标准化、数据安全、隐私保护到版权管理，系统探讨如何构建一个高效、安全、可信的教育资源共享生态。

第一节

数字化教学资源共享的技术实现与标准化

当前数字化教学资源共享面临着诸多挑战，如资源格式不统一、共享效率低下、数据安全和隐私保护不足等。这些问题严重制约了教育资源的跨区域、跨机构共享，影响了教育信息化的整体发展。因此，深入探讨数字化教学资源共享的技术实现方法和标准化的重要性，对于推动教育资源的优化配置和教育事业的均衡发展具有重要意义。

一、资源共享技术实现

（一）云计算与分布式存储

1. 云计算技术的优势

云计算技术为数字化教学资源共享提供了强大的支持。通过云计算，教育资源可以集中存储和管理，实现资源的弹性扩展和按需分配。例如，学校可以将大量的教学视频、课件、教材等资源上传到云端，学生和教师可以根据自己的需求随时访问和下载这些资源，无需担心本地存储空间不足的问题。云计算的高可扩展性使得资源库能够轻松应对用户数量和资源量的增长，确保系统在高并发访问情况下仍能稳定运行。

2. 分布式存储的保障作用

分布式存储技术是确保资源共享安全性和高可用性的关键。在数字化教学资源共享中，资源数据通常分布在多个节点上，每个节点都存储着部分数据副本。当某个节点出现故障时，其他节点可以迅速接管请求，保证用户能够不间断地访问资源。同时，分布式存储还能够提高数据的冗余度和容错性，降低数据丢失的风险。例如，在面对大规模的用户访问或突发的网络攻击时，分布式存储系统可以通过合理的负载均衡和数据分发，确保资源的稳定供应和数据的安全存储。

3. 实际应用场景

某大型在线教育平台采用了云计算与分布式存储相结合的技术架构，成功实现了海量教学资源的高效共享。该平台利用云计算技术提供了强大的计算能力和存储资源，支持数百万用户的同时在线学习。同时，通过分布式存储技术，将资源数据分散存储在多个数据中心，确保了数据的安全性和可靠性。即使在面对网络攻击或部分节点故障的情况下，平台依然能够保证用户对教学资源的正常访问，大大提高了教育资源的可用性和稳定性。

（二）API 接口设计

1. 开放 API 接口的重要性

开放的 API 接口是实现不同系统之间资源共享的关键。通过设计标准化的 API 接口，各种教育资源平台可以方便地进行数据交互和功能调用，打破信息孤岛，实现资源的互联互通。例如，一个在线课程平台可以通过开放 API 接口，将课程资源与学习管理系统（LMS）进行集成，使得教师能够在 LMS 中直接发布课程作业和学习资料，学生也能够在 LMS 中便捷地访问课程资源，完成学习任务。

2. API 接口设计的原则与方法

在设计 API 接口时，需要遵循一系列原则和方法以确保接口的高效性和安全性。首先，接口应该具有良好的可扩展性，能够方便地添加新的功能和适应未来的技术发展。其次，接口的文档应该清晰、完整，为开发者提供详细的使用说明和示例代码，降低开发难度和成本。此外，还需要注重接口的安全性，采用身份验证、授权机制和数据加密等技术手段，防止数据泄露和非法访问。例如，通过 OAuth 2.0 等授权协议，确保只有经过授权的用户和应用程序能够访问 API 接口所提供的资源和服务。

3. 成功案例分析

某高校为了促进校内教育资源的共享，开发了一个基于开放 API 接口的教育资源共享平台。该平台通过设计统一的 API 接口，将各个学院的教学资源系统、图书馆资源系统和科研成果系统进行了整合。教师和学生可以通过一个统一的入口访问和使用全校范围内的教育资源，大大提高了资源的利用效率和教学效果。同时，平台的 API 接口还对外部合作伙伴开放，使得教育出版机构、科研机构等能够方便地将自身的资源与该校的教育资源进行共享和交流，进一步丰富了学校的教育资源库。

（三）资源元数据管理

1. 元数据的定义与作用

元数据是指描述资源特征和属性的数据，它在数字化教学资源共享中起着至关重要的作用。通过定义和管理资源的元数据，可以实现对资源的精确分类、快速检索和有效管理。例如，一个教学视频的元数据可以包括视频的标题、作者、学科分类、适用年级、教学目标、关键词等信息。这些元数据不仅能够帮助用户快速了解资源的内容和用途，还能提高资源在搜索引擎中的可见性，使得更多的用户能够发现和使用这些资源。

2. 标准化元数据管理的实践

为了提高资源的共享效率和互操作性，需要对元数据进行标准化管理。国际上已经制定了一系列的元数据标准，如 Dublin Core、IEEE Learning Object Metadata（LOM）等。Dublin Core 是一种简单而通用的元数据标准，适用于各种类型的数字资源，它定义了一系列核心元素，如标题、创建者、主题、描述、出版者、日期、类型、格式、标识符、来源、语言、关系、覆盖范围和权利等，用于描述资源的基本特征。IEEE LOM 则是专门针对学习对象的元数据标准，它包含了更详细的教育相关元素，如学习资源类型、学习者类型、教育上下文、典型学习时间、难度级别、交互类型、交互模式、反馈等，能够更好地满足教育资源共享的需求。

3. 元数据管理的实施步骤

实施元数据管理需要经过一系列的步骤。首先，需要确定资源的类型和范围，根据不同的资源类型选择合适的元数据标准。其次，要建立元数据的创建和更新流程，确保在资源创建或更新时，相应的元数据也能够及时准确地生成和修改。这可以通过手动输入、自动提取或两者的结合来实现。例如，在数字化图书馆系统中，可以通过扫描书籍的 ISBN 条形码自动获取部分元数据，然后由工作人员补充和完善其他相关信息。此外，还需要建立元数据的质量控制机制，定期对元数据的完整性和准确性进行检查和评估，及时纠正错误和遗漏，保证元数据的质量和可用性。

4. 实际应用案例

某教育机构在其在线学习平台上实施了严格的元数据管理策略，取得了显著的效果。该平台采用了 Dublin Core 和 IEEE LOM 相结合的元数据标准，对平台上的所有课程资源进行了详细的元数据标注。用户在搜索资源时，可以通过输入关键词、选择学科分类、指定适用年级等多种方式进行精确检索，快速找到符合自己需求的资源。同时，平台还利用元数据实现了资源的推荐功能，根据用户的浏览历史和学习偏好，为用户推荐相关的资源，提高了资源的利用率和用户的学习体验。通过元数据管理，该教育机构成功地将大量的教育资源进行了有效的组织和展示，为广大学生和教师提供了更加便捷、高效的教育资源服务。

二、资源共享标准化

（一）国际标准与规范

1. Dublin Core 标准的详细解读

Dublin Core 标准是由 Dublin Core 元数据倡议（DCMI）组织制定的一种简单而通用的元数据标准，它旨在为各种类型的数字资源提供一种通用的描述框架。Dublin Core 标准定义了 15 个核心元素，这些元素涵盖了资源的基本描述信息，能够满足大多数数字资源的元数据需求。除了核心元素，Dublin Core 还提供了多个扩展元素，用于描述资源的更详细特征。在数字化教学资源共享中，采用 Dublin Core 标准可以确保不同机构、不同平台之间的资源元数据具有良好的一致性和互操作性，方便资源的共享和交换。

2. IEEE LOM 标准的详细解读

IEEE LOM 标准是由电气和电子工程师协会（IEEE）制定的专门针对学习对象的元数据标准。它包含了学习资源类型、学习者类型、教育上下文、典型学习时间、难度级别、交互类型、交互模式、反馈等详细的教育相关元素，能够全面描述学习对象的教育特征和使用场景。IEEE LOM 标准还定义了一系列的编码方案，用于对元数据元素的取值进行规范和标准化，如资源类型可以分为交互式、静态演示、模拟、问题/练习等；教育上下文可以分为学前教育、义务教育、高等教育、继续教育等。通过采用 IEEE LOM 标准，数字化教学资源可以更好地满足教育领域的需求，提高资源在教学中的适用性和有效性。

3. 其他相关国际标准

除了 Dublin Core 和 IEEE LOM，还有其他一些国际标准与规范在数字化教学资源共享中发挥着重要作用。例如，IMS Global Learning Consortium 制定的 IMS Learning Tools Interoperability（LTI）标准，它规范了学习工具与学习平台之间的交互方式，使得不同的学习工具能够在不同的学习平台上无缝集成和运行。还有国际组织标准（ISO）中的 ISO/IEC 23823：1998《信息技术词汇 第 3 部分：数据处理》、ISO/IEC 11179《信息技术 元数据注册》等标准，它们为数字化教学资源的元数据管理、数据交换和互操作性提供了重要的参考和指导。

4. 国际标准的应用案例

欧洲的一些国家在教育资源共享方面广泛采用了 Dublin Core 和 IEEE LOM 等国际标准。例如，英国的国家教育资源库（National STEM Centre eLibrary）采用了 Dublin Core 标准对资源进行元数据标注，确保了资源在不同教育机构之间的共享和互操作性。同时，该资源库还参考了 IEEE LOM 标准中的一些教育相关元素，对资源的教育适用性和使用场景进行了详细描述，方便教师和学生根据自己的教学和学习需求快速找到合适的资源。通过采用国际标准，欧洲国家在教育资源共享领域取得了显著的进展，提高了教育资源的利用效率和教育质量。

（二）国内标准与实践

1. 国家教育资源公共服务平台的相关标准

我国为了推动教育资源的共享和应用，建立了一系列的相关标准和规范。国家教育资源公共服务平台作为我国教育资源共享的重要基础设施，制定了一系列的技术标准和数据规范，用于指导教育资源的建设、共享和应用。这些标准包括教育资源元数据标准、教育资源分类标准、教育资源接入标准等，涵盖了从资源的描述、分类到资源的接入和共享的各个环节。例如，教育资源元数据标准参考了 Dublin Core 和 IEEE LOM 等国际标准，同时结合我国的教育实际情况，定义了一系列符合我国国情的元数据元素，如资源的适用地区、教材版本等，为我国教育资源的元数据管理提供了统一的规范和依据。

2. 高校资源共享课程的标准化建设

在高校教育领域，资源共享课程的建设也遵循了一系列的标准化要求。教育部为了提高高校资源共享课程的质量和共享效果，制定了一系列的课程建设标准和规范，包括课程内容标准、教学设计标准、资源格式标准等。这些标准要求高校在建设资源共享课程时，要确保课程内容的科学性、系统性和完整性，教学设计要符合学生的认知规律和学习特点，资源格式要统一规范，便于不同平台之间的共享和使用。例如，在资源共享课程的视频资源建设中，要求视频的分辨率、编码格式、音频质量等都要符合一定的标准，以保证视频资源在不同网络环境和设备上的播放效果。

3. 国内教育资源共享的实践经验

我国在教育资源共享方面积累了许多宝贵的实践经验。例如，一些地区通过建立教育资源共享联盟，实现了区域内学校之间的教育资源共享。联盟成员学校按照统一的标准和规范建设教育资源，并通过共享平台进行资源的上传、下载和共享。同时，联盟还建立了资源质量评价机制和激励机制，鼓励教师积极贡献优质资源，提高共享资源的质量和数量。此外，一些教育机构还积极探索与企业、社会组织等的合作模式，共同开发和共享教育资源，拓宽了教育资源的来源渠道，丰富了教育资源的种类和形式。

（三）标准化的益处

1. 提高资源共享质量

标准化能够确保数字化教学资源在描述、存储、传输等方面的一致性和规范性，从而提高资源共享的质量。通过采用统一的元数据标准和资源格式标准，不同的教育机构和平台可以方便地理解和使用共享的资源，减少因资源不兼容或描述不清而导致的资源浪费和使用困难。例如，在采用标准化的资源格式后，教师可以将从不同来源获取的教学资源直接导入到自己的教学平台中进行使用，无需进行繁琐的格式转换和重新编辑，大大提高了教学效率和资源利用率。

2. 促进教育资源公平分配

标准化有助于打破教育资源的地域限制和机构壁垒，促进教育资源的公平分配。通过制定统一的资源共享标准和规范，不同地区、不同层次的教育机构可以在一个共同的框架下进行教育资源的共享和交流。例如，在国家教育资源公共服务平台的支持下，偏远地区的学校也能够访问和使用到优质的教育资源，与城市学校的学生享有同等的学习机会，缩小了城乡教育差距，推动了教育公平的实现。

3. 推动跨区域、跨机构共享

标准化为跨区域、跨机构的教育资源共享提供了技术保障和合作基础。在标准化的支持下，不同地区的教育机构可以方便地将自己的资源接入到共享平台，同时也能够轻松地获取其他机构的资源。例如，在一些跨国教育合作项目中，参与项目的各国高校通过采用统一的资源共享标准，实现了课程资源、科研成果等教育资源的共享和互认，促进了国际教育交流与合作，提高了教育资源的全球配置效率。

4. 提升教育资源的长期可用性

随着教育信息化的不断发展，数字化教学资源的更新换代速度越来越快。标准化能够确保教育资源在长期的存储和使用过程中保持可用性和可访问性。通过采用标准的元数据格式和资源存储格式，教育资源可以更好地适应技术的发展和变化，便于进行长期的保存和管理。同时，标准化还有助于建立教育资源的可持续发展机制，使得教育资源能够在不断的更新和完善中保持其价值和生命力，为教育事业的长远发展提供有力支持。

三、总结

要丰富数字资源建设，必须打破地域界限，充分发挥数字资源的网络化、智能化和交互性优势。通过打破地域限制，数字资源可以跨越物理空间的障碍，使教师和学生无论身处何地，都能便捷地获取和使用这些资源。这不仅有助于缩小教育资源分配的差距，还能在一定程度上解决教育公平的问题。这种模式不仅提升了资源的利用效率，也让教育公平的理念在数字化时代得到了更好的实践。

与此同时，数字资源建设需要高度重视开发技术的跟进。技术是数字资源建设的基础，但技术本身并不是目的，而是手段。只有将技术与教学需求紧密结合，才能真正发挥其价值。围绕教学资源深化教学改革，是推动数字资源建设的关键路径。通过技术标准化规模化应用，可以降低开发设备和技术的成本，使更多学校和师生能够负担得起并使用这些资源。此外，技术的跟进还需要关注用户体验，确保资源的开发和应用模式足够简单直观，以便师生能够轻松上手，避免因技术门槛过高而影响资源的推广和使用。

在实际操作中，部分数字资源由于教师应用水平的限制，未能充分发挥其潜力。为了解决这一问题，可以简化资源开发和应用模式，使师生能够更加方便地使用这些资源。例如，开发用户友好的界面和工具，降低技术操作的复杂性，让教师能够专注于教学内容本身，而不是被技术细节所困扰。同时，还可以鼓励教师和学生参与数字资源的建设工作。师生的直接参与不仅能确保资源符合实际需求，还能增强他们对资源的认同感和使用积极性。例如，一些学校通过“师生共建”模式，让学生参与到课程资源的设计和制作中，不仅提升了学生的参与感，也使资源更加贴近学习者的实际需求。这种方式不仅丰富了数字资源的内容，还培养了师生的技术应用能力，形成了资源建设与教学实践的良性循环。

总之，丰富数字资源建设需要从多个维度入手。这些措施共同作用，能够推动数字资源建设迈向新的高度，为教育公平和教学质量的提升提供有力支持。

第二节

教学资源共享中的数据安全与隐私保护

资源共享的扩大化带来了数据安全和隐私保护的严峻挑战。学生和教师的个人信息、学习行为数据、教学成果等敏感信息在共享过程中面临着被泄露、滥用甚至篡改的风险。同时，教育资源共享涉及多方参与，包括教育机构、教师、学生以及第三方服务提供商等，各方在数据安全和隐私保护方面的责任和义务需要明确界定。本节将深入探讨教学资源共享中的数据安全威胁和隐私保护挑战，并介绍相应的技术解决方案，旨在为教育工作者、技术开发者和政策制定者提供全面的参考，共同构建安全、可信的教学资源共享环境。

一、数据安全威胁分析

（一）网络攻击与数据泄露

1. 网络攻击类型

DDoS攻击： 分布式拒绝服务攻击（DDoS）通过大量网络设备向目标服务器发送海量请求，导致服务器瘫痪，无法正常提供服务。在教学资源共享平台中，DDoS攻击可能导致平台长时间无法访问，影响师生的正常教学活动。例如，某在线教育平台在考试期间遭受DDoS攻击，导致数万名学生无法按时参加在线考试，造成严重的教学事故。

SQL注入攻击： 攻击者通过在网页表单或URL中输入恶意SQL代码，篡改数据库查询语句，从而非法获取、修改或删除数据库中的敏感数据。在教学资源共享平台中，SQL注入攻击可能导致学生个人信息、成绩数据等泄露，严重威胁数据安全。例如，某高校的教学管理系统曾因SQL注入漏洞导致数千名学生的个人信息被窃取，引发社会广泛关注。

跨站脚本攻击（XSS）： 攻击者在网页中注入恶意脚本，当用户访问该网页时，恶意脚本在用户浏览器中执行，窃取用户的会话信息、Cookies等敏感数据。在教学资源共享平台中，XSS攻击可能导致用户账号被盗用，攻击者以用户身份进行非法操作，如下载敏感资源、发布恶意内容等。

2. 数据泄露途径

网络传输漏洞： 如果教学资源共享平台在数据传输过程中未采用加密协议，如HTTP而非HTTPS，数据在传输过程中可能被网络监听者截获。攻击者可以利用网络嗅探工具获取传输中的数据包，从中提取敏感信息。例如，某教育机构的在线学习平台因未对数据传输进行加密，导致大量学生的登录密码和学习资料被黑客窃取并在暗网出售。

服务器配置不当： 服务器的错误配置，如开放不必要的端口、未及时更新安全补丁、使用默认管理员密码等，可能为攻击者提供入侵的可乘之机。攻击者一旦成功入侵服务器，即可获取服务器上的所有数据，包括教学资源、用户信息等。例如，某高校的实验教学平台因服务器配置不当被黑客入侵，实验数据和学生信息被大量泄露，给学校和学生带来了严重的损失。

第三方应用风险： 教学资源共享平台通常会集成第三方应用，如在线支付、社交分享等。如果这些第三方应用存在安全漏洞，攻击者可能通过这些漏洞入侵平台，窃取数据。例如，某在线教育平台集成的第三方支付应用存在安全漏洞，攻击者利用该漏洞获取了大量用户的支付信息，导致用户遭受经济损失。

（二）内部安全风险

1. 权限管理不当

过度授权：在教学资源共享平台中，如果对用户权限管理不严格，可能会导致过度授权的问题。例如，某些非教学人员可能被授予了访问和修改敏感教学资源的权限，增加了数据泄露的风险。过度授权还可能导致内部人员滥用权限，故意或无意地泄露数据。例如，某高校的教学资源管理平台因权限设置不当，行政人员能够访问教师的教学成果并进行修改，导致部分教师的科研数据被篡改，严重影响了教学和科研工作。

权限回收不及时：当员工离职或岗位变动时，如果未能及时回收其对教学资源的访问权限，可能会导致前员工或岗位变动后的员工继续访问和使用资源，造成数据泄露。例如，某教育机构的一名前员工在离职后仍能访问平台上的教学资源，并将部分资源泄露给竞争对手，给机构带来了严重的商业损失。

2. 员工操作失误

误操作：员工在操作教学资源共享平台时，可能会因疏忽或不熟悉操作流程而误删、误改重要数据。例如，某高校的教务人员在更新课程信息时，误操作删除了部分课程的考试成绩数据，导致需要重新进行考试，影响了教学秩序。

数据泄露：员工可能因缺乏数据安全意识，在不安全的设备上处理敏感数据或通过不安全的网络传输数据，导致数据泄露。例如，某教师在公共场合使用公共 Wi-Fi 上传学生的考试成绩，结果成绩数据被黑客截获并在网络上公开，引发了严重的隐私问题。

（三）第三方服务风险

1. 数据共享风险

合同约束不足：当教学资源共享平台与第三方服务提供商合作时，如果合同中对数据共享的范围、用途、安全措施等未进行明确约定，可能会导致第三方滥用数据或因安全措施不到位而导致数据泄露。例如，某在线教育平台与第三方广告公司合作，将用户的浏览行为数据共享给广告公司用于精准投放广告。然而，广告公司因安全措施不当导致数据泄露，用户的隐私信息被公开，引发了用户的强烈不满和法律诉讼。

数据跨境传输：如果第三方服务提供商位于国外，数据跨境传输可能面临不同的法律法规和安全标准。数据在跨境传输过程中，可能会因传输渠道不安全、目的国法律不完善等原因导致数据泄露。例如，某教育机构将学生数据传输给国外的云服务提供商，但由于传输过程中未采用加密措施，数据在传输途中被黑客截获，造成了严重的数据安全问题。

2. 服务提供商安全水平参差不齐

安全投入不足：一些小型第三方服务提供商可能因资金有限，在数据安全方面的投入不足，无法提供足够的安全防护措施。这使得教学资源共享平台的数据在第三方手中面临较高的安全风险。例如，某教育平台使用的第三方在线存储服务因未及时更新安全补丁，导致存储在该平台上的大量教学资源被黑客窃取并公开售卖。

安全管理体系不完善：第三方服务提供商可能缺乏完善的安全管理体系，无法有效应对安全事件。在发生数据泄露等安全事件时，可能无法及时采取有效的应对措施，导致损失扩大。例如，某教育机构使用的第三方学习管理系统在遭受网络攻击后，因缺乏应急响应机制，未能及时发现和阻止攻击，导致大量学生和教师的个人信息被泄露，事件处理时间长达数周，严重影响了教育机构的声誉和正常运转。

二、隐私保护挑战

（一）学生隐私保护

1. 个人信息保护

学生的基本信息（如姓名、身份证号、联系方式等）和学习行为数据（如成绩、学习进度、作业提交情况等）是教学资源共享平台中的重要数据。这些数据一旦泄露，可能会对学生的个人生活和学习造成严重影响。因此，平台应采用强加密算法对这些敏感信息进行加密存储，确保即使数据被窃取，攻击者也无法获取明文信息。例如，某高校的教学管理系统采用 AES256 加密算法存储学生的个人信息和成绩数据，有效降低了数据泄露风险。

平台应遵循最小化数据收集原则，只收集实现教学功能所必需的最少学生信息。避免收集与教学无关的敏感信息，如学生的家庭住址、父母收入等，从而降低数据泄露带来的风险。例如，某在线教育平台在用户注册时，只收集用户的姓名、邮箱和手机号码，不收集其他无关信息，减少了数据泄露的潜在危害。

2. 学习行为数据的合理使用

平台在收集和使用学生的学习行为数据时，应明确告知学生数据的使用目的和范围，获得学生的明确同意。例如，平台可以告知学生学习行为数据将用于个性化学习推荐、教学效果评估等目的。平台不得将数据用于商业广告或其他与教学无关的用途。

在使用学生学习行为数据进行研究或分析时，应进行匿名化处理，去除能够识别学生个人身份的信息，如姓名、学号等。确保数据在使用过程中无法与特定学生关联，保护学生的隐私。例如，某教育研究机构在分析学生的学习行为数据时，对数据进行了匿名化处理，将学生的身份信息替换为随机生成的标识符，确保研究过程中的数据安全和学生隐私保护。

（二）教师知识产权保护

1. 教学成果的版权登记

教师的教学成果（如课件、教材、教学视频等）是其智慧结晶，应受到版权保护。平台应提供数字化版权管理功能，帮助教师对教学成果进行版权登记和保护。例如，平台可以采用数字水印技术，在教学资源中嵌入不可见的数字水印，一旦资源被非法复制或传播，可以通过水印追踪到侵权源头，为版权保护提供证据支持。

平台应在教学资源的展示页面明确标注版权信息，包括作者姓名、版权归属、版权声明等，提醒用户尊重版权，不得未经授权进行复制、传播或修改。例如，某在线课程平台在每个课程页面的底部标注了“版权所有，未经授权不得转载”的字样，并提供了版权投诉渠道，方便教师维护自身权益。

2. 授权与传播控制

平台应建立完善的授权机制，教师可以根据自己的意愿设置教学资源的访问权限和使用范围。例如，教师可以设置资源仅对本校学生开放，或允许其他教育机构在支付授权费用后使用。平台应严格执行教师设置的授权规则，确保教学资源的合法使用。

平台应对教学资源的传播情况进行实时监控，及时发现和阻止未经授权的传播行为。例如，平台可以通过监测资源的下载量、分享次数等指标，发现异常传播情况，并及时采取措施，如限制下载、封禁违规用户账号等，保护教师的知识产权。

（三）机构数据安全政策差异

1. 政策协调与合作

不同教育机构在数据安全和隐私保护方面可能有不同的政策和标准。为了实现有效的资源共享，参与共享的机构应协商制定联合安全政策，明确各方在数据安全和隐私保护方面的责任和义务。例如，某地区高校联盟通过协商制定了一套统一的数据安全和隐私保护政策，各高校在共享教学资源时必须遵守该政策，确保数据的安全和隐私得到保障。

机构之间应定期开展数据安全和隐私保护的交流与培训活动，分享各自的经验和最佳实践，提高各方的数据安全意识和管理水平，共同应对数据安全挑战。例如，某教育集团每年组织一次数据安全研讨会，邀请旗下各学校的IT管理人员和教师参加，共同探讨数据安全问题，分享最新的安全技术和管理方法。

2. 技术与管理对接

为了方便用户在不同机构的资源共享平台之间无缝切换，同时确保用户身份的真实性，参与共享的机构可以建立统一身份认证系统。用户只需使用一个账号即可访问多个机构的资源，减少了用户因多次登录而带来的安全风险。例如，某省的教育资源共享平台采用了统一身份认证系统，用户通过一次登录即可访问全省高校的教学资源，提高了资源共享的便捷性和安全性。

机构之间应制定统一的数据交换标准，确保数据在不同系统之间的传输和共享是安全、准确的。例如，参与共享的机构可以共同制定数据交换的格式、加密方式、传输协议等标准，避免因数据格式不一致或传输不安全而导致的数据丢失或泄露问题。通过技术与管理的对接，不同机构可以实现高效、安全的资源共享，推动教育资源的优化配置和教育事业的均衡发展。

三、数据安全与隐私保护技术

（一）加密技术

1. 传输加密

SSL/TLS 协议：在教学资源共享平台中，采用SSL/TLS协议对数据传输进行加密是保障数据安全的基本措施。SSL/TLS通过在客户端和服务器之间建立加密通道，确保数据在传输过程中不被窃取或篡改。例如，当学生通过浏览器访问在线学习平台时，平台与浏览器之间的通信采用HTTPS协议（基于SSL/TLS的HTTP），学生的登录信息、学习资料等数据在传输过程中都被加密保护。SSL/TLS协议广泛应用于各种网络应用中，具有较高的安全性和可靠性。

VPN 技术：对于一些对数据安全要求较高的教学资源，如学校的内部教学资料、科研数据等，可以采用虚拟专用网络（VPN）技术进行传输。VPN通过在公共网络上建立一个虚拟的专用网络，对数据进行加密封装，使得数据在传输过程中如同在专用网络中一样安全。例如，某高校的教师在外出差时，通过VPN连接访问学校的教学资源库，确保数据传输的安全性，防止敏感数据泄露。

2. 存储加密

磁盘加密：对存储教学资源的磁盘进行加密是一种有效的数据保护措施。磁盘加密技术可以将整个磁盘或特定的分区进行加密，只有拥有正确密钥的用户才能访问磁盘上的数据。例如，某教育机构采用 BitLocker 加密软件对存储学生个人信息和教学资源的服务器磁盘进行加密，即使磁盘被盗或丢失，数据也无法被未授权的用户访问，有效保护了数据的安全。

数据库加密：教学资源共享平台通常使用数据库存储大量的敏感数据，如学生信息、成绩数据等。对数据库中的数据进行加密可以进一步提高数据的安全性。数据库加密可以采用透明数据加密（TDE）技术，对数据库中的数据文件和备份文件进行加密，确保数据在存储和备份状态下的安全性。例如，某高校的教学管理系统采用 TDE 技术对数据库进行加密，即使数据库文件被非法获取，攻击者也无法读取其中的数据内容。

3. 应用层加密

端到端加密：在一些对数据安全要求极高的应用场景中，如在线考试系统、教学通信工具等，可以采用端到端加密技术。端到端加密确保数据从发送方到接收方的整个过程中始终保持加密状态，只有接收方能够解密并查看数据内容。例如，某在线考试平台采用端到端加密技术，确保学生的考试答案在提交过程中不被窃取或篡改，保证了考试的公平性和数据的完整性。

加密 API：平台在开发过程中应使用加密 API 对敏感数据进行加密处理。加密 API 提供了各种加密算法和功能，方便开发者在应用层实现数据加密。例如，在开发教学资源共享平台的移动应用时，使用 Android Keystore 或 iOS Keychain 等加密 API 对用户的登录密码、会话令牌等敏感信息进行加密存储，防止数据泄露。

（二）访问控制与身份验证

1. 多层次访问控制

基于角色的访问控制（RBAC）：RBAC 是一种常见的访问控制模型，根据用户的角色分配不同的访问权限。在教学资源共享平台中，可以将用户分为管理员、教师、学生等不同角色，每个角色具有不同的权限。例如，管理员可以管理平台的所有资源和用户，教师可以上传和管理自己的教学资源，学生只能访问和使用授权的资源。通过 RBAC 模型，可以实现对资源的精细化管理，确保不同用户只能访问与其角色相关的资源，降低数据泄露的风险。

细粒度访问控制：在 RBAC 的基础上，可以进一步实现细粒度的访问控制。例如，对特定的教学资源设置访问条件，如仅允许特定课程的学生访问、仅在特定时间段内访问等。平台可以根据资源的敏感程度和使用场景，灵活设置访问控制策略。例如，某高校的毕业设计资源库采用细粒度访问控制，只有指导教师和对应的学生能够访问和编辑毕业设计资料，其他用户无法查看或下载，确保了资料的安全性和保密性。

2. 身份验证机制

多因素认证：为了提高用户身份验证的安全性，平台可以采用多因素认证机制。多因素认证要求用户在登录时提供多种身份验证信息，如密码、短信验证码、指纹识别等。例如，某在线教育平台采用密码＋短信验证码的多因素认证方式，用户在登录时需要输入正确的密码和收到的短信验证码才能成功登录，有效降低了账号被盗用的风险。

单点登录（SSO）：单点登录技术允许用户使用一个账号和密码登录多个相关系统，无需记住多个账号和密码。在教学资源共享平台中，可以实现与学校其他系统（如教务系统、图书馆系统等）的单点登录，用户只需登录一次，即可访问多个系统的资源，提高了用户体验和安全性。例如，某高校通过部署 SSO 系统，实现了教学资源共享平台与教务系统的单点登录，学生可以使用教务系统的账号直接登录资源平台，方便快捷地获取学习资源。

生物识别技术：随着生物识别技术的不断发展，其在身份验证中的应用也越来越广泛。平台可以采用指纹识别、面部识别、虹膜识别等生物识别技术，提高用户身份验证的准确性和安全性。例如，某高校的智能教室系统采用面部识别技术进行学生签到和身份验证，学生只需面对摄像头即可完成签到，既方便又安全，有效防止了代签到等作弊行为。

（三）数据匿名化与脱敏

1. 数据匿名化技术

数据泛化：数据泛化是将详细的数据值替换为更通用的值，以隐藏个人身份信息。例如，将学生的年龄从“20 岁”泛化为“20～25 岁”区间，将学生的家庭住址从“××市××区××街××号”泛化为“××市××区”。通过数据泛化，可以在一定程度上保护学生的隐私，同时保留数据的统计特性，使其仍然可用于数据分析和研究。

数据置换：数据置换是将数据集中某些敏感属性的值进行交换，使得数据记录之间的关联性被打破，从而保护个人隐私。例如，在学生的学习行为数据集中，将不同学生的考试成绩进行置换，使得攻击者无法通过成绩数据推断出特定学生的学习情况。数据置换技术在保护隐私的同时，尽量保持数据的完整性和可用性，适用于各种数据分析场景。

2. 数据脱敏技术

静态数据脱敏：静态数据脱敏是对存储在数据库、文件等静态载体中的数据进行脱敏处理。在教学资源共享平台中，对于一些需要共享的学生信息和学习行为数据，可以采用静态数据脱敏技术去除敏感信息。例如，对学生的身份证号进行部分遮掩，如将“110101＊＊＊＊＊＊＊＊1234”脱敏为“1101011234”，在共享数据时保护学生的隐私。静态数据脱敏技术通常在数据导出、备份等场景中使用，确保数据在静态存储状态下的安全性。

动态数据脱敏：动态数据脱敏是在数据被访问或传输时实时进行脱敏处理。与静态数据脱敏不同，动态数据脱敏可以根据不同的用户权限和访问场景，实时返回脱敏后的数据。例如，当教师查询学生信息时，可以根据教师的权限返回不同程度脱敏的数据。对于普通教师，返回的学生身份证号经过部分遮掩；对于教务管理人员，返回完整的身份证号。动态数据脱敏技术能够更好地适应复杂的访问需求，确保数据在使用过程中的隐私保护。

（四）安全审计与监控

1. 安全审计

日志记录与分析：平台应建立完善的安全审计机制，对用户的操作行为、系统访问情况、数据变更等进行详细的日志记录。通过日志分析，可以了解系统的运行状态，发现潜在的安全问题。例如，某教学资源共享平台通过分析日志发现某用户在短时间内频繁下载大量敏感资源，经调查发现该用户账号被盗用，及时采取措施阻止了数据泄露。日志记录与分析是安全审计的基础工作，为安全事件的追溯和处理提供了重要依据。

定期审计报告：平台应定期生成安全审计报告，对系统的安全状况进行全面评估。审计报告应包括安全漏洞扫描结果、安全事件统计与分析、用户权限审查等内容。通过定期审计报告，平台管理人员可以及时了解系统的安全风险，制定相应的安全策略和改进措施。例如，某高校每季度对教学资源共享平台进行一次安全审计，根据审计报告修复安全漏洞，优化权限配置，确保平台的安全性和稳定性。

2. 实时监控

入侵检测系统（IDS）：入侵检测系统是一种主动防御技术，能够实时监测网络流量和系统活动，发现潜在的入侵行为。在教学资源共享平台中，部署 IDS 可以及时发现并阻止网络攻击，保护平台的数据安全。例如，当 IDS 检测到平台受到 DDoS 攻击时，可以自动启动流量清洗和防护机制，减轻攻击对平台的影响。IDS 还可以对内部用户的异常行为进行监测，如非法访问、数据篡改等，及时发出警报并采取相应的处理措施。

安全信息与事件管理系统（SIEM）：SIEM 系统可以实时收集、分析和关联来自多个安全设备和系统的日志和事件信息，提供全面的安全监控和预警功能。在教学资源共享平台中，SIEM 系统可以整合入侵检测系统、防火墙、防病毒软件等的数据，进行综合分析和智能预警。例如，当多个安全设备同时检测到异常活动时，SIEM 系统可以判断为潜在的安全事件，并及时通知平台管理人员进行处理。通过 SIEM 系统的实时监控和智能分析，可以有效提高平台的安全防护能力和应急响应速度，确保教学资源共享的安全和稳定运行。

第三节

数字化教学资源的版权保护与区块链技术应用

随着互联网技术的飞速发展，数字化教学资源的创作、传播和使用方式发生了深刻变革。这些资源为教学活动带来了极大便利，但同时也使版权保护面临严峻挑战。盗版、非法传播等侵权行为屡见不鲜，严重侵害了创作者的合法权益，阻碍了优质教育资源的持续产出。传统版权保护机制在应对互联网环境下的复杂形势时显得力不从心，亟需创新解决方案。区块链技术凭借其分布式账本、不可篡改、可追溯等特性，为数字化教学资源版权保护开辟了全新路径，有望重塑版权保护生态，实现创作者权益保障与教育资源共享传播的双赢局面。

一、版权保护的现状与挑战

（一）传统版权保护机制

1. 数字水印技术

数字水印是一种将标识信息嵌入数字媒体内容的技术，可用于识别作品的版权所有者。它具有不可感知性、鲁棒性和唯一性等特点。在数字化教学资源中，如教学视频、电子教材等，数字水印可有效追踪资源流向。例如，某在线教育平台在视频资源中嵌入不可见的数字水印，当视频被非法下载传播时，平台能通过水印快速定位泄露源头，为版权维权提供关键证据。然而，数字水印技术也存在局限性，如对高质量的水印嵌入要求较高，且在面对复杂的网络攻击和信号处理时，水印可能被去除或破坏，导致追踪失效。

2. DRM（数字版权管理）技术

DRM 通过加密、访问控制和许可证管理等手段，限制数字内容的使用和传播。在电子教材领域，DRM 可防止未经授权的复制和打印。例如，某知名电子书平台采用 DRM 技术，用户需购买许可证才能阅读特定书籍，且无法进行非法复制分享。但 DRM 技术也面临诸多问题，如限制了用户的正常使用场景，不同 DRM 系统之间的兼容性差，导致用户在跨平台使用资源时遭遇障碍。此外，DRM 技术本身也可能被破解，无法从根本上杜绝盗版行为。

（二）互联网环境下的版权挑战

1. 传播速度快、范围广

互联网打破了时间和空间的限制，数字化教学资源可在瞬间传播至全球。这虽有利于知识共享，却也使侵权行为的扩散速度呈指数级增长。一个优质的教学视频可能在社交媒体、网盘等平台被迅速转发，短短数小时内下载量可达数万次，给版权方造成巨大损失。例如，某高校教师精心制作的专业课程视频在未授权的情况下被上传至某视频网站，短短几天内播放量突破十万，而教师本人却未获得任何收益。

2. 侵权成本低、维权成本高

在网络环境下，侵权者只需简单的复制粘贴操作，甚至利用自动化脚本，即可轻松获取并传播大量数字化教学资源。而版权方要进行维权，需投入大量的人力、物力和时间成本。从发现侵权行为、收集证据到提起诉讼，整个过程复杂且漫长。例如，某教育机构发现其开发的在线课程被多个网站侵权，为维护自身权益，需对每个侵权网站进行公证、起诉，耗费数月甚至数年时间，且最终赔偿金额可能远低于维权成本，导致许多版权方在面对侵权行为时望而却步。

（三）教育资源共享与版权冲突

1. 共享需求与版权保护的平衡难题

教育资源共享是推动教育公平和质量提升的重要途径，但在共享过程中，如何平衡共享需求与版权保护成为关键问题。一方面，教育机构和教师希望共享优质资源，扩大教育资源的覆盖面；另一方面，又担心资源被滥用，自身权益得不到保障。例如，某高校教师开发了一套独特的教学课件，愿意在一定范围内共享，但又害怕课件被其他机构或个人无偿使用甚至篡改，从而影响自己的学术声誉和经济利益。

2. 缺乏有效的利益分配机制

在资源共享过程中，缺乏合理的利益分配机制是导致版权冲突的重要原因。当数字化教学资源被广泛共享时，创作者应获得相应的经济回报，但目前的共享模式往往忽视了这一点。例如，一些在线教育平台在未与创作者充分协商的情况下，擅自使用其资源开展商业活动，而创作者却未获得应有的收益分成，这严重挫伤了创作者的积极性，也不利于教育资源的可持续共享。

二、区块链技术在版权保护中的应用

（一）区块链的基本原理

区块链是一种计算机技术在价值互联网时代的创新应用模式，其中基于时间戳的链式区块结构、分布式节点的共识机制、基于共识算力的经济激励和灵活可编程的智能合约是区块链技术最具代表性的创新点。区块链技术实现了其不需要一个中央权力机构或受信任的第三方来协调互动、验证交易或监管行为的特征，具有去中心化、去信任化、集体维护、安全、开放、匿名、自治性等特征。

区块链技术作为近年来新兴的一种分布式数据库技术，其独特的数据存储和验证机制使其在版权保护领域展现出巨大的潜力。在数字化教学资源日益丰富的背景下，区块链技术的应用为版权保护提供了全新的解决方案。

区块链本质上是一种分布式账本，其数据并非集中存储于单一服务器，而是分布在多个节点上。每个节点都保存着完整的账本副本，数据的更新需要经过网络中多个节点的验证。在数字化教学资源版权保护中，这意味着版权信息被分布存储于全球各地的服务器上，任何单一节点都无法篡改数据。例如，当一位机械工程教师创作了一本关于数控加工技术的电子教材并上传至区块链平台，该教材的版权信息将被记录在分布式账本中。全球各地的节点共同维护这份账本，确保版权信息的真实性和完整性。这种分布式存储方式有效防止了版权信息的丢失或被恶意篡改，为版权保护提供了坚实的基础。

共识机制是区块链网络中节点达成一致的方式，常见的有工作量证明（PoW）、权益证明（PoS）等。在版权保护场景下，共识机制确保所有节点按照相同的规则验证和记录版权交易信息。例如，在进行数字化教学资源的版权转让时，网络中的节点需通过共识机制验证转让的合法性。只有当一定比例的节点验证通过后，转让信息才会被记录在区块链上，从而保证了交易的公正性和透明性。这种机制避免了传统版权交易中可能出现的欺诈和纠纷，为版权交易提供了一个可信的环境。

智能合约是一种自动执行合约条款的计算机程序，存储在区块链上。在版权保护领域，智能合约可自动执行版权授权、费用结算等操作。例如，当学生下载使用某收费教学资源时，智能合约自动从学生的账户扣除费用，并将费用分配给版权方和平台方。整个过程无需人工干预，高效且透明。这种自动化机制不仅提高了交易效率，还减少了人为错误和纠纷的可能性，为版权保护和交易提供了更加可靠的保障。

（二）版权登记与认证

传统的版权登记需要通过特定的版权机构，流程繁琐、耗时长。而区块链技术实现了去中心化的版权登记，创作者可直接将作品信息上传至区块链平台，平台自动为作品生成唯一的哈希值并记录在区块链上。例如，某自由职业教师创作了一系列关于机械设计的在线课程视频，通过区块链版权平台进行登记，仅需几分钟即可完成登记流程，获得版权证明。这种去中心化的登记方式不仅提高了登记效率，还降低了登记成本，使更多创作者能够及时保护自己的权益。

另外，一旦作品信息记录在区块链上，其版权信息将不可篡改。每个版权记录都包含作品的哈希值、创作时间、作者信息等关键数据，任何对作品的修改都会导致哈希值变化，从而被网络节点轻易识别。例如，当有人试图篡改某数字化教学资源的版权归属信息时，由于区块链上存储的哈希值与篡改后的作品哈希值不匹配，篡改行为将无法得逞，确保了版权认证的权威性和可信度。

（三）版权交易与溯源

区块链技术为版权交易提供了一个透明高效的平台。在区块链上，所有的版权交易记录都被公开可查，交易双方无需通过中介即可直接进行交易。例如，某教育机构希望通过购买获得某知名教学软件的使用权，通过区块链版权交易平台，机构可直接与软件开发者协商价格并完成交易。交易过程透明且快速，双方的权益都能得到保障。这种去中介化的交易模式不仅降低了交易成本，还提高了交易的效率和安全性。

区块链的溯源功能可完整记录数字化教学资源从创作到多次交易的全过程。每个交易环节都被详细记录在区块链上，包括交易时间、交易双方信息、交易金额等。例如，某教学课件经过多次版权转让，通过区块链平台的溯源功能，版权方可以清晰了解课件的传播路径和使用情况，为版权管理提供了有力支持。这种全流程溯源功能有助于版权方更好地监控和管理自己的作品，防止未经授权的使用和传播。

（四）侵权监测与维权

区块链平台可与网络爬虫技术相结合，实时监测全网范围内的侵权行为。当发现疑似侵权内容时，平台自动将其与区块链上的版权记录进行比对。例如，某区块链版权监测系统在扫描网络时发现某网站未经授权使用了某教师的电子教材内容，系统立即发出警报并通知版权方。这种实时监测机制能够快速发现侵权行为，为版权方及时采取维权行动提供了可能。

在维权过程中，区块链上记录的版权信息和交易记录可作为有力的证据。由于区块链数据的不可篡改性，这些证据具有高度的可信度和法律效力。例如，在法庭上，版权方只需提供区块链上的版权记录和侵权监测报告，即可证明自己的权益受损，大大提高了维权的成功率和效率。这种强有力的证据支持为版权方在法律纠纷中提供了坚实的基础，增强了版权保护的力度。

三、区块链技术展望

（一）技术局限与挑战

尽管区块链技术在版权保护领域展现出巨大的潜力，但在实际应用中仍面临一些技术和法律层面的挑战。

区块链技术目前仍面临性能瓶颈，特别是在处理大规模数据和高并发交易时。例如，在教育资源共享平台的高峰访问时段，若大量用户同时进行版权登记和交易，区块链网络可能出现延迟甚至拥堵现象，影响用户体验。某机械工程教育资源共享平台在测试中发现，当并发交易量达到每秒 500 笔时，交易确认时间从平均 2s 延长至 15s，平台响应速度下降了 75％。这种性能问题不仅影响用户满意度，还可能阻碍平台的大规模推广。目前，技术人员正通过优化共识算法、构建侧链等方式努力提升区块链的性能。例如，采用更高效的共识算法如实用拜占庭容错（PBFT）算法，可将交易处理速度提升至每秒数千笔，同时保持较高的安全性。

区块链技术的去中心化特性使其在法律监管方面面临诸多挑战。不同国家和地区对区块链技术的应用持有不同的态度和监管政策，这可能导致在跨国版权保护中出现法律适用冲突。例如，某跨国教育机构在利用区块链技术进行数字化教学资源共享时，由于涉及多个国家的法律管辖，其版权保护策略难以统一，增加了运营风险和合规成本。在欧洲，GDPR 法规对数据隐私和跨境数据传输有严格要求，而在亚洲部分国家，区块链技术的应用仍处于法律监管的灰色地带。这种法律监管的不确定性要求企业在实施区块链版权保护策略时，必须充分考虑不同地区的法律差异，并制定相应的合规措施。

（二）未来发展趋势

区块链技术有望与其他新兴技术深度融合，共同构建更加完善的版权保护生态系统。例如，与人工智能技术结合，可实现更精准的侵权监测和内容过滤；与大数据技术结合，可深入分析版权数据，为创作者提供更有针对性的保护策略和市场推广建议。某机械工程教育资源平台通过引入人工智能技术，实现了对侵权内容的自动识别和过滤，侵权监测效率提升了 65%。同时，利用大数据分析技术，平台能够为创作者提供详细的版权使用数据和市场趋势分析，帮助他们制定更有效的推广策略。这种技术融合不仅提升了版权保护的效率，还为创作者和平台带来了更多的商业回报。

随着区块链技术在版权保护领域的广泛应用，其有望推动行业标准的制定和完善。通过建立统一的区块链版权保护技术标准和业务规范，可促进不同平台之间的兼容性和互操作性，使数字化教学资源的版权保护更加规范和高效，为教育行业的健康发展提供坚实保障。例如，国际标准化组织（ISO）正在推动区块链技术在版权保护中的标准化工作，旨在建立全球统一的技术规范和业务流程。某跨国教育机构积极参与这一标准化进程，通过采用统一的标准，其平台的版权保护效率提升了 40%，跨平台资源互认率达到了 92%。这种标准化的努力将为区块链技术在版权保护领域的广泛应用奠定基础，促进教育资源的共享和流通。

总体来说，区块链技术在版权保护领域虽然面临一些技术和法律层面的挑战，但其未来发展趋势依然充满希望。通过与其他技术的融合和行业标准的制定，区块链技术有望为数字化教学资源的版权保护提供更加全面和高效的解决方案。

第七章
云计算与大数据在教学资源中的应用

在数字化教育蓬勃发展的时代，云计算与大数据已成为推动教学资源优化与创新的核心驱动力。云计算以其强大的计算能力和存储能力，为教育资源的共建共享提供了技术支撑；大数据则通过深度挖掘用户行为和资源使用数据，为教学资源的个性化服务和精准优化提供了科学依据。如何在技术与教育深度融合的背景下，构建高效的资源共享模式，优化资源使用策略，并设计稳定可靠的服务平台，已成为教育信息化领域的重要课题。

第一节

云计算环境下教学资源的共建共享模式

随着信息技术的飞速发展，云计算已成为推动教育信息化的重要力量。在教学资源领域，云计算不仅提供了强大的技术支撑，还催生了全新的共建共享模式。通过云计算，教育机构能够打破传统的资源孤岛，实现资源的高效整合与利用。这种模式不仅有助于提高资源的利用率，还能促进教育资源的均衡分配，激发教师的创作热情，为教育事业注入新的活力。

一、云计算环境下的教学资源共享模式

（一）资源共建的主体与机制

1. 参与主体的多元化

作为教学资源共建的核心主体，高校等教育机构负责提供基础的教育资源和平台支持。它们制定资源共享规则，搭建云计算基础设施，为教师和学生提供资源共建的环境。

教师是教学资源的主要创造者和贡献者。他们根据教学经验和专业知识，创作高质量的课件、教案、视频等资源，并将其上传至共享平台。教师之间还可以通过协作机制，共同开发教学资源，实现优势互补。

学生不仅是教学资源的使用者，也可以成为资源的共建者。他们可以通过参与项目实践、课程作业等方式，创作学习心得、案例分析、小组报告等资源，分享给其他同学学习参考。

企业作为教育的合作伙伴，能够提供实践案例、技术工具、资金支持等资源。通过与教育机构合作，企业可以将自己的技术优势和行业经验转化为教学资源，同时也为学生提供了实习就业的机会。

2. 协作机制的构建

建立明确的资源贡献规范和激励机制，鼓励各方积极参与资源共建。教育机构可以制定资源贡献标准，明确资源的格式、内容要求等，同时设立奖励制度，对贡献突出的教师和学生给予荣誉证书、奖金等激励。

为保证共享资源的质量和准确性，需要建立严格的资源审核流程。教育机构可以组织专家团队对上传的资源进行审核，确保资源符合教学大纲要求，不包含错误信息或侵权内容。审核通过的资源才能在平台上发布共享，审核不通过的资源则及时反馈给贡献者进行修改。

通过整合来自不同主体的资源，构建系统化、结构化的教学资源库。教育机构可以利用云计算平台的数据分析功能，对资源进行分类、标签、关联等处理，提高资源的检索效率和利用效果。

二、共建共享模式的优势与挑战

（一）优势分析

1. 提高资源利用率

通过共建共享模式，不同的教育机构可以将自己的特色资源贡献到共享平台，其他机构可以根据自身需求直接使用或在此基础上进行二次开发，无需重复投入大量的人力、物力和财力进行资源建设。例如，在区域共享模式下，各高校可以将自己优势学科的课程资源进行共享，其他高校可以直接引入这些课程作为选修课或参考资源，避免了每所学校都单独开设相同课程导致的资源浪费。据统计，某区域共享平台上线后，参与高校的新课程开发数量减少了30%，但课程资源的丰富度却提高了50%，资源利用率得到了显著提升。

2. 促进教育资源均衡分配

教育资源的分布在我国存在着明显的区域不平衡现象，东部发达地区的教育资源相对丰富，而中西部地区则相对匮乏。共建共享模式通过云计算技术打破了地域限制，使中西部地区的学校能够共享到东部地区学校的优质教学资源，包括名师课程、实验设备资源等，从而缩小区域之间的教育差距。在同一地区内，不同高校之间也存在着教育资源的不平衡。共建共享模式可以使优质教育资源在高校之间流动起来，帮助资源相对薄弱的学校提升教学水平。

3. 激发教师创作热情

共建共享模式为教师提供了一个更广阔的展示平台，教师创作的教学资源可以被更多学校和学生使用，这无疑会增强教师的成就感和荣誉感，激发他们的创作热情。在共建共享的过程中，教师之间可以相互学习、交流教学经验和资源创作技巧。这种交流与合作能够拓宽教师的教学视野，激发他们的创新思维，进一步提高教学资源的质量。参与教师在研讨中可以获得新的教学灵感，将他人的成功经验应用到自己的教学资源创作中，不断优化教学内容和方法，形成一个良性循环，推动教师队伍整体教学水平的提升。

（二）挑战与应对策略

1. 资源质量参差不齐

共建共享模式下，资源的来源广泛，质量难以保证。一些教师或教育机构上传的资源可能存在内容错误、设计不合理、教学价值不高等问题，这不仅会影响学生的学习效果，还可能损害共享平台的声誉。

应对策略： 建立严格的资源质量评估体系，对上传的资源进行多维度的审核和评价。评估指标可以包括资源的准确性、完整性、教学适用性、创新性等。例如，某共享平台组建了由学科专家、教学设计师、一线教师组成的评审团队，对每一份上传的资源进行评审打分，只有评分达到一定标准以上的资源才能在平台上发布共享。同时，平台还可以建立用户反馈机制，鼓励学生和教师对使用过的资源进行评价和反馈，根据用户反馈及时调整和优化资源质量。

2. 知识产权保护问题

在共建共享模式中，资源的传播和使用范围扩大，知识产权保护的难度也随之增加。一些未经授权的资源可能被非法上传或盗用，侵犯了原作者的合法权益。此外，由于不同地区和机构的知识产权政策存在差异，在跨区域、跨机构的资源共享中，如何明确知识产权归属和使用权限也是一个复杂的问题。

应对策略： 加强知识产权保护机制，制定明确的知识产权政策和资源使用协议。在资源共建过程中，要求贡献者明确声明资源的知识产权归属，并签署授权协议，授权平台和其他用户在规定的范围内使用资源。例如，某共享平台要求教师在上传资源时选择合适的授权方式，如“仅限非商业用途”“允许修改但需注明来源”等，并通过平台的技术手段对资源的使用情况进行监控，防止未经授权的商业使用或恶意篡改。同时，平台还可以提供知识产权保护的培训和服务，提高教师和学生的知识产权意识，帮助他们更好地保护自己的创作成果。

3. 共享动力不足

部分教师和教育机构可能出于对自身利益的考虑，不愿意将自己的优质资源贡献出来共享。他们担心资源共享后会影响自己的教学特色和竞争优势，或者无法获得相应的回报和认可。

应对策略： 完善激励机制，从物质和精神两个方面对资源贡献者进行奖励。物质奖励可以包括奖金、科研经费支持等，精神奖励可以包括荣誉证书、公开表彰、职称评定加分等。例如，某高校规定，教师上传到共享平台的优质资源在年度考核和职称评定中将作为重要成果予以认定，对于资源使用量高、用户评价好的资源，学校还将给予额外的奖励。此外，还可以通过建立资源共享的绩效评估体系，将资源共享情况与教育机构的经费拨款、项目申报等挂钩，激励教育机构积极参与资源共享。

三、案例分析

（一）某高校校内教学资源共建共享案例

1. 实施过程

某高校为了解决校内教学资源分散、利用率低的问题，投入资金建设了校内教学资源共建共享平台。平台采用了云计算技术，提供了便捷的资源上传、下载、搜索等功能，并支持多种资源格式。在平台建设完成后，学校通过举办教师培训、学生动员大会等形式，向全校师生宣传推广平台的使用方法和优势。

教师积极响应学校的号召，纷纷将自己的教学课件、教案、习题库等资源上传至平台。同时，学校还鼓励教师开展协作教学，共同开发课程资源。例如，某教学团队通过平台协作开发了一门在线课程，团队成员分工负责课程的不同章节，将各自制作的课件、视频等资源上传至平台进行整合。学生也可以在平台上分享自己的学习笔记、小组作业等资源，并通过平台的评论功能与其他同学交流学习心得。

2. 模式特点

该平台与学校的教务系统、图书馆系统等进行了深度集成，教师可以在教务系统中直接链接到平台的资源，方便教学资源的管理和使用。学生也可以在图书馆系统中查询到相关的教学资源，实现了一站式的教育资源服务。

平台利用大数据分析技术，根据学生的专业、学习进度和资源使用历史，为学生提供个性化的资源推荐。

3. 取得的成效

通过共建共享平台，校内教学资源得到了充分的整合和利用。据统计，平台上线一年来，资源的平均下载量比之前分散存储时提高了 2 倍，教师在课程准备过程中重复制作资源的情况减少了 40%，教学资源的利用效率显著提高。

教师通过共享平台获取了更多的优质教学资源，能够更好地丰富教学内容和教学方法。学生也能够根据自己的学习需求选择适合的资源进行自主学习，学习效果得到了显著提升。在学校的教学评估中，学生对课程资源的满意度从之前的 70%提高到了 90%，教师的教学质量评价分数也平均提高了 15 分。

平台为教师和学生提供了一个交流互动的空间，促进了教学经验的分享和教学方法的创新。许多教师通过平台结成了教学研究小组，共同开展教学改革项目，发表了多篇高质量的教学研究论文。学生之间的学习交流也更加频繁，形成了良好的学习氛围和互助精神。

4. 成功经验与进一步思考

学校领导的高度重视和政策支持是平台成功建设的关键因素。学校通过制定明确的资源共享政策、提供资金和技术支持，为平台的建设和发展提供了有力保障。同时，完善的培训和推广活动也有效地提高了师生对平台的认知度和使用率。

在平台建设初期，由于对教师和学生的需求调研不够充分，平台的一些功能设计不够合理，如资源分类不够清晰、搜索结果不准确等，给用户的使用带来了一定的不便。这提醒我们在后续的平台建设中，要进一步加强用户需求分析，优化平台功能，提高用户体验。

（二）某区域高校教学资源共建共享案例

1. 实施过程

在某省教育部门的牵头下，省内 15 所高校共同成立了教学资源共建共享联盟，并搭建了区域共享平台。平台采用了云计算架构，具备强大的资源存储和分发能力，能够满足大规模用户的同时访问需求。

各高校按照联盟制定的资源共享标准和规范，将本校的优质课程资源、实验教学资源、图书馆电子资源等上传至平台。联盟还设立了资源共建项目基金，鼓励高校之间开展协作教学资源建设。为了保障平台资源的安全性和合法性，联盟建立了统一的用户认证体系。联盟内的师生可以通过各自学校的账号登录平台，平台根据用户的所属学校和身份角色分配不同的访问权限。例如，学生可以访问联盟内所有高校的公开课程资源，但对某些专业核心课程资源的访问则需要经过所在学校教师的授权。

2. 模式特点

该区域共享平台整合了多所高校的丰富教育资源，涵盖了各个学科领域和教育层次。从基础课程到专业课程，从理论教学资源到实践教学资源，平台为联盟内的师生提供了一个全面、多元化的教育资源库。例如，平台上的实验教学资源包括了物理、化学、生物等多个学科的虚拟仿真实验项目，学生可以通过在线实验平台进行实验操作练习，弥补了实验室资源不足的问题。

联盟内的高校通过平台开展了多种形式的协同教学活动。例如，某高校的教师可以通过平台邀请其他高校的专家进行在线授课或学术讲座，学生可以实时参与互动交流；不同高校的学生可以组成在线学习小组，共同完成跨校的课程作业和项目实践。这种协同教学模式打破了校际界限，拓宽了学生的视野，培养了学生的团队协作能力和跨校交流能力。

3. 取得的成效

通过区域共享平台，联盟内的高校实现了教育资源的优化配置。资源丰富高校的优质资源得到了更广泛的传播和应用，而资源相对薄弱高校的教学条件得到了显著改善。据统计，平台上线两年来，联盟内高校的教学资源利用率平均提高了 35%，课程重复建设率降低了 25%，教育资源的配置效率得到了显著提升。

区域共建共享模式促进了联盟内高校之间的教学交流与合作，推动了教学改革和创新。各高校在共享资源的基础上，结合自身特色进行教学方法改进和课程体系优化，提高了整体教学质量。在省级教学成果奖评选中，联盟内高校的获奖数量显著增加，教学研究成果的质量也得到了教育界的广泛认可。

学生通过使用区域共享平台的丰富资源和参与跨校协同教学活动，拓宽了知识面，增强了学习能力和创新思维。例如，在某次区域性的大学生科技创新大赛中，联盟内高校的学生团队凭借在共享平台上学习到的先进技术和知识，取得了优异的成绩，展示了良好的综合素质和竞争力。

4. 成功经验与进一步思考

政府教育部门的主导作用和政策支持是区域共享模式成功实施的重要保障。通过政策引导和资金投入，教育部门有效地协调了各高校之间的利益关系，推动了联盟的成立和平台的建设。同时，联盟内高校之间的紧密合作和资源共享意识也是取得成效的关键因素。各高校在联盟的框架下，充分发挥自己的优势，共同为区域教育发展贡献力量。

在联盟运行过程中，由于各高校的管理体制和教学模式存在差异，在资源共享和协同教学过程中有时会出现协调困难的问题。例如，不同高校对课程学分的认定标准不同，导致学生在跨校选修课程时遇到学分转换的障碍。此外，联盟内缺乏统一的教学质量监控机制，对共享课程的教学效果评估不够全面和客观，这在一定程度上影响了教学资源的持续优化和改进。针对这些问题，联盟需要进一步加强沟通协调，完善相关政策和机制，确保区域共享模式的健康可持续发展。

第二节

基于数据的教学资源使用分析与优化策略

在数字化教学资源日益丰富的今天，数据已成为驱动教学资源优化和教学模式创新的关键要素。通过对教学资源使用数据的深入分析，教育工作者能够精准把握资源的使用情况和用户需求，从而制定科学合理的优化策略，提升资源的利用效率和教学效果。

一、教学资源使用数据的采集与整理

（一）数据采集的范围

用户行为数据包括用户在平台上的登录时间、访问频率、浏览路径、停留时间、点击行为等，这些数据能够反映用户对不同资源的兴趣和使用习惯；资源访问数据涵盖资源的下载次数、播放时长、页面浏览量、资源评分等，这些数据直接体现了资源的受欢迎程度和使用频率；学习效果数据通过在线测试、作业完成情况、考试成绩等指标，评估资源对学生学习效果的影响，这些数据能够帮助判断资源的教学价值和实际效果；用户反馈数据收集用户对资源的评价、评论、点赞、收藏等反馈信息。这些主观数据能够提供用户对资源的满意度和改进建议。

（二）数据采集的方法

通过服务器端和客户端的日志记录功能，自动收集用户的行为数据和资源访问数据。例如，记录用户每次访问资源的时间、IP 地址、设备类型等信息。通过定期向用户发放问卷，收集他们对资源使用体验、需求和满意度的主观评价。问卷设计应简洁明了，问题具有针对性。在资源使用过程中嵌入在线测试环节，通过测试结果评估用户的学习效果。测试题目应覆盖资源的核心知识点，具有一定的区分度。还可以与第三方工具（如学习管理系统、分析软件）进行 API 集成，实时获取和同步数据。例如，通过与学习管理系统集成，获取学生的课程成绩和学习进度数据。

二、基于数据的使用分析方法

（一）用户行为分析

在深入探讨教学资源的优化策略之前，首先需要理解用户如何与这些资源互动。用户行为分析是这一过程的关键，它通过量化用户与平台的交互模式，揭示资源的使用规律和用户的潜在需求。

1. 行为模式识别

访问频率分析是用户行为分析的基础。通过计算用户在不同时间段内的访问频率，我们可以识别出资源使用的高峰和低谷时段。例如，某在线课程平台的数据显示，机械工程专业的学生在晚上 8 点至 10 点之间的访问量占全天总访问量的 42%，这一发现促使平台调整资源推送策略，将高价值内容的推送时间集中在这一时段，从而显著提高了资源的点击率和使用效率。

路径分析进一步揭示了用户在平台上的行为轨迹。通过分析用户从一个资源到另一个资源的浏览路径，可以识别出用户对特定主题的深度兴趣。例如，某平台发现，当用户访问“数控加工技术”课程的视频资源后，有 68%的概率会继续浏览相关的实践案例和操作指南。这种行为模式表明，用户在理论学习后往往需要通过实践案例来加深理解，平台据此增加了更多配套的实践资源推荐。

停留时间分析则提供了资源吸引力和内容质量的直接反馈。某虚拟实验室平台的数据显示，学生在“机械设计仿真”模块的平均停留时间为 28min，而在“基础理论讲解”模块仅为 12min。这一显著差异促使平台对理论模块的内容进行了重新设计，增加了更多互动元素和实际应用案例，从而将停留时间提升了 45%。

2. 兴趣偏好挖掘

基于内容的推荐是兴趣偏好挖掘的核心方法之一。通过分析用户浏览和下载的资源类型，我们可以精准识别用户的兴趣领域。例如，某平台发现，频繁下载“机器人编程”相关资源的用户中，有 73%也会下载“人工智能算法”领域的资源。这种关联性促使平台开发了跨领域的推荐算法，将相关领域的优质资源打包推荐给用户，显著提高了资源的下载量和用户满意度。

协同过滤推荐则通过用户行为数据找到行为模式相似的用户群体。例如，某平台通过分析发现，用户 A 和用户 B 在资源浏览行为上高度相似，而用户 B 最近下载了一本关于“有限元分析”的高级教程。平台据此向用户 A 推荐了这本教程，结果用户 A 的下载率提高了 62%，表明协同过滤推荐在精准推送高价值资源方面具有显著效果。

（二）资源使用效果评估

在理解用户行为的基础上，我们需要进一步评估资源的实际使用效果，以确保资源能够真正提升学习效果。

1. 使用效果指标

资源受欢迎程度是评估资源使用效果的直观指标。某区域教育资源共享平台的数据显示，某“机械制图”课程的教材在一个月内的下载量达到 1200 次，评分平均为 4.7 分（满分 5 分）。这一高下载量和高评分表明该资源在用户中具有较高的认可度，平台因此将其标记为优质资源，优先推荐给其他用户。

学习效果提升则是评估资源价值的核心指标。某高校通过对比学生在使用“机械设计”课程的新教学视频资源前后的考试成绩，发现期末考试平均成绩提高了18分，优秀率从28%提升至42%。这一显著提升表明，该资源在帮助学生掌握复杂知识点方面具有重要作用。

资源使用效率通过计算资源的平均访问时长与学习效果的提升比例来评估。某虚拟实验室平台的数据显示，学生在“数控加工”模块的平均访问时长为40min，学习效果提升了25%，资源使用效率达到每分钟提升0.63%的学习效果。这一高效表现促使平台将该模块作为模板，优化其他实验模块的设计。

2. 效果评估模型

回归分析模型帮助我们量化资源使用数据与学习效果之间的关系。某平台通过多元线性回归分析发现，资源访问次数对学习效果的影响系数为0.58，表明访问次数是影响学习效果的重要因素。平台据此优化了资源推送策略，增加了高频访问资源的推荐权重，从而进一步提升了学习效果。

聚类分析模型则通过将资源按照使用效果指标进行分类，识别出高效和低效资源。某平台通过K-means聚类算法，将资源分为高效、中效和低效三类。高效资源的平均下载量和评分显著高于其他两类，平台因此优先推荐高效资源，并对低效资源进行了针对性优化，使整体资源质量评分提升了19%。

（三）关联分析与推荐策略

在评估资源效果的基础上，关联分析与推荐策略能够进一步提升资源的利用效率和用户体验。

1. 关联规则挖掘

频繁项集挖掘通过算法识别用户经常同时访问或下载的资源组合。某平台通过Apriori算法发现，72%的用户在下载“机械设计基础”课程的教材后，会同时下载该课程的习题集和教学视频。这种强关联性促使平台开发了“课程资源包”功能，将相关资源打包推荐给用户，资源下载量因此增长了58%。

关联规则生成则通过支持度和置信度量化资源之间的关联强度。例如，某平台生成的规则“下载教材→下载习题集（支持度：0.68，置信度：0.79）”表明，68%的用户在下载教材的同时会下载习题集，且该规则的置信度为79%。平台据此优化了推荐算法，将习题集作为教材的默认配套资源推荐，用户满意度提升了41%。

2. 个性化推荐策略

基于关联规则的推荐通过识别用户已访问资源的关联资源，提供精准推荐。

某平台发现，当用户下载“机械设计基础”课程的教材时，推荐与之配套的习题集和教学视频，资源的二次下载率提高了65%。

基于协同过滤的推荐通过分析用户行为数据，推荐与兴趣相似的其他用户喜欢的资源。例如，某平台为喜欢“机器人编程”的用户推荐其他编程爱好者高度评价的在线课程，推荐采纳率达到了59%。

基于内容的推荐则通过资源的元数据，推荐与用户兴趣标签相匹配的资源。某平台为对“数据科学”感兴趣的用户推荐包含“数据可视化”和“机器学习算法”等关键词的资源，用户留存率提高了37%。

三、优化策略与实践应用

教学大数据是为改进教学不足、提升教学效益服务的，无论何时、何地、何种情况，数据的存在都是一种客观性的存在或工具性的存在，它的功能发挥和价值体现始终围绕学生主体性的凸显。

（一）资源内容优化

在完成数据分析和效果评估后，资源内容优化是提升用户体验和学习效果的关键步骤。

1. 内容深度与广度调整

深度优化通过增加详细讲解和案例分析，帮助学生更好地理解知识点。某平台发现，学生在“机械原理”课程的“机构运动分析”章节测试中平均得分仅为62分，平台随即增加了更多动画演示和实际案例分析。优化后，学生在该章节的测试成绩平均提高了19分，优秀率从35%提升至52%。

广度拓展通过补充前沿研究和实际应用案例，满足用户的多样化学习需求。某平台为对“机器人技术”感兴趣的学生，补充了关于“传感器融合”和“路径规划算法”的前沿内容，资源下载量增长了48%，用户满意度提升至4.6/5分。

2. 资源形式与表现方式更新

多媒体融合通过将多种媒体形式融入资源，提高其吸引力和表现力。某平台在“机械设计”课程的教学课件中嵌入了相关的视频讲解和动画演示，学生对资源的评价从4.1/5分提升至4.7/5分，资源使用率增长了39%。

交互式设计通过增加在线测验和互动练习，提高用户的参与度和学习效果。某平台在“数控加工”课程中设计了互动式的编程练习，学生可以实时查看代码运行结果并及时纠正错误。优化后，学生的编程任务完成率从68%提升至87%，课程成绩平均提高了15分。

（二）资源组织与展示优化

1. 分类与检索功能改进

多维度分类通过细化资源分类，提高其可发现性。某平台将“机械工程”资源分为“基础理论”“实践案例”“虚拟实验”等二级分类，并在每个二级分类下设置“入门”“进阶”“高级”等三级分类。优化后，用户查找资源的平均时间从原来的 3.5min 缩短至 1.2min，资源检索效率提升了 66%。

智能检索通过引入自然语言处理技术，实现精准的资源推荐。用户输入“如何优化数控加工参数”，系统可以推荐相关的参数优化指南、案例分析和教学视频。某平台实施智能检索后，用户对推荐资源的满意度从 72%提升至 88%，资源下载量增长了 43%。

2. 页面布局与用户体验优化

响应式设计确保资源在不同设备上都能获得良好的展示效果。某平台通过调整页面元素的布局和大小，使其在小屏幕设备上也能清晰可见。优化后，移动端用户的资源使用率从 41%提升至 67%，用户满意度提升至 4.5/5 分。

视觉层次优化通过合理的色彩搭配和字体选择，提高用户的阅读体验。某平台使用突出的颜色标记重要资源，使用较大的字体显示标题和关键信息，增加段落之间的间距以提高可读性。优化后，用户的页面停留时间从平均 2.1min 增加至 3.4min，资源点击率提升了 42%。

通过以上分析可以看出，基于数据的使用分析方法和优化策略在提升教学资源利用效率和学习效果方面具有重要作用。通过深入理解用户行为、精准评估资源效果、科学优化资源内容和展示方式，教育工作者能够为学习者提供更加高效、个性化的教学资源服务。未来，随着数据技术的不断发展和应用场景的拓展，教学资源的优化将更加智能化、精准化，为教育事业的发展提供更强有力的支持。

（三）实践应用案例

1. 某高校在线课程平台的优化实践

某高校对其在线课程平台进行了全面的数据分析和优化。首先，通过日志记录和问卷调查采集用户行为数据、资源访问数据和学习效果数据。然后，对采集到的数据进行清洗、转换和集成，构建了完整的数据集。接着，运用用户行为分析方法，识别用户的行为模式和兴趣偏好；通过资源使用效果评估模型，分析资源的受欢迎程度和学习效果提升情况；利用关联规则挖掘技术，生成资源之间的关联规则。最后，根据分析结果，对资源内容进行了深度优化和广度拓展，改进了资源的分类与检索功能，优化了页面布局和用户体验。

取得的成效：经过优化，平台的资源利用率显著提高，用户平均停留时间从原来的15min增加到25min，资源下载量增长了40%。学生的学习效果也得到了显著提升，课程平均成绩提高了12分，优秀率从30%提高到45%。用户满意度调查结果显示，用户对平台的满意度从75%提高到90%，对资源的推荐功能和页面展示效果给予了高度评价。

2. 某区域教育资源共享平台的优化实践

某区域教育资源共享平台通过数据采集和分析，发现资源的使用存在明显的区域差异和学科差异。例如，某些偏远地区的学校对基础教育资源的需求较高，而城市学校则更关注拓展性和实践性的资源。针对这些差异，平台调整了资源的推荐策略，为不同地区的学校提供个性化的资源推荐服务。同时，平台优化了资源的分类和检索功能，增加了按地区、学科、年级等多维度的筛选条件，方便用户快速找到所需的资源。此外，平台还根据用户反馈对部分资源的内容进行了更新和完善，提高了资源的质量和适用性。

取得的成效：优化后的平台在资源共享的均衡性和效率方面取得了显著成效。偏远地区学校的资源访问量增长了60%，城市学校对拓展性资源的使用率提高了35%。平台的整体资源利用率提高了50%，用户活跃度增长了40%。在区域教育质量评估中，参与平台使用的学校在教学质量指标上平均提高了20分，教育资源共享对教育质量提升的促进作用得到了充分验证。

四、注意事项

数据推动教学从“依赖经验”向“依托数据”转型，这一转变既反映了教学发展的现实状况，也顺应了教育信息化的发展潮流。然而，也必须意识到：大数据作为一种融入教学的技术手段，可能带来教学风险，甚至存在违背教学伦理道德的隐患，因此需要对其进行必要的伦理约束。这提醒大家在运用教学大数据时，既要利用“数据”带来的便利，也要承认“经验”的价值，警惕“数据依赖症”，另外还要保持警觉，防止教学因追求“效率提升”而忽视其“智慧培育”的核心目标。在大数据时代，应从思维上理性看待大数据，既要认识到它为教师教学带来的便利与高效，也要警惕其潜在的缺陷与风险，提醒教师在将数据融入课堂教学时，先以人性和道德为考量，再与学生互动。

第八章

高校数字化教学资源建设与共享的技术发展趋势

人工智能、虚拟现实、增强现实等前沿技术的崛起，不仅重塑了教育资源的供给模式，更为教育公平与质量提升提供了前所未有的机遇。然而，技术的快速迭代也带来了新的挑战：如何在技术与教育深度融合的过程中，构建高效、智能、可持续的资源共享生态？如何通过技术赋能个性化学习，满足多样化的教育需求？这些问题的解决，关乎教育现代化的进程与未来教育形态的塑造。

本章聚焦高校数字化教学资源建设与共享的技术发展趋势，从人工智能的深度应用到虚拟现实与增强现实的沉浸式体验，从智能化工具的创新到跨区域资源共享的技术协同，系统探讨技术如何驱动教育资源的优化配置与教育模式的变革。

第一节

人工智能在教学资源中的应用前景

在当今数字化浪潮汹涌澎湃的时代，人工智能技术正以前所未有的速度重塑着各个行业的发展格局，教育领域也不例外。从早期简单的计算机辅助教学工具，到如今深度融合人工智能技术的智能教育平台，教育行业的教学资源建设正经历着一场深刻的变革。人工智能技术以其强大的数据处理能力、智能分析能力和自动化生成能力，正在为教学资源的开发、利用和管理注入全新的活力，其潜在影响不可小觑。

随着机器学习、自然语言处理、计算机视觉等人工智能核心技术的不断突破，教育领域的教学资源建设迎来了前所未有的机遇。智能辅导系统能够精准捕捉学生的学习行为特征，为每个学生量身定制个性化的学习指导方案；自适应学习平台则可以根据学生的学习进度和知识掌握情况，动态调整学习内容的难度和呈现方式；智能内容生成技术更是让教学资源的生产效率实现了质的飞跃，无论是练习题、教案还是教学视频，都可以在短时间内高效生成。这些技术的应用，不仅改变了传统教学资源的供给模式，也为教育公平和教育质量的提升提供了新的可能性。

一、人工智能技术在教学资源中的应用现状

AI 技术具备智能化、自动化和个性化的特点。智能化能够自主完成复杂任务；自动化是通过优化流程提高效率；个性化是通过分析个体需求，提供量身定制的学习或服务内容。

（一）智能辅导系统

1. 智能辅导系统的工作原理与功能特点

智能辅导系统是人工智能技术在教育领域最早的应用之一，其核心在于利用机器学习算法和知识图谱技术，构建一个能够模拟人类教师教学行为的智能系统。该系统首先通过多种数据采集方式，如在线作业、课堂互动、考试成绩等，全面收集学生的学习数据。然后，运用机器学习算法对这些数据进行深度分析，

挖掘出学生的学习特点、知识薄弱点以及学习风格等关键信息。

基于这些分析结果，智能辅导系统能够为学生提供个性化的学习指导。例如，当学生在数学的几何证明部分频繁出错时，系统会自动识别这一问题，并推送相关的几何定理讲解视频、针对性的练习题以及详细的解题步骤分析。同时，系统还会根据学生的学习进度和掌握情况，逐步调整辅导内容的难度和广度，确保学生能够在适合自己的学习节奏下稳步提升。

此外，智能辅导系统还具备实时反馈功能。学生在完成练习后，系统能够立即对答案进行批改，并给出详细的评分和改进建议。这种即时反馈机制不仅能够帮助学生及时纠正错误，还能增强学生的学习动力和自信心，让他们在学习过程中始终保持积极主动的状态。

2. 智能辅导系统在提高学习效果和效率方面的优势

智能辅导系统在提高学生学习效果和效率方面展现出了显著的优势。首先，其个性化学习指导功能能够确保每个学生都得到最适合自己的教学支持。传统课堂教学中，教师往往难以兼顾每个学生的学习需求，而智能辅导系统则可以针对每个学生的具体情况进行精准辅导，从而有效提高学习效果。

其次，智能辅导系统的实时反馈功能能够帮助学生及时发现问题并加以改进。与传统教学中需要等待教师批改作业或试卷不同，智能辅导系统能够在学生完成练习的瞬间给出反馈，大大缩短了学习改进的周期。这种即时反馈不仅能够提高学生的学习效率，还能让学生在学习过程中始终保持高度的专注和投入。

此外，智能辅导系统还能够提供丰富多样的学习资源和练习形式，满足不同学生的学习偏好。无论是视觉型、听觉型还是动手型学习者，都可以在智能辅导系统中找到适合自己的学习方式。这种多样化的学习资源供给，不仅能够提高学生的学习兴趣，还能促进学生在不同学习维度上的全面发展。

3. 智能辅导系统面临的挑战与改进方向

尽管智能辅导系统在教育领域展现出了巨大的潜力，但在实际应用中仍面临一些挑战。首先，系统的数据采集和分析精度有待进一步提高。目前，部分智能辅导系统在数据采集过程中可能会受到网络环境、设备性能等因素的影响，导致数据不完整或不准确。同时，在数据分析算法方面，对于一些复杂的学习行为和情感因素的分析还不够深入，无法全面捕捉学生的学习状态。

其次，智能辅导系统的个性化辅导策略需要不断优化。虽然系统能够根据学生的学习数据提供个性化指导，但在实际应用中，部分学生的反馈表明，系统的辅导内容有时与自己的实际需求存在一定偏差。这说明系统的个性化算法还需要进一步改进，以更好地适应不同学生的多样化学习需求。

此外，智能辅导系统的用户体验也是需要关注的问题。一些学生反映，系统的界面设计不够友好，操作流程较为复杂，这在一定程度上影响了他们的使用积极性。因此，优化系统的用户界面和交互设计，提高用户体验，也是智能辅导系统未来发展的重要方向。

（二）自适应学习平台

1. 自适应学习平台的架构与运行机制

自适应学习平台是一种基于人工智能技术的智能化学习系统，其核心架构包括学习者模型、自适应引擎和资源推荐模块。学习者模型负责收集和存储学生的学习数据，包括基本信息、学习历史、知识掌握情况等。自适应引擎则根据学习者模型中的数据，运用机器学习算法和规则引擎，动态调整学习内容的呈现方式和难度水平。资源推荐模块则根据学生的当前学习状态和学习目标，从海量的教学资源库中筛选出最合适的资源进行推送。

在运行过程中，自适应学习平台首先通过多种渠道收集学生的学习行为数据，如在线学习时长、作业完成情况、测试成绩等。然后，自适应引擎对这些数据进行实时分析，判断学生的学习进度和知识掌握程度。根据分析结果，平台会自动调整学习内容的难度和顺序，确保学生始终处于最佳学习状态。例如，当学生在某一知识点上表现出掌握较好时，平台会推送更具挑战性的相关内容；而当学生遇到困难时，平台则会提供更基础的讲解和练习，帮助学生逐步攻克难关。

2. 自适应学习平台在不同学科和教育阶段的应用效果

自适应学习平台在不同学科和教育阶段的应用效果显著。在基础教育阶段，以语文教学为例，自适应学习平台能够根据学生的阅读水平和写作能力，推送适合的阅读材料和写作练习。对于阅读能力较弱的学生，平台会提供简短易懂的文本，并配备详细的注释和问题引导；而对于写作能力较强的学生，则会推送更具深度和广度的写作主题和要求。通过这种个性化的学习路径设计，学生的语文素养得到了全面提升。

在高等教育阶段，自适应学习平台在理工科课程中的应用也取得了良好效果。以计算机编程课程为例，平台能够根据学生的编程基础和学习进度，动态调整编程任务的难度和类型。对于初学者，平台会从简单的语法练习和基础算法入手，逐步引导学生掌握编程思维；而对于有一定编程经验的学生，则会提供更具挑战性的项目任务和高级算法学习资源。这种因材施教的方式，不仅提高了学生的学习效率，还激发了学生的学习兴趣和创新能力。

3. 自适应学习平台的优势与创新点

自适应学习平台的优势主要体现在以下几个方面。首先，其动态调整学习内容的能力能够确保每个学生都得到最适合自己的学习体验。与传统教学中固定的教学进度和内容安排不同，自适应学习平台能够根据学生的实时学习状态进行灵活调整，从而有效提高学习效果。

其次，自适应学习平台能够提供丰富的学习资源和多样化的学习方式。平台整合了海量的教学资源，包括文本、视频、动画、互动练习等多种形式，满足不同学生的学习偏好。同时，平台还支持多种学习方式，如自主学习、协作学习、探究学习等，为学生提供了更加灵活和个性化的学习环境。

此外，自适应学习平台还能够实现学习过程的全程跟踪和评估。通过对学生学习行为数据的持续收集和分析，平台能够生成详细的学习报告，为教师和学生提供全面的学习反馈。这种实时监测和评估功能，不仅有助于教师及时调整教学策略，还能帮助学生更好地了解自己的学习情况，制定更加合理的学习计划。

4. 自适应学习平台面临的挑战与未来发展方向

尽管自适应学习平台在教育领域展现出了巨大的潜力，但在实际应用中仍面临一些挑战。首先，平台的资源建设成本较高。为了满足不同学科和教育阶段的需求，平台需要整合大量的优质教学资源，这需要投入大量的人力、物力和财力。同时，资源的更新和维护也需要持续的投入，以确保资源的时效性和有效性。

其次，自适应学习平台的算法复杂性较高，对系统的性能要求也较高。在实际应用中，部分平台可能会出现响应速度较慢、推荐精度不高等问题，这在一定程度上影响了用户体验。因此，优化算法性能，提高系统的稳定性和响应速度，是自适应学习平台未来发展的重要方向。

此外，自适应学习平台的推广和应用也需要克服一些现实困难。例如，教师和学生对平台的接受程度、学校的信息化基础设施建设水平等都会影响平台的实际应用效果。因此，加强教师培训，提高教师的技术应用能力；完善学校的信息化建设，为平台的应用提供良好的硬件支持，也是推动自适应学习平台发展的重要措施。

（三）智能内容生成

1. 智能内容生成技术的原理与应用模式

智能内容生成技术是人工智能在教学资源建设中的重要应用之一，其核心原理是利用自然语言处理和机器学习算法，对大量的文本、图像、音频等教学资源进行分析和学习，从而实现自动化的教学内容生成。在文本内容生成方面，通过训练语言模型，系统能够根据给定的主题或关键词，自动生成教案、讲义、练习题等教学文本。在图像和视频内容生成方面，利用计算机视觉技术和图像生成算法，系统可以生成教学所需的图表、动画、视频等多媒体资源。

智能内容生成技术的应用模式主要包括以下几种。一是基于模板的生成模式，即根据预设的教学内容模板，填充相关的知识点和素材，快速生成标准化的教学资源。这种模式适用于大规模的教学资源生产，如练习题库的建设。二是基于数据驱动的生成模式，通过对大量教学数据的分析和学习，系统能够根据特定的教学目标和学生需求，生成个性化的教学内容。这种模式在个性化教学资源的生成方面具有明显优势。三是基于交互式的生成模式，即教师或学生通过与系统进行交互，实时调整生成内容的参数和要求，从而获得更加符合实际需求的教学资源。这种模式能够提高生成内容的准确性和适用性。

2. 智能内容生成技术在减轻教师备课负担方面的实践案例

在实际教学中，智能内容生成技术为教师减轻了大量备课负担。教师通过使用智能内容生成系统，只需输入教学主题和教学目标，系统便能够自动生成详细的教案，包括教学重点、难点分析、教学方法建议、教学过程设计等内容。同时，系统还能够根据教案内容，自动生成相关的教学课件和练习题。这使得教师从繁琐的备课工作中解放出来，将更多的时间和精力投入到教学方法的创新和学生的学习指导中。

在高校的物理教学中，智能内容生成技术也发挥了重要作用。教师利用该技术生成了大量的物理实验教学视频和动画演示资源。这些资源不仅生动形象地展示了复杂的物理现象和实验过程，还能够根据学生的不同学习层次进行个性化调整。例如，对于基础较弱的学生，系统会生成更加详细的基础知识讲解视频；而对于高阶学习者，则会提供更具深度的实验原理分析和拓展应用案例。这种个性化的教学资源生成方式，不仅提高了教学效率，还增强了学生的学习效果。

3. 智能内容生成技术对教学资源质量和数量的提升作用

智能内容生成技术在提升教学资源质量和数量方面具有显著作用。在数量方面，该技术能够快速生成大量的教学资源，满足不同学科、不同教育阶段和不同教学场景的需求。例如，在练习题生成方面，智能内容生成系统可以在短时间内生成数千道不同难度、不同类型的练习题，为学生提供了丰富的练习素材。在教案生成方面，系统能够根据不同教师的教学风格和学生特点，生成多样化的教案版本，为教师提供了更多的教学选择。

在质量方面，智能内容生成技术通过对大量优质教学资源的学习和分析，能够确保生成内容的科学性和准确性。同时，系统还能够根据最新的教育理念和教学方法，对生成内容进行优化和改进，使其更加符合现代教育的要求。此外，智能内容生成技术还能够实现教学资源的动态更新，及时反映学科前沿知识和教学实践的最新成果，从而保证教学资源的时效性和有效性。

4. 智能内容生成技术面临的挑战与优化策略

尽管智能内容生成技术在教学资源建设中展现出了巨大的潜力，但在实际应用中仍面临一些挑战。首先，生成内容的原创性和个性化程度有待提高。目前，部分智能内容生成系统生成的内容可能存在一定的模板化和同质化问题，缺乏足够的创新性和针对性。这需要进一步优化算法，加强对生成内容的语义理解和创意设计，提高内容的多样性和个性化水平。

其次，智能内容生成技术对数据质量和数量的要求较高。高质量的教学数据是生成优质教学资源的基础，但在实际应用中，获取和整理大量高质量教学数据并非易事。因此，需要建立完善的数据采集和管理机制，确保数据的准确性和完整性。同时，加强对数据的清洗和预处理，提高数据的质量和可用性。

此外，智能内容生成技术的可解释性和透明度也是一个需要关注的问题。部分复杂的生成算法可能难以让人理解其生成逻辑和决策过程，这在一定程度上影响了教师和学生对生成内容的信任度。因此，需要在算法设计中注重可解释性，通过可视化等手段展示生成过程和依据，提高用户对生成内容的认可度。

二、人工智能在教学资源中的未来应用前景

（一）个性化学习的深化

1. 人工智能在精准学习分析和预测中的技术突破

随着人工智能技术的不断发展，其在精准学习分析和预测方面将取得更大的突破。未来，通过结合大数据分析、深度学习和情感计算等技术，人工智能系统将能够更加全面、深入地分析学生的学习行为和状态。不仅可以精准识别学生在知识掌握、技能应用、思维能力等方面的具体表现，还能捕捉学生的学习情感、学习动机等非认知因素。例如，通过对学生在线学习时的面部表情、语音语调等数据进行分析，系统能够判断学生的学习情绪，如是否感到焦虑、困惑或兴奋，并据此调整教学策略。

同时，在学习预测方面，人工智能系统将能够基于更丰富的数据维度和更复杂的预测模型，提前预测学生的学习困难和潜在问题。例如，通过对学生的历史学习数据、当前学习进度以及外部环境因素（如家庭学习氛围、社会热点事件等）的综合分析，系统可以预测学生在某一知识点上可能出现的错误类型和时间点，从而提前进行针对性的辅导和干预。这种精准的学习预测功能，将为个性化学习提供更加有力的支持。

2. 个性化学习路径定制的多维度与动态性

未来，个性化学习路径的定制将更加注重多维度和动态性。在多维度方面，

个性化学习路径将不仅涵盖知识维度，还包括能力维度、情感维度和社会维度等多个方面。例如，在知识维度上，根据学生的知识掌握情况和学习目标，为学生安排适合的学习内容和学习顺序；在能力维度上，针对学生的思维能力、创新能力、实践能力等进行专项训练；在情感维度上，关注学生的学习兴趣和学习动力，设计更具吸引力和激励性的学习活动；在社会维度上，结合学生的社会角色和未来发展方向，培养学生的社会责任感和团队协作能力。

在动态性方面，个性化学习路径将不再是固定不变的，而是随着学生的学习进展和外部环境的变化不断调整和优化。例如，当学生在某一阶段的学习中表现出超预期的进步时，系统将自动调整学习路径，为其提供更具挑战性的学习任务；而当学生遇到意外困难或干扰时，系统则会及时调整学习计划，给予更多的支持和帮助。这种动态调整机制，将确保个性化学习路径始终与学生的实际学习需求相匹配，从而提高学习效果。

3. 个性化学习对提高学生学习兴趣和成果的潜力

个性化学习的深化将极大地提高学生的学习兴趣和学习成果。首先，通过精准的学习分析和预测，学生能够得到更加符合自己需求和兴趣的学习内容和方式，从而增强学习的内在动力。例如，对于对科学实验感兴趣的学生，系统可以为其推送更多的实验探究类学习资源和项目。这种因材施教的方式，将激发学生的学习热情，使学习过程变得更加积极主动。

其次，个性化学习路径的动态调整能够确保学生始终处于最佳学习状态，避免因学习内容过难或过易而产生的学习倦怠或厌学情绪。通过不断挑战适合自己的学习任务，学生能够在学习过程中获得成就感和自信心，从而进一步提高学习效果。同时，个性化学习还能够帮助学生更好地发现自己的优势和不足，有针对性地进行改进和提升，为未来的发展奠定坚实的基础。

（二）智能评估与反馈

1. 人工智能在教学评估中的多元化应用趋势

未来，人工智能在教学评估中的应用将呈现多元化趋势。除了传统的考试成绩评估外，人工智能还将从多个维度对学生的综合学习表现进行评估。例如，通过对学生在课堂讨论中的发言内容和频率进行分析，评估学生的思维活跃度和团队协作能力；通过对学生完成项目任务的过程和结果进行分析，评估学生的创新能力、实践能力和问题解决能力；通过对学生的学习态度、学习习惯等非认知因素进行分析，评估学生的学习潜力和发展方向。

此外，人工智能还将实现对教学过程的全面评估。通过对教师的教学行为、教学方法、教学资源使用情况等数据进行分析，为教师提供详细的教学质量评估报告。例如，分析教师在课堂上的提问方式和频率，评估其对学生思维能力的引导效果；分析教师对教学资源的选择和运用情况，评估其教学资源的有效性和创新性。这种多元化的教学评估体系，将有助于全面提高教学质量。

2. 智能反馈的实时性与针对性提升

智能反馈的实时性和针对性将得到显著提升。在实时性方面，借助先进的传感器技术和实时数据处理技术，人工智能系统将能够在学生完成学习任务的瞬间，提供即时反馈。例如，在学生完成一道数学题后，系统不仅能够立即判断答案的正误，还能通过分析学生的解题步骤和思路，指出具体的错误原因和改进方法。这种即时反馈机制，将帮助学生及时纠正错误，提高学习效率。

在针对性方面，智能反馈将更加注重个性化和具体化。通过对学生学习数据的深度挖掘和分析，系统能够针对每个学生的学习特点和问题，提供具有针对性的反馈建议。这种针对性的反馈，将帮助学生更加有效地改进学习方法，提高学习成果。

3. 智能评估与反馈对教学改进和学生发展的促进作用

智能评估与反馈将对教学改进和学生发展产生积极的促进作用。对于教师而言，通过智能评估系统提供的详细教学质量评估报告，教师能够清楚地了解自己的教学优势和不足，从而有针对性地调整教学策略和方法。例如，如果评估报告显示教师在课堂互动方面存在不足，教师可以尝试采用更多的小组讨论、角色扮演等互动式教学方法，提高课堂参与度和教学效果。

对于学生而言，智能反馈能够帮助他们更好地认识自己的学习状况，及时发现和解决问题。通过持续的智能反馈，学生能够逐渐形成自我反思和自我改进的学习习惯，提高自主学习能力。同时，智能评估系统对学生综合学习表现的全面评估，也将为学生未来的发展提供重要的参考依据，帮助他们更好地规划学习路径和职业发展方向。

（三）教育资源的智能化管理

1. 人工智能在教学资源推荐中的智能化策略

未来，人工智能在教学资源推荐中的智能化策略将更加精准和高效。通过对学生学习数据的深度分析，人工智能系统将能够更加准确地把握学生的学习需求和兴趣偏好，从而提供个性化的教学资源推荐。例如，当学生在某一学科领域表现出浓厚兴趣时，系统将优先推荐该领域的前沿研究成果、经典案例分析以及相关的拓展学习资源。

同时，人工智能还将结合教学目标和课程标准，为教师提供教学资源的智能推荐服务。例如，在备课过程中，系统可以根据教师设定的教学目标和学生的学习特点，自动筛选出最适合的教学资源，包括教案、课件、教学视频等。这种智能化的资源推荐策略，将大大提高教学资源的利用效率，减轻教师的备课负担。

2. 教学资源优化配置的智能化实现途径

教学资源的优化配置将通过智能化手段得以实现。一方面，人工智能系统将对教学资源的使用情况进行实时监测和分析，根据资源的使用频率、学生的学习反馈等数据，自动调整资源的分配和更新策略。例如，对于使用频率较高且学生反馈良好的教学资源，系统将优先进行更新和维护；而对于使用率较低的资源，则会考虑进行整合或淘汰，以提高资源的整体利用效率。

另一方面，人工智能还将结合区域教育资源的分布情况和学校的实际需求，实现教学资源的跨区域共享和优化配置。例如，通过建立区域教育资源共享平台，利用人工智能技术对资源进行分类和匹配，将优质教学资源精准推送到教育资源相对匮乏的学校和地区。这种跨区域的资源优化配置机制，将有效促进教育资源的公平分配，缩小城乡、区域之间的教育差距。

3. 智能化管理对教学资源利用效率和管理效能的提升效果

智能化管理将显著提升教学资源的利用效率和管理效能。在利用效率方面，通过精准的资源推荐和优化配置，教学资源能够更加充分地满足教师和学生的需求，避免资源的闲置和浪费。例如，教师能够快速找到最适合自己的教学资源，节省备课时间；学生也能够获得更加符合自己学习需求的资源，提高学习效果。

在管理效能方面，人工智能系统将实现对教学资源的全生命周期管理，包括资源的创建、审核、发布、使用、更新和淘汰等各个环节。通过对每个环节的数据进行实时监测和分析，系统能够及时发现和解决资源管理中存在的问题，提高管理的科学性和规范性。同时，智能化的管理手段还能够降低管理成本，提高管理效率，为教学资源的可持续发展提供有力保障。

第二节

虚拟现实（VR）与增强现实（AR）在未来教学中的应用

在当今数字化教育蓬勃发展的时代，虚拟现实（VR）和增强现实（AR）技术以其独特的沉浸式和交互性体验，正在为教育领域带来前所未有的变革。与传统的教学方式相比，VR 和 AR 技术能够突破时间和空间的限制，将抽象的知识转化为直观的体验，为学生创造更加生动、有趣的学习环境。这种技术的独特价值不仅在于提升学生的学习兴趣，还在于能够帮助学生更深刻地理解复杂概念，培养创新思维和实践能力。

随着技术的不断进步，VR 和 AR 在教育领域的应用场景日益丰富，同时，VR 和 AR 技术的发展也呈现出与其他教育技术深度融合的趋势，如人工智能、大数据、物联网等，这将进一步拓展其在教育中的应用潜力。

一、 VR 与 AR 技术在教学中的未来发展趋势

（一）技术融合与创新

1. VR 与 AR 技术与其他教育技术的融合前景

未来，VR 和 AR 技术将与其他教育技术实现深度融合，这种融合不仅体现在技术层面的整合，更将创造出全新的教育生态系统。在人工智能技术的加持下，VR/AR 教育系统将实现质的飞跃。基于深度学习的自适应算法能够实时分析学生的眼球运动、操作轨迹、停留时间等微观行为数据，构建精准的学习者画像。例如，在虚拟化学实验室中，系统可以识别学生在滴定实验中的操作误差模式，智能生成包含错误原因分析的 3D 可视化报告，并推荐针对性的补救练习。这种智能化的反馈机制将学习支持提升到前所未有的精细程度。

大数据技术的深度融合将实现教育评估的范式转变。未来的 VR/AR 教学平台将整合多模态学习分析技术，包括语音识别、姿态捕捉、生理信号监测等，构建全方位的评估体系。在虚拟机床操作训练中，系统不仅能记录加工流程的规范性，还能实时采集进给速度、切削深度、刀具角度等工艺参数，通过物理引擎仿真分析加工质量。教育神经科学的引入将使系统能够通过脑机接口监测学生的认知负荷水平，动态调整虚拟环境的复杂度，实现真正意义上的神经适应性学习。

区块链技术的结合将解决 VR/AR 教育内容的版权认证问题。每个虚拟教学资源的创建、修改、使用记录都将被不可篡改地存储，形成完整的数字凭证链。这不仅保护了内容创作者的权益，也为学习成果认证提供了新途径。学生完成的虚拟实验、项目作品都可以生成唯一的数字证书，成为终身学习档案的重要组成部分。

2. 技术融合带来的教学创新点

技术融合将催生一系列突破性的教学创新。智能 VR 导师系统将实现从辅助工具到“数字教师”的进化。通过情感计算技术，这些虚拟导师能够识别学生的困惑、焦虑等情绪状态，调整教学策略和表达方式。例如，当系统检测到学生在

虚拟编程环境中频繁出错时，可以切换为更温和的指导语气，提供分步骤的脚手架支持。部分高级系统甚至能模拟人类教师的面部表情和肢体语言，建立更具亲和力的师生关系。

AR协作学习空间将重新定义小组学习模式。借助混合现实技术，分布在不同物理位置的学习者可以共享同一增强现实工作空间，实现对虚拟教具的协同操作。在机械工程教学中，学生团队可以共同拆解、组装三维的发动机模型，每个成员的操作都会实时呈现在协作空间中。这种沉浸式协作体验不仅能提高团队合作效率，还能培养跨文化沟通能力，因为参与者可能来自世界各地的合作学校。

数字孪生技术的教育应用将实现理论实践的深度结合。通过建立物理实验室的虚拟副本，学生可以在数字孪生环境中预演实验流程，系统会预测可能出现的操作风险和安全问题。在真实实验时，AR界面能叠加虚拟指导信息，实时比对实际操作与标准流程的差异。这种虚实融合的训练模式特别适合高风险的专业技能培训，如危化品操作等。

3. 技术融合对教育模式变革的推动作用

技术融合将引发教育模式的结构性变革、教师角色的根本性转变和教育评价体系的革新。

（1）教学模式的深度变革

① 沉浸式学习模式的全面普及。VR/AR技术将推动“体验式学习”成为主流教学模式。在语言教育领域，虚拟语言环境可以精确模拟目标语言国家的各种生活场景，从菜市场购物到商务谈判，学习者通过角色扮演获得近似真实的语言沉浸体验。神经语言学研究表明，这种情境化学习能使语言acquisition效率提升40%以上。智能语音系统可实时纠正发音和语法错误，文化注释功能则能避免跨文化交际失误。

STEM教育将全面转向实验探究模式。虚拟实验室不仅能完美复现标准实验，更能突破物理限制，允许学生操作纳米级显微镜、控制核反应堆、模拟极端气候条件。美国MIT开发的虚拟量子物理实验室已证明，在这种环境中学习的大学生概念理解深度比传统教学提升58%。系统会自动记录每个实验步骤，生成可视化数据分析报告，帮助学生建立科学的思维方式。

② 个性化学习路径的智能实现。基于学习分析的适应性系统将实现真正的“因材施教”。每个学生在VR/AR环境中的认知轨迹都会被实时追踪，系统通过深度学习算法构建动态知识图谱，精准诊断学习瓶颈。例如，当发现学生在几何证明中存在特定类型的逻辑漏洞时，系统会自动生成针对性训练模块，提供阶梯式提示系统。

多模态学习分析技术将全面评估学习成效。除传统测试成绩外，系统还会采集眼动数据、操作序列、决策时间、错误模式等数百个维度信息，通过机器学习建立个人学习特征模型。

③ 协作学习空间的全球化拓展。跨国虚拟教室将成为常态配置。通过5G+VR技术，不同大洲的学生可以共处同一虚拟学习空间，克服时差障碍进行项目合作。大规模协作项目将突破校园围墙。基于AR的公民科学项目可以动员全球学生参与真实科研，如通过手机AR应用收集各地地质数据，在虚拟实验室共同分析。NASA的“火星探索教育计划”就允许学生通过VR平台参与火星车任务规划，优秀方案会被实际采用。这种真实参与感极大提升了学习动机。

（2）教师角色的转型与专业发展

① 教师能力模型的重新定义。VR/AR技术的普及将重塑教师的核心能力体系。未来教师需要掌握“沉浸式教学设计能力”，这包括虚拟场景构建、交互活动设计、多模态评估等全新技能维度。国际某大学教育学院的研究表明，优秀的VR教学设计师需要同时具备三个层面的能力：技术操作层（熟悉各类XR设备与工具）、教学策略层（掌握沉浸式环境中的教学方法）、认知科学层（理解虚拟环境中的学习心理机制）。

教师的数据素养将成为关键能力。在智能化的VR/AR教学环境中，教师需要能够解读学习分析仪表盘，理解系统生成的认知热力图、注意力分布等专业数据。某国际一流学府开发的“教师数据素养框架”指出，未来教师需要具备数据解读、教学决策、伦理评估三个层次的数据应用能力。例如，当系统显示某学生在虚拟实验中的操作序列存在异常模式时，教师应能判断这是认知障碍的表现还是创新思维的萌芽。

② 教师培训体系的创新重构。VR技术本身将成为教师专业发展的革命性工具。通过虚拟实习系统，师范类专业学生可以在高度仿真的课堂环境中练习教学技能，系统会实时分析其教学行为，提供即时反馈。国际某大学开发的“虚拟学生”系统能模拟不同学习风格、能力水平的学生反应，新手教师可以在零风险环境中积累应对各种教学情境的经验。研究表明，这种虚拟培训可使教师课堂管理能力提升67%，教学策略应用准确率提高53%。

混合式教师研修模式将成为主流。结合VR的沉浸式工作坊与AR辅助的实地实践，形成完整的专业发展闭环。例如，在科学教师培训中，先通过VR系统学习新型实验教学方法，然后在实体实验室中借助AR指导进行实践，最后通过虚拟教研平台分享反思。

③ 教师协作网络的全球化扩展。虚拟教研社区将打破地域限制。通过VR协作平台，教师可以参与国际化的教学研讨，共同设计跨文化课程。欧盟某项目连接了28国的教师群体，在虚拟空间中开展联合备课、课堂观察、教学反思等

活动。这种协作不仅分享教学资源，更促进教育理念的深度交流。

教师-技术专家协作模式将日益普及。教育工作者需要与XR设计师、程序员形成跨学科团队，共同开发优质教学资源。这种协作能产生“1+1>2”的效应：教师确保教学有效性，技术人员实现创新构想。

（3）教育评价体系的革新

① 过程性评价的理论基础与技术实现。VR/AR技术支持下的学习分析正在推动教育评价范式发生根本性变革，从传统的结果导向评价转向更加科学的过程性评价。这一转变的理论基础主要来源于三个方面：首先是建构主义学习理论，强调知识是在特定情境中通过认知活动主动建构的；其次是情境认知理论，认为认知过程与具体情境密不可分；最后是复杂系统理论，将学习视为一个动态演化的非线性过程。

在技术实现层面，VR/AR系统通过多模态数据采集技术，能够全方位记录学习者在虚拟环境中的认知轨迹。眼动追踪技术可以精确捕捉视觉注意力分布；动作捕捉系统能够记录操作行为的时空特征；生理信号监测则可以反映认知负荷和情感状态。这些多源异构数据通过机器学习算法进行融合分析，构建出学习者的认知过程模型。

② 多维度能力评价模型的构建。基于VR/AR的学习分析系统能够构建更加全面的能力评价模型。这个模型包含三个关键维度：认知维度主要评估问题解决策略和信息处理效率；行为维度关注操作技能和资源利用效率；情感维度则测量学习动机和抗压能力。这三个维度的指标相互印证，形成对学习者能力的立体化评价。

深度学习算法的应用使得系统能够从海量过程数据中提取有意义的特征模式。通过时间序列分析，可以识别学习者的认知策略演变轨迹；通过聚类分析，能够发现不同类型的学习风格；通过预测建模，可以预估学习者的未来发展潜力。这些分析结果为个性化教学提供了科学依据。

③ 评价体系的创新价值与应用前景。VR/AR过程性评价体系具有传统方法无法比拟的优势。首先，它突破了时空限制，可以实现对学习过程的全程记录；其次，评价指标更加丰富多元，能够全面反映学习者的综合素养；最后，评价结果具有更高的预测效度，能够准确诊断学习问题。

这种创新的评价体系将带来教育实践的深刻变革。教师可以基于过程性数据开展精准教学干预；教育管理者能够实现更加科学的资源配置；学习者则可以获得个性化的成长建议。更重要的是，这种评价方式有助于发现学习者的潜在才能，为因材施教创造条件。

未来，随着脑机接口、情感计算等新技术的发展，VR/AR学习分析将实现更高层次的突破。评价系统将不仅能够评估外显的学习行为，还可以解读内在的认知过程，真正实现对人全面发展的科学评价。这将是教育评价领域的一次革命性进步。

（二）硬件设备的普及与优化

1. VR和AR硬件设备的未来发展趋势

未来五年，VR/AR硬件将呈现指数级发展态势。在显示技术方面，Micro-OLED与光场显示技术的突破将解决当前设备的视觉疲劳问题。AR眼镜将采用视网膜投影技术，实现全天候佩戴的舒适性，其显示效果将与真实环境无缝融合。

在交互方式上，下一代设备将整合更自然的人机接口。手势识别精度预计将达到亚毫米级，支持十指关节的精细动作捕捉。脑机接口技术的实用化预计将实现"意念控制"基础功能，用户可以通过思维来切换应用或执行简单命令。触觉反馈方面，基于超声波阵列的空中触觉技术将提供真实的材质触感，学生能"感受"到虚拟物体的纹理、温度和硬度。

设备形态将呈现多元化发展。除头戴式设备外，将出现更多形态因子：轻量化的AR隐形眼镜、可折叠的VR移动终端、教室级的全息投影系统等。特别值得关注的是神经形态芯片的应用，这种仿生处理器能大幅降低设备的功耗和延迟，使移动VR/AR设备具备主机级的计算能力。

2. 硬件设备进步对教育应用的推动作用

硬件进步将解锁全新的教育应用场景。高保真的虚拟实验室将完全替代部分实体实验室。

全息教室将成为未来学校的标准配置。通过空间计算技术，普通教室可以快速转换为任意教学场景：历史遗迹、外太空、海底世界等。教师可以通过手势调出三维教学模型，学生小组可以围绕虚拟实物进行协作探究。这种沉浸式教学环境不仅能提高学习参与度，还能培养空间思维和系统思考能力。

移动AR学习设备将推动非正式学习革命。配备AR功能的平板电脑和智能手机将成为个人学习伴侣，支持场景化学习。例如，在博物馆参观时，AR应用可以叠加展品的立体复原图和相关知识链接；在校园中，学生可以通过AR导航快速找到目标教室，同时接收当日的学习提醒。

3. 硬件设备普及对教育生态的重塑

硬件普及将重构教育产业链。教育内容开发将进入工业化生产阶段，形成专业的分工体系：场景建模师、交互设计师、学习分析师等新职业将大量涌现。应用商店会出现专门的教育VR/AR内容平台，采用订阅制模式提供持续更新的教学资源。

学校基础设施将发生适应性变革。教室需要配备高速网络、空间定位基站、边缘计算节点等支持设备。图书馆将转型为“沉浸式学习中心”，提供 VR 工作站和 AR 阅读区。校园安全系统需要升级以适应混合现实环境，防止虚拟内容对现实世界的干扰。

家庭教育投资结构也将改变。中产家庭可能会为子女配置个人 VR 学习设备，就像现在购买平板电脑一样普遍。教育硬件可能成为家庭科技消费的重要组成，带动相关服务产业发展，如设备维护、家长培训、内容订阅等。

（三）教育内容的创新与拓展

1. VR 与 AR 技术在教育内容创作中的应用前景

教育内容创作将进入三维化时代。专业的三维素材库将成为基础资源，包含从分子结构到宇宙天体的各类教学模型。AI 辅助建模工具可以快速将二维教材转换为三维内容，例如自动生成历史事件的时空沙盘。虚拟摄影棚技术将允许教师自主录制沉浸式教学视频，通过体积捕捉技术记录完整的空间信息。

动态生成技术将实现内容的无限扩展。基于生成式 AI 的虚拟场景系统可以按需创建教学环境，如根据课文内容自动生成对应的古代街景。程序化生成算法能保证每次体验的独特性，例如每次进入的虚拟森林都会有不同的动植物分布，支持持续的探索学习。

用户生成内容（UGC）生态将蓬勃发展。学生和教师都可以使用简易工具创建 VR/AR 教学内容，并通过平台分享。例如，学生可以将实地考察的 3D 扫描数据制作成虚拟展览，供同学参观学习。这种众创模式将极大丰富教育资源的多样性。

2. 教育内容创新对学习体验的提升

沉浸式叙事将重塑知识传授方式。复杂概念将通过交互式故事呈现。这种情境化学习不仅能加深理解，还能培养同理心和多元视角。

多感官学习将提高知识保持率。VR/AR 内容将整合视觉、听觉、触觉甚至嗅觉刺激，形成强烈的记忆锚点。这种全感官体验符合认知科学的多通道编码原理。

实时创作工具将激发创造性思维。学生可以在虚拟空间中进行立体创作，如搭建建筑模型、设计分子结构、创作三维艺术等。这些作品可以即时呈现、修改和分享，培养设计思维和空间想象力。AR 涂鸦工具还能让学生在实际环境中添加虚拟注释和创意元素。

3. 教育内容创新对教育目标实现的促进作用

复杂能力的培养将变得更加可行。通过精心设计的虚拟情境，可以系统训练学生的批判性思维、系统思考等高阶能力。跨学科学习将获得天然平台。VR/AR环境特别适合整合多个学科的知识，如将物理原理应用于虚拟过山车设计，同时考虑数学计算和美学要素。这种综合性的学习体验有助于打破学科壁垒，培养整体性认知。

生涯教育将实现早期渗透。通过职业模拟体验，中小学生可以直观了解各种工作场景和要求。虚拟实习系统能让学生尝试不同岗位，如外科医生、工程师、记者等，帮助发现职业兴趣和潜能。这种早期职业认知对人生规划具有重要意义。

特殊教育将获得突破性工具。针对不同学习障碍的定制化VR/AR方案可以弥补传统教学的不足。例如，为孤独症儿童设计的社会情境模拟，为阅读障碍者开发的三维文字系统等。这些创新方法将促进教育公平，让每个学习者都能找到适合自己的学习路径。

（四）教育公平的实质性推进

1. 优质教育资源的普惠共享机制

虚拟现实与增强现实技术正在重构教育资源分配的基本逻辑，其核心价值在于突破了物理空间和物质条件的刚性约束。从技术哲学视角来看，VR/AR构建的数字化拟像空间实现了教育资源的“去物质化”迁移，使优质教育资源具备了近乎零边际成本的复制与传播特性。这种技术特性从根本上改变了教育资源稀缺性的经济学基础，为教育公平提供了新的实现路径。

在空间维度上，云端协同的VR教学系统实现了教育资源的拓扑重构。通过建立分布式虚拟教室网络，地理隔离不再构成教育获取的障碍，偏远地区的学习者可以实时接入中心城市的优质课堂。这种空间穿透性不仅体现在实时教学场景，更延伸至实验实训领域。虚拟仿真技术将昂贵的大型实验设备数字化，通过物理引擎精确复现其操作特性和实验现象，使资源匮乏地区也能开展高水平的实践教学。

在时间维度上，AR增强教材实现了教育内容的动态更新。传统纸质教材的更新周期往往滞后于知识演进速度，而云端连接的AR教材可以实时注入最新知识颗粒。这种动态性不仅保证了教学内容的时效性，更重要的是消除了不同区域间的知识获取时差，使前沿知识能够同步抵达所有学习者。

针对特殊教育需求，VR/AR技术提供了全新的适应性解决方案。多模态交互体系可以依据学习者的感知特征，自主调整信息呈现方式。对于视觉障碍者，空间音频和触觉反馈系统将视觉信息转化为其他感官信号；对于听觉障碍者，手势识别和视觉提示系统重构了信息传递通道；对于认知差异者，可调节的虚拟环境创造了渐进式适应的学习空间。这种以人为本的技术适配，正在重新定义“无障碍学习环境”的内涵。

2. 终身学习体系的技术支撑

VR/AR 技术对终身学习体系的支撑体现在三个层面：认知层面、技能层面和制度层面。在认知层面，沉浸式学习环境通过多感官刺激和情境嵌入，显著提升了成人学习者的知识保持率。神经科学研究表明，虚拟环境中的体验式学习能够激活更广泛的大脑区域，形成更为稳固的记忆痕迹。这种认知优势对于克服成人学习中的“遗忘曲线”具有特殊价值。

在技能层面，虚实融合的实训系统解决了继续教育中的“技能断层”难题。通过数字孪生技术，工作场景中的专业设备可以被精确建模，学习者可以在无风险环境中反复练习复杂操作。智能指导系统能够实时监测操作过程，通过增强现实界面提供精准反馈，这种即时性指导大大缩短了技能掌握周期。更为重要的是，VR/AR 系统可以模拟各类异常情况和紧急状态，培养学习者的应急处置能力，这是传统培训难以实现的。

在制度层面，区块链与 VR/AR 的结合正在构建新型学习认证体系。微观学习单元的可验证记录，使得非正规学习成果能够被准确量化和可信认证。每个技能训练过程都可以生成包含操作轨迹、完成度和质量评估的加密凭证，这些数字凭证通过智能合约组合成完整的能力图谱。这种细粒度的认证机制，为终身学习提供了持续的动力支持。

3. 代际数字鸿沟的消解路径

VR/AR 技术在老年教育中的应用，体现了技术人性化的发展方向。适老化设计原则在虚拟学习环境中得到充分贯彻，包括界面简化、操作容错、节奏可控等特性。认知神经科学的研究指导着虚拟训练项目的设计，通过特定的任务组合和难度梯度，有效刺激大脑可塑性，延缓认知衰退。增强现实的生活辅助系统则通过情境感知和信息过滤，降低了技术使用门槛，使老年人能够自然地获得数字支持。

这种代际数字包容的实现，依赖于技术架构的深层创新。轻量化交互设备减少了生理限制，自然用户界面消弭了数字代沟，情感计算技术则赋予了系统人性化特质。从更宏观的视角看，VR/AR 构建的虚拟空间正在成为连接不同代际的文化媒介，创造了知识传承与情感交流的新场域。

二、面临的挑战与应对策略

（一）技术方面的挑战与应对

尽管 VR 和 AR 技术在教育领域展现出了巨大的潜力，但在实际应用中，仍然面临着一些技术方面的挑战。

首先，硬件设备的性能和稳定性仍有待提高。目前的VR和AR设备在长时间使用后，可能会出现发热、卡顿等问题，影响学生的学习体验。此外，设备的分辨率和刷新率还不够高，导致虚拟场景的显示效果不够清晰和流畅。为了解决这些问题，硬件制造商需要不断加大研发投入，改进生产工艺，提高设备的性能和稳定性。例如，采用更先进的散热技术，优化设备的硬件架构，提高分辨率和刷新率等。

其次，软件内容的开发和优化也面临着挑战。虽然目前市场上已经出现了一些VR和AR教育内容，但整体质量参差不齐，缺乏系统性和专业性。一些教育内容的设计不够合理，缺乏互动性和趣味性，无法吸引学生的注意力。为了解决这些问题，教育内容开发者需要加强对教育理论和学习心理的研究，结合学生的特点和需求，开发出更加优质、专业的教育内容。同时，还需要建立完善的内容评估和审核机制，确保教育内容的质量和安全性。

（二）教育观念方面的挑战与应对

除了技术方面的挑战，教育观念的转变也是VR和AR技术在教育领域推广应用的一大障碍。

在传统的教育观念中，教师往往被视为知识的传授者，学生则是被动的接受者。这种教育观念导致教师在教学过程中过于注重知识的灌输，忽视了学生的主体地位和个性化需求。而VR和AR技术的应用则需要教师转变教育观念，从知识的传授者转变为学习的引导者和组织者。教师需要充分发挥VR和AR技术的优势，为学生创造更加丰富、多样的学习环境，引导学生主动参与学习。

为了推动教育观念的转变，学校和教育部门可以加强对教师的培训和教育，提高教师对VR和AR技术的认识和应用能力。通过开展培训课程、研讨会等活动，让教师了解VR和AR技术在教育领域的应用现状和发展趋势，掌握相关的教学方法和技巧。同时，还可以鼓励教师积极开展教学改革和创新实践，探索适合VR和AR技术的教学模式和方法。

（三）数据安全与隐私保护方面的挑战与应对

随着VR和AR技术在教育领域的广泛应用，数据安全与隐私保护问题也日益凸显。

在教育过程中，学生的学习数据和个人信息会被大量收集和分析。这些数据包含了学生的学习习惯、兴趣爱好、学习成绩等敏感信息，如果得不到妥善的保护，就可能会被泄露或滥用，给学生带来严重的损失。为了解决数据安全与隐私保护问题，教育机构和相关企业需要建立健全的数据安全管理体系，加强对数据的加密和保护。例如，采用先进的加密技术对学生的学习数据进行加密存储和传输，防止数据被窃取和篡改。同时，还需要制定严格的隐私政策，明确数据的使用范围和目的，保障学生的知情权和选择权。

此外，还需要加强对技术供应商的管理和监督，确保其遵守相关的数据安全和隐私保护法规。在选择技术供应商时，教育机构要对供应商的信誉和资质进行严格审查，要求其提供数据安全和隐私保护的承诺和保障措施。同时，要定期对供应商进行评估和监督，及时发现和解决数据安全与隐私保护方面存在的问题。

三、未来展望

尽管 VR 和 AR 技术在教育领域的应用还面临着诸多挑战，但随着技术的不断进步和教育观念的逐步转变，其未来发展前景依然十分广阔。

在未来，我们可以期待 VR 和 AR 技术与其他新兴技术的进一步融合，如人工智能、区块链等。人工智能将为 VR 和 AR 教育提供更加智能化的学习支持，实现个性化的学习路径规划和实时反馈。区块链技术则可以为教育数据的存储和管理提供更加安全、可靠的解决方案，保障数据的真实性和完整性。

同时，随着教育内容的不断创新和优化，VR 和 AR 技术将为学生提供更加丰富、多样的学习体验。教育内容将不再局限于传统的学科知识，还将涵盖更多的生活技能、职业素养等方面的内容。学生可以通过 VR 和 AR 技术进行虚拟的职业体验和实践操作，提前了解不同职业的特点和要求，为未来的职业发展做好准备。

此外，随着教育观念的深入转变，教师将更加注重学生的个性化需求和全面发展。VR 和 AR 技术将成为教师教学的有力工具，帮助教师更好地了解学生的学习情况和心理状态，为学生提供更加精准的教育服务。

总之，VR 和 AR 技术在未来教学中的应用前景十分广阔。尽管目前还面临着一些挑战，但随着技术的不断进步、教育观念的逐步转变以及相关政策的支持，相信在不久的将来，VR 和 AR 技术将为教育领域带来更加深刻的变革，为培养具有创新精神和实践能力的高素质人才做出更大的贡献。

第三节

教学资源的智能化工具与个性化学习路径设计

在数字化教育浪潮中，智能化工具正成为教学资源建设的核心驱动力。传统教学资源建设长期面临资源匹配度低、个性化不足、更新滞后等问题，而智能化工具通过数据驱动、算法优化和自动化流程，为教育资源的精准供给与动态适配提供了全新解决方案。

一、智能化工具在教学资源中的应用

（一）智能推荐系统

1. 智能推荐系统的多维数据驱动机制

智能推荐系统已超越传统基于内容的推荐模式，发展出融合多维数据的深度学习架构。在教育领域，这种技术的进步正在彻底改变教学资源的分配方式，使其更加精准、个性化，从而显著提升学习效果。

以某高校机械设计课程平台为例，该平台的智能推荐系统通过综合分析学生的多维学习数据，构建出全面且细致的学习画像。具体来说，系统不仅关注学生对机械制图的掌握进度，细致到每个零件尺寸标注的准确性、视图投影的正确性以及装配图的规范性；还会深入分析学生在机械原理中的错误模式，识别出学生在特定机构（如齿轮传动、凸轮机构）上的高频错误，并进一步推测出可能的知识盲点。

此外，系统还会结合学生的学习时段分布，例如是否有晨读习惯、晚间学习的专注时长等，以此判断学生在不同时间段的学习效率和偏好。设备使用习惯也是一个重要维度，移动端学习通常具有碎片化、随时随地的特点，而 PC 端学习则更适合系统性、深度的学习任务。通过分析学生在不同设备上的学习时长、操作频率以及任务完成情况，系统能够为学生量身定制适合其设备使用习惯的学习资源推送策略。

社交学习行为同样被纳入考量范围，包括学生在小组讨论中的发言频率、观点质量、协作能力等。积极参与讨论的学生可能需要更多拓展性、启发性的资源来进一步激发思维；而较少参与的学生则可能需要基础性、引导性的资源来增强信心和参与度。

通过图神经网络算法，系统将学生画像与资源特征向量进行动态匹配。资源特征向量涵盖了视频难度系数（如机械原理的复杂度、制图规范的细致程度）、练习题认知维度（考查知识点的深度、广度、综合运用能力要求）等多个方面。这种动态匹配机制能够根据学生学习状态的实时变化，在分钟级的时间内完成资源推送更新。实践证明，这种多模态数据融合机制使资源推荐的相关性提升了47%，学生资源点击率提高了63%。

从更宏观的视角来看，多维数据驱动的智能推荐系统正在重塑教育资源的分配逻辑。传统的资源分配往往基于教师的经验判断或固定的教学计划，难以满足每个学生的个性化需求。而智能推荐系统通过深度挖掘学生的学习数据，实现了从“千人一面”到“千人千面”的转变。这不仅有助于提高学习效率，还能激发学生的学习兴趣和主动性，使学习过程更加符合个体的认知规律和发展需求。

然而，要充分发挥多维数据驱动机制的优势，仍需解决一些技术和实践中的挑战。例如，如何确保数据收集的全面性和准确性，避免因数据缺失或噪声导致推荐偏差；如何在保护学生隐私的前提下，合法合规地利用学习数据；以及如何根据不同学科、不同年龄段学生的特点，优化算法模型的参数设置等。这些问题的解决将有助于进一步提升智能推荐系统的性能和可靠性，使其在教育领域发挥更大的作用。

2. 跨平台协同推荐的生态构建

智能推荐系统正在突破单一学习平台的限制，构建跨场景的学习资源生态。这种跨平台协同机制正在打破教育资源的孤岛现象，促进知识的有机融合和学习的连贯性。

例如，某区域教育云平台通过API接口将学校LMS系统、公共图书馆数字资源库、在线慕课平台进行数据打通。当学生在LMS上完成机械原理章节测试后，系统自动分析其齿轮传动概念薄弱点，通过知识图谱技术定位到具体的知识点（如渐开线齿轮的啮合原理、齿轮的模数计算），并生成针对性的学习需求报告。

与此同时，系统从慕课平台筛选出与这些薄弱知识点高度匹配的实验演示视频。这些视频不仅展示了生动的实验过程，还通过弹幕、字幕等互动元素增强了学习的趣味性和参与感。例如，一个关于齿轮传动的实验视频可以通过慢动作回放、关键步骤特写等方式，帮助学生更直观地理解复杂概念。

从图书馆资源库推送的相关经典文献则为学生提供了更深入的理论背景和拓展阅读材料。这些文献经过智能筛选，确保与学生的知识水平和学习需求相适应，避免因难度过高或过低而影响学习效果。例如，对于基础较弱的学生，推送科普性质的入门文献；而对于学有余力的学生，则提供更具挑战性的学术论文或研究综述。

这种跨平台协同机制使学习资源的利用效率提升。传统模式下，学生需要在不同平台之间手动搜索和筛选资源，往往因信息过载或资源不匹配而浪费大量时间。而智能推荐系统通过自动化的精准匹配，将优质资源直接推送到学生面前，大大缩短了学习路径。

更重要的是，学生跨学科知识融合能力也大大提高。这是因为跨平台协同推荐不仅关注单一学科的知识补充，还通过整合不同来源的资源，帮助学生建立学科之间的联系。例如，在机械设计中引入数学建模资源，在材料力学中融入实验方法，从而使学生能够从多维度理解和运用知识，培养综合解决问题的能力。

跨平台协同推荐的生态构建还为教育资源的共享和优化提供了新的契机。不同平台的资源原本可能存在重复建设或互补不足的问题，而通过数据打通和智能推荐，可以实现资源的高效整合和互补利用。例如，学校 LMS 系统中的教学案例可以与慕课平台的理论讲解相互补充，公共图书馆的经典文献可以为在线课程提供深度支撑。这种资源共享不仅提高了资源的利用率，还促进了教育资源的均衡发展，使更多学生能够享受到优质资源。

然而，跨平台协同推荐的实现并非一蹴而就。它需要解决数据标准不统一、平台间权限管理复杂、推荐逻辑协调困难等问题。例如，不同平台可能采用不同的数据格式和标签体系，如何进行有效的数据映射和转换是一个技术难题；同时，各平台对用户数据的使用权限和隐私保护政策存在差异，需要在合作中找到平衡点。此外，如何确保推荐结果在不同平台间的一致性和连贯性，避免因平台切换导致的学习体验割裂，也是需要进一步优化的方向。

3. 推荐系统的伦理优化与透明度提升

面对算法偏见和信息茧房问题，新一代智能推荐系统引入伦理计算模块，致力于在技术与人文之间找到平衡点，确保推荐系统的公平性和可信赖性。

通过差分隐私技术保护学生学习数据，这是一种在数据共享和隐私保护之间寻求平衡的有效方法。差分隐私通过在数据中添加适量的噪声，使得单个学生的数据难以被精确识别，从而降低了数据泄露的风险。例如，在统计学生的知识点掌握情况时，系统会将数据汇总后添加噪声，确保个体数据的隐私性，同时又不影响整体数据的统计分析效果。

注意力可视化界面则是提升推荐系统透明度的关键手段。以某教育平台的“推荐解释器”功能为例，学生可以清晰地看到推荐资源背后的逻辑。例如，系统推送一篇关于有限元分析的学术论文，推荐解释器会显示这是因为学生在最近的机械设计作业中表现出对有限元方法的理解不足，同时结合其偏好深度阅读的学习风格，以及即将面临的机械设计考试需求。这种透明化设计不仅让学生明白推荐的合理性，还能帮助他们反思自己的学习过程，发现潜在的学习盲点。

实践表明，这种透明化设计使学生对推荐系统的信任度提升，资源使用满意度提高。高信任度和满意度反过来又促进了学生对推荐系统的积极使用，形成了良性循环。学生越信任系统，越愿意接受推荐资源，系统的数据积累就越丰富，推荐效果也就越好。

除了技术和界面层面的优化，推荐系统的伦理优化还涉及更深层次的价值观引导。例如，如何避免因算法偏见导致的资源分配不公。某些学生可能因为初始学习数据的劣势（如基础薄弱、学习设备简陋）而被算法边缘化，接收到的资源质量较低，从而进一步拉大学习差距。为此，系统可以引入公平性约束条件，在推荐算法中加入对弱势群体的补偿机制，确保每个学生都有平等的机会获得优质资源。

此外，信息茧房问题也是推荐系统需要解决的重要伦理挑战。过度个性化的推荐可能导致学生只接触到与自己已有知识和兴趣相关的资源，限制了视野的拓展和思维的多样性。为此，系统可以定期推送一些与学生主修领域相关但具有一定拓展性的资源，或者引入社交推荐元素，让学生看到其他同学正在学习的不同领域的内容，从而激发好奇心和探索欲。

在实际应用中，推荐系统的伦理优化还需要与教育政策和法律法规相结合。例如，如何在遵守数据保护法规的前提下，充分利用学生数据提升推荐效果；如何确保推荐内容符合教育价值观，避免推送带有偏见或误导性的资源。这些问题的解决需要技术开发者、教育工作者、政策制定者等多方协作，共同构建一个公平、透明、可信赖的智能推荐生态系统。

总之，智能推荐系统在教育领域的应用正在不断深化和拓展。从多维数据驱动的精准推荐，到跨平台协同的生态构建，再到伦理优化与透明度提升，每一项技术进步都在为教学资源的优化配置贡献力量。然而，技术的发展也伴随着新的挑战和问题，需要我们在实践中不断探索和完善，以确保智能推荐系统真正成为教育公平与质量提升的有力工具，而不是新的障碍。

（二）学习分析工具

1. 微行为学习分析的突破

学习分析工具已从宏观学习数据深入到微观行为层面。以机械制图学习平台为例，系统不仅记录学生最终提交的二维工程图和三维模型成果，还能通过鼠标轨迹热力图分析学生在绘图过程中的停顿点、撤销操作频率，结合手部动作传感器判断学生在绘制复杂剖视图时的认知负荷分布。例如，当学生在绘制齿轮啮合图时频繁出现“回退-重绘”行为，系统能精准定位其在“渐开线绘制算法”或“齿轮模数换算”等具体知识点的障碍。

这种微行为分析技术使教师能够提前 2～3 周预测学生在机械制图中的学习困难。某工科院校的实践数据显示，通过这种前置干预，学生在国家标准机械制图考试中的平均通过率提升了 41%。更值得注意的是，系统还能捕捉到传统评估手段难以发现的“隐性错误”——例如学生在绘制装配图时虽然最终结果正确，但在零件序号标注过程中存在逻辑混乱的修正痕迹，这种行为模式预示着潜在的知识漏洞。

在机械原理课程中，学习分析工具通过分析学生在虚拟仿真实验中的操作细节，进一步拓展了微行为分析的应用场景。系统能够记录学生在搭建虚拟机械传动系统时的组件选择顺序、参数调整频率以及故障排除路径，这些微观行为数据比最终实验成绩更能反映学生对机械系统的理解深度。例如，当学生在调整减速器传动比时反复修改齿轮参数却始终无法达到设计要求，系统会自动推送针对性的动画教程，解释“中心距与齿轮啮合效率”的关系，这种即时反馈使学生在后续类似任务中的成功率提高了 67%。

2. 学习社交网络的分析应用

学习分析工具正在将诸如机械工程教育从个体学习拓展到社交学习网络的维度。通过构建学习者协作图谱，系统能够量化分析学生在团队项目中的互动模式。以某高校机械设计课程为例，系统通过分析学生在协同设计平台上的操作日志，记录团队成员在 CAD 模型共享、参数修改建议、问题解决讨论中的贡献度。具体指标包括：代码评审中的有效建议数量、三维模型改进的采纳率，以及在关键问题解决中的知识贡献权重。

某机械工程学院的研究显示，社交活跃度排名前 20% 的学生，其团队设计项目的平均得分高出 12 分（满分 100 分），而这些“知识枢纽”型学生往往具备两种关键能力：一是能够将复杂机械原理转化为团队成员可理解的设计语言，二是在冲突解决中展现出的工程伦理意识。针对处于社交边缘的学生，系统开发了“协作机会雷达”功能，通过分析其技能短板与团队需求的匹配度，智能推荐合适的协作岗位。例如，当检测到某学生在有限元分析方面具有潜在优势但缺乏表达机会时，系统会推送提示：“团队 A 正在寻找 FEM 分析协作者，您的预应力计算能力与该项目需求高度匹配”，这种精准推送使边缘学生的项目参与度提升了 37%。

在跨学科机械创新竞赛中，学习社交网络分析的应用场景进一步拓展。系统通过分析不同专业背景学生（机械、材料、自动化）的互动模式，发现知识融合效率最高的团队通常具备“核心-外围”结构：即1～2名机械专业学生作为知识整合者，辅以材料专业学生提供创新材料方案，自动化专业学生负责控制系统设计。这种基于社交网络的团队组建策略，正在成为机械工程教育改革的重要方向。

3. 预测性学习分析的实践深化

预测性学习分析在机械类课程中的应用，已经从简单的学业成绩预测，发展到复杂的学习路径优化和认知障碍早期干预。通过长短期记忆网络（LSTM）模型，系统能够基于学生前6周的学习行为，预测其整个学期在机械原理、材料力学等核心课程中的知识掌握轨迹。例如，当模型检测到学生在“应力-应变曲线分析”模块出现“隐性退化”现象——即表面正确率维持在70%左右但解题时间逐渐延长，系统会自动触发虚拟导师介入，推送针对性的可视化资源，如“材料屈服过程的微观机理动画”或“真实工程案例中的失效分析报告”。

某制造业职业教育机构的实践数据显示，这种前置干预使学习困难转化率降低了64%，优秀率（90分以上）提升了29%。更重要的是，预测性分析系统能够识别传统评估手段难以察觉的“认知断层”。例如，在机械制造技术课程中，系统通过分析学生在数控编程模拟器上的操作日志，发现部分学生虽然能够完成标准零件的加工程序编写，但在面对非对称复杂零件时出现系统性错误。这种行为模式预示着学生在“刀具路径规划”与“工件坐标系建立”之间的认知关联存在断裂，系统会及时推送专门设计的“从简单到复杂”的渐进式训练模块。

在工程实践课程中，预测性学习分析的应用场景更加复杂。系统通过整合学生在金工实习、数控加工、机器人操作等实践环节的行为数据，构建“技能迁移预测模型”。当检测到学生在传统车床操作中表现出色，但在数控加工中心编程时出现明显困难，系统会自动分析可能的原因——是G代码语法理解障碍，还是空间想象能力不足，并针对性地推送“从手工操作到数字化编程的过渡教程”。这种基于预测分析的个性化干预，使学生的工程实践能力达标时间平均缩短了32%。

随着物联网技术在机械工程教育中的应用，预测性学习分析正在向“物理-数字孪生”方向发展。通过在教学用机床、机器人等设备上部署传感器，系统能够实时采集学生的操作数据，并与数字孪生模型进行比对分析。例如，当学生在操作工业机器人时的路径规划与理想模型出现偏差，系统不仅能即时反馈修正建议，还能预测这种偏差在批量生产中的潜在成本影响，从而使学生在实践中同时获得技术改进和工程经济性的双重认知提升。

当下，学习分析工具在机械类教学中的应用，正在从行为记录向行为理解、从结果评估向过程干预、从个体优化向群体协同三个方向深度发展。这种技术进步不仅提高了机械工程教育的效率和质量，更为培养适应智能制造时代需求的复合型工程人才提供了全新的方法论支持。未来，随着人工智能与机械工程教育的进一步融合，学习分析工具将从“辅助教学”进化为“教学伙伴”，在个性化培养和创新人才培养中发挥不可替代的作用。

二、个性化学习路径设计

（一）基于数据的个性化学习

1. 动态学习路径的实时调整

基于数据的学习路径设计在机械工程教育中已实现分钟级动态调整，彻底改变了传统固定学习路径的局限性。以机械制图课程为例，系统通过眼动追踪技术分析学生在阅读复杂工程图纸时的注视点分布和停留时间，实时评估其对视图投影规则的理解程度。当检测到学生在第三视角投影转换上存在持续错误时，路径规划算法会立即插入针对性的微课资源，例如动态演示第三视角与第一视角的转换过程，并调整后续练习难度，从简单零件图纸逐步过渡到复杂装配图。

某工科院校的实践数据显示，采用动态路径的学生在工程图纸阅读能力测试中，平均得分比固定路径组高 43%，图纸理解时间缩短 58%。更重要的是，系统能够捕捉到学生在学习过程中的“隐性困难”——即表面上能够完成任务，但实际操作中存在逻辑混乱的情况。例如，在公差配合章节，学生虽然能够标注基本公差带，但在实际配合选择中频繁出错。系统通过分析其操作轨迹和修正频率，及时推送“公差配合选择原则”的强化学习资源，使学生在后续实际项目中的错误率降低 62%。

在机械设计课程中，动态学习路径的应用场景更加复杂。系统通过分析学生在虚拟设计平台上的操作日志，包括零件参数修改频率、装配约束设置正确率，以及仿真结果分析深度等指标，实时调整学习路径。例如，当学生在设计减速器时频繁调整齿轮模数却无法满足中心距要求，系统会插入“齿轮设计核心参数关联性”的专题讲解，并提供交互式设计练习。某机械设计课程的对比实验显示，采用动态路径的学生在减速器设计任务中的完成质量提升 51%，设计周期缩短 47%。

2. 情感数据在路径设计中的融合

学习路径设计在机械工程教育中正在融入情感计算维度，为学生提供更加人性化和高效的学习体验。通过可穿戴设备监测学生的心率变异性、皮肤电反应等生理指标，结合表情识别技术，系统能够实时判断学生在解决复杂设计问题时的情绪状态。例如，在有限元分析课程中，当系统检测到学生在设置边界条件时焦虑水平超过阈值，路径会自动切换到舒缓型学习内容，如有限元分析的历史发展趣味讲解或成功案例展示。

某工程学院的试点应用显示，融入情感数据的个性化路径使学生在复杂仿真任务中的专注时间延长 42%，错误操作次数减少 68%。更重要的是，系统能够识别学生的情绪波动与具体知识点的关联。例如，在材料力学课程中，部分学生在学习“复合材料层合板应力分析”时表现出明显的焦虑情绪。系统通过分析其生理数据与操作行为，自动推送“从简单到复杂”的渐进式学习资源，并在资源中融入正向情绪引导元素，如“每完成一个步骤即可看到实际工程应用效果”的即时反馈机制。

在机械制造技术课程中，情感数据的应用进一步拓展。系统通过分析学生在操作数控机床模拟器时的生理指标和操作流畅度，实时调整学习路径。例如，当检测到学生在设置切削参数时表现出紧张情绪，系统会插入“切削参数选择原则”的动画讲解，并提供带有情绪支持的引导式练习，如“按照提示逐步调整参数，你将看到更光滑的加工表面”。某制造工程系的数据显示，这种情感融合路径使学生在实际操作中的自信心提升 47%，操作熟练度达到标准的时间缩短 39%。

3. 跨学科学习路径的构建

个性化学习路径在机械工程教育中正在突破学科界限，通过知识图谱技术为学生构建跨学科能力培养路径。例如，针对对智能制造感兴趣的学生，系统整合机械工程（机构设计）、电气工程（控制系统）、计算机科学（工业软件）等学科内容，生成主题式学习路径。某创新工科院校的试点成果显示，这种跨学科学习使学生的系统思维能力测试得分提高 45%，在实际智能制造项目中的创新能力提升 38%。

在航空航天工程教育中，跨学科学习路径的应用场景更加前沿。系统为学生整合流体力学（翼型设计）、材料科学（轻质高强度材料）、自动控制（飞行器稳定性）等多学科内容，生成以“无人机设计”为主题的综合学习路径。例如，学生在学习翼型设计时，不仅需要掌握空气动力学原理，还要了解材料选择对翼型性能的影响，以及控制系统如何影响飞行稳定性。某航空航天学院的实践数据显示，这种跨学科学习使学生在无人机设计竞赛中的获奖率提高 52%，跨学科知识综合运用能力提升 41%。

在汽车工程教育中，跨学科学习路径正在推动电动汽车技术人才的培养。系统整合机械传动（动力系统设计）、电力电子（电机控制）、能源管理（电池系统）等学科内容，生成以“电动汽车开发”为主题的个性化路径。例如，学生在学习动力系统设计时，需要同时考虑机械传动效率和电机性能参数的匹配，以及电池管理系统对整体性能的影响。某汽车工程学院的跟踪研究显示，采用跨学科学习路径的学生在电动汽车创新设计项目中的技术可行性评分高出传统路径组48%，企业实习反馈的工程实践能力满意度达到4.7/5分。

（二）智能学习路径推荐

1. 强化学习在路径推荐中的应用

智能学习路径推荐系统在机械工程教育中已采用强化学习算法，通过试错机制优化推荐策略。系统将学习路径视为状态空间，学生学习行为作为动作反馈，构建马尔可夫决策过程模型。例如，在机械原理课程中，系统根据学生每次作业提交的结果（正确/部分正确/错误），动态调整后续推荐的知识点顺序和练习难度。经过2000次迭代后，推荐路径的有效性从初始的62%提升至89%。

在数控编程课程中，强化学习的应用场景更加具体。系统通过分析学生在模拟加工平台上的操作日志，包括G代码编写正确率、刀具路径优化程度，以及加工时间等指标，动态调整推荐的学习资源。例如，当学生在编写复杂曲面加工程序时频繁出现路径干涉问题，系统会推荐针对性的“刀具路径规划原则”讲解视频，并提供带有即时反馈的练习任务。某职业院校的数据显示，经过强化学习优化的推荐系统使学生在数控编程考试中的合格率从68%提升至92%，编程效率提高41%。

在机器人编程课程中，强化学习正在推动智能推荐系统的进一步发展。系统通过分析学生在ROS平台上的代码提交记录、仿真任务完成情况，以及实际机器人调试表现，动态调整推荐的学习路径。例如，当学生在实现机器人视觉伺服控制时遇到困难，系统会根据其具体错误类型（如参数设置不当或算法选择错误）推荐不同的学习资源。某机器人学院的实践数据显示，这种基于强化学习的推荐系统使学生在机器人项目中的问题解决能力提升56%，代码重用率提高63%。

2. 社会化推荐的融合创新

路径推荐系统在机械工程教育中正在整合社会化学习元素，为学生提供更加丰富和实用的学习参考。通过分析学习社区中相似学习者的成功路径，系统为新学生提供个性化的“社交推荐”。例如，当学生选择“工业机器人应用”作为学习方向，系统会展示该领域顶尖学习者的学习轨迹，包括他们跨越的难点（如运动学模型建立）、采用的资源类型（如特定仿真软件）、参与的项目实践（如自动化生产线调试)。这种社会化推荐使学生的学习信心提升43%，路径采纳率提高51%。

在智能制造教育中，社会化推荐的应用场景更加复杂。系统通过分析行业专家的学习路径和项目经验，为学生提供结合实际工程需求的学习建议。例如，系统会展示某智能制造系统集成商的技术骨干如何从基础的PLC编程逐步掌握数字孪生技术，并推荐相应的学习资源和实践项目。某智能制造学院的数据显示，这种社会化推荐使学生在毕业设计中的创新性指标（如系统集成度、智能化水平）平均提升37%，企业认可度达到89%。

在汽车工程教育中，社会化推荐正在推动电动汽车技术人才的培养。系统通过分析电动汽车行业领先企业的工程师学习路径，为学生提供针对性的推荐。例如，系统会展示某电动汽车制造商的电控系统工程师如何从基础的电机原理学习逐步掌握电池管理系统开发，并推荐相应的实践项目和行业案例。某汽车工程学院的跟踪研究显示，采用社会化推荐的学生在电动汽车相关企业实习中的表现评分高出传统路径组42%，就业后的企业满意度达到4.8/5分。

3. 长期学习目标的路径规划

智能系统在机械工程教育中开始支持长期学习目标的分解与路径规划。通过将“成为汽车工程师”这样的宏观目标拆解为12个阶段性能力模块（如机械设计基础、动力系统分析、智能驾驶技术），系统为学生生成包含知识图谱、技能认证、项目实践的完整路径。每个阶段结束后，系统通过能力评估模型验证学习成果，并根据行业技术发展趋势动态调整后续路径。某汽车工程培训机构应用显示，这种长期路径规划使学员在知名汽车企业就业率提高32%，岗位匹配度达到87%。

在航空航天工程教育中，长期学习目标的路径规划正在发挥重要作用。系统将“成为航空航天工程师”的目标拆解为20个能力模块，涵盖空气动力学、结构设计、推进系统等多个领域，并为学生生成个性化的学习路径。例如，系统会根据学生的初始评估结果推荐从基础的流体力学原理学习开始，逐步过渡到复杂的飞行器总体设计，并在每个阶段提供相应的实践项目和行业认证建议。某航空航天学院的数据显示，采用这种长期规划的学生在航空工业就业后的岗位适应期缩短41%，企业反馈的综合能力评分达到4.6/5分。

在智能制造教育中，长期学习目标的路径规划正在推动复合型人才的培养。系统将“成为智能制造系统集成师”的目标拆解为15个能力模块，包括工业互联网、数字孪生、自动化控制等，并为学生生成包含理论学习、实践项目、行业认证的完整路径。例如，系统会推荐学生从基础的PLC编程学习开始，逐步掌握数字孪生模型构建，并在最后阶段参与实际的智能制造产线集成项目。某智能制造学院的实践数据显示，这种长期规划使学生在智能制造企业中的项目管理能力评分高出传统路径组 45%，技术创新能力评分达到 4.7/5 分。

（三）个性化学习的挑战与应对策略

1. 数据隐私的区块链解决方案

面对数据隐私挑战，机械工程教育技术正在采用区块链技术构建去中心化学习记录系统。学生的学习数据（如设计作品、仿真结果、项目报告）加密存储在分布式账本中，只有经过学生授权的教育者或企业才能访问特定数据片段。例如，某欧洲工程教育联盟采用零知识证明技术，在保护学生隐私的同时，为跨国企业学习认证提供可信依据。这种方案使数据泄露风险降低 92%，符合 GDPR 等严苛数据法规要求。

在行业应用中，区块链技术正在推动机械工程教育与产业需求的无缝对接。例如，某汽车制造企业通过区块链系统获取合作高校学生的加密学习记录，包括在电动汽车项目中的具体贡献和技能掌握情况，从而实现精准招聘。这种基于区块链的隐私保护方案不仅保护了学生的学习数据，还提高了企业招聘的效率和准确性。某汽车工程学院的数据显示，采用区块链技术后，学生在企业实习期间的技术能力认可度提升 58%，企业招聘成本降低 43%。

在智能制造领域，区块链技术的应用场景更加前沿。例如，某智能制造企业在招聘时，通过区块链系统获取应聘学生的加密学习记录，包括在数字孪生项目中的具体成果和技术创新点。这种透明且可信的数据共享机制使企业的技术评估准确率提高 62%，学生的技术能力展示更加全面和真实。某智能制造学院的跟踪研究显示，采用区块链技术的学生在企业中的技术适应期缩短 37%，岗位胜任力评分达到 4.5/5 分。

2. 技术鸿沟的弥合策略

为解决技术门槛问题，机械工程教育机构正在构建分层技术支持体系。基础层提供傻瓜式智能工具，如一键生成学习报告的仪表盘；进阶层通过微认证课程培养教师的数据素养；专家层建立区域教育技术中心，提供深度技术咨询。某工程教育局实践显示，这种分层支持使学校智能化教学工具采用率从 17%提升至 83%，教师技术焦虑指数下降 64%。

在职业院校中，分层技术支持体系正在推动数控技术教育的智能化转型。基础层工具如“数控加工智能评估仪表盘”，能够自动生成学生操作报告，包括刀具路径优化建议和加工精度评估；进阶层通过“数据驱动教学”微认证课程，帮助教师掌握如何利用学生操作数据调整教学策略；专家层则提供针对复杂数控编程问题的技术咨询。某职业院校的数据显示，这种分层支持使数控专业学生的操作技能考核通过率从62%提升至89%，教师对智能化教学工具的使用满意度达到4.7/5分。

在机器人工程教育中，分层技术支持体系正在帮助教师和学生跨越技术鸿沟。基础层工具如“机器人编程自动纠错插件”，能够实时分析学生代码并提供修改建议；进阶层通过“强化学习在机器人控制中的应用”微认证课程，提升教师的技术指导能力；专家层则提供针对高级机器人项目的深度技术支持。某机器人学院的实践数据显示，这种分层支持使学生在机器人竞赛中的获奖率提高52%，教师的技术支持请求减少68%。

3. 教育公平性的算法保障

为防止算法加剧教育不平等，机械工程智能系统引入公平性约束机制。通过调整推荐算法的损失函数，确保来自不同经济背景、学习基础的学生都能获得等效的学习机会。例如，在资源推荐中加入“机会均等”正则项，使偏远地区学生优质资源获取率提升58%，城乡学生学习成果差距缩小34%。这种算法公平设计正在成为教育技术伦理的重要组成部分。

在数控技术教育中，算法公平性正在推动区域教育均衡发展。系统通过分析学生的学习环境（如设备条件、师资力量）和初始能力水平，动态调整推荐的学习路径。例如，对于设备相对落后的农村职业学校学生，系统会推荐更多基于虚拟仿真的学习资源，并提供详细的设备替代方案指导。某省的职业教育均衡发展项目数据显示，经过算法公平优化后，农村与城市数控专业学生的技能考核通过率差距从27%缩小至8%，学生对学习机会公平性的满意度达到4.6/5分。

在汽车工程教育中，算法公平性正在帮助经济欠发达地区的学生获得更好的发展机会。系统通过调整推荐策略，确保这些学生能够获得与城市学生同等质量的学习资源和实践项目。例如，系统会优先推荐基于开放源码的汽车仿真软件，并提供详细的使用教程。某西部汽车工程学院的数据显示，采用算法公平优化后，学院学生在汽车设计竞赛中的获奖率与东部发达地区院校的差距缩小41%，企业招聘时的技术能力评估评分差距缩小37%。

在航空航天工程教育中，算法公平性正在推动多元化人才培养。系统通过分析学生的经济背景和学习条件，动态调整推荐的学习路径和实践机会。例如，对于经济条件有限的学生，系统会推荐更多基于开源工具的学习资源，并提供远程参与实际项目的渠道。某航空航天学院的实践数据显示，经过算法公平优化后，来自不同经济背景的学生在毕业设计中的表现评分差距缩小52%，企业对毕业生技术能力的评价一致性达到89%。

第四节

跨区域教学资源共享的技术协同与创新

在全球化与区域教育发展不平衡的双重背景下，跨区域教学资源共享已成为推动教育公平与质量提升的关键路径。教育资源的地域性分布差异导致优质资源往往集中在发达地区，而偏远地区面临资源匮乏、师资薄弱等问题。通过跨区域资源共享，不仅可以打破地域限制，还能实现教育资源的优化配置，为更多学生提供平等的学习机会。然而，资源共享的实现并非简单的技术问题，而是涉及技术标准、区域协作、数据治理等多维度的复杂系统工程。

一、跨区域教学资源共享的现状与挑战

（一）资源共享的现状

1. 区域教育资源共享联盟的实践

区域教育资源共享联盟已成为推动资源共享的重要组织形式。以中国为例，省级教育资源共享联盟覆盖了超过 30 个省市区，整合了包括教材、课件、微课视频在内的多种资源类型。例如，某西部省份通过联盟平台，将城市学校的优质课程资源推送给乡村学校，乡村学校课程资源使用率从 12％提升至 67％。联盟还通过教师培训共享机制，使乡村教师参与专业发展活动的频率提高 3.2 倍。

在机械设计与制造领域，诸如佛山职业技术学院与承德石油高等专科学校联合主持建设了机械设计与制造专业教学资源库。该资源库依托装备制造行业企业，构建了专业教学资源共建共享联盟，面向中高职院校学生、教师、装备制造行业从业人员和社会学习者等用户提供一个跨学校、跨地域的优质资源共享平台。目前，该资源库已立项为广东省专业教学资源库，并入选 2018 年机械设计与制造专业国家教学资源库备选库。

在国际层面，东南亚国家联盟（ASEAN）教育资源共享平台整合了 10 个成员国的教育资源，提供多语言支持。平台数据显示，成员国间资源交换量年均增长 41％，教育薄弱国家的学生学习成果提升 28％。这种联盟模式通过政策协同与技术对接，初步构建了区域教育资源的流通网络。

2. 国家级资源共享平台的成效

国家级教育资源公共服务平台在促进资源均衡分配方面发挥了核心作用。以中国国家智慧教育平台为例，平台整合了覆盖 K12 全学段、13 个学科的优质资源，日均访问量超过 2000 万次。平台通过精准推送机制，使偏远地区学校资源获取效率提升 5.3 倍，资源使用满意度达到 89%。

在印度，国家教育资源门户（NROER）整合了 26 种语言的教学资源，覆盖全国 60%的学校。平台通过离线资源包形式，解决了偏远地区网络覆盖不足的问题，使资源使用学校数量年增长率达到 47%。这种国家级平台通过规模化资源整合与分发，有效缓解了区域教育资源分布不均的矛盾。

3. 跨区域资源共享的成效评估

跨区域资源共享在促进教育公平方面已取得显著成效。以中国为例，通过资源共享，中西部地区学校的数字化教学资源覆盖率从 2015 年的 43%提升至 2023 年的 92%。学生在数学、科学等学科的标准化测试成绩差距缩小 34%，乡村学校学生的学习自信心提升 41%。

在国际层面，非洲某区域通过跨国资源共享项目，使参与国家的识字率提高 21%，女性教育参与度提升 37%。资源共享不仅改善了教育质量，还促进了社会经济的可持续发展。这些实践表明，跨区域资源共享已成为缩小教育鸿沟的重要手段。

（二）面临的挑战

1. 技术标准不统一的壁垒

跨区域资源共享面临技术标准不统一的核心挑战。不同地区教育资源平台采用的数据格式、接口规范存在显著差异。例如，中国某东部省份采用 LOM 标准，而西部省份采用 Dublin Core 标准，导致资源无法直接互认。这种标准差异使资源转换成本增加，跨平台资源利用率降低。

在机械设计与制造领域，这种技术标准不统一的问题尤为突出。例如，某东部沿海省份的机械设计教学平台采用 STEP 标准，而中西部省份采用 IGES 标准，这使得不同地区的学生在跨区域学习和交流时，无法直接使用对方的资源，必须进行格式转换，增加了学习成本和时间。这种标准差异不仅影响了教育资源的共享，还阻碍了学生在不同地区之间的学术交流和合作。

在国际层面，欧洲某教育资源共享项目因成员国采用不同视频编码格式（H.264/VP9），导致资源在部分国家无法播放。技术标准的不统一不仅增加了技术对接难度，还阻碍了资源的自由流动，形成“技术孤岛”。例如，在机械工程教育领域，欧洲某跨国合作项目因不同国家采用的 CAD 软件标准不同，导致设计图纸和模型无法直接共享和使用，严重影响了项目的进度和效率。

2. 共享动力不足的困境

资源共享动力不足是另一个关键挑战。区域间资源贡献存在显著不平衡。以某教育资源共享联盟为例，资源上传量排名前20%的学校贡献了83%的资源，而57%的学校从未上传资源。这种“搭便车”现象使平台资源更新率仅为18%，严重影响共享生态的可持续性。

在机械工程教育领域，这种现象尤为明显。例如，某机械工程教育资源共享平台数据显示，排名前10%的高校贡献了超过80%的优质课程资源，而超过一半的高校几乎没有上传任何资源。这种资源贡献的不平衡导致平台资源质量参差不齐，难以满足广大师生的实际需求。

在国际层面，发达国家往往作为资源的主要输出方，而发展中国家更多是资源的接受者。这种不对等关系导致发展中国家在资源共享中的主动性不足，资源本地化适配率仅为23%。利益分配机制的缺失进一步加剧了共享动力不足的问题。例如，在机械工程教育领域，发达国家的高校和研究机构拥有大量的优质教育资源，但这些资源在发展中国家的适用性往往较差，需要进行本地化调整和优化，而发展中国家由于缺乏技术和资金支持，难以有效利用这些资源。

3. 数据安全与隐私的隐忧

跨区域资源共享涉及大量学生和教师数据的跨境流动，数据安全与隐私保护成为重要隐忧。某国际教育资源平台因数据加密级别不足，曾发生大规模用户数据泄露事件，影响超过120万学习者。这种事件不仅损害了用户信任，还导致平台资源使用率下降43%。

在机械工程教育领域，数据安全和隐私问题同样不容忽视。例如，某机械设计竞赛平台因数据加密措施不完善，导致参赛学生的创新设计方案和知识产权信息泄露，严重影响了学生的参赛积极性和平台的声誉。

在区域层面，数据主权问题也阻碍了资源共享的推进。部分国家对数据跨境传输设置严格限制，要求所有学生数据必须存储在本地服务器。这种政策导致资源流动效率下降61%，跨区域协作成本增加87%。例如，在机械工程教育领域，某跨国企业与高校合作开展的智能制造项目，因数据跨境传输受限，无法及时共享和分析生产数据和教学数据，导致项目进展缓慢，成本大幅增加。

通过以上分析可以看出，跨区域教学资源共享在促进教育公平和提升教育质量方面取得了显著成效，但仍面临技术标准不统一、共享动力不足，以及数据安全与隐私保护等挑战。未来，需要通过政策协同、技术标准化，以及利益分配机制的完善，进一步推动资源共享的可持续发展。

二、技术协同与创新策略

（一）技术标准的统一与互操作性

1. 全球统一标准的推进路径

全球教育技术标准组织正在推动统一标准的制定。IEEE 学习对象元数据标准（IEEE LOM）扩展版已纳入区域适配性要求，定义了 48 个核心元数据项和 12 个区域扩展项。例如，亚洲地区可添加语言版本信息，欧洲地区可补充文化敏感性标注。这种模块化标准设计使资源互操作性提升 67%，跨区域资源检索准确率提高至 89%。

在机械工程教育领域，这种标准化的努力尤为重要。例如，某国际机械工程教育资源共享项目通过采用统一的 STEP 标准（ISO 10303），确保了不同国家和地区的设计图纸和三维模型能够无缝互认。项目实施后，资源互认率从 32%提升至 81%，平台资源上传效率提高 4.3 倍，资源使用投诉率下降 76%。统一标准的实施显著降低了技术对接成本，为资源共享提供了坚实基础。

2. 互操作性测试与认证体系

互操作性测试与认证体系是确保标准落地的关键。欧洲教育资源互操作性实验室（EERIL）通过模拟不同技术环境，对资源进行兼容性测试。通过认证的资源将获得“互操作性标识”，优先推荐给用户。某认证项目实施后，平台资源兼容性问题减少 83%，用户满意度提升至 4.7/5 分。

在区域层面，中国教育资源互操作性测试中心通过自动化测试工具，每年对超过 2 万个资源进行检测。测试结果显示，通过认证的资源使用率比未认证资源高 3.8 倍，资源更新频率提高 51%。这种认证机制有效保障了资源共享的技术质量。在机械工程教育领域，某省级测试中心通过自动化工具检测机械设计课程资源，发现通过认证的资源在实际教学中的错误率降低了 62%，教师和学生的满意度分别提升至 4.6/5 分和 4.5/5 分。

3. 标准实施的激励机制

为推动技术标准的实施，平台可建立激励机制。例如，对采用统一标准的资源生产者提供优先推广权、积分奖励等激励措施。某教育资源平台通过积分奖励机制，使资源标准化率从 41%提升至 78%。标准化资源的使用率比非标准化资源高 2.3 倍，资源生产者的积极性显著提高。

在区域协作层面，某跨国教育资源共享联盟通过设立“标准创新奖”，每年表彰在标准实施中表现突出的机构。获奖机构在下一年度可获得额外的技术支持和资源分配优先权。这种激励机制使联盟内资源标准化率年均增长 29%，资源共享效率提升41%。在机械工程教育领域，某国际联盟通过设立“机械设计标准创新奖”，表彰在STEP标准实施中表现突出的机构。获奖机构在下一年度获得额外的技术支持，资源标准化率年均增长32%，资源共享效率提升45%。

（二）云计算与大数据的支持

1. 分布式云计算架构的应用

分布式云计算架构正在革新资源共享的存储与分发模式。以某国际教育资源云平台为例，通过在全球部署12个区域节点，采用CDN技术实现资源的本地化缓存，平台资源加载速度提升6.7倍，跨境带宽占用减少73%。这种架构使用户平均等待时间缩短至1.2s，资源获取体验显著改善。

在机械工程教育领域，某国际机械工程教育资源云平台通过在全球部署8个区域节点，采用CDN技术实现设计图纸和仿真模型的本地化缓存。该平台数据显示，资源加载速度提升5.8倍，跨境带宽占用减少71%。用户平均等待时间缩短至1.1s，资源获取体验显著改善。

2. 大数据驱动的精准资源配置

大数据技术为资源共享提供了精准决策支持。以某教育资源平台为例，通过分析用户行为数据（如资源下载频率、使用时长、学习成果提升率），构建资源价值评估模型。平台数据显示，经过大数据优化的资源配置，资源使用效率提升43%，学习成果提升率提高28%。

在机械工程教育领域，某机械工程教育资源平台通过分析用户行为数据，发现学生在“有限元分析”模块的学习中，对互动式仿真资源的需求最高。平台据此调整资源配置，使该模块的资源使用效率提升52%，学生在相关考试中的平均成绩提高24%。大数据分析使资源配置更加贴合实际需求。

3. 用户画像与个性化资源推荐

通过构建用户画像，平台能够实现个性化资源推荐。以某教育资源平台为例，系统通过分析用户的学习行为、学科偏好、地理位置等数据，生成包含15个维度的用户画像。基于画像的推荐算法使资源点击率提升63%，用户留存率提高41%。

在国际层面，某教育资源平台通过多语言用户画像，为不同国家的学习者提供本地化推荐。例如，为阿拉伯国家用户优先推荐包含伊斯兰文化元素的数学资源，推荐采纳率提高至78%。用户画像技术使资源共享更加精准，提升了用户体验。在机械工程教育领域，某平台通过多语言用户画像，为德国用户优先推荐包含精密机械设计的资源，推荐采纳率提高至76%。用户满意度提升至4.7/5分，资源使用效率提高42%。

（三）区域间合作与创新模式

1. 联合开发与共建共享机制

区域间联合开发正在成为资源共享的新模式。以某东部与西部省份为例，双方通过联合开发数学课程资源，共享开发成本与知识产权。项目实施后，资源开发周期缩短 40%，开发成本降低 37%。西部省份资源使用率提升至东部省份的 82%，区域间资源差距显著缩小。

在国际层面，某欧洲教育资源共享项目通过联合开发机制，整合成员国的学科优势。例如，德国提供工程教育资源，法国提供艺术教育资源，意大利提供历史教育资源。通过共建共享，平台资源丰富度提升 3.2 倍，用户满意度达到 4.6/5 分。联合开发模式有效整合了区域优势资源，提升了资源共享质量。在机械工程教育领域，某国际项目通过联合开发机制，德国提供数控加工资源，法国提供机器人编程资源，意大利提供材料科学资源。平台资源丰富度提升 3.5 倍，用户满意度达到 4.7/5 分。

2. 资源交换与利益共享机制

资源交换机制通过建立等价交换规则，解决区域间资源贡献不平衡问题。以某教育资源共享联盟为例，平台采用“资源积分”制度，资源上传者获得积分，下载者消耗积分。积分可在联盟内兑换计算资源或优先推广机会。实施后，资源上传量增长 2.7 倍，资源下载量增长 3.4 倍，平台活跃度提升至 89%。

在国际层面，某跨国教育资源共享平台通过设立“资源交换基金”，对资源贡献多的国家提供技术援助或设备支持。例如，某发达国家通过基金支持某发展中国家建设教育资源库，后者则以本地特色资源作为回报。这种利益共享机制使资源贡献国家数量增加 61%，资源交换量年均增长 47%。在机械工程教育领域，某平台通过资源交换基金，支持发展中国家建设机械设计资源库，后者以本地特色的设计案例作为回报。资源贡献国家数量增加 58%，资源交换量年均增长 45%。

3. 跨区域教师协作与能力建设

跨区域教师协作正在成为提升资源共享质量的关键。通过虚拟教研室，不同地区的教师可共同备课、分享教学设计。某区域协作项目显示，参与教师的教学创新能力提升 42%，学生课堂参与度提高 37%。教师协作使优质教学法的传播速度加快 3.5 倍。

在国际层面，某教育资源共享平台通过全球教师社区，促进不同国家教师的交流。例如，芬兰教师分享的现象教学法被翻译成 8 种语言，在全球范围内推广。参与教师的教学满意度提升至 4.8/5 分，学生跨学科思维能力测试成绩提高

44%。教师协作显著提升了资源共享的教育价值。在机械工程教育领域，某平台通过全球教师社区，促进德国、日本和中国教师的交流。例如，德国教师分享的“工业4.0”教学法被翻译成中文和日文，在三国范围内推广。参与教师的教学满意度提升至4.9/5分，学生在相关竞赛中的获奖率提高48%。

三、跨区域资源共享的未来展望

（一）区块链技术的应用潜力

区块链技术将为跨区域资源共享提供可信支撑。通过智能合约实现资源交易的自动化与透明化。例如，资源上传者可通过智能合约自动获得积分奖励，资源下载过程可追溯且不可篡改。某试点项目显示，区块链使资源交易效率提升63%，纠纷解决时间缩短至3min。

在机械工程教育领域，区块链技术的应用前景广阔。例如，某机械设计教育资源平台通过智能合约，实现了设计图纸和仿真模型的自动版权登记和交易。设计师上传资源后，智能合约自动记录交易信息，确保每笔交易都可追溯且不可篡改。试点数据显示，平台的资源交易效率提升了68%，版权纠纷减少了91%。这种透明化的交易机制显著提高了资源生产者的积极性，平台资源上传量月均增长45%。

在数据安全方面，区块链通过分布式存储保护用户隐私。某教育资源平台采用区块链技术后，数据泄露事件减少92%，用户信任度提升至4.9/5分。在机械工程教育中，区块链技术有效保护了学生和教师的设计作品和创新成果。例如，某高校采用区块链技术存储学生的毕业设计作品，确保作品的完整性和原创性得到保护。实施后，学生作品的抄袭率下降至3%，用户对平台的信任度提升至4.8/5分。区块链技术将为资源共享构建更加安全、可信的环境。

（二）人工智能驱动的资源优化

人工智能将革新资源共享的配置逻辑。通过强化学习算法，系统可动态调整资源推送策略。例如，某机械工程教育资源平台通过AI分析用户反馈，自动优化资源展示顺序，使资源点击率提升57%，用户留存率提高34%。

在资源推送策略方面，AI能够根据用户的学习行为和资源使用历史，精准推荐符合用户需求的资源。例如，某平台通过分析机械工程专业学生的学习数据，发现学生在“数控加工”模块的学习中，对互动式仿真资源的需求最高。AI据此调整推送策略，使该模块的资源使用效率提升52%，学生在相关考试中的平均成绩提高24%。这种智能化的资源配置显著提高了学习效果和资源利用率。

在资源质量评估方面，AI 可通过多维度数据分析资源的有效性。例如，分析学生使用资源后的学习成果提升率、教师评价分数等指标，自动生成资源质量报告。某平台实施 AI 评估后，低效资源淘汰率提高至 67%，资源整体质量评分提升至 4.5/5 分。在机械工程教育领域，AI 评估系统通过分析学生在“机械设计”课程中的表现，识别出低效的教学资源，并推荐优化方案。实施后，课程资源的整体质量评分提升至 4.6/5 分，学生的学习满意度达到 4.7/5 分。人工智能将使资源共享更加智能、高效。

（三）元宇宙的资源共享新范式

元宇宙将重构跨区域教育资源的呈现方式。通过构建教育元宇宙，不同国家的学习者可在虚拟空间中共同参与实验、协作项目。例如，学生可在虚拟实验室中与全球科学家实时互动，完成高成本实验。这种沉浸式学习将使知识留存率提高 67%，跨文化理解能力提升 53%。

在机械工程教育中，元宇宙的应用将彻底改变传统教学模式。例如，某国际机械工程教育项目通过构建虚拟实验室，使学生能够在虚拟环境中与全球顶尖科学家实时互动，完成诸如“高精度数控加工”和“机器人协作控制”等高成本实验。实施后，学生的知识留存率提高了 69%，跨文化理解能力提升了 55%。这种沉浸式学习体验显著提高了学生的学习兴趣和创新能力。

在资源生产方面，元宇宙支持用户生成内容（UGC）。教师和学生可通过虚拟创作工具开发个性化教育资源，如 3D 教学模型、虚拟历史场景。某试点项目显示，UGC 资源的使用使学习者创造力测试成绩提升 41%，资源多样性提升 3.8 倍。在机械工程教育中，教师和学生利用元宇宙平台开发了大量个性化教育资源，如虚拟机械装配模型和交互式仿真动画。试点数据显示，学生在创造力测试中的成绩提升了 43%，资源多样性提升了 4.2 倍。元宇宙将为资源共享开辟全新的可能性。

通过以上分析可以看出，区块链技术、人工智能和元宇宙等新兴技术将在未来跨区域教学资源共享中发挥重要作用。这些技术不仅能够提升资源共享的效率和质量，还能为学习者提供更加丰富和沉浸式的学习体验。未来，随着技术的不断发展和应用场景的拓展，跨区域教学资源共享将迎来更加广阔的发展前景。

参考文献

[1] 牟惠康．数字化教育探索与研究［M］．杭州：浙江大学出版社，2022.

[2] 何俐，曾玲，夏艺诚，阳敏辉．信息化环境下高职院校专业教学资源库建设研究［M］．长春：吉林人民出版社，2017.

[3] 王民．数字教育资源生态化建设和共享模式研究［M］．上海：上海交通大学出版社，2014.

[4] 赵程程．高职院校数字化教学资源建设的思路探究［J］．中国管理信息化，2025，28（3）：207-209.

[5] 袁梦霞，王玉姣，佘运友．数字化教学资源的建设与应用：以数据库技术及应用课程为例［J］．重庆电力高等专科学校学报，2022，27（4）：43.

[6] 周书剑．职业院校数字化教学资源建设的意蕴与实现［J］．郑州铁路职业技术学院学报，2024，36（4）：75-78.

[7] 张远平，侯丽艳，朱穆．龙琼芳数字技术赋能职业院校教学：研究现状、实践形态和推进路径［J］．机械职业教育，2024（11）：30-35.

[8] 逯行，朱陶，徐晶晶，等．高校虚拟仿真实验教学的基本问题与趋势［J］．现代教育技术，2021，31（12）：61-68.

[9] 谈岑钰，张宇．职业教育数字化教学资源建设的现实困境与实践策略［J］．职教通讯，2024（11）：5-11.

[10] 龚汉东，刘俊，叶剑锋，梁晨．数字教学资源建设路径研究与实践［J］．高教学刊，2024（22）：112-115.

[11] 叶蓓，尹润钟．高校数字教学资源建设的现状与演进可视化分析［J］．教育观察，2024（7）：12-16.

[12] 李琛，黄晓明．在线学习环境下数字教学资源的整合与共享研究——以42所双一流高校为例［J］．淮南师范学院学报，2022（2）：109-114.

[13] 罗孟儒，袁小一，崔永．基于“区块链”的高校数字教学资源共建共享［J］．高校图书馆工作，2020（2）：34-38.

[14] 段晓明．高校数字教学资源的技术架构及发展策略［J］．中国成人教育，2016（24）：97-100.

[15] 张玲玲，代晓清，杜洪琳．数字教学资源著作权侵权风险及其对策［J］．图书馆学刊，2014（8）：8-11.

[16] 唐小燕，李建新．基于云计算的高校信息资源共享研究［J］．常州信息职业技术学院学报，2013（6）：23-25.

[17] 张怀南，杨成．基于云计算的区域性高校数字教学资源建设研究［J］．现代教育技术，2012（6）：45-50.

[18] 孙力，叶得学．基于云计算的高校教育资源共享服务平台构建研究［J］．安徽工业大学学报：社会科学版，2021（3）：114-117.

[19] 张策，初佃辉，刘鹏，等．教育数字化转型背景下在线开放课程发展研究［J］．中国教育信息化，2024（9）：97-107.

[20] 蒙焕念．基于应用驱动的高校数字化教学资源库建设研究［J］．大学教育，2019（6）：188-190.

[21] 王英瑛．AI赋能大数据教学推动高校教学改革［J］．时代教育，2025（3）：97-98.

[22] 魏亚丽，张亮．从“基于经验”到“数据驱动”：大数据时代的教学新样态［J］．当代教育科学，2022（2）：50-56.

2011—2013年天津市高校辅导员优秀论文集

天津市委教育工委思想政治教育处
天津市教育委员会德育处　编

南开大学出版社
天　津

图书在版编目(CIP)数据

2011～2013年天津市高校辅导员优秀论文集 / 天津市委教育工委思想政治教育处，天津市教育委员会德育处编. —天津：南开大学出版社，2015.7

ISBN 978-7-310-04832-8

Ⅰ. ①2… Ⅱ. ①天… ②天… Ⅲ. ①高等学校—辅导员—工作—文集 Ⅳ. ①G645.1—53

中国版本图书馆 CIP 数据核字(2015)第 121504 号

南开大学出版社出版发行

出版人:孙克强

地址:天津市南开区卫津路 94 号　　邮政编码:300071

营销部电话:(022)23508339　23500755

营销部传真:(022)23508542　　邮购部电话:(022)23502200

*

天津市蓟县宏图印务有限公司印刷

全国各地新华书店经销

*

2015 年 7 月第 1 版　2015 年 7 月第 1 次印刷

230×160 毫米　16 开本　15.625 印张　2 插页　224 千字

定价:38.00 元

如遇图书印装质量问题,请与本社营销部联系调换,电话:(022)23507125

本书由天津市委教育工委思想政治教育处、
天津市教育委员会德育处委托和资助
教育部高校辅导员培训和研修基地（南开大学）
组织编写

本 书 编 委 会

主　编　赵　鸣

副主编　杨　明　白云龙

编　委　王　寒　李　靖　张继东　王丽清
　　　　黄　娜　张　峰　芦爱疆　崔　强
　　　　佟　艳　顾　红　何璟炜　赵　甘

前 言

辅导员队伍是大学生思想政治教育工作的骨干力量和主力军，是大学生健康成长的指导者和引路人。高校辅导员工作既是一项充满挑战的工作，更是一项科学性、专业性很强的工作，需要我们集成相关学科的专业知识，把它作为一门科学去建设和积累；需要我们不断完善工作的科学内涵，把它作为一项事业去推动和发展。基于这样的思考，受天津市教育委员会委托，教育部高校辅导员培训和研修基地（南开大学）汇总整理了 2011 年至 2013 年在天津市高校优秀辅导员工作论文评选中获得一、二、三等奖的论文 30 篇，并根据论文内容划分为思想政治教育前沿探索、素质教育理论与实践、大学生心理健康教育、困难资助与就业指导、网络与新媒体思政、党建工作与校园文化、辅导员队伍建设等七个版块，涵盖辅导员工作的内容、方法、途径以及辅导员队伍建设的制度设计等，集中展示天津市各高校辅导员队伍建设工作的经验总结和工作成果。我们衷心地希望，本书的出版能够帮助全市高校辅导员开拓工作视野、创新工作理念、扩展工作载体，为辅导员队伍的专业化、职业化发展提供助力，不断提升全市高校思想政治教育工作的科学化水平。

编者

2015 年 5 月

目　录

第一篇　思想政治教育前沿探索

第二篇　素质教育理论与实践

第三篇　大学生心理健康教育

第四篇　困难资助与就业指导

第五篇　网络与新媒体思政

第六篇　党建工作与校园文化

第七篇　辅导员队伍建设

第一篇
思想政治教育前沿探索

高校思想政治教育工作项目化管理可行性研究

——以学风建设项目化管理为例

孙　萌　鞠　磊　陈奇杰

摘　要：项目化管理不仅是企业管理领域的一个创新，在其他领域也有巨大的实践价值。把企业的项目化管理理念部分引入高校思想政治教育工作，是落实中共中央、国务院发出的《关于进一步加强和改进大学生思想政治教育的意见》以及党的十八大报告提出的“立德树人”“推动高等教育内涵式发展”教育任务、创新高校思想政治教育工作理念、工作内容、工作方法的一种有益的尝试。

关键词：思想政治教育　项目化管理　学风建设　可行性

2004年，中共中央、国务院发出《关于进一步加强和改进大学生思想政治教育的意见》（以下简称《意见》），明确提出加强和改进大学生思想政治教育对于全面实施科教兴国和人才强国战略，确保实现全面建设小康社会、加快推进社会主义现代化的宏伟目标、后继有人，具有重大而深远的战略意义。党的十八大报告中提出“推动高等教育内涵式发展”的任务，在强调发展的同时，更加注重人才培养质量和效益的提升。高校思想政治教育工作者应充分领会精神，积极面对思想政治教育工作的新形势、新发展，积极落实《意见》中提出的“在新形势下努力拓展大学生思想政治教育的有效途径”的新要求，努力探索高校思想政治教育工作（以下简称高校思政教育工作）的新途径、新方法。本文希望将企业项目化管理方式引入高校思想政治教育工作中，为提高思政教育工作的有效性、科学性、规范性，努力对新形势下大学生思想政治教育工作新途径、新方法做些可行性探索。

一、当前高校思政教育组织管理模式中存在的弊端

随着思政教育工作教育内容、教育对象的变化，传统的教育组织模式、教育手段已经不能完全适应思政教育工作的发展，组织管理模式存在以下问题：

1. 从组织结构上，传统的组织管理模式制约了高校思政教育工作的开展

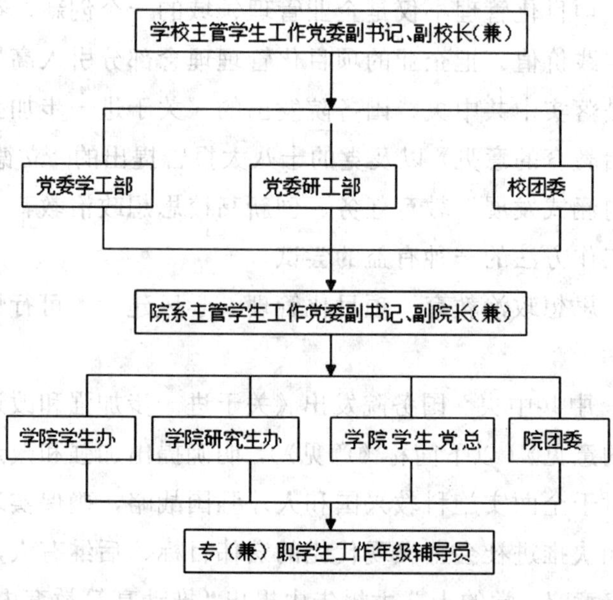

图 1　中国高校思想政治教育工作的组织结构普遍模式图

传统的思政教育工作是建立在“高校权力型模式”和“金字塔式”

的三级管理结构上。这种管理模式权力集中、责任分明、上传下达、便于管理，适应了传统的思政教育工作。但随着高校思政教育工作所面临的新变化、新要求，以往组织目标、计划、考核和监督管理、激励机制均由上级职能部门制定、下达、组织、考核、监督的管理模式，严重制约了基层组织的自主权，影响了工作中的积极性和创造性。虽然个别高校进行了扁平化组织改革，以减少管理层级，但也产生了管理幅度增大，权力分散且不易控制等问题。

2. 从人员落实上，辅导员能力参差不齐等原因导致思政工作落实不到位

传统的思政教育工作由基层辅导员具体落实实施，但由于辅导员个人专业素养、能力水平和管理经验等方面均存在不平衡性，导致各院系、各年级工作水平呈现出较大差异。加之辅导员日常事务性工作繁重，思想政治教育工作的总体水平停步不前，无法实现服务学生、教育学生、提升学生的工作目标，这也影响到辅导员在工作中的使命感和成就感，不利于辅导员队伍的稳定，也不利于辅导员队伍向职业化、专业化发展。

3. 从工作要求上，传统的思政教育模式已无法适应思想政治教育工作的新需要

“坚持以人为本，全面实施素质教育是教育改革发展的战略主题，是贯彻党的教育方针的时代要求，其核心是解决好培养什么人、怎样培养人的重大问题，重点是面向全体学生，促进学生全面发展，着力提高学生服务国家、服务人民的社会责任感、勇于探索的创新精神和善于解决问题的实践能力。”在高等教育急剧转型的今天，必须坚持教育本质的原则，尽快转变思想观念、更新组织形式、创新教育模式、提升教育水平。

二、项目化管理在高校思政教育工作中应用的可行性分析

项目化管理吸收了国外先进的管理理论，在为企业带来效益的同时也推动了中国企业在管理领域的创新，目前在我国企业发展中逐渐被广

泛应用。高校思想政治教育工作也是一项系统工程，它包括目标体系、组织机构管理体系、内容体系、原则方法体系和环境体系共五大系统。因此也可以把高校思政教育工作看作是一个宏大的项目，把握这个宏大的项目，需要厘清项目化相关概念、明确项目化在思政教育工作中的现实意义。

1. 项目化管理相关概念

所谓企业项目化管理，就是站在高层管理者的角度对企业中各种各样的任务进行项目管理，是一种以项目为中心的长期性组织管理方式。项目化管理作为一种复合管理，更注重宏观统筹和全面规划，协调组织内部资源，确立管理机制，把组织人员和任务全部纳入管理体系中。李文等人在《企业项目化管理实践》一书中将项目化管理的分析借鉴到高校思想政治教育工作项目化管理定义中来，认为高校思想政治教育工作项目化管理即把高校思想政治教育工作中重要的、具有创新性或临时性的、具有明确目标、进度和预算要求的复杂任务从原有的流程式工作中分离出来，组织跨部门的工作团队，按照项目的技术方式和方法进行管理，从而比传统的管理方式更好更快地实现任务目标。它与企业项目化管理最大的不同是，思政工作不强调唯一性，更多强调的是反复性、重复性。

2. 企业项目化管理理念引入高校思政教育工作中的现实意义

第一，企业和高校生产目标具有同一性，其管理方法也有借鉴意义。企业是以盈利为目的的，运用各种生产要素向市场提供商品和服务的社会经济组织。高校思想教育是以培养人为目的，运用一定的专业教育、思想观念、政治观点、道德规范、能力训练等内容，对大学生施加有目的、有计划、有组织的影响和实践活动的教育组织。企业的产品质量关乎企业生存的生命线，“立德树人”和“内涵式发展”是高校发展的根本任务，以习近平总书记为代表的党中央已经把教育发展提升到国家战略发展的高度，再次明确了教育以为国家和社会培养德智体美全面发展的社会主义建设者和合格接班人作为重任。

第二，项目化管理可以提高思政教育工作的有效性。实行项目化管理可以优化高校思政部门的组织结构，整合组织资源，提升管理的有效性。高校思政教育工作中，对一些具有常规性且没有改变的反复运转的工作，可作为“运作性”任务完成，即按照传统的职能型方式完成；对于一些特殊的、变化的、没有标准的、创新性较强的任务可采用项目化管理方式进行。运作带来量变和稳定，项目带来质变和创新。高校思想政治教育的项目化管理，是在原有组织的基础上，嵌入横向工作团队，把高校“金字塔型”的传统教育和组织方式改造成一个扁平化、类矩阵式的组织。该组织纵向上保持原有的直线式层级和汇报结构，横向上增加了多个功能部门共同组成的项目团队，专门负责组织中的跨部门合作，保证了高校思政教育工作整体的目标及其实现的可能，提升了管理的有效性。

第三，项目化管理可以强化思政教育工作的科学性。实行项目化管理，最主要的优势就是高校能够结合自身工作实际，针对问题制定计划，全面统筹、科学系统地规划本校思政教育工作全局，针对思政教育工作中的实际问题和薄弱的地方，可以有计划、有重点地进行流程改造。在项目启动阶段，通过科学规划的调研、查找问题、提出科学合理的目标设定；项目实施和执行阶段，明确项目范围和工作计划，部门、组织人员岗位职责，并合理进行资源配置；在项目结束阶段，加强过程中的管理监控，对项目整体实施情况进行评估，总结经验教训，提出改进方法，实现项目科学的、可持续发展态势。

第四，项目化管理可以加强思政教育工作的规范性。思政教育工作作为一项宏大的、系统的教育工程，需要科学的、合理的规划、细致周密的安排、高效的领导和团队合作能力，只有这样才能保证思政教育工作落实到位、落实到人，才能取得实效。项目化强调的是目标、计划、组织、领导与控制。“计划”“进度管理”和“标准”是项目化较为突出的特点，无论是项目负责人还是项目参与人，从一开始加入到项目中，就应对工作职责和岗位标准有清晰的认识。所有工作严格按照计划、标准和进度执行，所有活动都在有效的控制范围内，具有典型的规范化特点。

第五，项目化管理可以提升组织人员的成长性。项目化管理作为所有管理中最为繁复的、精细的复合管理，它最根本的目的是如何在确保时间、经费、技术和质量的情况下，以尽可能高的效率完成预定目标，取得让组织满意的效果。因此对组织人员的综合能力有较高的要求，而组织人员在持续、深入地跟踪一个项目的过程中，也会逐渐成为这个领域的内行、专家，有利于辅导员队伍专业化、职业化发展。

三、学风建设项目化管理在高校思政教育工作中实践分析

项目化管理不仅是企业管理领域的创新，在其他领域也有着巨大的实践价值，越来越多的组织正在使用类似于项目化管理的方式来完成自身非常规任务或创新性的可持续发展任务。把企业的项目化管理理念和经营模式部分引入高校思政教育工作，宏观上能够起到明确高校思政教育工作目标，提高工作效率、促进思政教育科学发展的作用。微观上有助于提升思政教育工作的针对性、有效性、科学性、规范性，使思想政治教育工作朝着专业化、科学化、精细化方向发展。同时也是创新高校思政教育工作理念、工作内容、工作方法的一种有益的尝试。本文希望通过高校学风建设项目化管理案例分析，旨在为学风建设逐渐构建一套科学化、常态化、规范化的学风建设长效机制。

1. 高校学风建设概况和学风建设实行项目化管理意义

学风是一所学校精神和灵魂的重要体现。它反映出高校在长期办学过程中形成的教育思想、治学方针和文化气质，对于学生的思想品德、价值观念、行为方式、情感意志的培养起着潜移默化的感染与规范作用。学风建设作为高校一项长期而系统的工程和紧迫的任务，是学生思想政治教育工作中最为关键的内容之一。

在全球经济一体化、政治多极化、文化多元化、科技信息化等国际背景冲击下，随着我国经济社会发展的急剧转型、我国高等教育的快速发展，社会各种文化思潮的相互碰撞，对高校思想政治教育工作、学风建设带来新的问题和挑战。充分认识学风建设对高等教育发展的意义，

依据时代特点，不断拓展学风建设的内涵和外延，探索学风建设的新思路、新方法，有利于高等教育育人目标的实现，对于培养高素质人才、提升办学质量和水平、履行大学使命起着至关重要的作用。

学风建设项目化的本质是改变以往职能化管理中的粗放风格，把学风建设中的一次性任务按照项目进行管理，其核心是把职能工作转化为项目。创新之处在于将组织中的单个任务、工作、事件的分散的、孤立的管理上升为对学校总体学风建设整体的一次性事务的系统性管理，有助于高校学风建设战略目标的整体实现，有助于高校学风建设科学、可持续发展，使高校学风建设出成果、见实效。

2. 高校学风建设项目化管理的组织结构设置

项目化成功的关键是组织保持与环境一致性特点。高校学风项目化组织结构作为一种管理手段，设置的根本目的在于确保项目目标实现。从这一根本目的出发，组织架构应该依据高校学风建设总体目标和实施过程中的子项目目标而设置。共分两个层次，如图 2 所示：

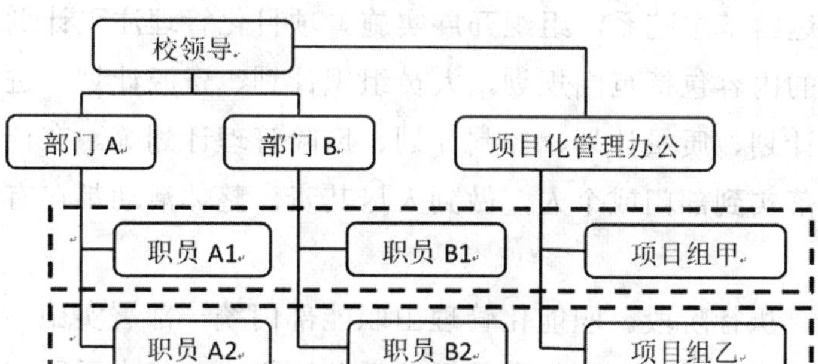

图 2　项目化管理组织结构

一个层次是高校学风项目化管理组织，另一个层次是具体项目团队组织。即在原有职能结构的基础上，嵌入以工作流程为核心设计的横向工作团队，构成扁平化、类矩阵式组织。该组织纵向上保持原有科层制直线式层级和汇报结构，横向上增加了跨部门组建的具体项目工作团队，组织结构更加柔性化，组织内部各部门的边界模糊化，组织的实际结构随项目的变化而调整，人员按照任务的特点进行组合。这样的组织架构层次分明、责权明确、权责统一、突破了部门较窄的视野限制，着眼于学校学风建设总体大局。

3. 高校学风建设项目化管理过程设计

高校学风建设项目化管理过程可设计为四个阶段，包括项目启动阶段、项目规划阶段、项目执行阶段、项目结束阶段。通过与传统职能化管理过程的对比，可以充分显现出项目化管理这四个阶段的管理优势。

第一，启动阶段。传统职能化管理多呈现“运动式”“粗放式”特点，整体活动缺乏科学系统的规划、论证、管理；项目化管理则注重项目的论证和评估，在项目启动时即进行活动论证和评估，包括本校学生学习状况及学习特点的调研、学校资源及技术的可行性研究和评价、成本费用的分析等，充分评估各种可能性，为项目启动做好准备。

第二，规划阶段。职能化管理在活动的规划阶段通常由职能部门根据领导部门意见或本校工作实际，由职能部门根据需要，统一做出活动策划，下达给基层院系，组织开展实施。项目化管理注重计划和进度管理，计划的内容包括范围规划、人员组织计划、资源计划、进度计划、预算费用计划、质量计划、控制计划、风险管理计划等。在计划中将分解的任务落实到部门或个人，做到人尽其责，整体活动都在有效的控制范围内。

第三，执行阶段。职能化管理由职能部门统一部署实施，自上而下执行。具体任务由职能部门和基层院系共同完成，但由于职能部门人员较少，即使由职能部门完成的工作也多从基层院系临时抽调人手共同完成，执行过程中职能部门对基层落实情况采取“放任型”，缺乏有效的沟通、管理、监控和评估；项目化管理由各执行部门或人员按照项目规划的内容和时间进度依次进行，将整个项目执行阶段分为若干报告期，在每个报告期搜集实际绩效的资料，根据报告施行阶段的管理、控制和评估中发现的情况，随时对项目计划做出修订，避免出现错误，部门之间和人员间做到有效沟通，节约了资源。

第四，结束阶段。职能化管理在活动结束时通常是总结、表彰，以活动总结、领导讲话、经验交流、表彰等为常规性内容；项目化管理在项目结束时，除去激励、表彰之外，会对项目整体和项目成员做出评估，评估项目是否达到预期，是否保质保量按时完成，总结项目的经验和教训，提出改进方法等。项目负责人会准备一份关于项目团队成员绩效评估书，并注明执行项目任务的结果，指明每位成员在以后工作中应当扩展的知识和技能，有利于项目组成员的个人提升。

综上，与以往传统型职能化管理模式相比，在学风建设活动中引进企业项目化管理模式，有利于学风建设的科学性、规范性、系统性发展，具有可行性，是创新高校思想政治教育工作模式的有益探索，值得在思想政治教育工作中借鉴和推广。

参考文献

[1]李文等. 企业项目化管理实践[M]. 北京：机械工业出版社，2006.

[2][美]Gido, J., Clements，J. P. 著. 张金成译. 成功的项目管理（第2版）[M]. 北京：机械工业出版社，2004.

[3]刘国靖. 现代项目管理教程[M]. 北京：中国人民大学出版社，2004.

[4]李健. 投资与经济[M]. 北京：中国时代经济出版社，2004.

[5]姚岐芳. 项目管理在高校学生管理的应用[D]. 天津：天津大学，2011.

[6]李晓云，黄俊鹏. 新时期高校思想政治教育管理模式的创新发展[J]. 民风，2008（7）：94—95.

[7]魏占玲，季芳，杨昊. 国外及香港地区高校学生事务管理模式的探究与启示[J]. 南开教育论丛，2011（2）.

[8]卜再元. 高校思想政治教育是一项系统工程[J]. 长沙电力学院学报（社会科学版）. 2000（4）：118—120，127.

[9]陈霞. 项目化管理高校共青团工作思路新探[J]. 生产力研究. 2009（7）.

[10]刘思善，李毓彤. 大学生素质教育项目化管理体系的构建[J]. 广西青年干部学院学报，2006（11）.

[11]新华网. 授权发布：国家中长期教育改革和发展规划纲要（2010—2020 年）[EB/OL]. http://news.xinhuanet.com/edu/2010-07/29/c_12389320_2.htm, 2010-7-29.

[12]百度百科. 企业项目化管理[EB/OL]. http://baike.baidu.com/view/1424775.htm.2013-4-11.

（作者单位：南开大学）

浅析高校学生间冲突管理的目标及应对策略

姜斯琪

摘　要：本文分析了目前我国高校冲突管理在促进学生间交流、利益诉求反映、应急保障、善后处理分析等方面缺乏良好的运作机制。提出高校应树立正确的人际冲突观、降低冲突的消极效应，减少冲突升级的可能性、激发冲突的积极效应，让学生从冲突管理和教育中获得成长的高校学生间冲突管理的目标。

关键字：高校学生　冲突管理　应对策略

一、高校学生间冲突管理的目标

冲突管理成功的首要关键是设定的目标是否准确。高校管理者应结合大学生间冲突产生的根源、性质、自身所能运用的资源和方法，进行全面综合的分析。

1. 转变思维模式，树立正确的人际冲突观

相当多的高校管理者将冲突与暴力、破坏、非理性等词语相提并论，认为大学生间发生的冲突均是消极的、有害的，应该遏止其产生和发展。笔者认为应该尽快改变人们思想中根深蒂固的冲突都是不良的、破坏性的传统观念，引导高校管理者和大学生用现代冲突管理的观念辩证地看待大学生间的冲突问题。

第一，大学生间的人际冲突是一种客观存在。大学生在校园中的学习和生活存在相互依赖性，并由于彼此间在性格、家庭成长环境、生活习惯、认知等方面都存在差异性，产生人际冲突在所难免。因此，我们应该承认冲突存在的正常性，认定冲突是学生在校园生活中所固有的、在所难免的。解决人际冲突是学生生活的一部分，也是学生需要在大学中得到锻炼和习得的能力之一。

第二，全面辩证地看待学生间冲突的积极和消极双重效应。对于高校管理者来说，应将大学生间的良性冲突当作促进学生和大学发展的重要因素，引导学生意识到冲突不仅仅代表了对立和矛盾，更会产生激发学生的创造力，让学生以崭新的视角重新认识问题，促进堆积已久的不良情绪得到宣泄，避免累积成高强度大规模的破坏性冲突，化解既有的紧张氛围，激发学生所在组织的制度革新，使组织保持健康发展的活力等一系列的积极作用。

第三，以积极的态度处理大学生间的人际冲突问题。高校管理者不能仅仅只是将解决冲突问题的办法停留在冲突问题的表面现象和外在的表现形式，而应鼓励学生用积极的态度直面人际冲突，学会在冲突事件的现场情境中发现自身所存在的缺点，增长经验性教训。并引导学生主动地了解关于冲突管理和人际交往的各项理论、方法、原则，不断增进学生进行良好的人际交往和化解冲突的能力。

2. 降低冲突的消极效应，减少冲突升级的可能性

高校学生间的冲突并不是突然爆发出来的，而是由高校组织中所蕴含的能诱导冲突的各种因子累积所产生的。高校管理者发现学生间开始追求不协调的目标或者有直接导致一方利益损失的事件发生时，必须设法加以扭转，及时采取相应有效的措施降低冲突的消极效应，减少冲突升级的可能性。

第一，完善管理制度，努力实现管理制度的科学化、明确化和合理化。管理制度是组织的相关管理者根据组织的性质、使命、职能和发展要求制定出来要求组织内所有成员必须遵守的各项规章、规范。学校本

身是一个复杂的机构，要想规避不良的冲突，防止冲突的进一步升级，首先就要有一个统一化、规范化的管理制度对每一个成员加以引导和约束。

第二，培养具有公心的管理人员。管理人员的素质对于冲突的解决起到关键作用。管理者在解决大学生冲突问题时首先要具有公心。所谓公心便是公正之心，在处理问题的时候以组织的大局出发。尤其是在学生评奖评优、推优入党、学生骨干竞选等涉及学生切身利益的事件时，管理者更要秉持公心。

第三，注重开展校园文化实践活动。校园文化实践活动在教育学生，锻炼学生能力的同时，也推动了参加活动的学生之间进行沟通和交流，增进了彼此间的相互认识和了解，培养了学生间的互帮互助，团结合作的意识和精神。使组织内存在的不满情绪得到逐步化解，减小破坏性冲突的发生和发展。

3. 利用和引导冲突的积极效应，让学生从冲突中收获成长

斯蒂芬·P. 罗宾斯认为，如果冲突能够提高决策的质量，激发革新与创造，调动群体成员的兴趣与好奇心，提供解决问题、解除紧张的渠道，培养自我评估和变革的环境，那么这种冲突就是建设性的。日常生活中，高校管理者需要使用一些技巧和手段在组织内维持适度的冲突水平。一方面，缓解学生间因为长期压抑而产生的不满情绪堆积，防止恶性冲突的进一步升级，促进同学间的矛盾和误解得到缓解或者解除，有的甚至成为更好的朋友；另一方面，加深学生对自我的认知，对自身的优缺点有更直观的认识，给学生间的思想提供了交流和碰撞的机会，在这个过程中，激发了学生的潜能，不断锻炼学生应对冲突的能力和技巧，使其从冲突中收获成长。

第一，培育高校民主的校园文化氛围。高校大学生的受教育程度和文化水平较高，喜欢民主的文化氛围，希望自己能有充分的发言权，积极参与到冲突管理中，实现冲突的自我管理。高校管理者在处理冲突事件的过程中，不能简单地针对冲突中的少数观点和意见进行指责和批评，

更不能进行挖苦和讽刺。应对整个冲突事件进行深入的思考和解析，引导学生进行反思和讨论，鼓励他们自己想出解决的方法和途径，形成高校民主的文化氛围。

第二，善用沟通。一个组织中具备良好的沟通机制，是激发冲突积极效应最重要也是最简便易行的方法。作为高校管理者在解决冲突问题时要带头参与到与学生的沟通中，倾听学生内心的声音，了解他们的真实想法、苦衷、意愿。管理者促进冲突双方达成有效沟通，让双方都了解到对方的处境与困难，进行换位思考，尽可能满足双方的要求，以求共同改进不良问题和解决困扰。

第三，引入适度正当竞争，提升高校组织的活力。虽然冲突的产生很重要的原因是竞争的存在，但如果一个组织内部没有适度正当的竞争，该组织也是缺乏革新和活力的。管理者可以通过班级管理、推优入党、奖助学金评选等一系列的工作引入良性竞争机制，增加学生的危机感、紧迫感和压力感，从而激发他们积极上进、不断充实自己，完善自己的动力与决心。

二、高校学生间冲突管理机制现存的主要问题

高校学生间冲突管理机制指高校在预防与处置冲突事件的过程中，采取的各种规范化、制度化和程序化的管理手段和措施。合理有效的管理机制可以为管理者提供化解不同类型、不同程度的学生间冲突的途径和手段，最大限度地发挥学校的各种资源，有效地预防、整合、化解和转化矛盾和冲突，促进学生间的关系朝着和谐良性的方向发展。但目前高校中的冲突管理机制并不健全，无法及时有效地发挥上述功能，并且对待本身可能具有建设性功能的冲突非但没有利用和激发，反而致其丧失了积极的效应。

1. 以惩罚为导向的冲突管理制度

管理工作的有效运行，需要制度建设作为保障。冲突管理制度是针对学生间发生的冲突事件和学生行为本身所制定的规定、章程、条例、

实施细则等正式的约束规则，是学生行为的规范。目前大多数高校不重视制度建设，制定制度的程序不合理也不规范，更缺乏针对冲突管理的整体制度设计。当冲突事件发生后，高校管理者缺乏处理的依据和准则，导致处理的效果不明显，没有起到警示的作用反而产生了遗留的问题，甚至导致冲突的恶化升级。部分高校虽然有制度规定，但制度的设立局限于冲突事件中当事人的处罚原则和标准，忽视了与学生成长成才的需要相契合。通常一个制度的产生会持续沿用十几年甚至几十年，很少及时地进行更新和修正。管理者大多机械化地照章办事，不注意论证其科学性和适用性。

2. 缺乏促进学生间相互交流机制

交流不是简单的对话，有效的交流能使学生之间的意愿和想法得到充分的表达，产生智慧的火花，更能让误会解除。但很多学生之间往往不能进行良好的沟通交流。高校交流机制的不健全直接导致了学生信息沟通的障碍。很多高校并没有为不同观点的学生搭建直接进行面对面对话的平台，更不会发挥促进双方对立的观点和理念进行相互修正和纠偏的功能。

3. 缺乏利益诉求反馈机制

高校资源配置的紧张及管理的不完善，导致学生的利益无法得到满足，从而产生恶性的矛盾和不当的竞争的例子并不少见。而高校管理者每天忙于事务性工作的完成，很少能抽出时间和精力深入到学生中进行考察和了解学生的需求和建议，更不注重设立学生利益诉求的反馈机制。该机制的缺乏，导致学生间的不同主张没有一个规范的渠道进行表达。长此以往，学生不断压抑自己的看法和意见，造成了冲突能量的堆积。

4. 缺乏争议事项的调解和干预机制

当学生间发生冲突后，高校管理者普遍采取简单粗暴的方式对冲突事件进行压制，或者简单地按照学校的处罚规定给予学生相应的处分。出现这种现象大多是因为学校缺乏对学生所争议事项的调解和干预机制，没有专门的部门和人员负责此项事宜。而高校管理者大多只关注和维护学校每天能否按部就班地进行运作，学校表面是否能保持稳定的秩序，回避和忽视学生间冲突现象的普遍存在，甚至用教师相对于学生独有的权威对冲突双方采取压制的策略。但往往矛盾越压制越堆积，最后以更加激烈的方式爆发。

5. 缺乏应急保障机制

学生间的冲突在校园中普遍存在且不可避免。因此，学校应建立冲突的应急保障机制。针对学生间发生冲突的预防、处理、善后等工作进行保障，这种保障包括人员、物资、应急能力的保障，降低冲突发生后所产生的负面影响。一是人员保障。建立应急处理冲突的专家库，方便用于日常和紧急时刻的咨询。二是物资保障。高校在制定年度财务预算时应划拨出专门应对冲突处理的应急经费。三是应急能力的保障。高校应根据实际情况，制定预防和处置冲突事件的预先方案。预案必须具有科学性、适用性、可操作性和指导学生实践等功能。

6. 缺乏善后处理分析机制

冲突结果的产生并不意味着整个冲突事件的结束。很有可能为下一个冲突事件的产生提供了新的条件。只有少数的冲突通过问题的解决或者采用双方合作的方式达到满意的结局。大部分的冲突事件在解决处理中有其中一方或双方的利益没有获得满意的结果。这样的冲突也只能是暂时的平息，为下一轮冲突的产生提供了隐患，积聚引发新的冲突的潜在条件。善后处理分析机制是指，冲突事件处理后，对处理事件一系列的决策和措施进行分析，对冲突双方的影响和既得利益是否满足进行评价，深刻剖析在本次事件处理中所涉及的管理方面是否存在问题，在此基础上修改完善预案。并对处理结果中伤害较深的学生，进行追踪了解，避免冲突的进一步恶化，防止引发新一轮冲突的潜在条件的积聚和升级。

参考文献

[1]常健. 公共冲突管理[M]. 北京：中国人民大学出版社，2011.

[2]郭朝阳. 冲突管理：寻找矛盾的正面效应[M]. 广州：广东经济

出版社，2000.

[3]王好. 如何进行冲突管理[M]. 北京：北京大学出版社，2003.

[4]黄曬莉. 中国人的人际和谐与冲突[M]. 重庆：重庆大学出版社，1996.

[5]杨晓慧. 当代大学生成长规律研究[M]. 北京：人民出版社，2010.

[6]王秀阁. 大学生人际交往理论与方法[M]. 北京：人民出版社，2010.

[7]姜美霞. 大学生同学间人际冲突及应对[D]. 长沙：湖南师范大学，2007.

[8]李英荣. 高等学校内部冲突管理研究[D]. 西安：西安理工大学，2003.

[9]邓小龙. 大学生同学间人际冲突事件及应对方式[D]. 保定：河北大学，2003.

（作者单位：南开大学）

转专业学生的问题与对策研究

——基于南开大学转专业学生的调研分析

魏占玲　刘　振　雷珍妮

摘　要：随着高校转专业政策放宽，转专业学生作为高校中的特殊群体呈逐年递增趋势。刚刚度过“大学新鲜人”的他们将面临更为严峻的新环境挑战，角色适应、学业压力、人际关系等诸多元素将会对学生形成更大的心理冲击，这些问题严重影响了学生的身心健康甚至威胁到校园的安全稳定工作。加强对这部分学生的关注和引导，将进一步扩大和延伸高校学生思想教育工作的覆盖面，从而充分体现高校思政工作的精细化程度，切实提高高校学生工作实效。

关键词：转专业学生　问题分析　应对对策

面对新形势、新情况，大学生思想政治教育工作还存在不少薄弱环节。[1]一项全国高校的调查显示，42%的大学生对所学专业不满意，65%的学生有转专业的愿望。[2]尊重学生的教育选择权，使学生有更大的学习空间，体现了大学人性化发展的教育方向。随着 2005 年《普通高等学校学生管理规定》的修订，高校拥有了学生转专业的自主权。[3]越来越多的同学拥有了可以根据自身情况、兴趣爱好重新选择专业的机会。出于高考失意、学习兴趣、市场导向、个人发展等原因，学生们把转专业视为改变自身命运的机会，甚至是“救命稻草”。[4]学生一方面欢迎转专业制度的实行，一方面在转专业后普遍出现或多或少的不适应问题，甚至对转专业行为出现矛盾评价。在《转专业学生的心理适应及心理辅导问题调研报告——以南开大学为例》（以下简称《调研报告》）问卷中，当被问及“如果可能重新选择，你是否会做出转专业的选择”时，56.41%的同学表示将不会做出转专业选择，做出行为矛盾评价。这充分表明，在转专业之前，很多人对新专业了解存在一定的局限性，对转专业后面对的困难应对不足，造成现实与自己的期望产生偏差。从事不适应或者不喜欢的专业学习会直接影响到大学生的学习效果、未来生涯发展，也会造成国家教育资源的极大浪费。由于大学期间只能有一次转专业机会，很多转专业同学由于自身对转专业行为的盲目性、科学考量和应对困难的准备不足，刚刚度过“大学新鲜人”的他们，如果对新转入专业学习生活环境、人际交往、学业压力等诸多元素的再次不适应，会形成更大的心理冲击，衍生出更多问题，甚至影响到学生身心成长和校园的和谐稳定。因此，加强对这部分特殊学生群体的关注和引导，不仅体现了高校教育管理工作的精细化程度，更进一步扩大和延伸了高校学生思想教育工作的覆盖面，将切实提高高校思想政治教育工作的实效性。

一、转专业动因分析

通过《调研报告》，我们发现转专业学生在转专业动因上存在以下几个特点：

1. 父母文化层次与其对学生潜在影响力正相关

《调研报告》数据显示，绝大多数转系生的父母文化程度较高，七成以上为本科及以上学历。高学历父母对子女目标明确清晰、影响力较大，甚至有可能主导子女的未来选择和发展道路。

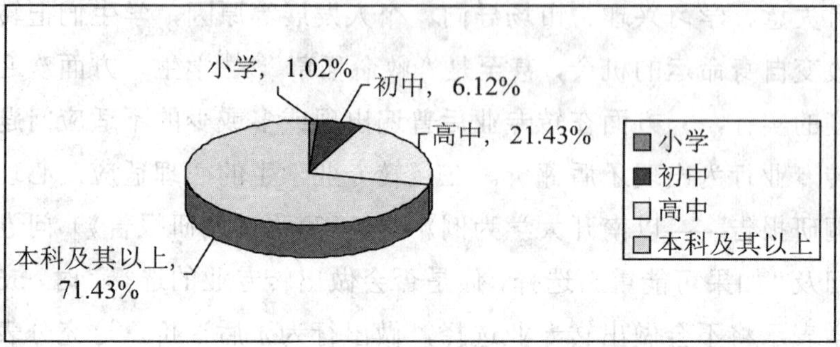

图 1　转系生父母文化程度统计图

2. 高考分数是学生报考原专业的直接原因

数据显示，从主观上看，很多同学在填报高考志愿和选择专业时，多以自己的高考分数为报考依据，一方面体现了“分尽其用”的报考心理，另一方面，由于高考分数不理想，有些人担心复读，只能选择“冷门专业”或服从调剂，进而为转专业埋下“伏笔”。

3. 市场导向是促进学生转专业的主要原因

随着 2003 年高校扩招以来，普通高校应届毕业生人数连年呈现大幅度增长，大学生就业竞争日趋激烈。就业前景好的专业成为学生们趋之若鹜的“热门专业”，就业前景不太乐观的专业则成为学生们敬而远之的“冷门专业”。专业就业前景成为学生选择专业的主要原因。

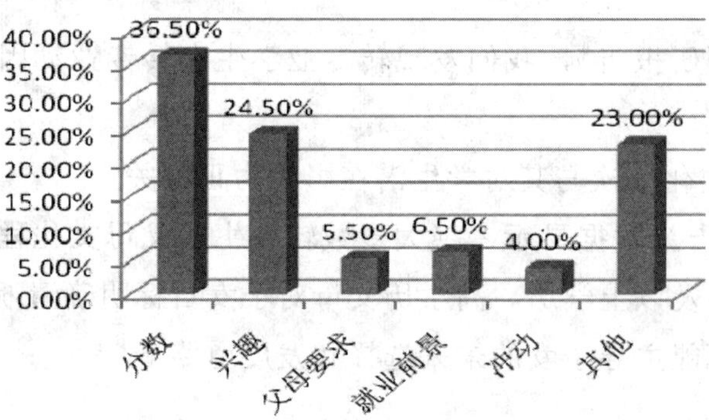

图 2　同学报考原专业原因的统计图

4. 身体原因、专业不适应等是学生转专业的客观原因

个别学生因为自身身体的原因，不适应原专业课程学习，或由于高等教育和中等教育的脱节，学生在填报志愿时缺乏科学、规范和专业的指导，对大学专业设置、课程设置、就业前景存在模糊认识，存在盲目性，导致进入原专业后暴露出认知上的差异性和不适应，成为转专业的客观原因。

二、转入后的学习、生活及心理问题分析

通过《调研报告》，我们发现转专业学生在转入后，在学习、生活、人际交往等方面存在以下几个特点：

1. 对于新专业的预期差距较大

7.14%的同学认为差距很大，几乎不是自己所能想象的，70.41%的同学认为新专业所学和自己原来所想有一点差距。究其原因，概括为以下几个方面：一是过多关注转入专业的热门程度，过于重视其就业前景而忽略自身的兴趣和特点；二是没有充分调研和全面评估新专业的整体情况，对未来所面临的学习环境和学习状况及困难估计不足，没有从身心做好充分准备，容易诱发各种心理问题。

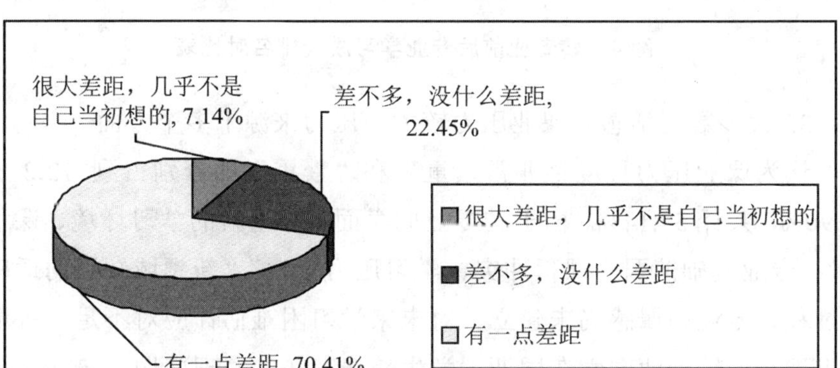

图 3　新的专业课程和原来自己的想象差距情况统计

2. 转专业前后专业排名对比落差较大

通过对转专业前和转专业后排名对比来看，转专业同学的整体成绩存在普遍下滑状态，其学习自信力受到打击，有明显挫折感。根据调查显示，原专业学习成绩在前 15% 以内的，下滑了近 23 个百分点；成绩在后 20%的，上升了 4.5 个百分点；成绩在 50%—80%区间内的，上升了 4.3 个百分点；而处在中间地带的，即成绩在 15%—50%的，仅上升了 4 个百分点。也就是说，从专业内排名的角度来看，学生转专业后学习成绩呈现出下滑态势，这种从“尖子生”到“平庸化”的变化，对学生在自信心等方面造成负面影响甚至造成了沉重的心理压力。

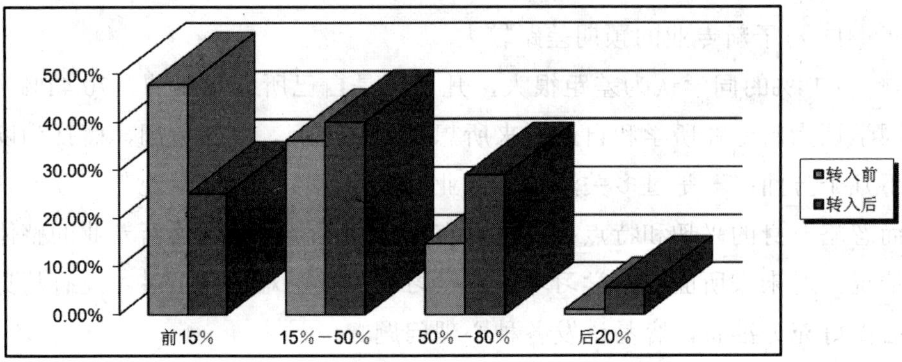

图 4 转专业前后专业学习成绩排名对比表

3. 大多数同学感到课业压力较大，压力来源于多个方面

认为课业压力程度“非常繁重”和“繁重”的分别占到 12.24%和 44.90%，共计 57.14%。由于转专业同学面临“全新的学习环境、课程体系”“专业基础薄弱，课程冲突、学习压力较大”“新领域知识的适应需要过程、专业归属感尚未建立、对未来学习困难估计应对不足”等情况的出现，使转专业同学在同期大学生普遍存在的心理问题上势必将接受更多的压力和更严峻的挑战。

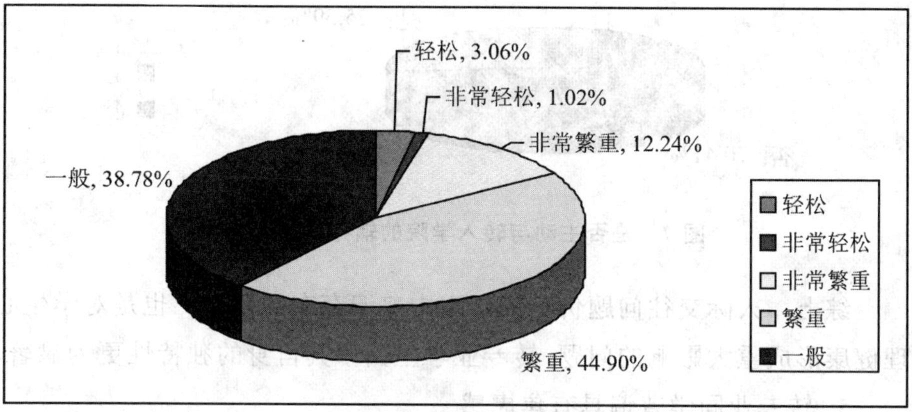

图 5　转系生课业压力程度情况统计

4. 新环境融入度不够，人际交往状况不够理想

人际关系一直是困扰青年学生的主要心理问题。经历了从高中生到大学生的角色转换，转专业同学又即将面临“大学新鲜人”的挑战。全新的老师和同学，全新的学习环境和课程体系，全新的学习方法和学习内容，繁重的学习任务、全新的人际关系等都对转专业同学的心理适应能力提出新的考验。如图 6 和图 7 所示，在参加集体活动上，转系生普遍表现不够积极；在与学院辅导员和专业老师的互动中，存在主观上希望交流，客观上被动和懒惰心理。

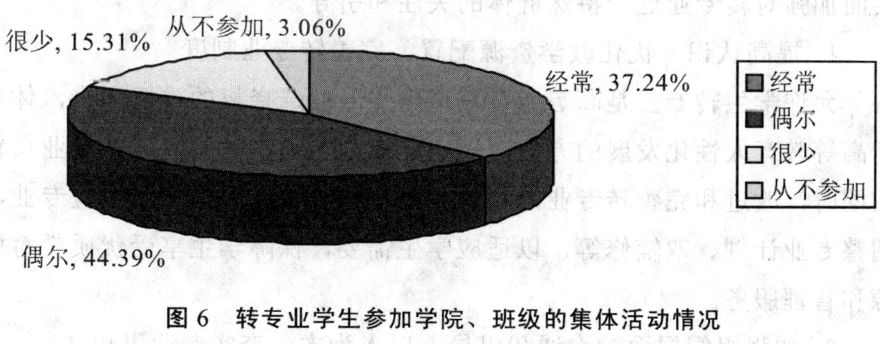

图 6　转专业学生参加学院、班级的集体活动情况

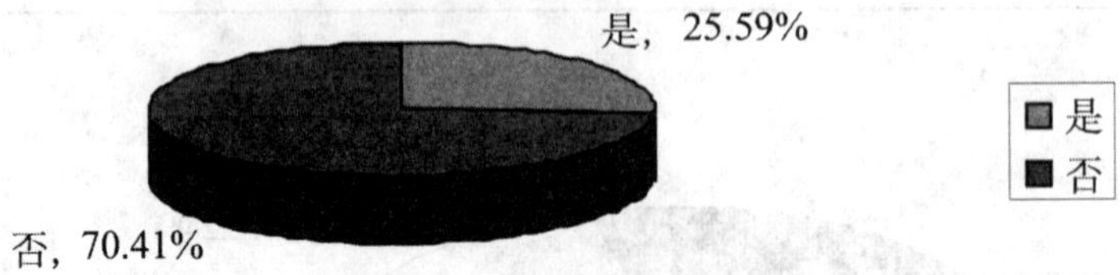

图 7　是否主动与转入学院的辅导员交流统计

综上，人际交往问题仍是大学生中普遍存在的问题，也是对学生心理健康形成重大影响的问题，转专业学生由于其自身的独特性更为显著。

5. 转专业同学普遍具有焦虑感

当问到“转入新专业后是否有焦虑感”时，62.24%的同学答“是”。焦虑来源于课业压力等多个方面，这些心理压力如果长期得不到有效缓解，就可能导致各种心理问题，甚至诱发危机事件。转专业学生作为一个特殊群体，当代大学生的普遍问题在他们身上更为明显和突出。根据某校某热门专业学院 2011 年舆情统计，各类心理及突发事件全年 22 起，转专业学生占 9 起，占全年事件总和的 41%，其中重大危机事件 3 起，均为转专业学生。

三、对转专业同学的对策与建议

根据《调研报告》的结论和建议，我们认为，应在管理层面和教育层面加强对转专业这一特殊群体的关注和引导。

1. 提高认识，优化教学资源配置，完善转专业制度

允许学生转专业是高等教育尊重学生专业选择权的重要举措，体现了高等教育人性化发展的方向。高校应在强化通识教育，拓宽专业口径的同时，改进和完善转专业的相关制度，如选课制度、科学设置专业、调整专业计划、双辅修等，以适应学生需要，保障学生享受优质教育资源和管理服务。

2. 加强组织层面的沟通和引导，以人为本，夯实专业思想

学院要通过丰富的教学内容和多样化的教学手段，加强学生的专业

思想建设，使学生在学习中逐渐建立学习兴趣和专业认同感，并“爱上所选”。转入和转出学院要携手合作，对坚决转专业和不适应本专业学习的学生加强辅导，帮助学生多渠道了解新专业，评估各种风险和建立防范措施，帮助学生尽快适应新环境的学习，建立归属感。

3. 重视群体，关注个体，营造氛围，培养学生健康的人格

针对转专业群体，可通过发展型团体心理辅导加强对这一群体的心理健康教育和疏导，通过团体成员的共同兴趣和目标，探讨提高学习和适应环境的最佳方法，认识更多朋友，主动参与，表达自己，达到自我完善和成长。

综上，由于父母意见的影响、高考分数的限制、就业前景的引导、填报志愿的盲目和高校学制的开放，使得在目前高等教育中较为普遍的存在着转专业现象。但是，因为转专业行为本身也还存在一定的盲目性和不规范性，学生在转专业后也产生了预期差距大、课业压力大、心理落差大、人际关系陌生等一系列问题，高校德育部门应从完善转专业制度、加强专业教育和心理健康教育等方面入手，对转专业等特殊学生群体给予更多更好更精细的教育和管理，促进学生全面健康成长和高校校园和谐稳定。

参考文献

[1]中共中央国务院. 关于进一步加强和改进大学生思想政治教育的意见，中发〔2004〕16号.

[2]刘彤等. 浅谈高校学生自由选择专业的利与弊[J]. 黑龙江高教研究，2004（9）：32—34.

[3]国家教育部. 普通高等学校学生管理规定[EB/OL]. http://www.moe.gov.cn/publicfiles/business/htmlfiles/moe/moe_248/index.html，2005-3.

[4]王有材. 对大学生转专业问题的分析与思考[J]. 科技信息，2011（35）：380.

（作者单位：南开大学）

科学发展观视域下高校新生入学教育机制系统化研究

李伟华　王爱武

摘　要：高校新生入学教育是高校思想政治教育工作重要组成部分。新时期的高校新生入学教育要以科学发展观为指导，坚持以人为本，突出教育的针对性和实效性，切实把思想政治教育工作贯彻在新生工作的全过程。本文论述了在科学发展观指导下，做好高校新生入学教育工作的原则、内容和措施。

关键词：科学发展观　高校新生　入学教育

高校新生入学教育是高校思想政治教育工作的重要组成部分，是高校教育的重要“基石”，应进行系统、整体和长远规划。目前，我国大部分高校新生入学教育较短，缺乏系统性和深入性。而美、英、日等三十多个国家已把高校新生入学教育延至一年，先后成立实施“大学第一年教育”（First Year Experience）项目，简称 FYE。这个项目的实施在帮助学生适应大学生活，增强学习能力方面发挥了重要作用。我国高校管理者应当借鉴国外经验，建立具有中国特色的 FYE 项目，促进高校新生的教育和管理。本文从分析当前高校入学教育存在的问题入手，以科学发展观为指导，对新时期建立系统、科学的新生入学教育机制进行了探讨。

一、当前我国高校新生入学教育存在的突出问题

1. 入学教育时间较短

当前，我国大部分高校新生入学教育时间较短，一般为期一至两周，最长一个月左右。这样的入学教育，虽然对新生适应大学生活有一定帮助，但远不能使新生真正融入大学生活，适应大学学习。

2. 入学教育内容片面

大部分高校在进行新生入学教育时，内容主要局限于校史校情、校纪校规以及专业介绍等方面，对于新生将要面临的学习方法转变、人际沟通、就业形势等实际问题涉及较少。

3. 入学教育模式单一

高校多通过报告或讲座等传统教育方式进行单向说教，而当今大学生对说教方式容易产生反感和抵触，更喜欢师生互动或者以多媒体方式进行学习。此外，一些高校重视对全体学生的入学教育，而对于一些特殊群体的问题关注不够。如偏僻地区少数民族学生或者西部欠发达地区学生的适应问题，应当加以重点引导和教育。

二、建立系统化入学教育机制指导思想和原则

针对上述情况，高校在重视新生入学教育工作的同时，更应以科学发展观为指导，注重入学教育内容的全面性、教育时间的长期性、教育方式的多样性及针对性，多方完善符合学生特点的入学教育机制，把满足学生成长需求与实现学校立德树人这一根本任务有机结合起来。

1. 以科学发展观为指导，建立系统的新生入学教育机制

科学发展观是坚持以人为本，全面、协调、可持续的发展观，是推进我国经济社会全面发展的指导思想，也是加强和改进大学生思想政治教育的指导方针。目前，许多高校工作者仅从局部工作出发，没有从宏观层面观照新生入学教育，致使新生入学教育工作简单化和片面化。因此，高校新生入学教育工作只有以科学发展观为指导思想，以学生为本，

研究学生入学教育规律，才能为学生成才提供良好氛围和广阔发展空间，塑造出全面发展的高素质人才。

2. 坚持以学生为本，注重理性教育与体验教育相结合，促进学生适应大学生活

一些高校进行新生入学教育时，往往采用讲座和报告形式，其特点是易于讲授道理，阐述教育者理念，但教育效果并不理想。体验式入学教育是从新生思想特点和情感需求出发，教育者和新生双向互动，采用系列活动、游戏或者情景设置等方式，让学生在体验中获得情感上的升华和思想上的警醒。这种方式发挥了教育者的引导作用和学生主动性、创造性的特点，具有趣味性和情感性，深受学生喜爱，教育效果较好。如开展拔河、篮球赛以及班级文化建设等系列活动，增强团队精神及凝聚力，使学生能尽快融入班级、融入大学生活。

3. 坚持科学发展，注重短期教育和长期教育相结合，促使学生养成良好习惯

高校新生面对崭新的学习和生活环境，充满了好奇和兴奋，期待着放松的大学生活，很多同学缺乏自律，放松了学习，沉浸在课外活动中，更有甚者沉迷于网络游戏，荒废了学业。因此，需要建立一种长效机制，帮助他们形成良好的学习习惯，进而帮助他们不断自我完善，实现人生价值。目前，一些高校在习惯养成方面进行了有效探索，如在新生一年级开设早晚自习，保证学习时间，这在促使其养成良好学习习惯的同时，对其文明行为的养成也起到了积极的作用。此外，通过举办精神文明月、评选校园文明标兵等多种方式，也极大地推动了学生文明行为的养成，促进了和谐校园的建设。

4. 坚持协调发展，注重集中教育和特殊教育结合，促进学生健康成长

部分高校在入学教育时缺乏对特殊群体或单独个体的针对性教育。如来自偏远地区的少数民族（藏族、维吾尔族）学生，他们一时难以适应内地的大学生活和学习，这就需要教育者要加以细致引导和单独教育，

帮助其尽快地适应校园生活，养成良好的学习习惯。可见，学生的健康成长不仅需要系统规划，也需要教育工作者尊重学生个性，了解学生学习基础、学习能力和生活习惯，探索针对学生个体的生涯规划指导，做到因材施教，因人施教。

三、建立系统化入学教育机制的几点思考

针对目前的高校新生入学教育，笔者认为建立系统化的入学教育机制主要体现在以下几方面：

1. 入学教育内容

新生入学教育内容主要涉及思想、学习和生活三大类，涵盖 19 项内容。主要包括思想政治类，包括理想信念教育、感恩诚信教育、国防军事教育、文明礼仪养成、团队精神教育、校纪校规教育、校史校情教育；学习知识类，包括专业介绍教育、生涯规划教育、学习方法教育、学习能力养成、教务知识教育、信息知识教育；生活技能类，包括安全知识教育、人际沟通教育、心理健康教育、生活技能教育、保险知识教育、社会活动教育。

2. 入学教育阶段

笔者在开展高校新生入学教育内容调查中发现，入学教育可分为初期、中期、后期三个阶段，而思想政治类、学习知识类、生活技能类教育，在入学教育不同阶段发挥了不同作用。入学教育初期，即入学一个月内，为生活适应期，这一时期以生活技能类教育为主，使新生尽快适应大学生活。在此阶段，女生适应能力相对弱，更需要予以关注。偏远地区少数民族学生难以适应内地生活，也是重点关注的对象。入学教育中期，即入学三至六个月，为学习适应期，这一时期以学习知识类教育为主。通过一段时间的学习，一些学生表现出对学习内容不感兴趣、学习态度不够端正、学习方法不科学，考试成绩不佳，这就需要教育者运用教学手段和技能，激发学习兴趣，通过班级学习经验交流、建立学习互助小组，交流科学的学习方法，帮扶学习困难同学，共同提高和进步。

在这一阶段新生思想上易产生一些波动和反复，需进行一些反复性的工作。入学教育后期，即入学六个月至大学第一年结束，思想政治类教育贯穿始终，也是入学教育的强化期。

3. 入学教育保障机制

（1）建立入学教育机构。成立由校领导任负责人，学生管理部门、教务、后勤等部门组成的入学教育领导机构，加强工作指导。山东理工大学曾为加强新生思想教育，建立一年级工作部，该机构以“育人为本”“德育为先”为工作理念，引导学生树立远大理想和近期发展目标，做好科学的生涯规划，帮助新生完成从中学学习到大学学习的顺利过渡，为全面提高学生综合素质发挥了重要作用。

（2）创新入学教育队伍。建立助理班主任队伍，充实入学教育队伍。选拔思想觉悟高、专业基础扎实、学生工作经验丰富的高年级学生干部任新生助理班主任，每班配备一名助理班主任，要求他们深入班级和同学中，做好引导和服务工作，成为新生成长的“小导师”，为其成长导航，为其排忧解难，不让一名学生在入学之初掉队，帮助他们更快更好地熟悉大学环境，适应大学生活。

（3）规范入学教育制度。建立相应的规章制度，明确入学教育工作的原则、内容、步骤、考核方式以及相关部门的工作职责等，使入学教育工作规范有序地开展，保证其达到良好效果。

总之，新生入学教育是一个系统工程，高校管理者要切实重视新生入学教育的系统化和规范化，不断创新，与时俱进，帮助新生尽快适应大学生活，引导他们开展学涯规划，激励他们奋发进取，早日成才，为社会进步与发展贡献力量。

参考文献

[1]李帅英. 高校新生入学教育问题与对策浅析[J]. 河北农业大学学报，2009（11）.

[2]丁研. 重视“大学第一年教育”已成全球共识[N]. 中国教育报，

2009-9-11.

[3]衡峰. 高校新生入学教育体系研究[J]. 科教导刊，2010（11）.

（作者单位：天津职业技术师范大学）

第二篇
素质教育理论与实践

CDIO 模式与高职素质教育的关联性研究

张 勇

摘 要：CDIO 模式是现代工程教育领域先进的方法之一，具有一定的代表性。本文通过对我国高职素质教育现状的深入分析，从人才培养目标与战略决定、环境、技术、文化等四个角度，透视 CDIO 模式与高职素质教育的关联，梳理出适合高职素质教育体系建设的有益部分。

关键词：CDIO 素质教育 关联

随着高职教学改革的不断深化，各高职院校纷纷建立了“工学结合，校企合作”的人才培养模式，改革成果得到了社会的普遍认可。与教学形成鲜明对比，在高职素质教育领域却没有一套实用有效的模式和体系平台。CDIO 模式是美国、瑞典等国家工程教育领域较为成熟的模式，虽与我国的高职素质教育模式、方法有所不同，但在培养体系、评估方法等方面具有借鉴意义，值得高职素质教育工作者进行深入研究。

一、CDIO 模式概述

CDIO 模式是现代工程教育领域先进的方法之一，具有一定的代表性。CDIO 代表构思(conceive)、设计(design)、实施(implement)、运行(operate)，是由瑞典查尔姆斯理工大学（Chalmers University of Technology)、瑞典皇家工学院（The Royal Institute of Technology）、瑞典林雪平大学（Link ö ping University）和美国麻省理工学院（The Massachusetts Institute of Technology）等国外 4 所著名大学共同创立的工程教育改革模式。截至 2008 年年底，CDIO 国际合作组织已有包括麻省理工在内的 36 个成员。

CDIO 教育模式的基本原理是基于实际产业需求，以“在现代团队协作环境中，教育学生理解如何对复杂的增值工程产品、流程和系统进行构思、设计、实施和操作”为基本教学诉求，进行有效的工程教学活动。CDIO 教育模式的目的是要通过在稳健评估和改变过程的支持下，明显提升本科工程教育的质量和内涵。

二、高职院校素质教育的现状

近年来，高职院校在教育部的统一领导下，进行了卓有成效的以“基于工作过程、工学结合、校企合作”的教育教学模式改革，明确了以“就业为导向”的办学定位。

为培养学生的职业能力，学校在硬件建设上，加强了职场氛围的营造，使其显现于各种标记物中，将教育方向指向职业，例如学校建设模拟工厂、仿真车间，行业、企业的模范人物的校园雕塑，企业文化符号融入校园环境等；在教学组织形式上，学校将行业标准、企业规章、工艺流程、操作规范等融入到学生的职业训练中，并在教学管理中借鉴企业的管理方式，让学生在校内与企业零距离接触；在培养模式上，通过订单培养、工学结合、工学交替等，使学生的实践活动带有明显的职业性。

现今，社会在发生深刻的变化，高职学生素质教育在发展过程中也呈现出一些被忽视的问题，具体表现出以下情况：

1. 精神躁动，道德理念弱化

大学生精神追求上的缺失，在社会处于深刻变动时期表现尤为突出。有些大学生告别了信仰，在他们看来，理想是空的、信仰是假的、钞票才是真的，什么理想、信仰均置之脑后。有些大学生逃避、放弃责任，将自己的存在仅仅理解为感官的直觉性与刺激性。

2. 人文素质教育的基础较差

高职院校大都建校时间较短，缺乏深厚的人文科学底蕴。在师资引进、培养方面，侧重在“双师型”的专业教师，缺乏高质量的人文科学教师。仅有的少数人文课程教师无力对全校学生进行人文素质教育。高中是应试教育，提供的人文素养教育有限，高职院校在招生时又是最后一个批次录取，学生对人文科学兴趣不大，这也是高职院校人文素质教育开展不利的原因之一。

3. 心理素质不高，社会适应能力较低

据权威部门统计，有 30%～40%的在校大学生存在着不同程度的心理障碍和心理异常，表现为部分大学生正义感淡化，自我控制和承受逆境的能力较差，遇事容易走极端等。

4. 专业的兼容性差

高职毕业生的现状可以用两个词形容，一个是“丰富”，一个是“短缺”。“丰富”指的是具有单一专业技能的毕业生人数不少，“短缺”指的是具有综合职业能力和职业素质的毕业生却很短缺。

5. 素质教育角度、方法不足

虽然高职院校在教学、实验场所加强了有关职场氛围的引入，但这仅仅是在职业综合素质方面对学生加强了引导和培养，而对于政治思想素质等其他素质的培养和教育却没有体现。

三、从人才培养目标与战略角度，透视 CDIO 模式与高职素质教育关联

1. 从人才培养目标的角度来看，是基于培养工程师或研究性人才

CDIO 模式通过对受教育者进行专门技术、社会意识和创新精神的教育和培养，进而使受教育者能够在复杂的技术和可持续产品、过程和系统的环境下，激发受教育者与现代团队一起，将知识、能力、态度等进行高效、卓越地结合，提升项目和产品水平，满足社会的需求。

2. 从战略的角度来看，是基于解决全球工程专业教育面临相关问题的教育模式平台

例如，各国工程专业教育面临的科学知识与实际能力的培养目标之间出现的紧张关系、建立的共同合作的模式平台。另外，CDIO 模式的标准与美国、英国等区域性改革标准及发展方向保持一致。通过“人才培养目标与战略决定”角度透视两者之间的关联，高职院校在建设具有中国特色的素质教育模式平台上应借鉴和吸收 CDIO 模式在标准制定、专业与非专业素质培养的联动融合等方面成熟的经验。但是 CDIO 模式的人才培养目标在人的可持续发展上表现出来的专业方向比较单一，不适于高职专业群组开发与建设，不利于培养一专多能的高职院校毕业生。

四、从环境角度透视 CDIO 模式与高职素质教育的关联

CDIO 模式从环境的角度来看，是把教育放在“构思——设计——实施——运行”产品、过程和系统的背景中，通过一体化课程，广泛地培养受教育者的人际交往能力以及产品、过程和系统的建造能力。这一环境实施的总体效果大于各部分相加的教育效果，因为在模式中每一个元素都有明确的功能，并且他们相互支持、协调运行、共同作用，以达到预期的教育效果。

通过从环境角度透视两者之间的关联，高职院校素质教育在教育环境上借鉴 CDIO 模式将教育全过程化，通过一体化课程进行推广，强化从公寓、教室、企业等多维度空间开展对受教育者进行思想政治、沟通技巧、生活能力等方面的培训，在专业素质与非专业素质之间形成顺畅的渠道、环境，避免出现“两层皮”的现象。

五、从技术角度透视 CDIO 模式与高职素质教育的关联

CDIO 模式从技术角度来看，是基于经验学习理论，植根于建构主义和认知发展理论。CDIO 模式为受教育者营造模拟的真实环境，提供开放式的教育资源，受教育者通过自主学习、经验学习的不断交替以掌

握完成项目必要的知识和能力。教师通过阶段性的考察发现并修正受教育者在实施项目过程中产生的偏差。这样 CDIO 模式即形成了一个闭环，可以促进个体在其中不断进步。

通过从技术角度透视两者之间的关联，高职院校素质教育与 CDIO 模式都是以具有关联的经典理论作为基础，但作为高职院校还没有在自身的经验中形成具有自身特色的成熟模式。在环节设计上应该注重借鉴 CDIO 模式的开放式教育资源和阶段性考察两部分来充实设计高职素质教育模式。

六、从文化角度透视 CDIO 模式与高职素质教育的关联

CDIO 模式从文化角度来看，是通过打破传统习惯，将学生作为促进改革的因素，对教师的认可与激励、教师的学习文化、学生的期望和对学业的要求等十二项关键因素的组织文化改革，使组织文化适应了工程学科的要求，并且将其置入到了“构思——设计——实施——运行”产品、过程和系统的背景中。

通过从文化角度透视两者之间的关联，高职院校素质教育应借鉴 CDIO 模式在组织文化上的改革，将其调整到适应素质教育发展的轨道上。CDIO 模式过于强化工程色彩的打造，而高职院校素质教育则应该从具有高职特色的文化入手，强调多元化文化氛围的营造。

七、总结与展望

通过从四个角度对 CDIO 模式与高职素质教育现状的关联性分析说明，无论是高职素质教育还是 CDIO 模式都只是受教育者素质能力水平提升的一个平台。两者具有各自鲜明的特点，但高职素质教育与现代先进教育模式还存在着体系接轨、环境融合、文化固化等一系列亟待解决和重构的问题。

面向“十二五”新的发展机遇期，如何更好地提升受教育者对教育项目本身的认同感、拓展其适应工作岗位的能力是工作的关键。我们只

有重新审视并吸收借鉴诸如CDIO模式在内先进现代教育模式经验，依据人和社会持续发展的需要，对受教育者在生活、学习等多环节中不同角色或职责所需的知识、技能及素质进行综合、系统地培训，并运用能够被广泛接受的标准实施测量和考核，使受教育者通过这种多角度、体系化的教育，展现出较高的工作绩效、更全面的综合素质。

参考文献

[1]毛家瑞等. 素质教育论[M]. 北京：人民教育出版社，2009.

[2]Edward F. Crawley, Johan Malmqvist 等. Rethinking Engineering Education: The CDIO Approach[M]. 北京：高等教育出版社，2009.

[3]龚晓琳. CDIO模式下工程教育加强人文素质培养的思考[J]. 中国成人教育，2011.

[4]王旃. 基于约束条件的 CDIO 渐进部署模式研究[J]. 高等工程教育研究，2009.

[5]李曼丽. 用历史解读 CDIO 及其应用前景[J]. 清华大学教育研究，2008.

[6]陈智武，陈珠琳等. 在游戏中培养学生的职业核心能力——以汕头大学工学院EIP-CDIO素质拓展训练营为例[J]. 煤炭高等教育，2008.

[7]白栋英. 关于加强学生素质教育的思考[J]. 北京农业职业学院学报，2008，22（2）.

[8]罗先进，刘喜梅. 浅析高职学生素质教育的理论基础与内涵[J]. 当代教育论坛（管理研究），2010.

（作者单位：天津职业大学）

坚持通识教育与个性发展相结合，培养高素质拔尖创新人才

杨　振　杨志永　程超超

摘　要：通识教育和大学生个性发展对高素质拔尖创新人才的培养都具有重要作用，两者之间存在着辩证统一的关系，只有二者相互结合、相辅相成，才能更好地服务人才培养工作。以天津大学机械工程学院在专业教育、学生党建、科技活动等方面的有益尝试为例，研究高等学校思想政治教育工作如何适应时代发展要求，将通识教育与大学生个性发展良性互动，对高素质拔尖创新人才的培养工作具有深远意义。

关键词：通识教育　个性发展　人才培养　拔尖创新人才

党的十七大报告提出：建设人力资源强国，要提高高等教育质量，努力造就世界一流的科学家和科技领军人才，注重培养一线的创新人才。按照党的十七大对高等教育的要求，进一步转变教育观念，深化教育教学改革，不断提升人才培养质量，是高水平研究型大学建设中的重要任务。

培养高素质拔尖创新人才，对传统的教育模式提出更高的要求和迫切的挑战。通识教育作为一种被广为认同的教育理念，对于大学生的全面发展与综合素质的提升具有深远意义。同时，现代先进的教育模式是开发学生潜能，发展学生个性的教育，高素质拔尖创新人才的培养离不开大学生个性的充分发展。

一、通识教育和大学生个性发展在人才培养工作中的重要作用

通识教育日益受到我国高等教育界的关注，它不仅是一种教育理念，更是一种人才培养模式，是国际高等教育的发展趋势。通识教育的英文表述为“General Education”，从字面上可以直接翻译为“一般教育”，旨在高等教育阶段对全体学生普遍进行的关于基础性的语言、文化、历史、科学知识等内容的传授、个性品质的训练、公民意识的熏陶以及不直接服务于专业教育的人所共需的一些实际能力的培养。1945年哈佛大学《自由社会中的通识教育》一书中通识教育的广义的解释是让学生作为一个负责任、有思想的公民的教育。简而言之，专业教育是侧重于教会学生如何“做事”，通识教育是侧重于引导学生懂得如何“做人”。

在现代社会中，大学生个性的发展，不仅是社会发展的要求，更是教育本质的回归。学生的个性化发展的教育就是教育者注重影响学生个性形成发展的各种因素，在教育的不同阶段运用各种教育手段发掘学生个性潜能的同时，寻找每一个学生身上的优势和闪光点，帮助学生发现其自身潜藏的能量，帮助学生成才。在知识经济时代，知识创新在提高国家的国际地位和威望上起着举足轻重的作用，而知识的创新能力与一个国家拥有具备独特个性的高素质拔尖创新人才的数量直接相关。大学生个性发展成为时代对现代高等教育提出的迫切要求。

二、通识教育与大学生个性发展在人才培养工作中的辩证统一

通识教育有助于构建大学生合理的知识结构、训练大学生创新的思维能力并形成追求创新的品格，是培养高素质拔尖创新人才的重要基础；同时，大学生的个性发展能够极大地发掘学生潜能，引导其在相关领域取得重大成就，是培养高素质拔尖创新人才的关键所在。

1. 通识教育是大学生个性发展的基础

通识教育保证了大学生能够接受到系统而全面的知识学习，涵盖了从自然科学到社会科学的各个领域，从而奠定其在某一方面进行深入的

个性发展的知识和思维基础。同时，通识教育给予了大学生充足的选择空间和时间去尝试和探索，使学生获得最大限度的选择权利，保证学生的个性发展。

2. 个性发展是通识教育成果的集中体现

有了通识教育的基础，大学生能够依据自己的兴趣和爱好，选择自己感兴趣和擅长的领域进行深入研究，充分发展个性并取得一定的成就。通识教育的意义在于打好基础、做足准备，其效用还必须借助于个性发展取得的成绩来体现，因为一个人的时间和精力是有限的，即使是“全才”或“通才”也只能是在某几个领域取得巨大成就，因此充分发展个性才能使通识教育所积累的知识和素养体现出来，并产生积极的社会效应。

3. 通识教育与个性发展相辅相成，服务于高素质拔尖创新人才培养

大学生在接受通识教育之时，可以根据自己的兴趣有所侧重，在自己有特长的方面投入更多的时间，从而取得更高水平的提升，即得到了个性的发展；同时，由于学科交叉，大学生也需要在个性发展之时，进行更多领域的知识积累和逻辑思考，提升通识教育水平；此外，大学生的兴趣方向和个性发展也存在不稳定性，在不同阶段会有不同方向的个性发展，而通识教育给予大学生的是全方位的知识储备，是为这种不确定性提供的可靠保障，使大学生能够在自己感兴趣和适合的领域进行深入研究。通识教育和个性发展是相辅相成，共同为高素质拔尖创新人才的培养提供重要保障。

三、坚持通识教育与个性发展相结合，培养高素质拔尖创新人才

天津大学机械工程学院在尝试教育体制改革、探索高素质拔尖创新人才培养方法的过程中，坚持“以人为本、播精择粹”的办学理念，与时俱进、勇于开拓，注意坚持通识教育与学生个性发展相结合，围绕人才培养中心任务，开展一系列的有益尝试，做出了很大的贡献。

1. 培养专业口径宽、综合能力强的工科拔尖创新人才，拓宽专业发展

（1）坚持通识教育，为个性发展创造氛围。机械学院虽然全部专业均为工科专业，但学院注重坚持通识教育和个性发展并重，倡导学生全面发展。在低年级课程的设置上，不仅有高等数学、工程制图等公共/专业基础课程，还开设了音乐、美术等人文社科类选修课，保证学生的全面发展。在第一年的学习结束后，学生拥有一次转专业的机会，可以根据自己的兴趣爱好重新选择自己的专业，保证学生的个性发展。

（2）广泛学习专业知识，提供广阔的专业方向选择空间。为了使机械学院的学生们能够学习到更多的专业知识，改变以往大二、大三阶段学生过早确定专业方向的弊端，在本科教学阶段不划分专业方向，避免学生过早地被定格，使学生学到更多、更全面的专业知识。同时，学院安排了金工实习、企业实践等一系列实践机会，让学生在实践中锻炼动手能力，增长专业认知，并逐步挖掘自己的专业潜能。在毕业设计阶段，学生可以自由选择自己感兴趣的课题或者研究方向，进入到教师的实验室中进行为期一年的毕业设计，在巩固专业知识的同时也为有意愿继续深造的同学提供了尝试不同研究方向的机会。

（3）提供多渠道的就业机会，尊重学生个性发展。在大三、大四阶段，为学生提供系统的职业生涯教育，分析不同渠道发展的可能性，帮助学生明确自身的发展方向。学生可以申请保送研究生，在大三即可进入专业实验室，开始课题研究，也可以参加全国研究生入学考试，或选择出国留学。同时，学院为选择就业的同学创造各种就业实习、实训机会，提前体验就业环境，从而坚定自己的就业意向。

2. 培养党性强、能力强的各领域优秀党员，带动学生人文素养提升

大学生的思想教育是人才培养工作的重中之重。学院高度重视大学生思想的引领，在学生党建方面进行通识教育与个性发展相结合的尝试。学生党建领域的通识教育即通过引导支部党员和入党积极分子进行党的相关理论的广泛学习和实践，既有马列主义、毛泽东思想等经典理论学

习，又有党的理论与中国特色社会主义事业相结合的最新成果研讨。此外，通过连续三年赴汶川地震灾区支教、志愿服务等形式积极开展社会实践，使学生党员掌握了基本的党的理论知识和一定的理论联系实际能力，带动学生全面发展。学生党建领域的个性发展主要包括两个方面：一是学生党员和积极分子根据自身兴趣和特长，在某一方面深入钻研，达到较高的水平，成为学习标兵、社团骨干、科技强人等，积极发挥模范带头作用；二是设立“党员精英班”，为具备潜力、具有强烈成才意愿的学生党员提供个性充分发展的平台，每期选拔 10 至 15 名优秀学生党员组成党员精英班，开展理论学习、素质拓展，寒暑假社会实践，并设立大学生科技创新俱乐部，鼓励党员个性化发展。

学生党建领域的通识教育和个性发展的有力结合，保证了全体学生党员较高的党性修养和良好的群众基础，培养出一批拔尖、突出的党员精英，使学生党员成为活跃在学生中的一支党性强、能力强、影响力强的可靠力量。

3. 营造科技氛围，促进专业能力提升，引导学生个性发展

在学生科技活动方面，学院也坚持通识教育和个性发展相结合。通识教育即邀请相关专家、学者举行一系列的讲座和报告，普及科技知识，让广大学生增进对专业的了解、把握科技前沿。同时推行“大学生创新性实验计划”和挑战杯竞赛等，让学生有机会在科技竞赛中崭露头角，强化专业知识学习。个性发展即通过本科生进实验室、机器人大赛、FSAE 方程式赛车等项目，让学生参与到自己感兴趣的方向和项目的管理、运作中，在特定领域进行深入研究，已经取得较好的成绩。

在科技领域坚持通识教育与个性发展的紧密结合，对于营造浓厚的科技氛围，促进学生专业能力的提升具有显著的作用。同时，通过引导使学生在某一领域内形成个人的兴趣爱好，从而避免了学生学习中过强的功利主义，也促进了学生自身良好个性的形成。

4. 不断提升学生工作队伍素质与能力，服务人才培养中心工作

高素质拔尖创新人才培养工作作为高等教育理念的重要部分，在实

施过程中离不开高校教辅人员的配合。高校学生工作队伍作为学生思想政治教育工作的主要人员，在学生个性形成、兴趣培养及全面发展等方面起着重要的作用，这对学生工作队伍的工作能力也有更高的要求。学院学工队伍全部为工科背景，在与学生的交流中，能够有效地在专业课程、科研、实践等方面给予指导，但也存在人文素养方面的欠缺。基于这种情况，学院积极组织学生工作队伍参加人文社科、心理辅导等各类专业培训与学习，并定期组织辅导员、班导师开展学习、交流和研讨，解决在具体工作中遇到的问题，服务学生的个性发展，指导学生个性化成长。

在科技发展日新月异、综合国力竞争日益激烈的 21 世纪，谁能培养出最优秀的人才，谁就掌握了主动权。通识教育为人才培养打下了坚实而全面的基础，个性发展则是大学生挖掘自身潜能，取得显著成就的关键所在，两者相辅相成，是大学生成长成才不可或缺的两个关键要素。高校学生工作应适时调整，把握规律，坚持通识教育和个性发展相结合的发展思路，培养更多的高素质拔尖创新人才。

参考文献

[1]庞海芍. 通识教育与创新人才培养[J]. 现代大学教育，2007(1)：97—101. 94—95.

[2]常徽等. 通识教育的历史渊源与当代内涵[J]. 教育新论，2010（11）：11.

[3]李华平等. 试论大学生个性发展[J]. 科教论坛，2008（20）：44.

[4]蔡忠兵. 当前高校开展通识教育的困境与对策[J]. 教育探索，2010（7）：81—82.

[5]孙平等. 大学通识教育现状调查[J]. 教育与职业，2009（7）：43—44.

[6]刘华. 哈佛通识教育理念对我国高校人才培养的启示[J]. 高等教育，2010（3）：16—18.

[7]张家勇，朱玉华. 美国大学通识教育的若干理论问题探讨[J].教育文化论坛，2010（3）：36—37.

[8]理查德·莱文. 通识教育在中国教育发展中的角色[J]. 国家教育行政学院学报，2010（7）：8—10.

（作者单位：天津大学）

“中国近现代史纲要”任务驱动式实践教学探讨*

徐志勇

摘　要：“中国近现代史纲要”任务驱动式实践教学是建立在建构主义的教学理论基础上，教师引导学生在完成任务的过程中，形成自己的知识建构和思想认识。任务的设计应该结合理论授课内容和学生困惑，活动的开展充分利用各类社会资源并结合学生实际生活。

关键词：中国近现代史纲要　任务驱动式　实践教学

思想政治理论课实践教学作为进一步加强和改进大学生思想政治工作的重要环节，作为理论课课堂教学的延伸和补充，已经得到专家学者的一致认可。“中国近现代史纲要”作为思想政治理论课四门公共必修课之一，承担着帮助学生认识中国近代社会发展的历史进程及其内在的规律性，了解国史、国情，深刻领会中国人民选择马克思主义、选择中国共产党、选择社会主义道路的历史必然性的重要任务。这些都有别于学生在中学时代所学习的历史课程中，所讲述的中国近现代史“是什么”的问题。高校学生的学习重点在于引导学生思考中国近现代“为什么”

---

* 基金项目：1. 教育部人文社会科学规划专项项目：提高“中国近现代史纲要”课教学实效性相关问题研究（项目编号 12JDSZK004）；2. 天津师范大学教学改革项目：《中国近现代史纲要》任务驱动式实践教学研究。

会有这样一段历史的问题，正确认识中国近现代史。要解决好这个“为什么”的问题，仅仅依靠理论课教师每周一次的课堂讲解，显然是不可能完成的。配合理论课程的学习所开展的“实践教学”就显得尤为重要。针对这一问题，课题组在开展“实践教学”过程中，引入了“任务驱动式”教学法，取得了一定的效果。

一、任务驱动式实践教学的内涵

任务驱动式教学以建构主义理论为基础，强调以学生的实际生活和学生的积极参与为出发点，围绕教学目标，设定学习任务，将以传授知识为主的教学方式转变为以完成任务、解决问题为主的互动式教学。

建构主义主张，知识是由每一个学生个体在原有知识经验的基础上，通过不同形式的学习，自主建构起来的。教学的意义不是单纯地讲授原有的客观知识，而是通过不同的方式手段，唤起学生个体原有的知识经验，让个体完成知识的自我增长，即个体的知识建构。因此，在教育教学活动中，建构主义主张要特别尊重学生的学习主体地位，肯定学生主动学习、自觉学习和创造性学习的重要作用；要求教师在整个过程中起到引导、组织、促进的作用，通过引导学生承担一定的学习任务，组织学生在合作中学、在情境中学、在互动中学，最终达到让学生对所学知识自主建构的目的。

任务驱动式实践教学是建立在建构主义的教学理论基础上，教师作为教学活动的引导者设置不同类型的实践教学任务，学生个体（或小组）可以自主地选择一方面或多方面的任务，可以在教师规定的时间内自主安排完成的进度，甚至可以自主地选择合作同学和设计实践教学的子任务。学生面临一个真实复杂的任务并在任务完成的过程中扮演着积极的角色，在开发问题解决策略的同时，获得基础知识和技能。在这个过程中，教师应该基本了解学生原有的知识经验，并设计难易适当的实践教学任务，从而最大程度地激发学生的学习动机。在教师的帮助和学生的努力下，学生个体（或小组）主动从真实的任务情境中提取出抽象的、为了整体目的创造的而具有创新性的任务，确立可行性研究阶段任务，在分析任务的过程中产生认知冲突，为了完成任务，搜集有关任务的已有的知识经验，探究新的知识，促使学生主动地建构新的知识系统。

二、任务驱动式实践教学在“中国近现代纲要”的运用

“中国近现代纲要”主要讲述的是中国人民为救亡图存和实现中华民族的伟大复兴而艰苦探索的历史，是全国各族人民在中国共产党的领导下，经过革命、建设和改革，把一个积贫积弱的旧中国逐步变成一个初步繁荣昌盛、充满生机和活力的社会主义新中国的历史。这是学生们经过系统学习的“是什么”的内容，同时也是学生已经形成的现有知识经验。在此基础上，要解决好“为什么”的问题，课题组成员结合讲授该课程五年的实践教学经验，经过近两年的探索，对于任务驱动式实践教学在“中国近现代纲要”的运用，积累了一定的经验。

1. 结合理论内容，了解学生困惑，是制定任务驱动式实践教学方案的基础

马克思在《〈黑格尔法哲学批判〉导言》中说：“理论只要说服人，就能掌握群众；而理论只要彻底，就能说服人。所谓彻底，就是抓住事物的根本。但是，人的根本就是人本身。”在制定任务驱动式实践教学方案的过程中，实践教学教师一方面要牢牢把握中国近现代史的基本线索，另一方面还要牢牢抓住教育主体的需求这个根本。“中国近现代史纲要”教学内容体系分为三个单元：从鸦片战争到五四运动前夜；从五四运动到新中国成立；从新中国成立到社会主义建设新时期。针对这三个单元的教学内容，课题组成员进行调研后，将部分学生中存在的较为典型的困惑总结如下：（1）受“帝国主义侵华有功论”的影响，看不到帝国主义侵略的罪恶本质；（2）受“革命破坏论”等历史虚无主义思想的影响，不能正确认识中国革命的伟大功绩；（3）片面认为中国共产党是外来移植的产物；（4）对于没有共产党就没有新中国的道理理解不够彻底；（5）对于今天发展多种所有制经济与新中国成立初期社会主义改造的认识存

在困惑。

实践教学教师在制定任务驱动式教学方案时，应该充分了解上述问题，而后再制定活动方案。例如，针对"没有共产党就没有新中国的道理理解不够彻底"的问题，我们制定了"历史照进现实"的任务驱动式实践教学方案。把所有同学分为政治、经济、文化、军事四个小组搜集相关资料，然后各组汇总搜集整理所得的材料。在《中国近代史纲要》理论课教师的指导下进行甄选，提取有重要意义的，比较集中反映国共两党差异的材料，在集体讨论基础上学生自主制作多媒体课件，系统分析在国民党占据硬件优势的条件下中国共产党何以能领导全国人民取得三大战役的胜利并且建立新中国，在此完成一个任务的过程中同学们对共产党和国民党发展的历史，形成了自己的知识建构。同时，结合学生特点，发挥学生的想象力和主观能动性，为学生布置自编自演小话剧，并在实践教学课堂上表演，深化同学们的思想认识。

2. 用好社会资源，结合实际生活，是开展任务驱动式实践教学活动的保障

"中国近现代史纲要"的实践教学同以"班级授课制"为主的理论教学的最大不同就是，强调学生主体对实践活动的积极参与和身体力行。在丰富多彩的社会实践活动中，通过教师的适当引导，让学生达到知行合一的目的。为了达到良好的实践教学效果，任务驱动式实践教学在开展活动的过程中，应该充分利用现有的社会资源，与时代热点和社会现实相融合，为学生设计任务环节，让学生进行认知的自我建构。中国近现代的历史与我们今天的生活时间距离较近，在很多地域，完整地保留着记录中国近现代历史变迁的文物建筑、革命旧址、战争遗迹、红色文化、风土人情等，例如天津的五大道各国建筑群、意式风情街、周邓纪念馆等；在我们周围，还生活着很多亲历近现代史发展的革命军人和普通百姓，例如参加过解放战争的老战士、各个历史时期的劳动模范等，这些都是开展任务驱动式实践教学的宝贵财富。

在开展实践教学活动的过程中，让学生带着"历史任务"记录考察

社会变迁，让学生带着“历史任务”与身边的历史的亲历者学习历史，教育效果会更加明显。例如，2011 年为庆祝建党 90 周年，根据实践教学需要和学生来自五湖四海的实际情况，开展了“踏访 90 处革命足迹，强化 90 后青年使命”为主题的实践教学活动，要求学生利用暑假回乡期间，将自己的家乡作为走访的首要对象，可以自行组队，自行确定走访时间和地点。要求学生们不仅要了解踏访地的历史发展，还要记录自己的沿途感受和心得体会。在走访过程中，同学们要通过网络、手机等多媒体工具，随时联系，并在学院专门开放的网络平台上互相交流实践心得，分享所见所闻。同时，此次活动还邀请了河西区军休所参加过解放战争、抗美援朝战争的老战士们、新中国第一代女飞行员等担任特聘指导教师。走访结束，同学们上交了心得体会，实践教学教师组织召开交流会，特聘指导教师与同学们一起畅谈感受，同学们对祖国突飞猛进，日新月异的变化表示惊叹，感恩美好生活的来之不易。

三、启示与反思

在开展任务驱动式实践教学的过程中，“任务”是任务驱动实践教学中的重要内容，“任务提出”是开展实践教学的前提。为此，实践教学教师在活动前一定要做好调研，考虑周全，根据“90 后”学生的心理特点，设计相关任务来激发学生的学习积极性，调动学生的热情。任务既要有创新性，又要符合理论课堂需要，这样才能推动学生实现“要我学”到“我要学”转变，主动在活动中深入思考，有所收获。此外，要做好对任务驱动式实践教学的组织，确保实践教学活动的全员参与。在同学们确定合作小组之前，教师可以首先提出建议组成情况并进行恰当的分工，在此基础上过渡到学生自己协商分工，根据每一次的任务情况确定小组成员的人数。同时，实践教学教师要通过多种途径，例如微博互动、任务检查等，做好对任务驱动式实践教学活动过程的评价和结果评价。

参考文献

[1]姜洪鹏，张赢. 任务驱动式教学中任务情境创设原则探析[J]. 新课程研究，2010（6）：35—36.

[2]姜洪鹏，张赢. 任务驱动式教学中任务情境创设原则探析[J]. 新课程研究，2011（6）：8—10、35—36.

[3]中共中央宣传部，教育部. 关于进一步加强和改进高等学校思想政治理论课的意见，教社政〔2005〕5 号.

[4]李朝阳. 高校思政课实践教学与课堂教学的同进互补——对一次由辅导员承担的思政课实践教学的感悟[J]. 学理论，2013（17）：12—13.

[5]李松林，韦磊."中国近现代史基本问题研究"学科研究报告[J]. 思想理论教育导刊，2013（4）：39—50.

[6]黄长义，杜志章."中国近现代史纲要"课程质量标准研究概述[J].学校党建与思想教育，2009（10）：35—36.

[7]柳礼泉. 大学思想政治理论课实践教学研究[M]. 长沙：湖南大学出版社，2006.

（作者单位：天津师范大学）

导师与研究生关系的实证研究

——以天津师范大学为例

陈　洁　王　然

摘　要：导师与研究生的关系，对研究生的培养和发展至关重要，也是开展研究生思想政治教育的基础。本文以天津师范大学为例，采用问卷调查和个案访谈相结合的方法对该校导师与研究生之间的关系做了初步探究，在对导师与研究生关系的现状和主要影响因素进行分析的基础上，为融洽师生关系提出合理化建议。

关键词：导师　研究生　师生关系

2010 年教育部《关于进一步加强和改进研究生思想政治教育的若干意见》出台，明确提出：“充分发挥导师在研究生思想政治教育中的首要责任人的作用”，进一步将大众视线聚焦到导师与研究生之间的关系及其作用的发挥上。众所周知，师生关系是研究生人际关系的重要组成部分，对研究生的学术研究、观念培养和人格塑造有着重要的影响。导师如何“导”，研究生如何“研究”，二者关系是否和谐，对整个研究生教育质量的提高影响巨大，更关乎到我国高等人才的培养、科学技术的进步和创新能力的提升等一系列的问题。

自1999年高校扩招以来，研究生的年增长速度达到了26.9%，而师资力量的增长却无法与之匹配，部分高校出现了一名导师指导数名研究生的现象，导师和研究生间的交流减少、关系紧张。此外，一些院校单纯地强调导师负责，虽便于学术传承，但导师过于强调个人影响又阻碍了学术的交流和发展。

此次调查依托天津师范大学，采用问卷和访谈相结合的方式，力图了解该校导师与研究生的关系现状，发现问题、总结经验，为建立师生良性的互动机制提供参考。

一、研究方法

本次调查的对象为2011级、2012级、2013级全日制硕士研究生。按照性别、年级和院系进行分层分类抽样，涉及的学科领域包括文科、理科和其他三个方面。调查内容包括研究生/导师的个人的基本情况、导师指导研究生的数量、研究生与导师的交流状况等，在问卷最后是有关师生关系的期望和改进措施的开放性问题。调查共发放问卷400份，有效回收330份，有效回收率为82.5%，采用SPSS软件对所得数据进行统计分析。

二、调查结果与分析

1. 被调查对象的基本情况

在样本的性别构成上，男生123人，女生207人；一年级的硕士研究生占32.4%，二年级和三年级的分别占38.2%、29.4%；在专业领域上文科类学生占57.9%，理科类学生占38.5%，其他占3.6%。

表1　被调查对象的性别、年级和专业领域

	性别		年级			专业领域		
	男	女	一年级	二年级	三年级	文科	理科	其他
人数	123	207	107	126	97	191	127	12
百分比（%）	37.3	62.7	32.4	38.2	29.4	57.9	38.5	3.6

另外，通过“您导师的职称是什么”这一问题了解到，被调查者的导师中副教授的占 51.6%，教授的占 48.4%，其中 38.2%的为博士生导师。如果我们用导师的职称来衡量其学术水平的高低，不难发现该校在研究生导师的学术梯队建设上水平较高。这不仅对学科的发展起到推动作用，更有利于增进研究生与导师的学术交流，提高研究生的质量。

2. 导师指导研究生的数量

调查结果显示，导师指导 1—5 名研究生（各年级研究生都计算在内）的占 38.6%；6—10 名研究生的占 48.7%；11—15 名研究生的占 10.3%；15 名以上研究生的占 2.4%。在导师资源和能力有限的情况下，应合理限制其所指导的研究生数量，保证与学生交往的次数和质量。研究生的培养工作不仅在量上，更要注重质的优化。适当的研究生数量可以使师生这一群体的效能达到最大的发挥。

3. 研究生所做科研项目的数量和性质

研究生参与导师的科研项目，实现了由理论到实践的转化。研究生不仅能够达到学习和积累知识、增强创新能力的目的，更能通过与导师的充分沟通，对师生关系的维系起到不可忽视的作用。但在教育市场化的过程中，很多导师把科研项目当成了一个“生产”的过程，研究生与导师之间的关系也演化成了雇主与雇员的关系。导师利用研究生廉价劳动力的特点将其束缚在“生产线”上，这使研究生没有更多的时间和精力投入到自己的学习和研究中，很容易造成师生之间关系紧张的局面。

在对该校研究生的调查中，没有帮助导师做过项目的有 19 人，占 5.8%；帮助导师做过一个项目的有 185 人，占 56.1%；帮助导师做过两个项目的有 74 人，占 22.4%；帮助导师做两个以上项目的有 52 人，占 15.8%。在问及项目对研究生的帮助性上，有 84.3%的研究生认为帮助很大；12%的研究生认为有一些帮助；3.7%的研究生认为与自己所学专业无关或者只是些简单重复性工作对于自己没有帮助。以上数据说明，该校导师总体上为研究生提供了充分的科研机会，大多研究生都表示，在协助导师完成科研项目的过程中学到了知识、锻炼了能力、增进了交流。

4. 研究生与导师的交流情况

关于这部分的研究我们主要从研究生和导师以及其他导师的交流两个方面来进行测量，其目的主要是想了解在单一导师负责制的基础上，是否采取了集体培养的方法。研究生和导师的交流涉及交流的频率、每次交流的时间、交流主动性和交流不足的原因四个方面；研究生和其他导师的交流主要包括交流的频率和导师的态度两个内容。

（1）研究生和导师的交流情况

表 2 显示，有一半以上的导师每周能够和研究生交流一次，这基本上达到了预期的交流频率。但也有近 30%的研究生与导师仅每月或每学期交流一次甚至是几乎不联系。长此以往，会造成师生之间的交流障碍，不利于研究生拓展自己的知识面。

表 2　导师和研究生交流的频率

	几乎每天	几乎每周 1 次	几乎每月 1 次	每学期 1～2 次	几乎不联系	其他
人数	28	179	78	14	5	26
百分比（%）	8.5	54.3	23.6	4.2	1.5	7.9

从导师和研究生交流的时间长度来看，大部分都集中在半个小时以内，只有很少部分在 1 到 2 小时或者 2 个小时以上。研究生在学习中遇到的问题和产生的想法不能及时、有效地表达，对实现充分沟通产生不利的影响。

表 3　导师和研究生交流的时间长度

	半小时以内	30 分钟到 1 小时	1 小时到 2 小时	2 小时以上
人数	169	91	57	13
百分比（%）	51.2	27.6	17.3	3.9

在双方沟通的过程中哪一方采取更加积极主动的态度关乎到了沟通的效果，对于发现问题和解决问题有很大的影响。研究发现，只有 27.9%的导师能做到主动与研究生进行交流，大多情况是研究生遇到问题和困难后主动联系老师。

在问及“您认为与导师交流较少的原因是什么”的时候，有 54.9%的研究生认为导师公务繁忙、应酬较多，没有太多的时间；25.8%的研究生认为是导师所带的研究生数量太多，无暇顾及；17.6%的研究生将原因归咎于自己过于害羞，缺乏勇气；仅有 1.7%的研究生选择了导师水平一般，没有交流的必要。的确，现在很多导师都同时兼有教学、行政和社会工作，工作的繁忙使他们没有更多的时间顾及学生的学习、研究和生活，更不用说经常面对面的沟通。这也是应该引起学校重视，亟待解决的重要问题。

（2）研究生和其他导师的交流情况

调查结果显示，研究生和其他导师交流的机会并不很多，经常交流的只占到了 13.4%（见表 4）。虽然在研究生的培养中明确规定实行“导师负责，集体培养”的方法，但导师组的作用没有受到重视。很多学生进校分导师后，虽然还上其他导师的课，但对自己导师的知识体系接受较多，大部分研究也是在自己导师的指导下完成的。这不利于研究生进行跨学科、多角度、深层次地学习，严重束缚了他们在学术创新上的主动性和积极性。

表 4　研究生和其他导师交流的频率

	经常交流	有时交流	偶尔交流	从不交流
人数	44	176	97	13
百分比（%）	13.4	53.3	29.4	3.9

为了进一步了解其他导师的态度对于师生之间交流的影响，问卷特别设计了“您认为在和其他导师交流的过程中他们的态度是”这一问题。有 57% 的研究生认为导师的态度很热情；30.5%的研究生认为导师的态度一般；9.2%的研究生认为导师的态度不太热情；仅 3.3%的研究生认为导师的态度很不热情。这说明该校导师尽到了自己的职责，在和学生的交流中能够做到热情、耐心，其他导师的态度对于师生之间交流的影响并不显著。

5. 导师和研究生之间的关系类型

师生之间的关系类型会影响到师生之间交流的广度和深度。我们从师生交往中的角色关系和管理方式两个方面分别进行了调查研究（见表5）。从双方交往中所扮演的社会角色关系看，研究生和导师的关系更多的是普通师生的关系，即一种纯学术关系，双方的权利和义务限定在指导与被指导上，研究生在日常生活和情感上的问题很少会像与父母一样和导师倾诉。另外，也有 11.2% 的研究生认为自己与导师的关系应该用“雇主和员工”来定义，类似打工一样，研究生帮助导师完成项目并从中获得一定的劳动报酬。从导师管理方式来看，松散型所占的比重最大，这主要是由于导师项目不足、所带研究生过多、工作较繁忙、很少主动和研究生交流等多方面原因造成的。导师“一言堂”的权威型关系和平等的民主型关系分别占 26.4%和 29.4%。在调查访谈中研究生更期望和导师之间建立民主型的关系。他们认为，这样可以为师生之间的交流创造一个和谐舒适的环境。

表 5　研究生与导师关系类型

	社会角色关系				教师管理方式		
	雇主员工	普通师生	家长子女	一般朋友	权威型	民主型	松散型
人数	37	194	16	83	87	97	146
百分比(%)	11.2	58.8	4.8	25.2	26.4	29.4	44.2

三、结果与讨论

从分析结果看，以天津师范大学为例，该校的导师和研究生之间的关系总体比较和谐。师生关系的融洽程度基本令人满意。但也不难发现，双方在交流情况和关系类型上还有待改善。结合学校特点，笔者认为可以从以下几个方面进行改善：

增强导师育人的主动性。身为导师，不仅要负责研究生的学术培养，同时也要担负起“思想政治教育首要责任人”的工作，关心研究生的个人发展。导师应权衡好精力的分配，如因自身肩负过多的行政工作或社会事务，无暇顾及研究生的学习和成长，长期势必影响二者的和谐关系。其次，权威和信任来源于导师的个人素养和学术能力，并非是手中的权力。在师生交流的过程中，导师不能只把自己看成主体，把自己的观点看成是定论，应该尊重研究生在某些问题上的想法，启发他们的创造性。再次，导师应该在学术上保持严肃认真的态度，但同时注意与学生沟通的方式。调查显示，学生比较喜欢的导师具有“平易近人、幽默风趣”等性格特点，在师生之间构建一个轻松愉悦的交流环境，对那些胆怯、畏惧与导师交流的研究生来说这是十分必要的。

坚持集体培养的原则，建立和发挥导师组的作用。本次调查发现，研究生得到其他导师指导的机会并不是很多。研究生学习的知识大多具有“综合性、交叉性”的特点，有的导师因为时间和精力等客观条件的限制无法对每一名研究生进行充分详细的指导。因此，在坚持导师负责的基础上强化集体培养是十分必要的。一方面研究生要勇于向其他老师请教，另一方面导师也要鼓励自己的学生进行多领域的学习，打破学院和专业的限制。除此之外，学校也可以推行“老带新、博带硕”的方法，在学生内部扩大交流和学习，从而增强合作意识，完善知识体系。

明确指导周期，在师生之间开展各种互动活动。为解决研究生和导师交流频率较少的问题，学校可以合理规定师生之间每星期、每月甚至每学期见面交流的次数，作为教师考核的重要指标，也可以根据专业特点在师生间开展读书会、联谊会等活动，促进师生之间的交流。

参考文献

[1]徐娜. 高校研究生导师指导方式的问题与对策研究[D]. 重庆：西南大学，2007.

[2]高鹏，李媛，张伟倩. 关于导师与研究生关系的调查和实证分析[J]. 科学学与科学技术管理，2007（4）.

[3]许克毅，叶城，唐玲. 导师与研究生关系透视[J]. 学位与研究生教育，2000（2）.

[4]陈桂生. 导师与研究生关系的事态评述[J]. 江苏大学学报，2004（3）.

[5]彭国华，甘永涛. 充分发挥导师组作用，提高研究生培养质量——对硕士研究生教育中师生关系的问卷调查与分析[J]. 现代教育科学，2003（1）.

（作者单位：天津师范大学）

南开大学理工类本科学生科研创新状况调查研究

吴　颖　林苑菁

摘　要：开展本科学生科研创新状况调查研究，有利于发现当前本科生参与科研创新活动存在的问题，并探索完善相应的机制，是当前高校重视学生科研创新工作的有益尝试。以南开大学理工类学生为例，面向全体本科生进行问卷抽样调查，分析了理工类本科生的参与科研创新活动的现状及存在的问题，从拓展参与渠道、促进资源整合、注重氛围营造三个方面提出促进本科学生科研创新的对策及建议。

关键词：理工类　本科生　科研创新　调查研究

我国经济高速增长的同时，也面临着经济发展的巨大挑战。能否长期持续保持经济的稳步增长，其关键是能否培养出一大批高素质具有创新能力的人才。近几年，随着国家创新体系的构筑与高等教育的发展，提高教育质量成为本科生教育的紧迫课题和时代的强音，其中培养大学生的科研创新能力已经成为提高人才培养质量的重大举措。科研创新等实践活动对于理工类学生的能力培养有重要作用，有利于将理论结合实践，符合南开大学“公能”素质教育的新要求。

一、相关概念

科研即科学研究，一般是指利用科研手段和装备，为了认识客观事物的内在本质和运动规律而进行的调查研究、实验、试制等一系列的活动。其基本任务就是探索、认识未知，为创造发明新产品和新技术提供理论依据。

创新是以新思维、新发明和新描述为特征的一种概念化过程。创新是人类特有的认识能力和实践能力，是人类主观能动性的高级表现形式，是推动民族进步和社会发展的不竭动力。

二、数据与结果分析

南开大学属于典型的综合性高等院校，下设 10 个理工科学院，学科门类、专业设置等均具有普遍性，因此对南开大学的理工科本科学生开展科研创新状况调查具有一定代表性。本次调查发放问卷 180 份，回收问卷 170 份，问卷样本涵盖南开大学所有理工科院系，调查结果如下：

1. 基本认同科研创新能够带来收获，但参与度不高

调查结果显示，学生基本认同科研创新能够带来收获。有 59%的学生认为参与科研创新能够获得收获，37%的学生认为收获一般，4%的学生认为收获不足；认为参加科研创新活动对未来升学或工作有利占 54%，效果一般的占 40%，没有帮助的占 6%。

但是，数据表明科研创新参与度及参与效果不乐观。明确表示参与过科研创新的学生仅占 40%，没有参与过科研创新的占 60%。其中，大四没有参与过的占 32%（于毕业设计开展前调研），大三没有参与过的占 33%，大二没有参与过的占 67%，大一没有参与过的占 85%。在参与过科研创新的学生中，仅有 16%的学生能够非常好地按照预期进度完成，然而分别有 68%、15%的学生认为完成情况一般，或者不太好。学生参与科研创新的良好氛围并未形成。

2. 能够获得一定支持资源，但力度明显不够

问卷对学校现有资源对学生科研创新的支持力度进行了调查。在实验及实践的课程设置方面，仅有17% 的学生认为非常足够，57%、27%的学生认为基本够、不够；在实验及实践课程是否与理论学习同步方面，分别有 16%、55%的学生认为非常适合、基本同步。在关于“参与学校国创、百项等对于提高科研创新能力的帮助是否明显”的问题中，有50%的学生认为效果非常明显，42%的学生认为一般，8%的学生认为不明显，可见目前学校一直坚持的国创、省创确实对促进本科学生参与科研创新起到了较大的推动作用。在“您认为学校对于科研创新及竞赛的鼓励措施是否能起促进作用”的问题中，认为作用明显的有38%，认为一般和不足的学生分别有 49%、13%，说明学生对于学校出台更多、更有效的鼓励措施有很大的期待。对于学校提供的科研创新经费，分别有21%、51%、28%的学生认为非常足、一般、不足。

特别值得关注的是，指导教师、实验室、学术资料搜索成为学生最关注的支持资源。在“您认为指导教师是否重要，如选题及克服科研过程中的难关”这个问题中，选择“非常”的高达73%，而选择“一般”和“不足”仅占24%、4%，说明学生在开展科研创新的过程中非常期待能够获得专业教师的指导。在询问是否经常利用学校的学术资料搜索资源时，选择“非常”的仅占10%，选择“一般”和“不足”的分别占58%、32%。在“是否经常利用实验室资源进行科研活动”中，选择“非常经常”的仅占10%，选择“一般”“不足”的高达30%、60%，目前学生对高校科研资源的利用度并不高。

3. 科研创新氛围营造不够，支持体系不完善

为了解本科学生科研创新氛围状况，在“您认为科技类社团对于营造氛围是否起了作用”的问题中，选择“非常”的占到36%，而选择“一般”和“不足”的则分别占50% 和14%；“您是否期待有更多关于科研创新的学术报告和科普讲座”的问题中，选择“非常”的学生高达61%；当问及“您是否会因周围同学的科研创新成果而受到鼓舞”，有50% 的

学生选择“非常”受鼓舞。这三个问题充分说明学校对于科研创新氛围的营造程度还不够。

问卷还重点对制约科研创新活动成功与否的“团队合作”“选题方向”等关键性因素进行了调查。高达71%的学生认为团队合作“非常”有利于激发科研创新的灵感，更有高达88%的学生相较于“单独研究”更喜欢选择“团队合作”。而在“您选择科研方向是否会与社会热点问题结合”的问题中，仅有38%的学生选择“非常”，选择“一般”和“不足”的分别占到52%、10%，充分说明学生将科研创新与社会需求结合的意识还不够强烈。

为进一步探讨、完善科研创新的支持体系，我们对学生参与科研创新的动机进行了调查。按照选择频次由高到低分别是锻炼实践能力、积累科研经验、有兴趣、丰富个人履历、为升学提供帮助、对找工作有利、充实课余生活，分别是135、129、86、84、54、45、12频次。可见，本科学生选择参与科研创新的动机并不“急功近利”，大多数学生是为了提升自己的实践能力、创新能力，或是基于自身兴趣。

三、促进南开大学理工类本科学生科研创新的对策思考

通过以上分析可以看出，南开大学理工类本科学生的科研创新状况面临着一些亟待解决的问题，一方面无法适应当前国家大力实施“创新驱动发展”战略的背景，另一方面也很难实现培养学生“创新精神、实践能力和社会责任感”的重要任务。因此，需要深入探讨能够激发学生参与科研创新热情的对策。

1. 拓展参与渠道，降低科研创新“门槛”

参与度是衡量学生参与科研创新程度与效果的一项重要指标，学校应着眼于不断拓展学生参与科研创新的渠道，将“大众化参与”与“精英化培养”置于同等重要的位置。

一是要降低参与科研创新的“门槛”，让“思考”和“创新”成为学习生活中的常态，倡导“人人可创新，随时随地可创新”的意识，加

强以“激发兴趣”为主导的科研创新。这就要求学校应该满足不同年级层次、不同学科背景学生的广泛需求，激发学校学院各级部门的热情，依靠科技类社团等学生组织，大力扩大科研创新的覆盖面。

二是要继续深化科研创新精英人才的培养方式。学校应转变原有仅注重“挑尖子”的粗放式选拔模式，建立更为通畅的创新人才选拔通道，确立前景远大、资源丰富、和谐创新的重点支持团队，给予科研兴趣浓厚、动手能力强的学生及时的专门指导。

2. 促进资源整合，完善科研创新支持体系

学生开展科研创新活动的全过程要依靠各类资源的支持，关键资源的缺失将可能在活动前期即增加“成本”，使得原本信心满满的学生逐渐失去热情和动力。这就需要在硬件方面，给予足够的环境、实验器材、学术资源等支持，这是开展科研创新的先决条件。实验室是理工科学生科研创新开展实施的重要场所，应当在不挤占基础教学、科研课题组的基础上，整合开辟出更多条件更好的适合于学生开展自主科研创新的实验室；资金支持方面继续加大投入比重，积极采取校企合作、校友支持等多种方式，逐渐扩充科研创新的经费总量；学术资源方面，在引进全世界最新、最优秀的创新成果的基础上，教给学生获取途径，并鼓励其积极利用学术资源开展科研活动。

在软件方面，课程准备、师资支持是两项最为重要的必备条件。作为开展科研创新的前提，理论课程及实验（实践）课程的学习是非常必要的，二者分别承担着传授经验总结和实践操作的任务，具有不同的讲授方式和学习方式，教师和学生应把握科学有效的方式，将二者的学习融会贯通。指导教师则是另外一个相当重要的资源，当学生开展科研创新遭遇“瓶颈”时，需要有知识广博、专业精湛、经验丰富、态度热情的教师给予及时指导，而指导教师的选拔往往需要突破科研课题组、学院，甚至学校的限制，这就要求学校尽快建立科研创新指导教师的大体系，在全校范围内高效整合和配置教授、实验师等教师资源，促进科研创新中的学科交叉与融合。

3. 注重氛围营造，建立科研创新动力系统

理工科学生的科研创新还需要依靠营造良好的氛围来维持和促进，在“参与渠道足够多、资源整合效率足够高”的前提下，“氛围营造”能够给学生科研创新注入活力，进而逐步建立一套完备的动力支持系统。

一是秉持踏实肯干的作风，开展更多形式新颖、主题活泼、时代感强的科研创新活动，最大程度地调动最广泛学生的积极性，同时注重开展实效，以提高学生的参与范围和参与热情，建立适于学生的多角度、多元化的自助动力系统。

二是加大科研创新成果的奖励力度及措施。建立科学、合理、可行的考核评价体系，通过规范的制度保证考核过程的专业性和公平性，在对科研创新成果进行物质奖励的同时，还应特别重视精神层面的奖励，例如加大对获奖团队事迹的宣传报道，促进科研创新成果的专利申请、后期转化等，真正提升创新团体和个人的科研动力。

三是要突出引导“满足社会需求”的科研创新立项选题。科研创新与社会需求的接轨不仅能及时解决社会发展中亟待解决的问题，实现科研成果的最终利用价值，还能更好地体现学生“服务国家人民”的个人价值，促进学生树立强烈的荣誉感和责任感，激发后续更大的科研创新热情，实现可持续的人才培养良性循环。

四是注重科研创新团队的示范效果。理工科学生优秀的科研创新成果均需要依靠“团队作战”方能实现，“单打独斗”即便能在短时间内取得成果，也无法实现研究的长期性及成果的最大化。调查数据也表明学生们更愿意以团队的形式开展科研创新，特别是跨学科、跨专业的组队形式。因此，依靠团队的示范效应能够有效地引导更多学生积极主动地开展科研创新。

总之，南开大学理工科本科生的科研创新不仅需要获得更多的资源支持，还需要形成一股师生齐心的高昂气势，共同拓展好渠道、营造好氛围，勤于思考，乐于实干，不断提升学校对科研创新的关注度和支持度，主动适应和大力推进学校实施“公能”素质教育的新背景、新要求，

为实现学校“国内一流、世界知名”的建设目标做出贡献。

参考文献

[1]李明等. 本科生创新能力培养的探讨[J]. 土木建筑教育改革理论与实践（第八卷），2009.

[2]雷琳. 谈本科生创新能力培养制度化建设的几点体会[J]. 高等教育研究学报，2009. 32（2）：93—97.

[3]杨学海. 学习兴趣培养与大学生科研创新关系思考[J]. 教育教学论坛，2011（09）：106.

（作者单位：南开大学）

第三篇
大学生心理健康教育

当前研究生心理健康调查及现状分析

——以天津理工大学为例*

林　健　安　薇

摘　要：为探讨硕士研究生这一特殊群体的心理健康状况，以便更好地开展研究生心理健康教育工作，本文随机选取800名研究生为被试施测 SCL-90 量表，结果显示，研究生的心理健康状况整体是较好的；女研究生的抑郁因子和恐怖因子显著高于男研究生；工科和理科研究生的心理健康整体状况好于文科和管理类研究生，并针对如何改善研究生的心理健康状况提出了的建议和对策。

关键字：心理健康　SCL-90　研究生

研究生一直被社会视为高学历受教育群体，他们通常被认为具有成熟的心智、良好的自我管理和较高的心理素质，然而随着近年来研究生不断扩大招生，研究生教育业越来越趋向于大众化教育，使得研究生的就业压力和社会竞争力越来越大，研究生的心理压力也不断增加，并伴随一定的情绪和行为问题。但是，研究生的心理健康教育工作却一直被

* 2011年度天津市委教育工委重点调研课题“研究生心理健康现状及危机干预机制研究”

高等教育所忽视。

调查结果显示，近十年来北京部分研究生休学、退学的人群中有大约三分之一的原因是心理问题；某地区高校近三分之一的研究生存在各种各样的心理问题，但却仅有不到十分之一的学生愿意选择心理咨询的方式解决自己的心理问题。研究生在教育系统中属于较高层次的群体，他们的整体心理健康状况如何，将会影响其自身和整个社会群体的发展。因此，他们的心理健康状况值得我们关注。

本研究以心理学理论为指导，采用 SCL-90 症状自评量表对天津理工大学 800 名在校研究生进行问卷调查，旨在更加全面、深入地了解研究生心理健康状况，从而为研究生教育和日常管理工作提供依据。

一、研究对象及方法

本次研究以随机抽样的方式选取天津理工大学在读研究生进行调查，共发放问卷 800 份，回收问卷 740 分，有效问卷 711 份，问卷有效率 96%。本次调查采用症状自评量表（SCL-90）。SCL-90 是在国内外广泛应用的心理健康水平测试量表。本文中的量表采用五等级计分法，共 90 题，分为 10 个分量表。所有数据结果通过数据统计软件包 SPSS11.0 进行处理，剔除无效数据，对有效数据进行描述性统计分析、T 检验、方差分析和事后方差分析等。

二、研究结果

1. 总分

SCL-90 的总分最高分 366 分，最低分 90 分，总分的均分为 129.8，标准差为 34.10。由图 1 可得 SCL-90 的分布不是一个正态分布，低分者较多，所以这个结果符合人群的基本规律。

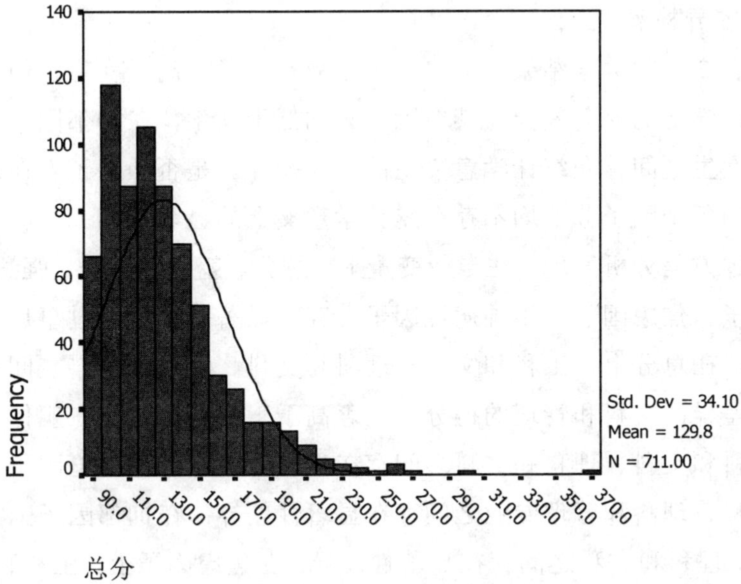

图 1 SCL-90 总分的总体分布图

2. 因子分和阳性检验

被试在各因子上的得分如表 1 所示。由数据可以看出被试十个因子的得分均低于常模 2.0 分，说明研究生的心理健康状况整体是良好的。

表 1 因子平均分

因子类型	躯体化	强迫症状	人际敏感	抑郁	焦虑	敌对	恐怖	偏执	精神病性	其他
得分	1.2819	1.7059	1.5736	1.4557	1.4407	1.4407	1.2544	1.4205	1.3778	1.4479

在研究生被试群体中，SCL-90 各因子阳性检验的比例分布从 3.9%—25.5%，其中以强迫症状最为明显，阳性检验出的人数有 181 人，占 25.2%；其次是人际敏感，人数为 146 人，所占比例为 20.3%；第三位是敌对，人数为 105 人，占 14.4%；其余的顺序依次为其他因子、偏执因子、焦虑因子、抑郁因子、精神病性因子、恐怖因子和躯体化因子，这与以往的研究结果大致保持一致。

3. 差异检验

由表 2 中的数据结果可得，男生在敌对因子上高于女生，但是没有达到统计学上的显著差异，其余因子分均低于女生，在抑郁因子、恐怖因子和女生之间存在统计学意义上的显著差异。是否独生子女在总分、总均分和各个因子分上均不存在统计学意义上的显著差异。

通过方差分析发现，在专业变量上，总分、躯体化因子、强迫因子、抑郁因子、焦虑因子和精神病性因子上存在显著差异。通过事后分析可以发现，在总分上，工科和文科、理科和文科、管理和理科之间均存在显著性差异，文科和管理的得分要显著高于工科和理科；在躯体化因子上，工科和文科、理科和文科之间存在显著性差异；在强迫因子上，理科和文科、理科和管理专业之间存在显著性差异；在抑郁因子上，工科和文科、理科和文科之间存在显著性差异；在焦虑因子上，工科和文科、理科和文科、管理和理科之间存在显著性差异；在精神病性因子上，工科和文科、工科和管理、理科和文科之间存在显著性差异。

表 2　男女在总分和各因子分上的性别差异

Dependent Variable	T	Sig（2-tailed）
SCL-90 总分	1.246	.213
SCL-90 总均分	1.225	.210
阳性均分	.735	.463
躯体化	.074	.941
强迫症状	1.325	.186
人际关系敏感	1.406	.160
抑郁	2.334	.021*
焦虑	1.386	.166
敌对	–.436	.663
恐怖	2.275	.023*
偏执	.267	.789
精神病性	.922	.357
其他因子	.340	.734

注：$*p<0.05$

三、研究生心理健康状况的整体分析

天津理工大学研究生被试群体的心理健康状况整体良好，原因可能在于天津理工大学重视学生的心理健康教育工作，开展了很多诸如心理个体咨询、团体辅导、心理知识讲座、开设心理学课程等方面心理教育工作。但是，研究生的心理健康状况仍然存在一些问题，例如强迫症状、人际敏感症状和敌对症状相对其他方面比较突出等。研究生心理状况问题发生率较高的因子之所以为强迫、人际关系敏感、敌对，主要原因可能在于社会对研究生有着较高的期望值，研究生本身对自己也具有较高的期望，但是随着近几年研究生扩招，研究生的就业压力也越来越大，个人和社会的双重压力使他们长期处于一种应激状态，心理健康状态受到很大影响。

女研究生相对于男研究生的心理问题更加严重，这可能是因为社会上对女性的社会期望值低于男性，而女研究生群体对自己的社会期望值并不低，也可能是由于传统观念的影响和在婚姻家庭中男女不同的角色决定的，女研究生因年龄相比本科生较大，面临婚恋问题的压力更大，相对更加敏感等。在专业方面，文科和管理类的心理健康状况不如工科和理科，这可能是由于文科和管理类的科研、就业等方面压力相对较大。

研究生的心理健康状况的差异性，决定了研究生心理健康教育要更加注重多样性、更加具有针对性。

四、对策与建议

1. 提高学生心理健康水平

正确、理性地进行研究生生涯规划，增强自我意识，正确认识和了解自己，包括自己的能力、不足，能科学评估自己所面临的各项压力，确定适合自己能力的奋斗目标；寻找适合自己的宣泄压力的方式；丰富自己的课余文化生活，拓展自身兴趣爱好，从而丰富自己的精神世界；有心理自我保健意识，一旦发现有自己解决不了的心理压力应及时通过各种途径寻求帮助。

2. 完善心理健康教育中心和心理危机干预小组

高校心理咨询中心应定期对研究生进行心理普测，及时发现问题并反馈给学院辅导员，重点关注有问题的学生，建立学生心理档案；借助"5·25"心理活动宣传月广泛开展心理健康知识问答，通过各种渠道普及心理健康知识；开展研究生职业生涯规划辅导活动，增强他们的人生规划意识；开展团体辅导、个人咨询、心理剧表演等心理辅导方式，及时解决潜在心理问题；把心理问题及现实困难通过宿舍长、班级心理委员等多种渠道及时上报学院，并通过有效的方法加以引导和解决。

3. 加强研究生心理自助组织的建设

设置心理健康联络员，以系或专业为单位挑选一位有责任心的同学任心理健康联络员（或直接由班长兼任），定期了解同学们的生活、学习及心理状况，并向专门负责研究生工作的辅导员老师汇报。

4. 构建研究生的心理健康教育机制

逐渐形成系统化、规范化、制度化的建立多级网络化服务系统，包括学校、学院、系所、指导教师、班级、宿舍等各层次，协调各级系统，以便有效地为研究生提供各方面心理支持。增强导师心理保健意识。研究生平时跟导师接触最多，如果导师有一定的心理方面的知识就能够及时发现个别研究生心理异常，及时向所在学院反映，及早发现，及时解决。加强物业人员（宿舍管理员、清洁员、保卫人员等）的心理健康知识，在平时若发现同学出现异常要主动关怀，并及时向学校汇报，及时预防。

参考文献

[1]江立成，杨峰. 当前我国研究生心理健康问题分析及对策[J].中国高教研究，2005，07.

[2]林莺莺. 研究生心理健康教育探析[J]. 福建师范大学学报（哲学社会科学版），2005，04.

[3]汪向东，王希林，马弘. 心理卫生评定量表手册（增订版）[M]. 中国心理卫生杂志社，1999（12）：31—33.

[4]解薇. 理工科研究生心理健康状况及教育对策研究[D]. 北京：中国石油大学，2009.

（作者单位：天津理工大学法政学院）

浅析同伴心理互助模式下的研究生心理健康监控和预警机制

王世恒　相　羽　陈　予

摘　要：本文从学校心理健康教育的角度，探究同伴心理互助模式的涵义、特点和必要性，概括了同伴心理互助模式的理论基础及现实依据，分析了学校心理健康教育中促进同伴心理互助的方式、方法，同时探索了依托同伴心理互助模式如何更好地进行研究生心理健康监控和预警机制。

关键词：同伴心理互助模式　研究生　心理健康　预警机制

当前国内各高校主要通过入学心理普测、心理咨询室、学生主动求助等途径获得学生心理状况信息，但这些途径都较为被动，难以及时发现负面情绪和潜在心理危机，错失心理干预最佳时机。与本科生相比，研究生的学习压力、经济压力、情感压力更大，但学习生活内容更狭窄，且较少主动寻求心理援助，心理危机常常难以被教师及时掌握，增加了危机干预及预警的难度，成为研究生心理健康教育开展的难点。因此，探索有效的研究生心理危机监控途径成为当前研究生心理健康教育的重要课题。本文主要探索同伴心理互助模式在研究生心理健康监控和危机预警中起到的作用及工作方式。

一、同伴心理互助模式的涵义和特点分析

1. 同伴心理互助模式的涵义

同伴心理互助模式是指由受过训练的非专业人员在周围年龄相当的同伴中开展具有心理咨询功能的服务，可通过心理知识普及、心理问题探讨、心理矛盾化解、心理危机干预、心理情感沟通等途径，帮助同伴解决日常遇到的实际情况和心理困扰，提高同伴的自我管理能力，推动群体的互助、关怀、支持，实现“自助”成长模式。

2. 同伴心理互助模式的特点

（1）自发性。同伴心理互助是同学间互助的体现，也是爱心的表达。作为群体或集体生活的人，在自身无法克服心理困扰的时候，往往会主动寻求帮助，研究生在克服心理困扰时也不例外，因此“同伴心理互助”能自发的产生。

（2）互助性。同伴互助是同学间的一种互帮互助的行为，是一种利他行为，并不是为了获得经济利益，不存在支付报酬的问题。同伴互助中的助人者和受助者角色不固定，会随环境等的变化相互转换。

（3）可行性。担任“同伴心理互助员”的多为受助者的同学朋友，且彼此通常以宿舍、班级、社团等集体方式联系生活、学习在一起，更容易发现同学中的心理异常者，使这些同学能及时得到关注，避免恶性事件发生。

（4）广泛性。同伴心理互助员与受助者之间年龄、价值观、学习方式、生活方式、情感体验等较接近，相比专业教师来说对许多问题更易理解、沟通、接纳，因此接纳度高、影响力大。且校园中许多同学在经过专业培训后均可担任同伴心理互助员，助人资源丰富，帮助范围广。

二、实施同伴互助模式的理论依据和现实依据

1. 理论依据

第一，2001 年教育部颁发的《关于加强普通高等学校大学生心理健

康教育工作的意见》中指出：大学生心理健康教育工作要“强化学生的参与意识”。胡锦涛总书记曾在2005年全国加强和改进大学生思想政治教育工作会议上强调：“要坚持教育与自我教育相结合，既充分发挥学校的教育引导作用，又充分调动大学生的积极性、主动性。”以上两个文件的颁布说明党和政府重视学生在心理健康教育中的主体地位，使得心理互助模式有章可循。

第二，多数学者认为同伴心理互助模式体现了人本主义心理学的理论观点，“人本主义”认为人有能力发现自我发展中存在的问题，有能力调整自己，具有自我实现的需求，且这种需求使得人能够真诚地关心他人健康成长，人与人之间建立起朋友、关怀者、帮助者的关系。同伴心理互助过程在很大程度上体现着“以人为本”“以人为中心”的思想。

2. 现实依据

第一，符合研究生心理发展的特点。研究生所面临的心理问题从一般心理问题、严重心理障碍到精神疾病都有可能，但大部分属于一般心理问题，通过同伴心理互助模式即可得到解决。按照人本主义心理学的观点，人人都有从心理上帮助别人的本性，研究生也具有从心理上帮助别人的愿望和行为。

第二，满足研究生心理求助的意向，充分体现研究生的主体性。研究生在遇到人际关系、学习压力、恋爱情感等一系列问题时，倾向于选择同伴作为求助对象，因为他们具有较多相似性，彼此间有更多的共同语言，更容易交流与沟通，也更容易获得理解与情感支持。

第三，有助于提升研究生心理监控和预警的效率和效果。鉴于目前高校心理健康教育师资不足、专业心理咨询人员紧缺、无法满足实际需要，研究生同伴心理互助模式可以调动学生的自觉性、主动性、积极性，成为高校校园心理健康教育的有益补充，提高心理健康教育工作的效率和效果。

第四，研究生同伴心理互助已有成功的实践经验。近年来大多数高校已开始重视大学生在心理健康教育中的作用，不断进行理论与实践探索，构建了较为完善的大学生心理自助和互助机制，在及时发现、敢于和预防大学生心理危机方面发挥了积极作用，积累了不少成功经验，为研究生心理互助工作的进一步推广奠定了基础。

三、同伴心理互助模式的组织及工作方式

1. 组织方式

构建“学校—学院—班级—宿舍”的四级同伴心理辅导网络，在学校成立专门的学生心理健康指导中心，邀请中心老师对“同伴心理互助小组”成员进行专业的培训引导；在学院设立同伴心理辅导中心；在班级设立心理委员；在学生宿舍设立宿舍心理护航员，即“同伴心理互助小组成员”。

2. 工作方式

第一，就近观察。小组成员要主动加强与自己所负责同学之间的交往，在学习、生活、交际等方面进行广泛交流，在日常生活中随时随地观察同学的心理状况，以及时发现所负责同学中是否存在负面情绪和反常举止。

第二，无压力工作。小组成员以平常心态，在无压力情况下开展工作。同伴心理互助小组的工作目标是加强同学间的交流，协助老师掌握同学的情绪动态，但老师不对小组成员做具体任务上的要求，力求使他们感觉不到工作的压力，使他们以一种平常心态与同学们进行交往交流，在日常交流中发现问题、解决问题，而不是把同伴互助作为一种有压力的任务。

第三，同伴互助。发现同学有负面情绪时，小组成员以同学、朋友的身份进行疏导和帮助。当前大部分研究生遇到心理问题很少会进行专业求助，或向父母、师长老师进行询问。同伴互助小组成员以朋友的身份与产生心理问题的同学进行交流，反而更易疏导其心理压力。这种沟通疏导方式是相互的、平等的，因此易被接受。

第四，及时汇报。同伴心理互助小组成员如果发现同学有持续的负

面情绪或反常举止，可及时向老师汇报，在力所能及的情况下，小组成员还可用自己的方式对危机事件进行处理；如出现较严重的情况，则及时求助于老师。学校及学院心理健康指导中心老师也可根据实际情况，组织小组成员进行经验交流与汇报，及时听取各小组的工作近况，并对成员的处理方式进行探讨分析，获得准确、详细的情况，随时对小组成员进行有益指导。

四、同伴心理互助模式下开展研究生心理健康监控工作途径

1. 加强专业性培训

同伴心理互助员应该有严格的选拔、招募及培训程序。培训目的并非培养专业的咨询师，而是进行心理咨询基本知识、大学生心理发展知识和注意事项的培训，最终达到掌握实践咨询操作技巧的培训目标。如南开大学依托爱心俱乐部、心理协会、女生社、电影协会、紫荆助学会、红十字会等社团通过理论课程、系列讲座、读书报告、案例分析、沙龙讨论、咨询模拟、电影赏析、知识竞赛、心理剧演出等有效形式，对社团内部成员进行培训，从中选拔培训出合格的同伴心理互助员。

2. 构建突发问题的及时反应机制

对研究生在不同阶段可能出现的心理危机进行调研，在此基础上设计制定干预预案，确定具体举措，并通过危机模拟训练不断改进、完善预案。在设置危机处理预案，落实责任追究制的同时，还应构建危机处理信息沟通和检测系统，准确把握舆论导向。一方面全面、及时、准确地收集和整理有关信息，完善信息报送制度；另一方面讲究方式方法，充分利用一切信息传播工具，全面、透明地发布危机信息，把握舆论导向。

3. 注重结合多种心理健康监控干预机制

同伴心理互助模式还应通过多种途径、多种方式的干预方法，丰富同伴互助模式的工作渠道，一方面可通过热线电话、心理信箱、网上咨询等方式拓展工作途径；另一方面还可积极发挥同伴心理互助员在校园

文化建设中的作用，如南开大学通过编辑心理刊物、举办心理运动会、进行心理电影赏析、排演心理剧、组织心理沙龙、开展心理健康知识竞赛等活动，开展丰富多彩的校园文化活动，充分发挥心理互助员在校园文化活动中的骨干、引领及示范作用，将危机干预与校园文化活动紧密结合。

参考文献

[1]教育部. 关于加强普通高等学校大学生心理健康教育工作的意见. 教社政〔2001〕1 号.

[2]中共教育部党组. 关于学习贯彻落实全国加强和改进大学生思想政治教育工作会议精神的通知. 教党〔2005〕3 号.

[3]朱政. 高校研究生心理危机预警和干预体系探析[J]. 学位与研究生教育. 2010，9.

[4]施鸿，周灵芳. 大学生朋辈心理互助开展形式综述[J]. 高等教育研究. 2010，10.

[5]王永. 大学生同伴心理互助实验研究[J]. 教育学术月刊. 2008，6.

[6]张伟伟. 研究生心理健康对策初探[J]. 实践与探索. 2009，9.

[7]赵永全，曾晓红. 同伴互助的方式、基本模式和措施研究[J]. 池州师专学报. 2006，6

（作者单位：南开大学）

心灵成长工作坊需求调研

周　玥

摘　要：本文旨在探讨工作坊形式对开展心理健康教育的意义，在已有文献及实务工作经验的基础上，编制需求调查问卷，对学生心灵成长工作坊主题及形式的需求做出调研。研究发现：工作坊的主题应符合学生发展需要；工作坊形式需要突出实务性、强调学生的参与性。未来，还需要在工作坊效果评估、工作坊学分认定及网络管理平台搭建等方面做进一步探索。

关键词：心灵成长工作坊　心理健康教育　参与性

一、问题提出

随着社会经济的繁荣发展，近年来，高校心理健康教育工作也在蓬勃发展。在初期，高校心理工作基本是以个体咨询工作为主阵地的，危机干预、恶性事件处理是此项工作的一个主要目标。但是随着全世界人才观的变化，人们越来越多地注意到心理素质在个体成长、成才中的重要作用。同时，学生自身的发展性心理需求也跟随着时代进步，不断地涌现。可以说，以往主要以解决学生的心理困惑，帮助其消除心理障碍的矫治性心理健康教育已不能完全适应广大学生日益增长的心理健康需求，迫切需要能够提升学生心理素质、促进大学生个性发展和社会化的发展性心理健康教育。[1]

国内高校的心理健康工作定位基本都为三个层面：发展性教育层面、一般心理问题的矫治层面，以及心理障碍干预层面。就目前来看，后两者在高校得到了更多的认可和重视。但本应占主体地位的发展性心理健康教育为何被忽视，我们认为可能的一个原因是现有的教育方式没有突破传统。大部分高校的发展性心理健康教育就以各类课程、讲座为主要形式，老师主要讲授，学生只是一个被动的接受者，甚至还需参加考试，来证明知识的掌握。然而，真正能让个体去接纳一个新事物，往往是需要个体经历情感体验，再整合到认知结构中的。每个人在成长过程中，收获的方面是因人而异的。人本主义相信，所有人都有自主选择功能。因此，对于心理健康教育来说，可能更好的形式是心理健康工作者能为学生们提供一个平台、提供一批资源，通过他们亲身的参与，去感悟、去反思，依靠自身去寻找成长的契机。

对比发达国家心理健康教育工作，我们发现北美高校和我国高校都希望心理健康教育能覆盖全体学生，但覆盖的方式不同。北美高校重点抓两个方面：一是面向学生的工作坊。例如，新生入学后，心理咨询中心会提供 60、70 个工作坊，帮助新生适应大学生活；二是对学生工作系统的教师进行培训。[2]其中，工作坊是教育与心理学研讨培训领域中常用的一个概念，它是指通过多种教学形式的组合，提供各种不同立场、族群的人们进行思考、探讨、相互交流的一种方式，也可以说，工作坊就是利用一个个比较轻松、有趣的互动方式，将上述这些事情串联起来，成为一个有系统的过程。我们认为，将工作坊这一理念引入高校心理健康教育工作中，可能是一种更符合个体心理发展规律的形式。本研究以某大学在校学生对心灵成长工作坊的需求为对象开展调查研究。

二、研究方法及对象

1. 研究方法

在回顾相关文献及实践工作经验的基础上，编制了《学生心理健康教育——心灵成长工作坊需求调查问卷》，问卷由三个部分构成，包括基本信息、工作坊主题调查，及工作坊形式调查。

2. 研究对象

选取某大学具有理、工、文特点的三个学院为调查对象，在除毕业班的每个年级中（含研究生），根据一定比例随机抽取数名被试参与问卷调查，最终共发放问卷 200 份，回收 168 份，有效问卷 150 份，有效率为 89.3%。研究对象具体信息如表 1 所示：

表 1 研究对象基本信息

	性别		专业类型			年级						
	男	女	工科	文史	建筑	大一	大二	大三	大四（五年制）	研一	研二以上	博士
数量	85	65	77	36	37	26	30	34	10	29	10	10
百分比	56.7%	43.3%	51.3%	24%	24.7%	17.3%	20%	22.7%	6.7%	19.3%	6.7%	6.7%

三、研究结果

1. 主题选择

本研究首先对学生们目前可能存在的心理困扰进行了调查，根据调查结果显示，学习/科研压力（44%）、人际交往（34.7%）、求职就业（28.8%）、考试焦虑（27.3%）、情绪情感（22.7%）是大家比较集中的心理困扰。在心理工作坊的主题选择上，学生参与的意愿度排名前五位的分别是：人际交往（50.7%）、求职就业（42%）、自我及社会认知（34%）、学习/科研压力（33.3%）、情绪情感（26%）。

为了使工作坊的开展更有针对性，更符合学生的需要，本研究也对工作坊的形式展开了调查。其中，学生们希望工作坊内容能更有实际意义，能关注实际案例（115 人次），能做更多的实务训练（108 人次），愿意在朋辈群体中互相启迪互相学习（102 人次）。

从活动形式上看，影视文学赏析（125 人次）、心理沙龙（82 人次）、团体辅导活动（73 人次）受到了学生们的欢迎，但同时我们也看到还是有一定的学生认为学术讲座/科普讲座（63 人次）是有一定意义的。

四、分析与讨论

1. 工作坊主题应符合学生发展需要

研究发现，某大学学生最容易产生困扰的仍然是人际关系问题。心理治疗大师欧文·亚隆就曾指出，人的问题，其实很多是关系的问题。[3] 鉴于某大学以理工科专业为主，学业较为繁重，而学生的自我要求也比较高，学业及科研压力对学生也造成了一定心理困扰。此外，由于本调查主要是在学期末完成，学习焦虑、求职就业的压力也体现出学生心理困扰的阶段性特征。

另外，我们发现，学生的心理困扰以及愿意参与的工作坊主题基本是对应的。这一选择也在一定程度上反映了学生愿意尝试采用一定方式方法去解决自身存在的心理困扰。但是需要留意的是，在更愿意参与的主题中，“自我认知与社会认知”工作坊的选择频次偏高，这从侧面反映了学生“自我认识”需要的存在。根据埃里克森的发展阶段理论，在大学期间，“自我认同”问题正是大学生们需要去解决的核心任务之一。

以上调研结果显示学生愿意参与工作坊的主要动力在于期待这些心理健康教育活动能切实地帮助他们解决一定心理困扰。因此，心理健康教育活动的开展，特别是工作坊的开设应具有更多的针对性和实效性。

2. 工作坊形式需要突出实务性、强调学生的参与性

在论证以往心理健康教育工作时，很多研究已指出单一、传统的以教师讲授为主的形式可能并不太切合心理健康教育的实际。教师应该由知识的传授者转变为学习的参与者、指导者、促进者，学生才是信息加工的主体，是知识意义的主动构建者。我们需要强调一种知识与问题、任务与活动的紧密结合，让学生通过参与教学而获得知识和情感体验[4]。

本研究也发现学生愿意以实务训练、团体辅导、朋辈分享等更灵活的参与方式接受心理健康教育。考虑到繁重的学业，部分学生希望能通

过影视文学赏析等活动更为轻松地接受到心理健康教育。一些研究也认证了电影在大学生审美教育、德育教育、情感教育以及心理健康教育方面的特殊功能。例如，电影《美丽心灵》巧妙地展现了一个独一无二的天才，一个传奇的偏执型精神分裂患者的幻觉世界，展现出爱在精神分裂治疗中的决定性作用，大学生观众也会通过影片正视人类精神、心理的复杂性，更深刻理解人性与爱的光芒[4]。

除了参与性的、富有趣味性的教学方式外，我们也不能忽视传统的理论讲授的重要性。因为，从学生认知准备方面来看，学生头脑中关于心理健康的认识是杂乱的，而且有不少经验性的认识是错误的。教师的讲授可以帮助学生形成对心理健康的系统认识，及时扫除错误认知。相关研究也表明，学生对理论讲授是具有一定接纳度的[5]。

从以上的分析来看，以工作坊的形式来开展心理健康教育是比较可行的一种尝试。它的灵活性、参与性、针对性对深入、系统地开展心理健康教育工作具有一定意义。工作坊中的多种形式的合作交流，为学生提供了不同的观点和思路，学生主体性得到了突出，这使他们内心产生了实现个人价值的满足感，并由此产生了价值追求的新目标。

五、工作坊及其研究工作的展望

1. 工作坊开设效果评估

工作坊的理念虽然已经提出，但实施的效果还需要在实践中不断检验。对于研究工作来说，如何去评估工作坊设计以及开展的有效性是下一步值得探索的问题。工作坊效果评价工具的建立也是对工作坊效用维度的一个探索过程，它将帮助我们更好地反思、改进实务工作。

2. 工作坊学分化、网络化建设

除了在工作坊具体的形式及内容上进行详细研究及方案制定，研究者从实务工作角度出发，认为如果能对工作坊给予一定学分认定，将是对学生学习积极性的一大促进。同时，学分化认定也符合某大学提出的课外活动课程化建设理念，真正使心理健康教育活动系统化、规范化。

此外，结合当今互联网发展特点，以及学生们对网络使用的依赖性，如何利用网络来管理工作坊也是实务工作者值得思考的问题。例如，如何建立工作坊网上选课系统、工作坊网上学分认定系统、工作坊线上讨论群等。相信此类措施能使工作坊的管理更高效、更便捷，增加学习交流的机会，也更加贴近学生们的使用习惯。

参考文献

[1]虞强. 大学生发展性心理健康教育模式初探[J]. 教育与职业，2011，36：179—180.

[2]“大学生心理健康教育与咨询工作”考察团. 略论北美高校学生心理健康教育及其借鉴意义[J]. 思想教育研究，2006，12：36—38.

[3]Yalom I. D. 给心理治疗师的礼物——给新一代治疗师及其病人的公开信[M]. 张怡玲译. 第 1 版. 北京：中国轻工业出版社，2004：56—57.

[4]孟中. 论电影剧作教学中的情感教育[J]. 北京电影学院学报，2008（1）：87—91.

[5]杨春萍，刘峰. 高校心理健康课参与式教学模式探析[J]. 继续教育研究，2006，4：122—124.

（作者单位：天津大学）

体育运动量与大学生主观幸福感及自尊关系的研究

陈 洁 于 馨

摘　要：本文采用问卷调查、差异检验、回归分析、路径分析等研究方法对大学生主观幸福感、自尊和其体育运动量之间的关系进行研究分析。发现大学生所学专业与体育运动量、自尊水平以及幸福感水平关系较小；体育运动量的大小与心境的愉快程度正相关；自尊各因子中除体能自信外其他因子均对主观幸福感各维度有不同程度影响；社交自信、外貌自信对体育运动量的总效应显著，精力的总效应也达到显著，学习自信和自敬通过与社交自信的相关关系对体育运动量产生影响。基于上述研究结果，提出增加日常工作中组织的体育锻炼活动比例、在组织体育活动时积极塑造愉快氛围，及强调体育活动对个人外貌和体型的塑造作用等三点建议，促进学生自主锻炼。

关键词：大学生　运动量　主观幸福感　自尊

一、研究目的

在一般对体育锻炼与个体主观幸福感关系的研究中，多选用体育运动量作为研究对象分析其对个体心理的影响。这些研究大都认同体育运动量与主观幸福感之间存在较高相关。当然也有观点认为体育运动量与主观幸福感之间的联系，不仅在于适当运动能够提高生理健康进而对心理健康产生影响，更是由于一些其他心理变量在其中起了中介作用所致。在这些变量中被广泛认可的中介因素就是自尊，即适当强度的体育锻炼可以通过提升自我价值感，影响个体的幸福感。

当前对体育运动量与主观幸福感的关系研究成果颇多，但是大部分都停留在相关分析的层面上，不仅很难解释清楚这两者间的因果关系，也不能弄清体育运动量对不同方面自尊和主观幸福感具体维度的影响大小。因此，本研究从完善幸福感，即幸福不仅仅是获得快乐，而且还包含了充分发挥自身潜能而达到完美的体验的观点出发，采用回归分析和路径分析相结合的方法，深入研究体育运动量、个体自尊和主观幸福感之间的因果关系。

二、研究对象与方法

1. 研究对象

以某大学本科学生为对象发放问卷 425 份，有效问卷 413 份，有效回收率 97.2%。其中男生 180 人，占总人数 43.6%；女生 233 人，占总人数 56.4%。文科生 120 人，占总人数 29.1%；理科生 226 人，占总人数 54.7%；艺体类学生 64 人，占总人数 15.5%。

2. 研究工具

《身体锻炼等级量表》由武汉体育学院梁德清等人修订，从身体锻炼的强度、一次锻炼的时间及频率三个方面来考察体育锻炼量，重测信度为 0.82。

《缺陷感量表》本研究使用的是 Janis 和 Ficld 于 1984 年修订的版本，该量表由 36 道题组成，从自敬、社交自信、学习能力、外貌自信和体能自信 5 个维度考察个体自尊水平，α 系数为 0.92。

《总体幸福感量表 GWB》，该量表为美国国立卫生统计中心制定的一种主观幸福感测量工具，共由 33 道题组成，共分为 6 个维度：对健康的担心、精力、对生活的满足和兴趣、忧郁或愉快的心境、对情感和行为的控制及松弛与紧张。量表 α 系数 0.91—0.95，重测信度为 0.85。

三、结果与分析

1. 不同性别、专业学生在体育运动量、自尊和主观幸福感上的差异

对不同性别大学生的体育运动量水平、总体自尊和自尊各因子得分以及主观幸福感总分和各维度因子分进行差异检验，结果如表 1 所示：在日常锻炼量上男生显著高于女生。在总体自尊水平上男生显著高于女生（t=5.49，p<0.01），具体体现在社交自信（t=2.06，p<0.05）、学习自信（t=2.13，p<0.05）和体能自信上（t=2.71，p<0.01），而对外貌的自信女生则显著高于男生（t=−4.88，p<0.01）。在幸福感方面，女生的幸福感显著高于男生（t=−4.96，p<0.01），主要体现在精力感（t=−4.84，p<0.01）、心境的愉快水平（t=−3.85，p<0.01）以及松弛与紧张感上（t=−2.50，p<0.05）。

表 1　体育运动量、自尊和主观幸福感的性别差异

	男（n=180）	女（n=233）	t
体育运动量	15.55±13.96	9.40±8.66	5.49**
总体自尊水平	99.54±16.25	95.87±13.60	2.50*
自敬	23.44±3.60	23.26±3.45	0.54
社交自信	25.72±5.66	24.61±5.13	2.06*
学习能力自信	19.67±3.90	18.88±3.58	2.13*
外貌自信	7.38±1.00	7.77±0.64	−4.88**
体能自信	13.56±4.48	12.51±2.96	2.71**
总体主观幸福感	97.94±11.17	103.14±9.74	−4.96**
对生活的满足和兴趣	4.67±1.17	4.64±1.06	0.32
对健康的担心	7.30±2.76	7.62±2.66	−1.20
精力	14.96±3.31	16.38±2.63	−4.84**
忧郁或愉快的心境	14.90±3.67	16.26±3.39	−3.85**
对情感和行为的控制	6.81±1.51	6.62±1.43	1.33
松弛与紧张	15.90±3.81	16.84±3.77	−2.50*

表示 *p*<0.05，表示 *p*<0.01

这一结果与我们平时观察到的男生更乐于从事体育活动的事实相

一致。而女生由于更注重自己的外貌，比较注意自己的仪容因而在外貌自信上显著高于男生。对主观幸福感性别差异的分析显示，男性总体上感觉到了更大的压力，表现在易于焦虑和情绪低落上，同时他们的精力感也较差。这一结果可能说明了，男性从大学时代开始就感受到了比女性更大的社会压力，因此幸福感更低。

对不同专业大学生的体育运动量水平、总体自尊和自尊各因子得分以及主观幸福感总分和各维度因子分进行差异检验，结果如表2：

表2　体育运动量、自尊和主观幸福感的学生专业类别差异

	文科（n=120）	理科（n=226）	艺体（n=64）	F	事后分析
体育运动量	10.94±10.74	12.40±12.13	13.46±11.77	0.34	
总体自尊水平	98.05±16.18	96.61±14.33	99.12±14.27	0.86	
自敬	23.58±3.36	23.14±3.60	23.50±3.49	0.71	
社交自信	25.31±5.64	24.78±5.38	25.70±4.85	0.87	
学习能力自信	19.21±3.87	19.05±3.63	19.74±3.90	0.85	
外貌自信	7.80±0.50	7.53±0.96	7.61±0.83	4.31*	文>理** 文>艺*
体能自信	13.05±5.05	12.91±3.04	13.07±3.09	0.08	
总体主观幸福感	102.97±8.50	100.44±11.36	98.88±11.48	3.64*	
对生活的满足和兴趣	4.71±1.08	4.64±1.08	4.56±1.26	0.37	
对健康的担心	2.58±2.70	7.40±2.53	7.72±3.21	0.41	
精力	16.12±2.90	15.78±3.04	14.97±3.47	2.95	文>艺**
忧郁或愉快的心境	15.82±3.39	15.74±3.61	15.23±3.86	0.64	
对情感和行为的控制	6.73±1.48	6.58±1.47	7.05±1.40	2.66	艺>理*
松弛与紧张	17.11±3.45	16.22±4.07	15.94±3.43	2.79	文>理* 文>艺*

表示 p<0.05，表示 p<0.01

由上表数据可以看出，所学专业与体育运动量、自尊水平以及幸福感水平关系都较小。但是总的来说，文科生在对自己的外貌的信心（t=4.31，p<0.05）上以及情绪的愉快程度上高于其他专业。

2. 大学生体育运动量、自尊与主观幸福感的相关关系

对大学生体育运动量、自尊总分和因子分以及主观幸福感总分和各维度因子分进行相关分析结果如表3：

表3 体育运动量、自尊和主观幸福感的相关

	体育运动量	总体主观幸福感	对生活的满足和兴趣	对健康的担心	精力	忧郁或愉快的心境	对情感和行为的控制	松弛与紧张
总体自尊	−0.05	−0.12*	0.13**	0.01	−0.09	−0.15**	0.24**	−0.21**
自敬	−0.07	−0.09	0.11*	−0.06	−0.10*	−0.09	0.21**	−0.15**
社交自信	−0.05	−0.17**	0.08	−0.00	−0.13**	−0.19**	0.21**	−0.25**
学习能力自信	−0.02	−0.10	0.11*	0.02	−0.08	−0.10*	0.17**	−0.17**
外貌自信	−0.02	0.54**	0.10*	−0.00	0.03**	0.03**	0.00	0.32**
体能自信	−0.05	−0.02	0.10	0.08	−0.02	−0.08	0.17**	−0.05
运动量	1.00	0.88	0.02	−0.05	0.09	0.13**	−0.04	0.02

表示 $p<0.05$，表示 $p<0.01$

由上表可以看出，体育运动量的大小与心境的愉快程度成正相关，而与自尊无论是总体上还是在具体方面都没有显著相关。自尊各因子与主观幸福感各因子间，除了对健康的担心外，其他因子间都普遍存在显著相关。从表3中我们还发现，对生活的兴趣感与自尊之间呈现出正相关，而在情绪相关的主观幸福感因子中，如松弛与紧张、情感和行为的控制以及忧郁和愉快的心境，除外貌自信外的自尊因子与其呈现出负相关。这一结果的出现，我们认为可能是由于那些较优秀的学生一方面感受到源于自己优秀的高自我价值感，但同时也体验到较大的压力感，情绪反而容易低落，并且常常紧张。

3. 大学生体育运动量、自尊与主观幸福感间的回归关系

以主观幸福感及其各维度因子得分为因变量，以自尊及其各因子得分为自变量进行多元线性回归分析，结果如表4：自尊各因子中除体能自信外，其他因子均对主观幸福感各维度有不同程度影响。其中外貌自

信和社交自信对主观幸福感的影响最大。而主观幸福感各维度中精力和忧郁或愉快的心境受到自尊各因子的影响最大。

表 4　自尊对主观幸福感的多元回归系数

Y X	总体主观幸福感	对生活的满足和兴趣	对健康的担心	精力	忧郁或愉快的心境	对情感和行为的控制	松弛与紧张
总体自尊	0.065	0.023	−0.049	0.070	0.109	−0.023	0.002
自敬	−0.063	0.019	−0.029	−0.231*	−0.076	0.189	0.026
社交自信	−0.220	−0.143	−0.057	−0.388**	−0.308*	0.179	−0.122
学习能力自信	−0.072	−0.080	0.072	−0.221*	−0.074	0.097	0.025
外貌自信	0.529**	0.098	0.003	0.291**	0.291**	0.005	0.308**
体能自信	0.033	0.019	0.165	−0.146	−0.069	0.139	0.176
ΔR^2	0.307**	0.016	0.000	0.109**	0.122**	0.050*	0.152**

表示 p 或 F<0.05，表示 p 或 F<0.01

根据相关分析的结果，以体育运动量为因变量主观幸福感及其各维度得分为自变量进行多元回归，分析时发现除“忧郁或愉快的心境”对体育运动量的回归系数接近显著（β=0.128，F=1.938，p=0.053）外，主观幸福感其他各维度对运动量都没有影响。考虑到在相关分析中体育运动量与忧郁或愉快的心境因子间极其显著的相关，我们仍推测在考虑进其他因子的影响后，路径分析中忧郁或愉快的心境因子对体育运动量的总效应仍能达到显著。因此，我们以忧郁或愉快的心境、精力两因子为中介变量进行了路径分析。

4. 自尊、主观幸福感和体育运动量路径模型的建构和分析

以自敬、社交自信、学习自信和外貌自信为自变量，忧郁或愉快的心境、精力为中介变量，体育运动量为因变量进行路径分析。经多模型比较得出最优模型，如下图所示：

该模型拟合指数为：WLSλ2=2.56（p=1.00），GFI=1.00（>0.90），AGFI=1.00（>0.90），NNFI=1.03（>0.90），CFI=1.00（>0.95），RMSEA=0.0，

AIC=28.56。由上述拟合指数可以看出，该模型拟合度非常好。

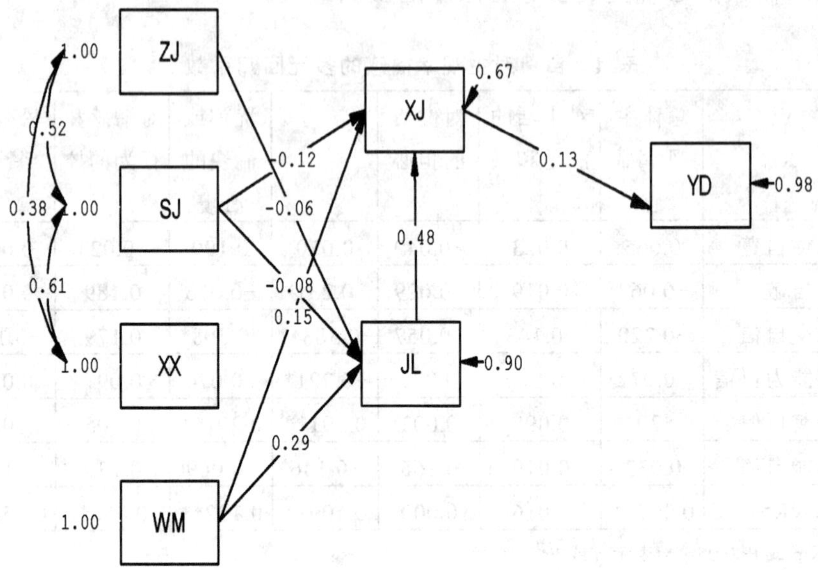

图 1　路径分析

ZJ=自敬；SJ=社交自信；XX=学习自信；WM=外貌自信；XJ=忧郁或愉快的心境；JL=精力；YD=体育运动量

通过路径系数的分析可以看出，社交自信、外貌自信对体育运动量的总效应显著，精力的总效应也达到显著。而学习自信和自敬则通过与社交自信的相关关系对体育运动量产生影响。

四、结果与建议

1. 在组织学生日常活动中加大体育锻炼类活动的比例

研究结果发现，大部分大学生，尤其是女生的自觉体育锻炼量非常少。这不仅不利于学生们保持良好的身体健康，而且也对其提高心理健康状况无益。因此，作为工作在一线的辅导员应该发挥工作优势，适当组织学生进行锻炼活动，弥补学生总体运动量过小的问题，进而提高学生整体健康水平。

2. 注意在组织体育活动时培育愉快氛围

研究结果揭示大学生们更倾向于在精力充沛、心境良好时参与体育锻炼。因此，如果想调动学生自觉运动的积极性，让他们利用课余时间锻炼身体增强体质，就应该在组织活动时注意强调学生愉快感和精力感的获得，在提升其幸福感的同时达到让他们自觉锻炼身体的目的。

3. 以体育锻炼对外貌体型的塑造作用为切入点引导学生自主运动

研究发现，外貌自信对于主观幸福感的提升和运动量的增大有着非常显著的影响。因此，在组织活动时，应重点强调体育锻炼对外貌的塑造作用，或是专门组织学生学习如何通过体育活动塑造良好体型，能够有效提高其自主参与体育锻炼活动的兴趣，达到增强学生身心健康的目的。

参考文献

［1］Diener E, Suh E, Lucas R et al. Subjective well-being: three decades of progress [J]. Psychological Bulletin, 1999, 125(2).

［2］Diener E. Subjective well being [M]. Psychological Bulletin, 1984.

［3］Ryff.C.D. Psychological well-being in adult life [J]. Current Directions in Psychological Science, 1995.

［4］Fox K R. Self-esteem, Self-perceptions and exercise[J]. International Journal of Sport Psychology, 2000 (31).

［5］殷晓旺，张力为. 大学生身体自我、学业自我与生活满意感的关系［J］. 体育科学，2005，25（3）.

［6］陈丽娜，张建新.大学生一般生活满意度及其与自尊的关系［J］. 中国心理卫生杂志，2004，18（4）.

（作者单位：天津师范大学）

“三层次四维度”的大学生心理危机干预系统的研究与构建

马晓蕾　余　瑛

摘　要：随着我国社会文化和经济的变革及社会竞争的加剧，大学生群体的心理健康状况越来越受关注。本研究通过对在校大学生三年的跟踪调查，发现大学生心理危机的产生是一个复杂的动态过程，是由主、客观因素共同导致的。构建有效的大学生心理危机干预系统，对大学生心理危机进行有效的、及时的干预意义深远，是大学生思想政治教育工作的重要组成部分。本研究构建的“三层次四维度”的大学生心理危机干预系统，通过运行，已取得较好效果。

关键词：心理危机　大学生　干预系统

2005年，教育部、卫生部、团中央颁发的《关于进一步加强和改进大学生心理健康教育的意见》强调了大学生心理健康教育的重要性。此外，我国每年有28.7万人死于自杀，总自杀率为23/10万，其中大学生自杀率约20/10万，社会对大学生群体的心理危机关注逐渐增大。心理危机研究已在发达国家得到快速发展，而在我国起步较晚，2000年开始在研究深度、广度逐年扩大。加之近年来大学生心理问题日益严重，危机事件发生次数增多，大学生心理危机干预得到广泛关注。

一、大学生心理危机干预系统构建的基础研究

本研究被试为天津职业技术师范大学2009级3123名学生，其中男生1637名，女生1485名。采用SCL-90量表作为研究工具，分别在2009年、2010年、2011年进行三次施测，将所有学生分为两组，一为实验组，即职业教育学院的全体学生，是从大一到大三定期接触大学生心理健康教育和有关心理学专科课程的学习，并参加一系列心理素质训练等团体心理课程。二为控制组，即非职业教育学院学生。通过对所选被试数据分析和近几年的追踪调查，分析当前大学生的心理特点，构建有效、及时、被大学生广泛接受的心理危机干预系统，此系统动态运行于大学生的学习生活中，可以很好地对大学生群体心理危机进行预防和预警，及时对产生心理危机的大学生进行干预和预后。大学生危机干预系统是从组织机构的角度帮助大学生顺利度过危机，达到自我成长。

二、“三层次四维度”大学生心理危机干预系统的构建

大学生心理危机干预系统应是一个多层次、多维度、环环相扣、紧密连接、多元配合的有机整体，以便对危机进行实时、有效、及时的干预。由数据结果和研究分析，根据本校情况，提出一个“三层次四维度”的大学生危机干预系统。

三个层次分别为“全员组织系统（其中包括六个级别）”、“建立档案系统”和“团体活动系统”，每个层次由四个维度组成，分别为“预防性危机干预”“预警性危机干预”“反应性危机干预”和“危机后干预”，四个维度在三个层次中循环实施。

图 1 “三层次四维度”大学生心理危机干预系统

1. 三层次

（1）第一层次：全员组织系统

全员组织系统是指在学校中构建六个级别的大学生心理危机干预网络，即校领导班子（一级）——中层教学管理人员（二级）——心理咨询教师（三级）——班主任（四级）——各类学生组织和社团（五级）——学生干部、班委等（六级）。其中三至六级的成员是学校全员组织系统的基础团体，在能否及时发现危机、能否帮助同学顺利渡过及学校危机干预系统能否有效地落实上起决定性作用。

（2）第二层次：建立档案系统

建立档案系统是指针对大学生群体，建立大学生心理危机档案，对群体进行分类分批指导，再根据个体差异有针对性地实施。

（3）第三层次：团体活动系统

团体活动系统是指定期为大学生群体提供心理健康知识、心理团体训练和团体咨询，及开展心理健康文化活动，提高其抵抗危机的心理水平，增加大学生团体的交流感和支持感，逐步改变大学生的不合理认知，逐步提高大学生群体心理健康水平。

2. 四维度

（1）第一维度：预防性危机干预

预防性危机干预是指按大学生群体中的个体差异，针对其问题的性质和难度，以提前入手的策略所开展的具有针对性、系统性的危机干预活动。这强调：一，针对不同特质的个体所开展的危机干预内容有所不同，更具有针对性；二，一切强调提前解决，提倡预防理念；三，提前入手，唤起自助，消除和控制在现实生活中将遇到的各种障碍因素，降低危机源对大学生的影响。

（2）第二维度：预警性危机干预

预警性危机干预是指在“预防性”危机干预的基础上根据问题的特点和类型，开展分层分类指导。在大学生的危机干预中做好早期发现问题，早期确定问题，早期解决问题的“三早”措施，防止问题恶化。

“预防性危机干预”和“预警性危机干预”对由主观原因导致大学生心理危机上的干预是有效的。心理危机干预可以从预防性危机干预出发，如教育和辅导，培养大学生健全的心理机能增强抵御心理危机的能力出发；心理危机干预还可以从预警性危机干预出发，如咨询和辅导，发现心理危机的苗头，及早处理。

（3）第三维度：反应性危机干预

反应性危机干预是危机干预的中心环节，也是大学生危机干预中比较系统和完善的部分。强调针对性、系统性的干预，不主张蜻蜓点水、一事一议的做法。

（4）第四维度：危机后干预

危机后干预是指在“反应性危机干预”后进行的。一方面帮助同学尽快消除危机带来的负性刺激，尽快恢复正常生活；另一方面强调自助，帮助同学在危机产生后自我成长，自我完善。“反应性危机干预”和“危机后干预”对由客观原因导致大学生心理危机上的干预是有效的。对此，在进行“反应性危机干预”之后，如对出现心理危机状态的大学生进行救助和治疗；还需进行“危机后干预”，完善人格，建立支持系统，避免危机再次出现。

三、研究结果与分析

研究中的实验组学生一直在接受心理危机干预中“预防性”和“预警性”干预，他们两次 SCL-90 的测试结果（2009 年 9 月结果和 2011 年 9 月结果）平均值和标准差及差异检验如表 1 所示。

表 1　2009 年大学生 SCL-90 结果平均值和标准差及差异的显著性检验表

2009 年 9 月	平均值	标准差	T 值	P 值（约为）
控制组	133.90	33.161	1.825	0.07
实验组	139.13	38.845	/	

*在 P<0.05 水平上有显著差异

由表 1 可看出在 2009 年时，控制组 SCL-90 结果平均值为 133.90，略低于实验组 SCL-90 结果，但控制组和实验组的心理健康水平不存在显著差异，数据可看出在刚入学时两组被试的心理健康处于同一水平，对被试进行两年的跟踪调查，在 2011 年对同一群体又一次施测，结果如表 2 所示。

表 2　2011 年大学生 SCL-90 结果平均值和标准差及差异的显著性检验表

2011 年 9 月	平均值	标准差	T 值	P 值（约为）
控制组	144.92	37.12	−2.147（*）	0.03
实验组	127.93	33.67	/	

*在 P<0.05 水平上有显著差异

研究发现，实验组成员两年后的 SCL-90 数值明显低于控制组成员，说明实验组成员的心理健康水平明显高于控制组成员的心理健康水平。为进一步分析危机干预中预防性对提高大学生心理健康水平有明显效果，对实验组成员 2009 年和 2010 年的 SCL-90 结果进行相关分析，发现参加心理健康教育课程的学习，并定时参加一系列心理素质训练、团体心理咨询等“预防性”危机干预与其心理健康水平存在显著的正相关，如表 3 所示。

表 3　心理健康维度（SCL-90 结果）与年级维度的相关分析

	SCL-90 结果	年级
SCL-90 结果	\	−0.24（**）
年级	−0.24（**）	\

**在 P<0.01 水平上有显著差异

被试 SCL-90 结果与所在年级存在 0.01 水平上的显著负相关，相关系数 r 为−0.24。可见，随实验组被试年级的增长 SCL-90 测试结果分数下降，心理健康水平提高。

表 1 和表 2 的数据结果表明，有目的、有计划地对实验组学生进行心理健康教育教育并定期组织心理团体辅导活动，使实验组同学的 SCL-90 分值在两年后明显降低，并与控制组的分值存在显著差异。表 3 的数据表明，大学生心理健康水平与定期的心理健康教育和团体心理辅导活动的接触时间长度存在显著正相关，即心理健康知识的学习越深入心理健康水平越高。由此看出，大学生心理危机干预的“预防性”危机干预和“预警性”危机干预对由主观原因导致大学生心理危机上的干预是有效的。

四、讨论

1. 应在大学生危机干预中做好预防和预警工作

实验组和控制组的显著性差异表明，应在大学生危机干预中做好预防和预警工作，定期为大学生群体提供心理健康知识，定期举办心理团体训练和团体咨询，开展一系列有助于提高大学生心理素质，提升抗压能力，增加大学生心理弹性的活动，逐步改变大学生的不合理认知，逐步提高大学生群体心理健康水平。心理危机干预系统中的这一环节的有效实施，可以使大学生在遭遇危机时积极应对，顺利度过危机，实现自我成长。

2. 应根据个体差异，有针对性地实施心理咨询工作

由个案跟踪调查发现，大学生心理危机干预应该根据个体差异，有

针对性地实施心理咨询工作。根据几年的跟踪研究发现，心理咨询往往是学生心理危机出现时主动寻求帮助的最有效手段。鉴于心理咨询可以根据不同求助者特点制定出有针对性的心理危机干预方案，因此心理咨询系统的有效建立是帮助学生度过危机，阻止恶性事件发生的重要途径。

3. 全员组织系统是防止危机恶化的首要条件

上述研究表明在大学生危机干预系统中，全员组织系统应处于危机干预系统的基础位置，是防止危机恶化的首要条件，完善的全员组织系统不仅存在于危机干预的预防阶段，而是在整个危机干预系统中的每个环节都发挥着重要作用，特别是在后干预阶段。

五、大学生危机干预系统的有机统一

大学生危机干预系统是一个拥有三个层次，而每个层次又含有多个维度的有机统一的系统。干预系统的三个层次不是分离的，而是相互联系、相互作用的有机体。具体来说，属于心理危机干预中的全员组织系统是属于预防性危机干预、预警性危机干预、反应性危机干预和危机后干预的开展形式；建立档案系统和团体活动系统又是预防性危机干预和预警性危机干预的主要措施之一，建立档案系统是反应性危机干预和危机后干预有效的资料来源，反过来说预防性危机干预、预警性危机干预、反应性危机干预和危机后干预又丰富和发展了建立档案系统。

大学生心理危机的产生是一个复杂的动态过程，往往造成心理危机的不是单一的主观或客观原因，而是由主、客观因素共同导致的。大学生心理危机的产生不是突然的，而是动态发展的，是呈阶段式的，在不同的阶段将产生不同的行为和心理，在心理危机不同的阶段，对外力帮助的需求和接受意向也不同。对于此，危机干预应是要依据危机的不同阶段，掌握好适当的时机，以取得干预的最好效果。学校有效地帮助学生顺利度过危机无论对社会、学校或是学生本人都是有益的。不可否认的是个体在应对心理危机时是有许多成长的机会的，可以学会处理危机的新方法，提高整体的社会适应能力。建立一个可以不断提高大学生群体心理健康水平、及时发现存在潜在心理危机的学生、有效帮助存在心理危机的学生顺利度过危机的完善的大学生危机干预系统应是学校不断努力的方向。

参考文献

[1]黄建榕，陈建新．论我国大学生的心理危机及干预系统的建构[J]．华南理工大学学报（社会科版），2004，6（10）：73.

[2]樊富眠.“非典”危机反应与危机心理干预[J]．清华大学学报（哲学社会科学版），2003，18（1）：32—37.

[3]Kristi Kanel. A Guide to Crisis Intervention[J]. California: Marcus Boggs, 2003(l).

[4]段鑫星，程婧．大学生心理危机干预[M]．北京：科学出版社，2006：102—103.

[5]陈香，李建永．大学生心理危机管理的行动研究仁[J]．中国成人教育，2005（7）：49—50.

[6]潘欣．大学生危机管理及预警系统[J]．中国临床康复. 2005，10（22）：137—139.

[7]华道云，李义丹，王祖尧．大学生心理危机成因及干预[J]．成都理工大学学报（社会科学版），2004，2（2）：81—84.

[8]石晓霞．大学生心理危机状况的调查与分析研究[J]．邢台学院学报，2006，21（2）：21—23.

（作者单位：天津职业技术师范大学）

第四篇
困难资助与就业指导

高校贫困生资助三维角度模式探讨*

刘　巍

摘　要：随着高校贫困大学生数量的不断增加，贫困大学生问题日益引发了社会各界广泛关注。新中国成立以来，高校资助模式四次演变并呈现出资助模式多样化、对象细分化、内容丰富化、方式多元化等趋向，但也存在认定工作难、勤工助学岗位少、理念单一及形式不完善等问题。为此，坚持以人为本的思想教育，实施“济困、立志、强能”三位一体的资助育人模式，实现教育、管理、服务的有机结合，是满足学生多样化需求，进而从根本解决贫困生问题的有益探索。

关键词：　贫困生　三维角度　资助育人

随着我国高等教育体制改革的不断深化，高校贫困大学生数量不断增加，贫困大学生问题日益突出，引发了社会各界广泛关注。一系列国家资助政策的出台，一定程度上缓解了贫困生的基本需要，但目前一些高校中仍存在重经济资助轻思想教育的现象。

一、高校资助模式的演变及现存问题

明白现状，把握未来，必须建立在对历史沿革深入分析的基础上。

* 基金项目：2013年天津市教育系统调研课题

从资助模式角度来看，我国高校资助模式至建国以来大致经历了四次变革。

1. 新中国成立以来高校资助模式的演变

高校资助模式的四次较大调整，分别是新中国成立初期至1982年的免费上学与人民助学金时期；1982年至1986年的人民奖学金的诞生时期；1986年至1990年代中后期的奖学金、贷学金为主体时期和现今的“奖、贷、勤、补、免”体系时期。从资助模式、资助对象、资助内容和资助方式等角度看（如表1所示），建国以来高校资助模式不断演变。

表1　新中国成立以来高校资助模式上的演变[1]

时间	资助模式	资助对象	资助内容	资助方式
新中国成立初期至1982年	公费	全体大学生	免除学费	政府出资
	人民助学金	家庭贫困生	人民助学金	
1982年至1986年	公费	全体大学生	免除学费	政府出资
	人民奖学金	优秀贫困生	人民奖学金	
1986年至1990年代中后期	奖学金、贷学金为主	优秀贫困生	各类奖学金	政府、高校联合出资
			学校贷款	
1990年代中后期至今	“奖、贷、勤、补、免”助学体系	贫困生 优秀生 优秀贫困生	国家奖学金	政府、高校、社会各界联合出资
			国家励志奖学金	
			国家助学金	
			国家助学贷款	
			绿色通道	
			各项困难补助	
			勤工助学	
			学费减免	
			各类社会奖助学金	

2. 现有资助模式存在的主要问题

在高校资助模式演变过程中，呈现出资助模式多样化，资助对象细分化，资助内容丰富化，资助方式多元化的趋势，这些使贫困生入学难、读书难的状况得到了较大缓解，但在具体实践过程中，当前的资助模式还存在以下的问题与不足[2]：

（1）贫困生认定难度加大

伴随着资助对象从最初的全体大学生、优秀贫困生转为当前对贫困生、优秀生、优秀贫困生的全面覆盖，资助对象的细分化非常明显，但这也造成了对贫困生认定工作难度加大的客观问题。[3]

（2）勤工助学岗位难以满足学生需要

贫困生可选择的勤工助学岗主要分校内及校外两大方向。校内工作负担较轻，但内容单一，补助较低，难以彻底解决贫困生的实际问题；校外岗位则存在鱼龙混杂、难以管理的困难，学生安全存在较大隐患。

（3）资助理念单一，形式较不完善

现行资助体系多关注物质援助，聚焦于奖助学金申请流程、信息库管理等事务性工作，而忽视了能力培养、心理疏导、品格历练、感恩社会等方面，贫困生中存在“等、要、靠”的思想，不利于学生健全人格的养成。

二、“济困、立志、强能”三维资助体系的提出

为改善现有资助方式，提高资助工作的实效性，达到促进学生全面发展的目标，本文在以“财力支持”和“素质支持”为主体的“双线资助”模式[3]的基础上，提出“济困、立志、强能”三位一体的资助体系，从理论上完成了从二维到三维[4][5]的转变。

济困，是指以“奖、贷、勤、补、免”为主的对经济贫困生的物质支持。立志主要在于解决贫困生困惑、强化感恩意识、诚信意识。强能，旨在提高贫困生学习能力．就业竞争力及人际交往能力。在实施“三位一体”资助政策时，要根据学生自身特点和所在年级，确定资助重心。在新生入学时，资助重点应放在帮助其解决经济困难；随着年级的上升，资助重点也应随之向“强能”方向转化，注重职业培训、能力提升等；“立志”应始终放在一个重要位置，解决不同阶段的心理问题。如图 1 所示，这三项工作要根据学生的不同阶段，进行“差异化、立体化”地推动实施。

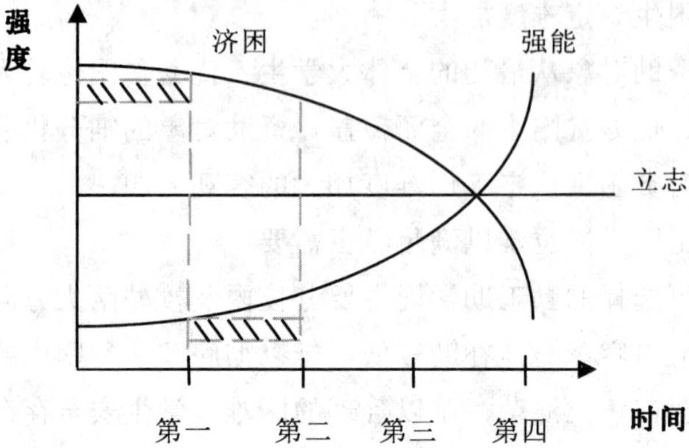

图 1 “济困、立志、强能”在不同学年中资助重点的变化关系

假设在四个学年中，学校及辅导员精力、财力保持不变，若济困的强度逐年递减，强能的强度需逐年增加，且其增幅要等于济困的减幅。以第一学年以及第二学年为例，图 1 中济困中减少的阴影部分面积表示在第二学年中比第一学年中减少的济困力度，而强能中增加的阴影部分面积表示在第二学年中比第一学年中增加的强能力度，从图 1 中可以发现这两个阴影部分面积是一样的，即资源由济困向强能的一种等价转移，而总体资助力度不变。立志反映在图 1 中是水平的直线，代表对学生“立长志”的考虑，自始至终力度不变。该直线与强能、济困两条曲线交汇于第四学期中部，表示通过三年多的工作，学生在此时（即将毕业）各方面均实现可观的成长。在第四学期末，强能的曲线达到高位，济困曲线到达低位，这也符合实际情况。

三、三位一体三维资助模式的运行方式

在贫困生比例常年居高不下，贫困生心理问题凸显，资助和就业工作难度加大，专业化要求越来越高的现实背景下，提出“济困、立志、强能”三位一体的资助模式具有现实意义和实践价值，以下就三位一体资助模式的实际操作做简单说明[6]。

1. 济困体系

济困体系是三位一体资助模式正常运行的基础，是一切资助方式的起点，只有在完善贫困生认定工作的基础上，整合各类资助方式，才能更好地解决贫困生最为紧迫的生活和学习问题。

（1）完善贫困生认定标准及分级管理方式

认定工作是实施资助的基础，直接影响到贫困生资助工作的效果。要应充分考虑学生差异，进行分级分类管理，积极进行合理有效的资助。除充分了解学生、进行客观评价外，还可以利用辅助方法，如北京某高校将学生在食堂就餐的频率和单次消费水平作为贫困生认定的参考依据，即是很好的尝试。

（2）突出助学贷款主体地位，整合各类资助方式

工作中会发现，部分贫困生认为只有无偿补助才是真正资助，而需要个人偿还的助学贷款，不是一种资助。事实上，助学贷款是解决贫困生学费、生活费的最直接有效的手段，因此，要引导学生认识到助学贷款的“隐性补助”性质，首先通过助学贷款解决经济困难。同时，要合理运用其他各类资助方式，如建立爱心暂借款等机制，以解学生燃眉之急。

（3）确保资助底线，实行额度封顶

在对贫困生进行资助前，应充分调查、了解学生最基本的学习、生活开销，确保每一位贫困生通过一定资助和个人努力后，能达到这一“最低生活标准”。与此同时，要对每人每学年的资助总和进行“额度封顶”，防止资助向少数人过度集中。

2. 立志体系

调查显示，贫困生中不同程度的存在自卑、焦虑、孤僻、虚荣、嫉妒、敏感等心理现象，而感恩和诚信意识不仅是人格基础，更是每个人立足社会的重要基石。在贫困生中开展针对性的教育，有助于其健康成长。

（1）发放助学金的同时，加入立志教育，建立以奖代助体系

部分贫困生中存在“等、要、靠”的思想，认为各类资助是应得的利益，社会责任感和自立意识不强。对此，可设立专门奖学金，“以奖代助”培养贫困生的能力、素质，在实行资助时加强感恩教育与社会责任感的教育。

（2）树立身边典型，鼓励自强自立精神

大力鼓励和表彰自立自强的学生典型，选拔“自强之星”并定期举行事迹报告会或交流会，形成“朋辈辅导”效应，激发学生思想情感共鸣，培养其努力拼搏的性格和健康向上的心理特征，激励贫困生养成自强自立的精神。

（3）加强心理辅导，优化育人环境

针对贫困生心理特点，展开相应的心理讲座、辅导。在建立贫困生库的同时也建立心理档案，充分利用学校特有的感染力和约束力，为贫困生创造民主、平等、互助、互爱的氛围，给予更多的人文关怀，潜移默化地优化贫困生的心理品质与素养。

3. 强能体系

经济资助只能解决眼前棘手的问题，要根本的帮助贫困生摆脱贫困的阴影，就必须提高他们的综合能力。

（1）改革现有助学金体系，增加勤工助学比重

各高校可在保持资助总金额不变的前提下，扩大勤工助学在资助体系中的比例，同时缩减助学金比例。此外，还可以在中低年级中设立助学金项目，学生获得资助的同时，要完成相应的勤工助学或志愿服务工作，培养学生自立自强精神。

（2）扩展勤工助学渠道，增加锻炼能力、增长才干的勤工助学岗位

校内勤工助学岗位应由单一的劳务型向知识型、技能型甚至创业型转变，如开办爱心超市、报刊亭、书屋、文印社等助学实体，既有助于贫困生积累经验，又有助于培养吃苦耐劳的精神。同时，要整合社会资源，与社会机构建立合作，扩展校外勤工助学渠道。

（3）加强职业指导，系统提升个人能力

专门开设英语听说、计算机操作、人际交往等课程，同时提供职业技能免费培训，拓展贫困生专业技能，增强其就业能力和自我发展潜力。此外，可以适当地引入国内外项目为载体，培养贫困生的综合能力。

四、结论与启示

根据当前形势，“济困、立志、强能”三位一体的资助模式是满足学生多样化需求的需要，是以人为本的思想教育的具体体现。实施“济困、立志、强能”三位一体的资助模式，提高经济困难生的个人综合素质，有利于从根本上解决贫困生和其家庭的经济困扰。高校贫困生资助工作任重而道远，其方法与模式还需我们在工作中不断的探索与完善。贫困生资助工作开展的是否科学、合理，不仅关系到学生个人的自身发展，更是和谐校园、和谐社会的客观需要。本文通过建立“济困、立志、强能”三位一体三维资助模式，并通过图形形象地阐明在不同阶段三种资助模式的实行力度及实行效果，从而在三维基础上进行了资助模式的设立尝试，希望引发社会对于资助模式的更多思考与创新。贫困生资助工作是一项艰巨的系统工程，必须努力将教育、管理、服务等工作有机的结合，将“济困、立志、强能”的各项机制有机的结合，才能切实根本地解决贫困生自身问题。

参考文献

[1]余秀兰. 60 年的探索：建国以来我国大学生资助政策探析[J]. 北京大学教育评论，2010（1）.

[2]姜旭萍，郑俊. 构建点线面三位一体的高校贫困生认定体系[J]. 湖北社会科学，2009（11）.

[3]方钫妍. 高校贫困生思想政治教育刍议[J]. 思想教育研究，2010（9）.

[4]杨晓慧. 高校贫困生“双线资助”模式研究[J]. 中国高等教育，

2007（19）.

[5]白华. 盲助：高校贫困生资助范式的路径选择[J]. 国家教育行政学院学报，2013（4）.

[6]梁军，何丽萍. 高校贫困生资助的根本出路："输血型"向"造血型"资助模式转变[J]. 思想政治教育研究，2010（4）.

[7]徐二荣. 教育公平理念下高校贫困生资助体系的构建设想[D]. 苏州大学，2009.

[8]刘志洲. 高校贫困生援助内容与途径多元化探讨[J]. 江苏高教，2011（3）.

[9]李从松. 我国大学生贫困的现状与趋势分析[J]. 清华大学教育研究，2002（2）.

[10]刘建荣，李方柏. 高校贫困生资助体系的困境与对策研究[J]. 江西社会科学，2006（2）.

（作者单位：南开大学团委）

对高校经济困难学生开展发展性辅导的模式研究*

贺晓丽　翟晓飞　黄志球　郭　褩

摘　要：高校经济困难生是一个庞大而特殊的群体，做好经济困难生的管理工作有利于学生健康发展及校园的和谐稳定。本文从发展性辅导的角度进行经济困难生管理工作的研究，介绍了发展性辅导的理念和内容以及对经济困难生管理工作的意义，并从辅导队伍、辅导内容、辅导平台、辅导评价四个方面提出发展性辅导的模式，最后结合对照性试验，得出发展性辅导是困难生管理工作的创新理念和有效方法的结论。

关键词：高校经济困难学生　发展性辅导　模式　对照试验

由于高等教育大众化程度的不断提高和高校收费改革的推进，地区间经济发展的不平衡等各种原因，近几年高校中家庭经济困难学生（以下简称困难生）的数量不断增加，有关统计资料显示，高校经济困难学生约占在校生总数的 15%—30%，其中经济特别困难学生的比例为 5%—15%。经济困难学生大多来自农村、偏远山区、中西部地区，有的是地域经济发展原因，有的是家庭突然变故而引起的经济困难。[1]困难生是一个特殊且敏感的群体，他们的健康成长和顺利成才承载着整个家庭

---

* 教育部人文社科高校思想政治工作辅导员专项任务项目《高校学生工作模糊管理模式研究》（项目批准号：11JDSZ3010）阶段成果之一。

的希望和未来，影响着校园和社会和谐稳定。国家对困难生资助工作高度重视，专门出台《国务院关于建立健全普通本科高校家庭经济困难学生资助政策体系的意见》，不断提高资助帮扶力度。困难生的愿望从能读大学转向想读好大学、从完成学业转向要学好知识、从接受资助转向能自立发展。高校学生工作应该顺应困难生需求，在落实好困难生经济资助政策的基础上，及时调整工作重心，对困难生的资助从经济资助逐渐转向发展资助，工作重点逐渐转向对困难生的发展辅导和教育引导上来。发展性辅导是一种全新的学生工作理念，目标在于预防和及时排除发展障碍，帮助学生实现最佳发展。[2]对困难生开展发展性辅导具有重要的实际意义。

一、发展性辅导的理念

学生辅导通常有两种模式，即障碍性辅导和发展性辅导。障碍性辅导指为有心理、学习、职业选择等问题的学生提供咨询、帮助和治疗，以消除各种障碍，促进其健康发展。障碍性辅导是面向少数问题学生，目标是解决已出现的问题。发展性辅导是指根据学生身心发展的一般规律和特点，在学生成长过程中适时地给予引导和辅导，主动提供给学生与其阶段性有关的学习、社会、情感、人格等各种经验，帮助学生了解和掌握解决冲突和困惑的方法，避免或预防学生出现各种困难和障碍。[3]

二、困难生特点以及高校困难生管理工作当中存在的问题

经济困难学生大多来自于偏远农村或者城市低保家庭，由于经济条件的困难和家庭环境的影响，困难生不能根据自己的需要购买学习和生活用品，没条件发展自己的特长爱好，知识面和眼界不够开阔。因此，在学习、生活、人际交往、能力展示等方面容易产生自卑、封闭和抑郁心理。困难生在就业过程中社会资源匮乏，经济投入不足，竞争力较低，也增加了困难生对前途的担忧和困惑，甚至出现逃避责任、逃避困难、消极堕落、荒废学业的严重情况。

应对困难生的上述特点，目前高校学生教育管理工作者做了大量的

工作，比如经济资助、受助学生的诚信感恩教育以及对出现问题的经济困难学生的重点关注和帮扶教育等，但目前经济困难生管理工作中仍然存在一些问题。

一是多数高校经济资助政策以经济困难为关键因素，只要被确定为经济困难生，不管学习态度好坏、学习是否刻苦都可以享受到资助。这种"困难优先"的政策导向一方面没有对困难生起到激励作用，没有让困难生明白只有刻苦学习、提高各方面能力、为自立自强做好准备，才能享受到国家助学政策，国家是帮助学生"学完大学"，并不是资助学生"玩完大学"；另一方面这种资助方式也容易使困难生产生依赖和得过且过心理，不利于学生责任担当意识、克服困难意识的培养；二是对已出现学习或心理问题的困难生采取帮扶措施一定程度上收到了效果，但有的学生一旦遇到学习困难，尽管有老师督促、同学帮扶，依然不能恢复自信，迎头赶上。少数困难生受到学籍预警或开除学籍处理，为家庭和个人带来更大的困难；三是学校面对全体困难生群体实施全覆盖的重点引导和特别辅导还不太够。调查发现，困难生当中约有40%—60%学习成绩中等或偏下，5%—10%出现较严重学习困难。出现严重学习困难的困难生由于自卑、封闭、愧疚、失去信心等因素，容易产生心理危机，经济、学习、心理多重困难并发可能会出现更严重的后果，加大了学校工作的难度。

三、对困难生开展发展性辅导的意义

鉴于以上困难生管理工作中出现的问题，及时调整困难生管理工作理念和辅导模式尤为重要。发展性辅导因其预防性和全体性特点，有助于目前困难生管理工作中问题的解决。

1. 开展发展性辅导有利于提高困难生经济资助质量

高校应调整困难生经济资助政策，兼顾帮助困难和支持发展，变单纯的资助经济困难生为资助学习态度端正、肯于努力提高自身能力以实现自立自强的经济困难生，将资助导向转移到鼓励学习、鼓励拼搏上来。

具体操作中应在困难生享受资助政策和取消受助资格上形成闭环，提前告知学生家庭经济确实困难可以享受国家资助政策，但若学习态度不端正、学习不努力，学校有权取消其受助资格。若困难生学习态度转变、刻苦程度提高，仍可重新获得经济资助。这有助于困难生克服依赖、惰性心理，端正学习态度，促进资助工作育人功能的实现。

2. 开展发展性辅导有利于促进困难生学业、人格和能力发展

发展性辅导的内容主要有三个方面：学业辅导、人格辅导和生涯辅导。辅导的基本目的是：预防潜在的学业、心理和成长问题；帮助学生达成相应阶段的发展任务；健全学生人格结构；帮助学生发展自己的生涯规划，开发潜能。

发展性辅导注重从早开始、注重全体性和预防性。从新生家庭经济情况调查表以及入学绿色通道开始，学校就可以识别一部分困难生，加上随后的新生班会、学生班主任了解、学生会走访等环节，新生入学一两周内学校基本可以锁定困难生范围。从入学第二个月开始，各学院即可开始对困难生开展摸底调研工作。调研内容基本分为学习方面、心理方面、自我管理方面和职业方面。学习方面主要了解困难生在哪些方面存在困难，如英语听力口语基础差、化学基础差等；心理方面主要了解困难生性格特点、有无人格障碍或交际困难等；自我管理方面主要了解困难生高中阶段的自我管理情况以及效果、大学的自我管理设想等；职业方面主要了解困难生对所学专业的了解、学习的目的和对未来职业的设想以及职业困惑等。通过摸底调研工作，基本可以将困难生按照容易出现问题的类型分类，如易出现学习困难类、心理问题类、自我失控类、目标缺失类等等问题类型，对不同类型的困难生分别采取侧重点不同的引导、辅导和管理方法，提前预防各类问题的出现。

四、开展发展性辅导的模式

1. 组建“多方参与”的辅导队伍

成立“一个中心”，即经济困难学生资助与发展辅导中心，中心的

任务是经济困难学生的识别、认定、管理、资助、教育、辅导、服务等。组建“两支队伍”，即具有不同专业特长的发展性辅导教师队伍和学生自我管理社团队伍。辅导教师队伍包括分管学生工作的领导、负责学籍和课程管理的老师、分管困难生资助工作的辅导员、负责就业指导和职业规划的教师、负责心理健康和心理咨询的教师和学生本专业的指导教师（班导师）。学生自我管理社团队伍包括大学生诚信自律社团、大学生心理健康协会和大学生勤工助学社团。

2. 搭建“多元化”的辅导平台

发展性辅导与障碍性辅导的区别在于更注重学生的参与性和互动性。多元化的辅导平台包括学业互助平台、课程引导平台、个性辅导平台、实践锻炼平台和监督服务平台，[4][5]辅导平台的具体内容如表 1。

表 1 经济困难学生发展性辅导平台设计

	学业互助平台	课程引导平台	个性辅导平台	实践锻炼平台	监督服务平台
一、二学期	班级学习小组	《职业生涯规划》	团体辅导 专题报告	社会实践	经济困难生数据库
三、四学期	本科生导师制	《心理健康教育》	个体辅导 团体辅导	勤工助学 社会实践	学习困难学生数据库
五、六学期	本科生导师制	《创业实训》	生涯规划比赛、职业测评	勤工助学	职业测评服务系统
七、八学期	本科生导师制	《就业指导》	就业服务和应聘技巧	生产实习 就业实习	职业测评服务系统

3. 设计“科学合理”的辅导内容

发展性辅导主要体现预防性，时间以一、二年级为辅导重点，以经济资助、学业辅导、人格完善、自我管理、生涯规划为主要内容，对困难生实施适合其成长阶段的辅导内容，目的是使困难生掌握避免问题、解决困难的方法。具体的辅导内容见表 2。

表 2　经济困难学生发展性辅导内容体系

学期＼内容	经济资助	学业辅导	人格完善	自我管理	生涯规划
第一学期	发放助学金	经验交流会 学习互助小组 目标：不挂科	适应环境 心理筛查 心理健康讲座	寻找新的学习目标、学校纪律约束	自我认知 自我探索 专业介绍
第二学期	审核受助资格 发放助学金	学习互助小组 专项学习辅导 目标：不预警	团体活动 和谐宿舍建设	自我管理效果评估、学校纪律约束	性格探索 职业目标 相关职业介绍
第三学期	发放奖助学金 校内勤工助学	学习互助小组 目标：不预警	教师助手 承担工作	确定学习目标、自我管理计划	能力探索 发展计划 职业前景
第四学期	审核受助资格 发放助学金 校内勤工助学	科研合作小组 目标：不异动	自我调适 心理健康教育	目标进展评估、自我管理效果评估	提升能力 清晰职业能力
第五学期	发放奖助学金 校外勤工助学	科研合作小组 成绩稳定提高	心理调适 社会适应	自我管理 查缺补漏	提升能力 探索职业世界
第六学期	审核受助资格 发放助学金 校外勤工助学	科研合作小组 成绩稳定提高	自我管理 社会适应	自我管理	提升能力 职业决策
第七学期	校外勤工助学	科研合作小组 成绩稳定	压力管理 社会适应	自我管理	职业信息 求职技巧
第八学期	校外勤工助学	成绩稳定 顺利毕业	压力管理 社会适应	自我管理	职业信息 求职技巧

4. 构建“立体交叉”的评价体系

为了总结发展性辅导开展的效果，积累辅导的经验，在研究和具体辅导过程中，要及时建立困难生发展性辅导反馈评价体系。评价体系包括纵向评价体系和横向评价体系。纵向评价体系是指每名困难生在不同年级所接受的辅导内容、学习成绩、学籍状态、心理状况、学习规划、学业能力成就、就业及发展等方面指标的变化情况。横向评价体系是指同年级接受同样内容辅导的不同困难生之间的对照比较情况。评价体系在辅导的过程中起到密切关注困难生并及时反馈的作用，当困难生毕业后，汇总后的辅导规律起到指导以后辅导工作并调整辅导策略的作用。

五、具体实施、对照试验和结论

1. 具体实施

本次研究针对经济困难生中易出现的学业困难、心理困难、目标缺失、情绪管理等问题，应用发展性辅导的模式，辅导教师依托辅导平台实施辅导内容，通过“立体交叉”的评价体系来评估和反馈辅导的效果。

2. 对照试验

本课题组在我校材料科学与工程学院家庭经济困难生当中开展了发展性辅导的对照试验。对 70 名 2009 级困难生没有使用发展性辅导，对 104 名 2010 级困难生从第三学期开始实行发展性辅导，对 76 名 2011 级困难生从第一学期开始实行发展性辅导。前四学期对照试验结果对比情况如表 3：

表 3　对照试验结果对比情况

	障碍性辅导			发展性辅导		
	第四学期预警率	学籍异动率	学习中等以下比例	第四学期预警率	学籍异动率	学习中等以下比例
2009 级	21.4%	8.6%	60%			
2010 级				9.6%	4.8%	58%
2011 级				5.2%	3.9%	50%

（注：1. 不同年级困难生认定标准一致；2. 预警率：各学期累计不及格课程总分超过 10 学分的困难生人数/困难生总数；3. 学籍异动率：因沉迷游戏、心理障碍造成降级和退学处理的困难生人数/困难生总数；4. 学习中等以下比例：成绩排名在本专业排名 50%以后的困难生/困难生总数。）

3. 试验结论

（1）发展性辅导注重预防性，不等困难生问题出现即施以辅导，降低了成绩不良和心理障碍的发生率；

（2）发展性辅导注重全体性，加大了对困难生群体的关注，使困难生群体整体学习成绩提高，顺利毕业率提高，对困难生群体树立自信、自立、自强的信念起到重要的作用；

（3）发展性辅导注重学生参与和体验，避免了单向灌输，提高了辅导效果；

（4）发展性辅导有利于促进困难生发展，是困难生管理的创新理念和有效手段。

参考文献

[1]王雄. 做好高校经济困难生教育工作的新思路[J]. 中国青年研究，2007（9）：80—81.

[2]王秀彦，晋媛媛，王立勇.探究以需求为导向的大学生学业发展辅导[J]. 北京教育高教，2011（2）：53—56.

[3]曾昭皓. 大学生发展辅导模式初探[J]. 长春理工大学学报(高教版)，2009（1）：153—154.

[4]冯霞. 大学生职业发展辅导体系模式的构建[J]. 河南职业技术师范学院学报（职业教育版），2009（4）：45—47.

[5]暴占光，姜恩桥. 大学生职业发展辅导体系建构及实施策略[J]. 思想教育研究，2010（12）：67—70.

（作者单位：天津工业大学材料科学与工程学院）

基于客户关系管理的高校就业服务模式研究

王英娟

摘　要： 随着高等教育由精英教育走向大众化教育，大学生就业问题日益凸显。为有效解决大学生就业问题，高校就业服务模式的构建与应用显得尤为重要，针对现行服务模式资源分散，个性化服务意识淡薄等问题。本文借鉴客户关系管理（CRM）的理念，强调学生需求在就业服务中的重要意义，尝试构建集搜集、管理、分析为一体的就业服务新模式，为高校就业指导工作提供新的思路。

关键词： 高校毕业生　客户关系管理（CRM）　就业服务　模式建构

目前，大学生就业问题是困扰各高校及全社会的重大问题。如何革新就业服务模式，为学生提供针对性强及满意度高的服务，进而提高就业率，最终促进高校招生率是各高校普遍关注的问题。在这一过程中，各高校由于偏重学校的就业率和优质生源率，就业服务往往是在提高就业率的大环境下根据所提供的“就业服务”产品找寻“学生”客户，并设法为自己的服务产品找到更多的学生客户使用，而淡忘了就业服务的主要职责“帮助大学生根据自身特点和社会职业需要，选择最能发挥自己才能的职业”，因此根据学生的需求提供适合相匹配的就业服务[1]是高校关注的关键所在。本文尝试将企业中的客户关系管理（Customer Relationship Management 简称 CRM）理念引入高校就业服务模式之中，把学校当作企业，学生当作客户，就业服务当作产品，利用数据仓库、互动交流、批量定制等计算机技术构建起“以学生为中心、以市场需求为导向”的就业服务模式，进而提升学校品牌形象，提升招生就业率。

一、CRM 的基本概念

CRM（Customer Relationship Management，客户关系管理）概念最初由美国 Gartner Group 公司提出的，伴随着因特网和电子商务的大潮进入中国。它指的是企业以客户关系为重点，通过开展系统化的客户研究，通过优化企业组织体系和业务流程，提高客户满意度和忠诚度，从而提高企业效率和利润水平的工作实践。其目的在于建立一个系统，使企业在客户服务、市场竞争、销售及支持方面形成彼此协调的全新的关系实体，为企业带来长久的竞争优势。如果说客户是企业最重要的资源，对以提供就业服务为主要“产品”的学校来说，学生就是客户。在当今激烈的就业环境中，能否了解学生的实际需求，并提供量身定制的个性化就业服务，已成为决定学校就业工作成功与否的关键因素。运用客户关系管理（CRM）思想是学校就业服务模式创新的一个新方向。学校渴望将最好的资源用来向学生提供有效的服务，根据对学生需求和行为的预测来划分学生类型，设计服务产品。但各高校现有就业服务模式大多数都无法适应这一新的要求，不同程度地存在行政职能突出指导能力薄弱，功能单一，资源分散等问题。

为解决现有服务模式中存在的问题，提高学生的就业竞争力，增加学校知名度，学校需建立自己的 CRM 就业服务模式，在市场需求为导向的环境下从学生需求出发，通过优化就业信息资源，提高就业工作效率，挖掘更多就业信息，以实现就业率和招生率的持续增长。

二、CRM 理念在就业服务中的意义

1. 突出以学生为中心的宗旨

就业服务的基本矛盾是有限的就业服务资源与学生需求的不匹配，不同的学生有不同的求职意愿，如何针对学生的就业需求提供就业服务是高校需要解决的重要问题。对高校就业服务而言，CRM 的魅力在于它对“学生”客户的重视，CRM 中以客户为中心的精神正是就业服务模式需创新的出发点。通过 CRM 可以使高校就业服务充分实现以“学生”客户为中心的理念，根据学生需求提供适合他们的就业服务，从学生的全方位需求出发，提供职业测评服务、生涯规划服务、就业信息服务、就业咨询服务、就业培训服务等“就业服务”产品，从而提高服务效益。

2. 与学生建立有效的互动交流

高校的就业工作是在高校就业指导人员与大学生的互动中进行。在就业服务模式中，无论是就业服务的宣传，学生需求的了解，还是学生反馈意见的收集，都离不开和学生的互动。CRM 系统通过采用先进的信息技术，将电话、传真、网络等各种交流渠道进行高度集成。学校借助 CRM 可使学生在任何时间、地点，以自己喜欢的方式，通畅地与就业部门进行交流；学校就业部门也能即时了解和掌握学生的意见、建议和需求，并及时做出反应。CRM 系统围绕“以学生为中心，满足学生的真正需要”这一主旨，准确查找目标学生群，强化与学生的关系，使就业部门能够主动将有效信息传达给学生，提高一对一就业服务水平。

3. 有效的进行数据管理与分析

学生信息是模式创新的源泉，在就业服务模式中必须要重视学生的信息。各高校除专门负责就业工作的就业指导中心，其他一线学生工作办公室也都拥有大量的学生信息，但这些信息比较零散，形成许多信息孤岛，无法进行有效决策。探其原因，一方面是缺乏对学生信息进行分析的意识，另一方面是没有合适的工具进行操作。

运用 CRM 能很好的解决数据整合与分析问题，通过明确就业服务

流程，构建完整、及时、准确的就业服务循环模式。在建立数据仓库、数据挖掘、智能分析的基础上，更好的了解学生的需求，并制定相应的服务。

4. 根据学生需求提供一对一服务

一对一服务是就业服务模式中的发展趋势，通过 CRM 系统，根据学生的需求和行为动态地批量的定制服务产品和内容，为其提供一对一的个性化服务。就业中心可利用电子邮件、电子公告版、网络实时交换等网络服务工具，及时地与学生沟通，快捷地了解学生对服务满意度及最新需求，并根据学生个人特点和求职意向，推荐和提供所需的招聘信息和指导服务，制定具有良好交互功能的服务网页。

三、CRM 理念在就业服务中的应用

1. 挖掘学生需求

通过收集和整合各职能部门（教务处、招生学籍办公室、学生工作办公室）的学生信息，根据生源地、性别、家庭情况、职业偏向、成绩等信息对学生进行分类和多维组合，根据每个学生的不同情况来挖掘学生个体或群体的现实和潜在的就业需求，按照需求对学生进行一对一的个性化服务。同时，根据就业服务数据，透视学生的需求特征，明确学生获取信息的途径、方法、类型，对学生使用“就业服务”产品的行为模式进行研究，发现其需求规律，并对此类学生下一步的需求进行预判，开展针对性的服务，提高学生满意度。

2. 提供适合的信息产品

就业服务模式的最终目的是根据学生需求提供适合他们需要的服务产品，提高其就业竞争力和社会价值。根据学生求职阶段的不同可以提供不同的服务产品，例如求职前可以根据学生的专业背景和求职倾向，分析学生对各个职业的兴趣，并结合学生的反馈结果，为学生提供生涯规划、职业介绍、单位性质分析等服务。求职中可以根据学生的综合素质及能力表现，为学生提供简历制作，面试技巧等求职解决方案。而求

职后，跟踪学生职场发展，并提供职业适应及发展性服务。不同阶段的服务产品提供都可以基于 CRM 的学生信息资料及其分析结果制定。在“学生”客户关系管理的过程中，产品的提供并不意味着工作的结束，就业部门还需要了解学生的反馈信息，测试就业服务的有效性以及学生的满意度，为下一次提供优质服务做好准备，形成良性循环。

四、构建基于 CRM 理念的就业服务模式

CRM 在高校就业服务中的应用还是一个比较新的课题，虽然无法建构一个统一的模式，但仍可以借鉴 CRM 的功能。美国的调研机构 Meta Group 把 CRM 分为操作型、分析型和协作型三类，分别实现 CRM 在客户关系管理过程中的不同功能。本文探讨的就业服务模式在借鉴了此三个类型的基础上进行构建，如图 1 所示。

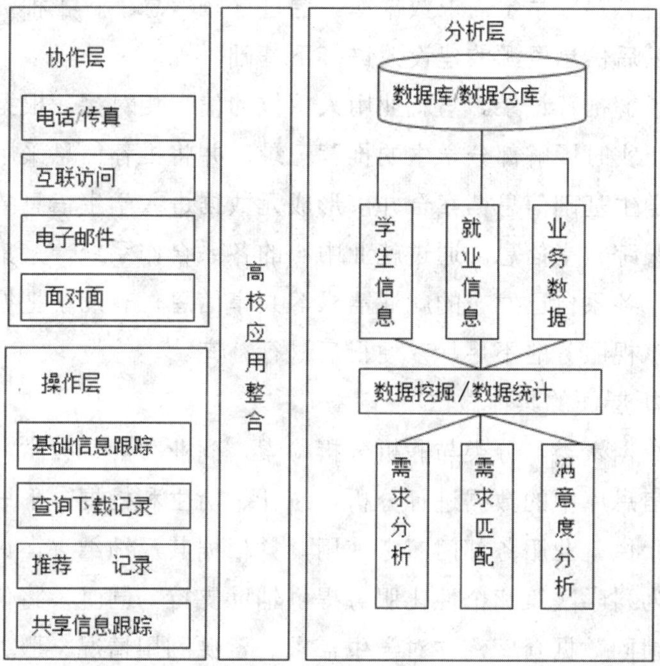

图 1 基于 CRM 功能的就业服务模式结构图

1. 协作层面的具体做法

通过协作型 CRM 的呼叫中心、互联访问、面对面交流、Email 等客户交流渠道与学生全方位交流和沟通，并将学生反馈的新需求重新输入学生数据仓库，开始新一轮的分析过程。这样学生需求的信息在不断分析型 CRM 中循环流动，推动就业服务模式向更高层次发展。

2. 操作层面的具体做法

（1）跟踪基础信息。通过各种渠道搜集的学生信息，包括教育经历、成绩奖励、社团活动等原始数据统一导入 CRM 系统中，生成学生基础信息档案，并定期向学生进行再线和离线结合的信息需求调查，跟踪学生需求的变化。

（2）查询下载记录。与就业系统提供的各功能模块相连接，将学生查询下载数据库相关网络信息资源所录下的行为信息转换成与系统相适应的数字信息存入学生需求数据库。通过这些信息了解各种资源的利用情况，为以后信息资源的建设改进打下基础。

（3）了解推荐记录。与就业用人单位的信息相对接，根据学生基础信息档案，实时了解部分学生的推荐记录，并将推荐信息采用相同的数据格式与学生基础信息档案合并，形成元数据进入学生信息数据库。

（4）跟踪共享信息。通过就业中心的各系合作系统，采集学生跨系信息传递，各系自己发布的就业需求等共享信息，有助于把握学生需求的方向，审视服务的不足，以便日后进行补充。

3. 分析层面的具体做法

利用数据聚类，分类与联机分析检索，商业智能等技术，对不断产生的学生信息库中的数据进行分析，统计、衍生和挖掘，形成新的知识型信息流，供就业服务部门参考使用，并根据其反馈结果，评定学生的满意度，为科学决策和个性化服务提供辅助支持。同时，将信息资源利用情况反馈回数据仓库，并对学生需求、资源利用情况、服务利用情况定期进行对比分析，及时发现问题，及时调整，形成一个不断循环的结构。

在就业信息化、网络化与数字化的今天，及时引入 CRM 思想，借鉴 CRM 系统功能结构形成一个“以学生为中心”的可应用的就业服务模式，规范就业业务流程，有助于将“以学生为中心”的理念落到实处。在以后高校的就业服务指导中，CRM 将成为就业服务创新实践中的有效工具。

参考文献

[1]尚恒志. 大学生就业指导中存在的问题及出路研究[J]. 河南工业大学学报（社科版），2009（5）：112—113.

[2]何荣勤. CRM 原理・设计・实践（第 2 版）[M]. 电子工业出版社，2006.

[3]王广宇. 客户关系管理方法论[M]. 清华大学出版社，2004.

[4][美]唐・佩珀斯，马莎・罗杰斯.一对一经理人——E 时代的客户关系管理真实案例.（屈陆民译）[M]. 北京：华文出版社出版，2002.

[5]Michael J.A. Berry，Gordon S. Linoff. Mastering Data Mining: The Art and Science Of Customer Relationship Management [M].Wiley，1999.

[6]丁望. 国外客户关系管理理论研究综述[J]. 经济纵横，2005.8，77—79.

[7]何文华，宋广科. 基于 CRM 的高校毕业生反馈信息系统设计[J]. 现代计算机（专业版）. 2008.12，185—187.

[8]黄恩杰. 基于客户关系管理的图书馆服务创新体系探讨[J]. 情报理论与实践，2010（12）：37—40.

[9]高长元、罗 捷、杨彩霞. 基于 CRM 理念的高校就业指导模式[J]. 科技与管理，2008，10（6）.

[10]马晓春. 美国高校大学生就业服务体系研究及启示[J]. 煤炭高等教育，2009（5）.

（作者单位：天津财经大学）

以主题班会为载体的大学生职业生涯规划教育模式的构建与实施

——以天津财经大学金融系为例

崔　玉

摘　要：根据就业市场的需求，结合专业特色，针对不同年级学生的特点，以职业生涯规划的六个阶段为主线，采取进阶式形式，构建以主题班会为载体的大学生职业生涯规划教育模式，以求全程化、全方面培养学生的综合素质和就业能力。

关键字：大学生　职业生涯规划　主题班会

主题班会是指以解决学生发展问题及提升发展需要为目标，有主题，有计划，具有专题性的班级活动。以主题鲜明、形式多样、贴近学生实际被广泛应用到各项教育活动中，是加强和改进大学生思想政治教育工作的一种有效形式和重要阵地。大学生职业生涯规划教育是指高校教育者辅导大学生，在自我探索分析和外部环境体验的基础上，整合内外资源，拟定职业发展目标，并据此对学生在校期间的学业进行系统合理的规划，制定分阶段实施方案并展开行动，以求全程化、全方面培养学生的综合素质和就业能力。二者有机结合，既充分发挥主题班会的优势，提高主题班会对学生的吸引力，提升教育的实效性；又扩充了现有大学生职业生涯规划教育的渠道，突出互动性、体验性和分享性，有助于学生发挥主观能动性。

一、以主题班会为载体进行大学生职业生涯教育的可行性和有效性

主题班会具有贴近学生实际、教育内容广泛、教育方法灵活的特点，是高校班级管理的重要形式，是辅导员对学生进行集体教育的有效手段，也是学生进行自我教育的主要阵地。以主题班会为载体，进行大学生职业生涯教育，可以实现教育过程的全程化，教育形式的多样化，教育对象的同质化。

1. 教育过程的全程化

主题班会具有全程培养的特点，是为数不多的从学生入学到毕业一直开展的学生活动。而大学生职业生涯规划教育是一个连续的、全程化的教育过程，需要贯穿于大学四年的始终。因此，依托主题班会，辅导员可以结合大学生各阶段发展的不同特点，制定相应的培养目标，构建进阶式的职业生涯教育模式。

2. 教育形式的多样化

主题班会形式多样，分为模拟扮演式、咨询答疑式、现场体验式、经验交流式、成果展示式等多种形式。相对于课堂、讲座、用人单位宣讲、社会实践等大学生职业生涯规划教育渠道，主题班会的形式更加丰富，辅导员可以借此调动学生参与的积极性，实现学生自我教育。

3. 教育对象的同质化

主题班会的教育对象是自然班级，同班同学作为处于同一年龄层次的群体，心理发展水平基本上处在同一层面上。再加上专业相同，教育背景相仿，同质性较强，在职业选择和发展中所遇到的问题和困惑具有普遍性和规律性，辅导员可以据此制定更具针对性的大学生职业生涯规划教育的方案。

二、以主题班会为载体的大学生职业生涯规划教育模式的构建

在教育模式的构建过程中，辅导员应根据就业市场的需求，结合学生专业特色，针对不同年级学生特点，以职业生涯规划的六个阶段，即：觉知与承诺、自我探索、探索外部世界、决策、行动、再评估为主线，以帮助学生获得知识、提升素质、培养能力为目标，以自我认识、职业认知、职业抉择、素质提升、入职能力、求职准备为模块，采取进阶式形式，将大学四年划分为职业生涯唤醒期、职业生涯成长期和职业生涯发展期三大阶段，构建以主题班会为载体的大学生职业生涯规划教育模式。

1. 职业生涯唤醒阶段

大学一年级可以称之为职业生涯的唤醒期。这一阶段的主要目标是引导学生适应大学生活，了解所学专业，初步认识自我，树立职业生涯概念，唤醒职业意识。实施过程中以开展学涯规划教育为核心，指导学生适应新的学习环境，顺利转换高中到大学的生涯角色；初步了解所学专业的培养目标和就业方向，通过实践培养专业兴趣；进行自我探索，增强自我认知、自我塑造的意识；明确大学在学业生涯和职业生涯整个发展过程中的作用，养成良好的学习和生活习惯，培养自我管理能力。

2. 职业生涯成长阶段

大学二年级至三年级第一学期为职业生涯成长期。这一阶段是整个大学生职业生涯规划教育的核心时期，主要目标是指导学生全面了解自我，了解外部世界，结合社会需求和自身特点，形成职业选择的初步意向，并根据目标职业提升专业技能，拓展综合素质。实施过程中以提升职业素质为核心，注重引导学生进一步认识自我，挖掘自己的职业兴趣，了解性格特质，澄清自身的价值观，判断自己的能力和专长，发掘潜力；培养职业意识，全面了解专业的就业形势，相关行业的企业文化，职业发展轨迹及发展前景，了解相应岗位对人才的需求和选聘人才的标准；有针对性地建立合理的知识结构，提高知识的运用能力，鼓励学生获得

相关技能证书；加强语言沟通能力、人际交往能力、责任心、团队协作能力、组织能力等用人单位看重的可迁移技能的培养，全面拓展职业素质。

3．职业生涯发展阶段

大学三年级第二学期至四年级为职业生涯发展期。这一时期处于学生职业生涯规划的求职行动和再评估阶段，主要目标是帮助学生提高就业能力，选择适合自己的就业岗位，转换职业生涯角色。实施过程中以就业指导为核心，通过简历制作、笔试、面试的培训与模拟演练，提高学生就业技巧；通过就业信息搜集、就业形势政策解读，提高学生择业能力；通过就业心理调适，情绪疏导帮助学生树立就业信心；通过分享步入社会前及初入社会的经验感悟，帮助学生顺利完成职业生涯角色的转换。

三、以主题班会为载体的大学生职业生涯规划教育模式的实施

天津财经大学经济学院金融系，包括金融学（货币银行、国际金融、证券投资和房地产金融四个方向）、保险学、金融工程三个本科专业 48 个教学班，目前有本科生 1831 人。自 2009 年以来，尝试构建以天津滨海新区对金融人才的需求为导向，依据金融专业的学科特色，针对不同年级的学生特点，进阶式的以主题班会为载体的大学生职业生涯规划教育模式，并在试点班级实施。具体模式如下：

1．职业生涯唤醒阶段

学期	班会主题	班会形式
一年级第一学期	大学之旅寻梦启航	讲座、视频、交流
	转化之盾和理想之旅	破冰游戏、体验、交流
一年级第二学期	自我探索初体验	室内拓展、体验、交流
	探寻“津”融足迹	参观、讲解

（1）大学之旅寻梦启航：启发同学从学涯规划入手，开启职业生涯规划之门。随后运用大量实例告诉大家“简历不是文字的堆砌，而是大

学四年行动的累积”引导同学认识自我应具备的技能。

（2）转化之盾和理想之旅：以破冰游戏开始，打破约束，利用转化之盾和理想之旅工具，带领大家进行生涯转换互动，唤醒新生的生涯意识。促使学生增强目标取向的自我管理，增强自我责任感。

（3）自我探索初体验：通过霍兰德职业兴趣岛屿的游戏，促使同学们初步认识自我的职业兴趣，启发进一步探索自我。并分享班会领悟，每人写下了自己对大学四年的期待。

（4）探寻“津”融足迹：带领学生参观天津解放北路金融街，探寻金融历史，通过实践培养专业兴趣。

2. 职业生涯成长阶段

学期	班会主题	班会形式
二年级第一学期	专业技能与通用技能	辩论
	礼仪课堂	情景剧
二年级第二学期	实习分享会	交流讨论
	生涯人物访谈	访谈、交流
	自我探索——性格测试	测试
三年级第一学期	银行面面观	讲座、交流
	金融技能大比拼	交流讨论
	“于家堡”金融区大讨论	微博互动

（1）专业技能与通用技能：以“大学学习专业技能和通用技能哪个更重要”为主题展开辩论赛。通过正反双方辩论，使学生认识到两种技能在未来职业发展中的重要性。

（2）礼仪课堂：将班级成员分成小组，以情景剧的形式在班级内展示商务礼仪的不同内容。

（3）实习分享会：假期实习分享，介绍实习单位的情况，岗位要求，实习见闻以及个人收获，使学生认识职业世界。

（4）生涯人物访谈：采访在工作领域有一定成就的校友，通过“如何找到这份工作的？这份工作需要什么样的知识、技能和个人品质？”等职业生涯相关的问题，使学生进一步了解职业世界，明晰职业对个人能力、素质的要求。

（5）自我探索：通过 MBTI 职业性格测试，了解自身性格特质，引导学生进一步认识自我，澄清自身的价值观，判断自己的能力和专长，将自己个性特征和职业需求相结合，不断完善自我。

（6）银行面面观：通过对银行的体系、组织构架、职位及发展、应届生待遇、相关的技能证书、校园招聘的流程等方面的讲解，使学生深入了解最主要的金融行业——银行业。

（7）金融技能大比拼：开展以“银行业从业人员资格认证”“证券从业人员资格认证”“金融专业英语”等金融相关的技能证书学习和考试经验的交流，引导学生提高专业知识技能。

（8）“于家堡”金融区大讨论：通过观看纪录片《全景天津》，就“于家堡金融区对华北投资环境的改善和创新”“私募股权投资基金与于家堡金融区”“于家堡的发展与天津财经大学”三个话题进行微博互动，激发学生对专业的热爱。

3. 职业生涯发展阶段

学期	班会主题	班会形式
三年级第二学期	经验对对碰	交流
	简历工作坊	体验、工作坊
	金融职通车	模拟面试
四年级第一学期	就业 ING	讲座、交流
	携手共进 勇往直前	互动、分享、体验
四年级第二学期	致青春 别母校 梦展四方	交流讨论

（1）经验对对碰：邀请同专业优秀应届毕业生，交流自身出国、考研、就业的亲身经历，加深学生对就业的认识，为明确毕业去向和进一步规划提供现实指导。

（2）简历工作坊：将班级成员分组，邀请就业指导教师，以小组辅导的形式，讲解简历制作的基本原则，并针对每一位同学的简历提出针对性的修改建议，同时交流简历制作中出现的问题。

（3）金融职通车：模拟银行应聘流程，进行无领导小组面试，小组之间互为评委，针对每一位同学的表现提出建议。

（4）就业 ING：为学生解读就业政策，讲解获取就业信息的主渠道以及关于落户、存档等在就业工作中的具体问题，提醒学生防范就业过程中存在的风险。

（5）携手共进、勇往直前：将班级成员分组，在小组内轮流表达自己的压力和心情，通过头脑风暴的方式，寻求支持并分享策略。

（6）致青春、别母校、梦展四方：学生之间分享就业体会，畅聊未来规划，回顾大学时光，互赠临别赠言，给学弟学妹留下最想说的话。

四、以主题班会为载体的大学生职业生涯规划教育模式的成效与思考

经过四年多的实践，以主题班会为载体的大学生职业生涯规划教育模式取得一定成效，在 2009 级两个试点班级的 94 人中，40.4%的毕业生考取国内外研究生继续深造；34%的毕业生被商业银行录取，就业率 100%，实现量质双赢。在毕业后的反馈中，大部分学生表示已经适应工作角色，对职业发展有了进一步的规划。以主题班会为载体的大学生职业生涯规划教育模式在不断的探索中构建与完善，但在具体的实践中还需要注意以下几个方面：

1. 教育模式实施者的能力提升

辅导员作为大学生成长成才的“引路人”，在职业生涯规划教育中发挥着不可替代的作用，成为该模式实施者的最佳人选。但职业生涯规划教育对实施者的要求偏高，这就要求辅导员必须具备丰富的职业生涯规划教育知识，心理辅导知识，相关的专业背景和就业指导经验。

2. 教育模式要切合学生实际

以主题班会为载体的大学生职业生涯规划教育模式是整个大学生职业生涯规划教育体系中的重要组成部分，是传统渠道的有效补充。在具体实施过程中要根据职业生涯规划教育体系的总体安排做适当的调整和补充，以保证主题班会真正贴近学生实际。

3. 教育模式的阶段划分

以主题班会为载体的大学生职业生涯规划教育模式的阶段划分，要根据就业市场的需求，结合学校的实际情况，进行科学合理的划分。此次研究针对企业校园招聘大多集中在四年级第一学期的特点，将职业生涯发展阶段的时间界定在三年级第二学期，使学生有充分的时间提早准备，迎接激烈的就业竞争。

4. 教育模式要突出专业特点

由于高考分数和父母意愿是影响学生选择专业的主要因素，大多数学生对专业认识模糊，甚至感到困惑。因此，以主题班会为载体的大学生职业生涯规划教育模式的构建中要突出专业特点，在职业生涯唤醒阶段重视引导学生正确认识所学专业，培养专业兴趣。

参考文献

[1]李俊玲. 主题班会在大学生职业生涯规划教育中的作用[J]. 高校辅导员学刊，2011（10）.

[2]李春山，王巧玲. 主题班会的设计与实施[J]. 高校辅导员学刊，2013（2）.

[3]贾立敏. 论职业生涯理论与高校主题班会的有机结合[J]. 唐山学院学报，2011（9）.

[4]黄国萍. 以主题班会为载体的大学生孤独感团体辅导与干预[J]. 高校辅导员学刊，2012（2）.

[5]花艳，王小莉. 大学生全程化职业规划教育探析[J]. 生涯教育发展研究，2012（2）.

[6]北森 Careeridea+ 2011 年 9 月创刊号.

（作者单位：天津财经大学经济学院金融系）

第五篇
网络与新媒体思政

私媒体与公教育

——浅谈利用微博拓展高校网络思想政治教育工作新领域

魏占玲　兰　昊　季　芳

摘　要：网络时代已经发展成为一个以人的关系为核心的社交网络时代，以往大众传播媒体“点对面”的单向传播方式和传统的以课堂为主的教育模式，已经不能适应人们对于网络信息的需求。微博作为私媒体的典型代表，因其便捷、时尚，可自主选择信息、自由表达观点，受到全球网络大众欢迎，甚至影响到全球政治、经济、文化等层面。高校思想政治教育工作面对最具活力和时尚感的青年学生，应时刻关注时代变化，不断探索、充实、丰富网络思想政治教育工作的新内容、新形式，为社会培养具有较高政治素质、较强综合素质的社会主义合格人才而努力。

关键词：私媒体　公教育　微博　网络思想政治教育

一、私媒体和公教育①

每个微博都是一个私媒体。随着手机终端和网络的深入对接，用户可以随时随地自由选择信息和发布个人观点。微博作为新兴媒介最突出的代表之一，一定程度上释放了公众的个性和自由，把媒体的力量交到了公众手中。通过微博，每个人都可以创造自己的媒体，找回丢失已久的“话语权”，这是传统媒体和之前许多新媒体没有达到的高度[1]。《2010中国微博年度报告》显示，微博已成为继网络论坛、博客、跟帖之后，最强大的网络舆论载体，也是网友发布信息的第一选择。在2010年舆情热度靠前的50起重大舆情案例中，微博首发的有11起，比重约占22%[2]。从某种意义上来说，微博代表了一种“微文化”，它是一种积聚的力量，通过一些看似微不足道的行为，不经意间却改变了人们的生活[3]。

当代大学生是在电脑、手机等电子新兴技术影响下成长的一代青年人。网络因社会节奏快、功能丰富而受到青年人的喜爱和关注。据《中国青年报》一项题为《微博成青年时尚，69%的人在关注》的社会调查显示，69%的人关注微博，25.6%在使用微博，43.4%的人正在打算使用微博[4]。由于私媒体在传播中的平等性、开放性等特点，一些未经确认甚至片面有害的信息也混杂在其中得以大范围快速传播，而青年人在知识、经验、阅历上不足，鉴别能力有限，极易被误导。相对于汹涌而来的“私媒体”，“公教育”在教育内容和方式上越发显示出单调和不足，缺乏应有的吸引力。公教育正面性教育的削弱和私媒体信息泛滥，成为网络时代思想政治教育工作的新挑战。利用微博等新兴媒介开展网络思想政治教育已成为新时期高校思想政治教育工作最具创新意义的有益探索之一。

① 私媒体是相对于传统的公众媒体而言所具有的发布终端私有化、主旨观点私人化、信息来源私密化的一系列媒体的统称。私媒体因其形式新、普及快、覆盖广的特点又往往被人称为新媒体。公教育是相比私媒体信息影响力而言的一种表述方法，一方面是指如报纸、广播、电视等传统媒介对受教育者施加的单向模式的影响，另一方面也包括传统思政教育模式如课堂、主题教育活动等内容。

二、私媒体——微博的兴起及其特点分析

微博，即微型博客，是网络工具向 WEB2.0 发展的具有划时代意义的产品[5]。世界上最早、最著名的微博是 2006 年创建于美国的 twitter。截至 2011 年 1 月，其注册用户已近 2 亿。[6]中国微博的发展以新浪微博和腾讯微博等为主干，其中人人网等一系列 SNS 站点所提供的服务，包括状态分享、转贴、点名等都具有类似微博功能。截至 2010 年 10 月，中国微博服务的访问用户规模已达到 12521.7 万人。[7]微博一经出现，即受到广大网民热捧，成为网络世界中最热门的交流方式之一。同传统媒介相比，它具有如下几个鲜明特点：

1. 信息内容的精巧性

文本内容限制在 140 个字符内，适合随时随地利用手机、网络等发布文字、图片等多媒体内容。篇幅小，却精准地反应博主想表达的信息，吸引网络“粉丝”的关注。正如腾讯网总编辑陈菊红女士所言：“世上最难写的不是小说，世上最难写的是这 140 个字。”相比公教育提供的“文化大餐”，微博的形式更符合现代人生活节奏和阅读习惯，随时随地见缝插针式的关注和分享，更似“快餐”，快速果腹，味道鲜美，兼具时尚性和猎奇感，却缺乏营养，在思想深度和系统性上与公教育尚不能相比。

2. 传播速度的快捷性

微博随时随地可通过手机等平台发布信息，粉丝间转发、分享信息十分便捷，可以实现一个人瞬间搅动世界的蝴蝶效应。以 2010 年腾讯网评选出的最高人气微博王刘翔为例，他目前粉丝人数为 15430130 人，如果他就某一热点事件或突发事件在微博上发表观点，瞬间即可传遍全球，形成海量信息。即时关注各方最新意见，深入细致了解事情发展的每一个环节，粉丝间彼此交流对事件的看法，随时随地跟踪事态发展，仿佛置身在事发现场——这种信息快速传播所导致的现场感绝无仅有，个体的力量得以增强，极大地刺激了博主的参与感和积极性，这是公教育所不能给予的。

3. 信息权重的平等性

在公教育中，教育客体缺乏参与权、话语权。微博的出现很大程度上释放了公众的个性和自由，改变了公众的被动地位。发表和筛选自己认同或反感的信息，在公众事务中发表言论、提出意见，积极参与社会生活，在信息世界里每个人都是自媒体。微博的出现和发展，改变了过去传统媒介下话语权高度集中、一般公众很难接近和使用的垄断模式，实现了网络世界中人人平等的现实。在网络世界，人们可以真实、自信的表达自己的观点，营造轻松愉悦的人际交往环境。

4. 信息传播的开放性

微博的平等性、快捷性、匿名性等特点，往往形成难识真伪、泥沙俱下的海量信息。由于微博博主成长环境和教育程度的不同，信息在发布的过程中存在主观性，在转发、分享、关注的过程中产生“聚变”和“裂变”，经快速传播后，其影响力更是空前。正如Paul Slovic在行为经济学研究中曾谈到的“不对称法则”的存在[7]所描述的那样，在信息传播中负面消息比正面消息具有更大的传播权重和影响力，受众往往认为负面消息的来源相比正面消息更加真实可靠，这就给谣言的传播提供了土壤。在资讯海量、观点杂陈的世界里，信息的过度开放对青年人的思想影响巨大。

三、公教育在高校思想政治教育工作中的问题分析

1. 教育内容刻板，教育形式单一

公教育一般来自于两个层面：一是传统的媒介方式，如报纸、广播、电视等，另一个层面则是高校的课堂教育、主题实践教育等。前者或高高在上，远离大众，缺乏平等和互动，或篇幅冗长，空话、套话充斥其中，缺乏亲和力，其思想价值被淹没。后者往往内容刻板、乏味、教条，不能有效结合现代社会的发展进行理论联系实际的分析和提出有效的解决方法，教育内容和形式较为单一，学生被动接受，效果较差。

2. 过度强调教育功能，缺少和教育客体的互动交流

传统的公教育最大的问题在于过度强调教育功能而忽视教育主体和客体的互动交流。网络的发展历程从以网站为核心的门户网站，到以内容为核心的搜索引擎，再到以关系为核心的社交网络，越来越注重服务功能和网络中的人际互动。惠普研究所的研究发现：随着社交媒体越来越受欢迎，个人、政府和企业投入了巨大的人力、物力和财力让自己的想法、政策、产品和评论在社交网络中获得关注。但产生持久的影响力需要以人为本，以充实的内容和平等、互动的交流方式来支撑。

3. 公教育尚未形成与网络相结合的长效机制

在管理职责越发繁重，网络已经完全覆盖青年人生活的今天，由于观念认识、人力和财力等多方限制，目前高校思想政治教育工作仍未实现全覆盖模式。面对青年学生在网络时代衍生出来的新问题，需要高校思想政治教育工作者整合资源，创新工作视角。如果说公教育为个体成长提供的是营养、健康的食品，网络思想政治教育内容无疑强化了口感，增加了饮食口味的多样性。两种教育方式的结合将深化思想政治教育的实效性。

四、利用微博拓展高校网络思想政治教育工作的可行性探索

1. 利用微博开展网络思想政治教育工作，是创新工作模式、与时俱进的重要体现

新时期高校青年，是伴随信息时代的快速发展而成长起来的一代，对于网络的使用和依赖，对新鲜事物的追求和猎奇，使他们成为网络生活中重要的群体，“今天你织围脖了么”成为大学生最时尚的交流方式之一。微博的灵巧和时尚、快捷和方便、平等和互动等特点，恰恰弥补了公教育传统死板、形式单一、内容冗长、讲求时间和地点等缺点。实现以微博为代表的私媒体和传统的公教育互相配合、互相补充，将使线上线下的高校思政工作相得益彰，提升工作效果。

2. 微博的使用成为班级、社团、师生等群体全新的交流、学习和教育平台

微博突出了个体的重要性，在教育者和被教育者角色转变的过程中，必然促进学生加强学习、关注时事，从而不断提升理论水平，提高逻辑思维、分析和解决问题、语言表达等能力。充分发挥主观能动性，潜移默化地实现了学生自我教育、自我管理、自我提高的教育目标。微博的开放性、关注度也推动了各群体成员之间广泛的交流和学习，成为鞭策各团体把各项工作做精、做强、做实的强大动力。

3. 微博提高了网络思想政治教育工作的实效性和针对性

随着20世纪90年代高校合并和扩招风潮，各高校以往“精耕细作”的教育培养管理模式已经无法解决数量规模下产生的一系列教育管理问题。而微博很好地解决了这个问题，通过微博博主的状态、评论、转发的内容，辅导员和班级成员可以在网上多方位、全角度的了解一人或多人的思想状态，并有的放矢地开展教育引导工作，增强工作实效性和针对性，提升了工作质量和工作效率。

4. 微群提升了集体凝聚力，构建了新型班级管理模式

2010年教育部思政司下发的《教育部关于进一步加强和改进研究生思想政治教育的若干意见》中提到：“加强班级建设已成为高校思想政治工作的重中之重。”[8]微群的基本功能不仅能实现各种通知的发布，利用信息传播的“蝴蝶效应”，还可以实现优质教育资源的高效共享，促进班级成员了解。改善班级活动质量、增强成员的荣誉感和归属感。

综上，微博作为当前网络生活中最具影响力的私媒体之一，对青年学生的思想起着重要的影响作用。积极发挥传统公教育和新兴私媒体的积极作用，探索线上线下相结合的思想政治教育工作新模式，极具现实指导意义。

参考文献

[1]中国新闻传播学评论[J/OL]. http://www.cjr.com.cn.

[2]贺涵甫，李媛. 2010 中国微博年度报告发布全国微博用户超 1.2 亿[N]. 2010-12-29.

[3]百度百科“微文化”[DB/OL]，http://baike.baidu.com/view/3309749.htm?fr=ala0_1_1.2010-07-15.

[4]王聪聪. 微博成青年时尚，69%的人在关注[N]. 中国青年报，2009-12-08.

[5]林书兵，徐晓东. 微博客及其教育应用探析[J]. 电化教育研究.2010，3.

[6]Twitter 董事长称全球用户数已突破 2 亿[EB/OL]. http://tech.sina.com.cn/i/2011-01-12/17495087422.shtml.2011-01-12.

[7]林文. 行为金融理论文献综述[J]. 云南财贸学院学报（社会科学版）. 2004（19）：3.

[8]教育部. 关于进一步加强和改进研究生思想政治教育的若干意见，教思政〔2010〕11 号.

（作者单位：南开大学经济学院）

新媒体环境下高校辅导员开展大学生思想政治教育工作的策略

刘思佳

摘　要：迅猛发展的新媒体，给大学生思想政治教育工作提供了一个新的平台，但机遇与挑战并存。大学生群体更易接触到新兴事物，也更易被不良信息误导。在这种利弊共存的复杂环境下，如何让高校思政教育工作者利用当前条件，发挥新媒体的积极作用，成为值得探讨的话题。本文在新媒体时代下，阐释大学生思想政治教育的重要性，并提出相应策略，为思政教育工作者提供一定的借鉴。

关键词：新媒体　大学生思想政治教育　高校辅导员

中共中央国务院颁发的《关于进一步加强和改进大学生思想政治教育的意见》，深刻阐述了大学生思想政治教育的重大意义，提出了加强和改进大学生思想政治教育的指导思想、基本原则、有效途径等内容，并强调要努力拓展新形势下大学生思想政治教育的有效途径。如何利用产业化、数字化蜕变后的新媒体开展教育工作，是摆在高校思政教育工作者面前的一道重要命题。

一、新媒体综述

1. 新媒体的概念

目前学界对新媒体的概念并没有一个统一的认识，百度百科中将新媒体定义为“以数字信息技术为基础，以互动传播为特点、具有创新形态的媒体”，如网络媒体、手机媒体、电子杂志等，它是相对于报刊、广播、电视等传统媒体而言的新的媒介类型。新媒体在大学生的生活学习及其他行为的形成过程中占据着越来越重要的地位。

2. 新媒体的特征

（1）即时性。它不仅表现在网络上，也更多地在手机、移动电视等新兴媒体中呈现出来。新媒体的信息更新速度已远远超出传统媒体，甚至打破时空限制，实现同步。传播载体形成了集文字、图片、声音、视频等于一体的多样化渠道。

（2）双向性，即交互性。传受双方的紧密互动成为新媒体的又一大特征，较之于传统媒体，新媒体更加开放，受众的参与程度也更加深入，传统意义下的信息接受者开始扮演传播者的角色。传播关系趋于平等。

（3）娱乐性。市场化趋势的扩张使新媒体开始追求经济效益的单纯增长。网络的高访问率和高点击量，手机彩信、电子杂志和电子报纸的订阅，都迫使新媒体走向娱乐化道路。由此产生的低级、庸俗的信息，影响着媒介大环境，容易造成受众价值观念的扭曲。

（4）复杂性。由于法制监管的滞后，新媒体的发展水平良莠不齐。普通受众，特别是未完全进入社会的大学生群体，难以辨别信息真伪，网络、手机短信等传播媒介极易成为滋生诈骗活动的土壤。

二、新媒体环境下大学生思政教育的重要性

认清大学生思想政治教育的重要性，必须考虑当代大学生的特点。大多数大学生作为独生子女的“90后”，是时代精神和先锋文化的主要传承者。在受到资本主义意识形态的影响后，思想意识多元化，出现诸如

道德滑坡、社会责任感缺失、意志力不强等负面因素，如果不能及时得到指出和纠正，可能会造成大学生对现实生活产生严重的疏离感，阻碍自我发展。

在这种情况下开展大学生思政教育，是促进大学生全面发展的必然要求，是贯彻《关于进一步加强和改进大学生思想政治教育的意见》等文件精神的体现，是与时俱进的表现，具有重要意义。

三、新媒体环境下大学生思政教育工作的开展策略

根据新媒体呈现出来的不同特征，高校思政工作者必须审时度势，走进新媒体，使之与思政教育工作接轨，积极探索新方法、新途径，让大学生思政教育焕发新的活力。具体策略可以从以下几个方面展开：

1. 平衡输入和反馈，注重大学生个体的差异性发展

基于新媒体双向交互的特征，思政教育工作可以通过网络建立师生交流平台，如网上心理咨询，摆脱以往单项的灌输式教育，教育者以“网友”的身份，融入大学生的生活。同时，保留研讨会、报告会等传统形式，在原有教师主导的基础上，增加互动环节，积极倾听学生们的想法和建议，做到因材施教，关注大学生个体的差异性发展。

2. 与时俱进，学会利用丰富的新媒体资源

高校思政工作者应主动提高自身素质，利用丰富的新媒体资源来改善和加强思政教育工作。新媒体为大学生思想政治教育提供了丰富的现代学习手段，如利用互联网等新媒体可及时获取最新的信息，较全面地收集与思政教育相关的文字、图片、音频及视频材料等，多样性和灵活性使原本严肃的宣传教育工作变得轻松且易于接受，有助于大学生开阔视野、增长知识，达到优化教育效果的目的。

3. 掌握舆论导向，主动创建良好的教育氛围

诺埃勒·诺依曼在《沉默的螺旋：舆论——我们的社会皮肤》一书中阐明了“沉默的螺旋”理论：大多数个人会力图避免由于单独持有某些态度和信念而产生的孤立。也就是说，人们发现自己的观点受到认同

就会越发大胆地宣扬；反之，如果自己的观点无人认同，便会保持沉默。如此循环往复，便形成一方的声音越来越强大，另一方越来越沉默的螺旋发展过程。

面对多元文化的冲突和较量，如果不用先进的思想去引领青年，低级腐朽的思想便会乘虚而入。大学生面对错综复杂的社会，抵制负面影响的自觉程度并不高。这就需要高校辅导员积极地把握舆论导向，引导大学生准确解读媒介信息，主动为学生创建良好学习氛围。例如，开通校园思政教育官方网站、博客和微博，宣传正确的道德观念和社会价值，让大学生感受先进的、积极的、正确的价值观念，从另一个角度完善和改进思政教育工作。

4. 具备良好的信息处理及预判能力，力求避免新媒体所带来的负面影响

由于新媒体的复杂性，信息泛滥造成了一定程度的信息污染和失真现象，这对大学生思政教育工作产生了相当的干扰。这种环境下，高校辅导员必须具备良好的信息甄别、筛选能力，去其糟粕，取其精华，提前谋划，有疏有堵，及时遏制不良信息侵入大学生的实际生活。此外，还应注重创新，如在校园主页上结合思想政治教育开设学生感兴趣的板块，及时更新信息，建立形式多样、风格统一的网页，吸引学生注意力，获取学生的信赖和支持。

综上所述，新媒体时代的到来使高校不可避免地置身其中，作为高校思政教育工作的直接实施者和中坚力量，高校辅导员需抓住机遇，充分发挥新媒体的优势，拓宽自身思想政治教育工作的方式方法，建立完整的思想政治教育工作机制，努力培养优秀的社会主义接班人，为构建社会主义和谐社会添砖加瓦。

参考文献

[1]中共中央国务院. 关于进一步加强和改进大学生思想政治教育的意见，中发〔2004〕16号.

[2]刘艳明，辛志遐. 努力做好新时期大学生思想政治教育工作[J]. 中国高教研究，2006（03）.

[3]仉媛. 谈高校思想政治教育工作中的“以人为本”[J]. 改革与开放，2010（04）.

[4]续敏. 新时期大学生思想政治教育创新对策研究[D]. 山东大学，2008

[5]徐继耀. 意识形态视阈下加强思政教育的意义[J]. 人民论坛，2010（11）.

[6]张莉. 新形势下大学生思想政治教育工作的几点思考[J]. 改革与开放，2011（14）.

[7]杨阳. 探析新媒介环境中高校辅导员媒介素养的提升策略[J]. 太原城市职业技术学院学报，2011（06）.

[8]张雪黎. 加强媒介素养教育 构建大学生思想政治教育工作新平台[J]. 江西青年职业学院学报，2010（04）.

[9]邹俊佩. 网络时代大学生思想政治教育工作的思考[J]. 科技资讯，2011（05）.

[10]胡忠青. 大众传媒对大学生思想政治教育的影响及对策[J]. 三峡大学学报（人文社会科学版），2007（02）.

[11]计镇华，常磊. 网络传媒对大学生思想政治教育工作的影响及其对策探究[J]. 中国商界（上半月），2009（10）.

（作者单位：天津体育学院）

基于SNS信息动态分析的大学生思政教育工作创新研究

——以人人网信息动态为例

时子庆

摘　要：本文通过采集人人网新鲜事，对采集到的数据采用多元回归分析和对比分析的方法，研究公共主页的影响力，探索人人网新鲜事传播模式和新鲜事产生的时间规律，并以此为基础，提出打造有影响力的公共主页，对新鲜事建立研判预警制度，设立“三级监督引导体系”，对信息产生和传播高峰期进行网络监控，开发人人网信息分析系统等方法，加强对大学生思想的引导，为维护高校稳定开拓新思路。

关键词：SNS　人人网　网络思想政治教育　高校维稳

一、社交网络在大学生中悄然兴起并迅速发展

SNS 即“Social Networking Services”，是指帮助人们建立社会性网络的互联网应用服务。它是继维基、博客和 RSS 等技术之后，对以“交互”为核心的互联网技术的进一步发展。SNS 平台能使加入其中的用户不经过任何中间媒介而享有广泛的通讯资源，在发达的网络社会迅速积累自己的人脉关系。这种模式改变了传统的人际社交与拓展模式，通过一传多、多传多的塔式扩展，加强了人脉圈理论。

Facebook、Twitter等社交网站在几年前已经风靡全世界。近年来，随着我国手机移动网络的发展，以微博、人人网、微信等为主的社交网络迅速崛起。在中国互联网络信息中心（CNNIC）发布的《2010年中国网民社交网站应用研究报告》中指出，国内SNS用户群体中近37.5%的参与者为学生。而这一比例在《2011年中国网民社交网络应用研究报告》中跃升到50.3%。SNS提供给了信息发布者和信息阅读者相互交流的平台。大学生使用SNS的目的集中在了解周边事件、娱乐和关心朋友动态上，这与学生使用传统媒体时专注于国家大事和开阔视野的目的不同。

根据2011年11月某大学学生社团对学生使用SNS情况的专项统计显示，大学生使用频率最高的是人人网，其次是微博、开心网等。本文以人人网首页新鲜事（包括发布、分享和转发状态、日志、照片、视频等）为研究对象，从2012年7月28日晚至2012年8月7日晚，持续10天，共采集样本数据3431574条，经过数据清洗（ETL）之后，剩余3333743条有效数据。采用多元回归分析和对比分析的方法对公共主页、个人新鲜事、信息传播的时间规律等加以研究，旨在探索掌握学生思想动态的方法和规律，有针对性地开展学生网络思想政治教育工作。

二、人人网新鲜事特点分析

1. 公共主页影响力巨大

公共主页（Page）是公共人物、媒体机构、企业品牌与人人网好友交流的平台。它在个人主页功能上，增加个性化页面设施、沟通管理后台、营销数据分析等强大功能，便于公共主页维护者与目标用户互动。

（1）公共主页与普通用户新鲜事评论数量对比。

研究发现，公共主页好友数量众多，单个新鲜事的评论量为普通用户的32.48倍。

表 1　新鲜事评论数对比分析

	新鲜事总数	评论总数	平均每条新鲜事的评论数
公共主页	426146	27270544	63.99
普通用户	2907597	5720397	1.97

（2）新鲜事的重现率对比。

新鲜事的重现率，是指在新鲜事的收集过程中，某条新鲜事可能会在不同用户的首页多次出现，这也是代表用户影响力大小的重要指标，与用户的好友数或者公共主页的被关注数直接相关。比如，用户 A 发布日志之后，新鲜事出现在他所有好友的首页，在新鲜事的采集时，采集到了 4 次用户 A 发布的日志，那么这篇日志的重现率就是 4。数据清洗（ETL）之后，剩余 3333743 条有效数据，去除重复数据之后剩余 2032635 条，所以样本整体的重现率为 0.64。通过表 2 可以发现，人人网公共主页发布的新鲜事的重现率要远远高于普通用户。

表 2　新鲜事的重现率对比分析

	排重后的新鲜事数量	新鲜事总数	重现率
公共主页	54952	426146	6.75
普通用户	1977683	2907597	0.47

（3）公共主页是人人网新鲜事的重要信息源

对人人网新鲜事的原创日志进行统计分析，结果显示共有 272935 条原创日志的新鲜事。公共主页的新鲜事占总新鲜事数量的 12.8%，但公共主页的原创日志却占总原创日志的 92.5%。可见，公共主页在原创日志方面，已经成为人人网原创日志的主要信息来源。

表 3　原创日志对比分析

	原创日志的新鲜事数量	新鲜事总数
公共主页	252511	426146
普通用户	20424	2907597

2. 社交网络信息传播规律研究

根据“六度分割理论”，任何两个陌生人之间所间隔的人不会超过六个，它同样适用于社交网络的信息传播，即任何一条新鲜事最多通过六个人就能传播给网络中的任何一个人。这样的传播模式使舆论导向的监督控制难度增加。

与根节点的距离（trace），是指用户转发新鲜事时，与最初发布该条新鲜事的源头间隔的人数。根据“六度分割理论”，当转发新鲜事时，与根节点的距离大于等于 6 时，该文章可以被整个网络的所有人看到。但是由于用户上网时间的局限和新鲜事产生的数量巨大，所以用户实际看到的信息要少得多。研究发现，人人网每天约产生 0.187 亿条新鲜事，与根节点距离大于等于 6 的新鲜事占总量的 4.6%，大约有 86.27 万条。

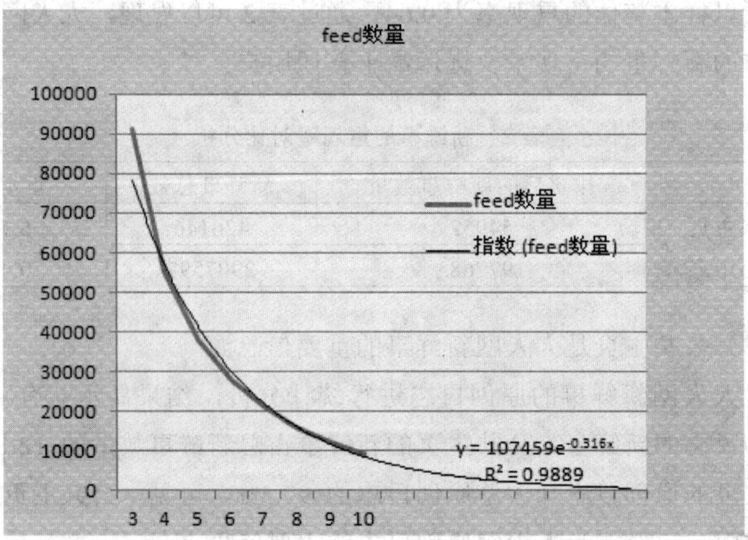

图 1　对“与根节点距离”进行多元回归分析

在样本收集过程中，trace 大于 10 的新鲜事获取不到具体的与根节点的距离，可以用多元回归分析进行拟合和预测，把与根节点距离小于 3 的干扰项去掉，建立多元回归方程：

$$y = 107459e^{-0.316x}$$

回归方程的相关系数 $R^2 = 0.9889$，具有非常高的拟合度。

根据这种传播模式的特点，部分新鲜事在短时期内被集中评论、密集转发，但其中不乏部分用户的造谣信息和持极端观点的不良信息。而多维、复杂的传递过程产生的大量噪音，又进一步影响了信息的准确性。同时，SNS 使传统的信息源复杂化，每一个信息接受者同时又是信息发布者，这改变了原有的信息发布者就是教育者，信息源较为集中的状况，增加了信息过滤和舆论导向的控制难度。

3. 信息传播的时间规律

为了对新鲜事产生的时间规律进行探索，研究抽取样本中 2012 年 7 月 31 日 00:00 至 2012 年 8 月 1 日 01:00 共 25 个小时的数据进行统计分析。结果如图 2 所示，人人网新鲜事的产生有两个高峰期，中午 10:00 至 12:00 为小高峰，下午 16:00 至凌晨 00:00 是大高峰，峰值持续时间与大学生的作息时间完全吻合。

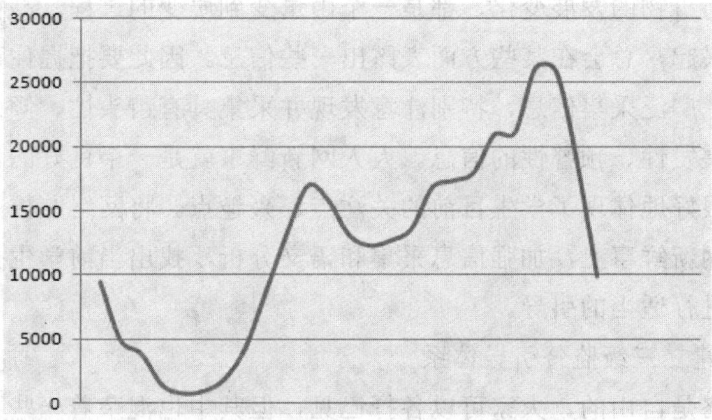

图 2　各个时间段产生的新鲜事数量统计

三、利用社交网络引导大学生思想

新媒体时代，大学生的自主性、差异性和多变性更加凸显。传统的学生管理模式很难有效发挥作用，因此高校必须主动适应新形势的变化，运用互联网实现对大学生的有效管理，有针对性地开展大学生网络思想政治教育工作，维护高校的安全稳定。

1. 打造具有影响力的公共主页

改变以往灌输式的单向教育模式，只有主动接近大学生，成为大学生的朋友，才能打破思想交际的隔阂。利用 SNS 平台，建立有影响力的高校公共主页，发布学生喜闻乐见的信息，扩大影响力，对学生进行潜移默化的影响。遇到敏感事件、突发事件，公共主页可以利用自己的影响力，在第一时间发布详实的主导信息，客观全面地报道事件的进展，以权威的分析引导舆论，戳穿谣言，迅速有效地控制网络群体性事件。但需要注意的是，建立有影响力的高校公共主页，并不是鼓励大学在自己校园内重新复制一个 SNS。人人网、微博等平台每天产生几千万条的新鲜事，没有哪所高校有足够的影响力可以把自己的学生完全吸引到一个校内局域网的 SNS 中。

2. 建立分析研判预警制度

任何事物的发展变化，都是一个由量变到质变的过程。高校中某种思潮的兴起，总会在某些方面表露出一些信息。因此要把握住事物的量变阶段，广泛采集信息，特别注意发现并采集具有苗头性、倾向性、内幕性、突发性、预警性的信息。人人网新鲜事就是一个良好的信息采集源，它很好地体现了学生目前的关注点、兴趣点。将网络监控的重点放在人人网新鲜事上，加强信息采集和语义分析，找出当前学生关注的热点，并进行适当的引导。

3. 建立三级监督引导体系

网络是自由的，大家可以各抒己见，但其中也混杂着一些不正确的言论。作为高校思想政治工作者，要营造文明的社交网络氛围，协助相关部门进行管理，使大学生在网络中既实现社会交际和情感交流的需求，又懂得自我保护和关爱他人。

建立“主页维护者——网络辅导员——信息技术员”三级监督引导体系。主页维护者负责维护公共主页，在学生中营造积极向上的氛围，正确引导学生思想潮流。网络辅导员负责对新鲜事进行数据处理，及时向领导和决策者反馈学生思想动态。在发生敏感事件和突发事件时，可令主页维护者及时公布客观、详实的信息，形成正确的舆论导向。这要求网络辅导员具有很强的政治敏锐性，在大是大非面前保持头脑清。信息技术员的工作职责是开发和维护人人网信息收集系统和数据分析系统，开发功能齐全、使用方便、界面友好的信息采集和分析系统，供网络辅导员分析使用。信息技术员要不断学习最新的互联网知识，关注最新的技术走向，利用最新的技术为学校的网络思想政治教育工作和安全稳定工作服务。

4. 在信息产生和传播的高峰期进行网络监控

通过研究新鲜事产生的时间规律，确定每天学生在人人网活动的高峰时期。在活动高峰时期加大网络监控力度，由多部门组成快速的信息响应队伍，发现异常后在“黄金四小时”内及时采取措施，稳定学生思想情绪，防止事态扩大。

5. 建立人人网信息分析系统

开发建立人人网信息动态分析系统，应包括以下几个方面的功能：（1）24 小时不间断搜集新鲜事数据，对新鲜事进行语义分析，及时掌握热点、焦点问题，主动进行引导；（2）将与根节点距离大于 10 的文章，即网络传播热点文章，收集汇总并转发给学生思想政治教育者和学校安全保卫部门，使其能快速准确地掌握学生思想动态；（3）人人网信息分析系统要提供灵活的筛选查询功能，例如可以根据学校、发布时间、发布类型对新鲜事进行筛选，充分发挥 SNS 网络数据的应用性。同时也要做到使用灵活、界面友好，使网络辅导员等非计算机专业人士也可以对人人网信息进行数据分析，形成报告，为决策提供依据。

参考文献

[1]胡天生，孙显水. 基于 SNS 信息传播特征的大学生思想政治工作创新研究[J]. 思想教育研究，2011（2）：78—81.

[2]鲍捷，程久军. 基于社交网络的群体信任算法[J]. 计算机科学，

2012，39（2）：38—51.

[3]王雷. 社交网络与大学生思想政治教育途径[J]，西南农业大学学报，2012，10（3）：206—207.

[4]李忠军，张森林. 互联网对当代大学生政治价值观的影响及对策研究[J]. 西北大学学报，2008（2）：168—170.

[5]刘家增，胡立男，张涛. 浅谈高校稳定与信息工作[J]. 中国建设教育. 2006，6（6）：34—37.

[6]Mislove A, Marcon M, Gummad K P. 2007 Internet Measurement Conference，Proceedings of the 7th ACM SIGCOMM conference on Internet measurement, San Diego, California, USA, October 24-26, 2007: 29

（作者单位：天津大学）

新媒体营销方式与校园文化建设探析

——以南开大学为例

潘麒羽

摘　要：本文通过新媒体营销概念的引入，将校园文化建设作“需求——引导”化处理分析，以南开大学为例梳理新媒体建设特点。并在新媒体营销视角下提出契合诉求增强反馈实效、加强信息服务落实监管整合、增强文化引导注重品牌打造、尊重受众主体性重视培养新媒体素养等校园文化建设新途径，进一步提升校园文化建设效果，促进文化育人功能的实现。

关键词：新媒体　营销方式　校园文化建设

长期以来，高校文化建设始终作为高校育人工作的重点而备受关注。新媒体时代的到来，推动了高校校园信息化的进程，更潜移默化地使校园文化的宣传及互动发生深刻变革，校园文化建设呈现出多样性、自主性、动态性、交互性等新的特点。新媒体的空前活跃与繁荣，将高校文化建设推向了新的阶段。在新形势下，以校园文化活动为主的校园文化建设如何亲近学生，与其进行有效沟通，建立关系并触发行动，成为共青团亟待思考与解决的基本问题。

所谓新媒体，即指一切区别于传统媒体而言的具有多种传播形式与内容形态的不断更新、不断涌现的新型媒体，具有数字化、交互性等特点。新媒体最主要的特点在于受众主体性的凸显。在新媒体平台上受众可积极参与意见表达及态度分享，并对消息的发布、传播起直接决定作用。在新媒体时代，受众既是消息、文化直接作用对象，又是消息、文化的传播者和主体创建者。相对于传统媒体，以新媒体为主体的传播不再是霸权的一方，而是多方参与，强调多向度互动。

而针对大学校园文化，学术界将其分为校园精神文化、校园物质文化和校园制度文化三类。其中精神文化是核心和灵魂，集中体现了一个学校的历史传统、精神风貌、目标和理想、信念与追求，表现为共享的价值观念和行为准则。

在营销学的视角下，若将校园文化视为商业项目，利用新媒体平台通过一定的营销手段，来实现高校育人理念的传播及认同，从而加强共享价值观和行为准则的推广，提升精神文明建设实效，并使教育的引导、渗透、规约、创新的特质进一步实现，将成为十分富有意义的论题。

一、南开大学新媒体建设情况及功能实现

随着大学生对新媒体兴趣和依赖程度的增加，越来越多的高校开始推出富于特色的主题网站、开设大学官方微博、微信公共平台，在把握信息化时代特征及大学生获取信息规律的基础上，积极借助新媒体优势来发挥学校文化育人的功能。以南开大学为例，官方新媒体建设情况如下：

表1　南开大学官方媒体建设情况

新媒体类型	具体名称	关注度（人）
微博	南开大学官方微博（新浪、腾讯、人民网）	351290
	南开大学校友总会	8078
	南开大学本科生招办	19537

续表

新媒体类型	具体名称	关注度（人）
人人	南开大学官方人人主页	31609
	南开那些事	10006
	南开大学信息共享平台	11821
微信	南开大学官方微信	17581
	南开大学就业指导中心	2300（不完全统计）
手机 APP	我的南开（inankai）	1881
	南开大学就业指导中心	1800（不完全统计）

整体上，南开大学官方微博呈现“一主二副多辅助”的建设状况。“一主”为南开大学新浪官方微博，创建于 2010 年，截至目前粉丝人数为 185225，内容涵盖校内活动报道、大型活动专题策划、学生生活、校园风景照、微博互动等。“二副”是指南开大学腾讯官方微博和人民官方微博，“多辅助”是指各部门的官方微博。目前，南开大学腾讯官方微博粉丝 158600 人，人民官方微博粉丝 7465 人。

在作好官方微博建设的同时，南开大学官方微信“小开”也于 2013 年 4 月 1 日上线，半个月即拥有粉丝 4060 人，日均回复量达 1000 条，全校约有 60%人关注，消息发布及媒体互动涵盖图片、语音、文字等形式。内容包括：日常语音推送、信息通告、话题讨论；讲座、活动、素材编辑的整理发布，如选修课推荐、美食对对碰、校园微电台、校园微视频、南开大学报；开发新功能改进旧产品，如抢票、鹊桥、GPA 查询、自习室查询、英汉翻译、漂流瓶、天气查询、方位查询、语音导览、互动游戏等。

据不完全统计，南开大学目前已有 30%的专业院系开设自己的微信平台，结合各自学院特点及育人目标有针对性进行辅学支持和信息服务。而学生党团组织、学生社团已实现百分百新媒体覆盖率，新媒体已成为学生活动组织开展及新闻宣传不可或缺的途径和方式。

二、当前校园新媒体使用情况调查分析

本次调查在参考国外已有相关资料、借鉴其他学者调查方法和经验的基础上，以问卷调查为主、结合个案访谈，内容涉及大学生使用新媒体（社交网站、微博、微信）情况等内容。通过对调查数据的综合分析整理，以期全面了解高校学生网络使用情况。

本次抽样调查的对象为南开大学在校学生，根据年级和学院人数分布比例，确定样本构成。调查共发放问卷250份，回收236份，其中有效问卷221份，有效问卷回收率为88.4%。

1. 整体使用率较高，不同类型有差异

调查显示，新媒体覆盖率极高，约为95.1%，只有4.9%的学生表示几乎不使用新媒体。大部分学生每天花在新媒体上的时间为1至3小时，低年级学生在新媒体使用上时间花费较多，而高年级学生则出现两极分化的情况。此外，学生依据自身需求不同，在媒体的关注度和类型选择上出现一定差别，低年级学生更易出现媒体依赖。

2. 功能覆盖全，服务定位待明晰

新媒体在校园文化建设方面具有四个功能：宣传推介、活动开展、意见征询、观点分享。在宣传推介方面，65.6%的学生认为新媒体对于校园活动宣传效果良好，信息方便快捷易获取，19.5%的学生认为新媒体发布的信息繁杂、混乱、难辨真伪，这在一定程度上反映了新媒体发布信息功能还不够完善，信息分类不明，缺乏有效整合；在活动开展方面，52%的学生表示经常从新媒体渠道获取校园活动信息，但只有15.7%的学生经常通过新媒体渠道参与校园征集活动，有30.5%的学生表示从未通过新媒体参与征集活动，显示出以新媒体为载体的校园文化活动设计有待完善；在意见征询方面，有82%的学生表示有通过新媒体参与投票的经历。但就学校建设发展、反映现实学习生活问题的意见征询参与度较低，36.3%的受众表示从未参与过此类意见征询；在观点分享上，73%的学生认为分享功能可以实现文化活动的宣传导向。

三、大学生对新媒体需求分析及特点呈现

从新媒体特性来看，受众是其营销对象，同时也是消息传播的主体。对应到校园系统中，学生是校园新媒体的主要受众，更是消息传播、文化创建的主体。要做好校园新媒体的运营、营销，最为重要的是了解学生的需求，有的放矢地展开工作，不断整合学生的力量，调动、发挥学生主体性作用，有效地推进校园文化建设。因此，调研将探索的重点放在学生需求上，从结果来看，表现为以下特点：

1. 受众需求多元化，依照年龄分层级

研究发现，南开大学新媒体传播内容主要涉及就业创业信息、校园活动宣传介绍、校园生活提示帮助、日常休闲娱乐爱好、教务教学通知、时政热点新闻、优秀人物事迹等，可以为学生提供多元化信息推介；与此同时能够实现搜索查询、在线互动、实时反馈等功能服务。68%的学生表示曾接受过信息推介，其中高年级倾向就业创业信息服务，占到信息获取的78.2%，低年级倾向休闲娱乐咨询获取，占到信息获取67.8%。因此，新媒体要合理进行自身定位，按照育人总体目标，丰富健全相应内容，同时明确分类，以便能为不同需求受众提供有效服务。

2. 信息推介为首选，刷屏滞后烦恼多

调查结果显示，方便快捷成为使用新媒体的首要原因，其次是推送的消息准确及时。从校园新媒体未来的发展趋势及期待的调研版块显示来看，学生对信息发布功能的期待最高（42.3%），其次是互动交流（38%），高质量的信息推送、传播，互动交流功能的提高实现还是受众最为明显的需求，但由于多种媒体信息发布渠道缺乏有效整合，刷屏、滞后、准确性降低成为受众最关注的问题。52%的受众表示经常受到刷屏的困扰，有23%的受众表示曾经历过时消息的推送。刷屏、滞后、出错等问题严重降低了新媒体的公信力。

3. 人文特色易显露，主流导向需提升

针对新媒体在校园文化建设中的作用，调查显示，选择“体现学校

特色”“传播优良学风”占到42.2%，支持度为最高；选择“信息分享渠道”占29.5%，位列第二；选择“弘扬社会主义核心价值观，传递正能量”占23.6%，稍显薄弱。可见，新媒体宣传体现了大学校园特色，使学生易于产生归属感并值得信赖。但同时，新媒体消息量大、碎片化的特性也极易造成价值观引导和精神文化建设中的难度。

4. 面对优劣要扬弃，互动反馈需加强

在开放式建议调研中，“消息更真实、快速”成为学生最为期待的，其次是“口吻更亲切、宣传语言灵活接地气，在内容上则表示更贴近生活”。做好消息的传达是校园新媒体的重点和难点，但目前信息量和互动沟通的反馈情况不尽如人意，只有15%的学生表示新媒体能完全满足个人对信息的需求，同时也只有28%的学生曾通过新媒体实现与学校的互动沟通。

四、新媒体营销视角下校园文化建设的对策

大学校园文化在塑造理想与道德情操、倡导科学与人文精神、磨练师道示范与治学精神、培养团队与合作精神、孕育独立与创新精神等发挥重要作用。因此，在大力借助新媒体传播优势的同时，降低其不良影响，在新媒体视野下积极营销建构校园文化，能更好地发挥大学校园文化功能的导向、凝聚、约束、陶冶、创新功能，让校园文化建设更加识天气、接地气、有灵气。

1. 契合学生意见诉求，增强应对反馈实效

网络交互性和匿名性的特点，使之称为了解和收集学生关注的热点问题，掌握学生思想动态最重要途径。通过新媒体的有效互动可以实现学生民主治校，在学校职能部门与学生之间搭建沟通的桥梁。在此方面，南开大学做了有益尝试。南开大学公共微信平台（“小开”）曾举行网络“校领导接待日”活动，成功辅助学校相关部门组织收集学生意见建议，经过甄选后及时反馈给学校，学校结合学生意见及时予以回复，并就问题进行整改解决，丰富了学校与学生互动的形式，提高了学生民主治校

的实际效果。

2. 树立信息服务意识，落实整合监管功能

就调研情况来看，目前校园新媒体的功能主要集中在信息推介的层面上。因此新媒体管理者应树立信息服务意识，面向学生定期开展调研调查，根据受众需求，及时提供真实、有效、多维的信息，以分类的方式有针对性地推介给目标用户，反馈学生对于文化建设的意见和建议，提升信息推介及功能服务的针对性，从而实现校园文化紧贴学生需求、紧跟时代步伐并充满青春气息。同时，管理者应制定严格的信息筛选、发布管理制度，加强对新媒体使用的监督和管理。

3. 发挥文化导向功能，注重文化品牌打造

价值观营销是提供高质量服务，满足消费者信息、情感精神及自身发展的需求。而校园文化建设不仅是课堂教学之外的开展校园文化活动，更重要的是继承和创新大学校园文化，积极引导主流价值观的树立、认同和实现。这要求我们着力对“已然”总结、凝练、继承弘扬，对“应然”思考、创造、灌输、培育，面向未来，赋予校园新的文化品格。此外，高校在创建文化品牌中，要创造性地将网络建设与学生素质教育结合起来，将大学校园文化建设与满足学生文化需求结合起来，以专题网站为龙头、以大学生广泛参与为基础、以学生思想教育与科学文化素质教育为主线，通过网上答题、网上竞赛、网上投票等活动把第二课堂教育引向深入，开创了网络素质教育的新模式，营造良好校园文化环境。

4. 尊重学生参与主体性，重视培养新媒体素养

新浪潮科技主导的个性表达和即时互动标志着参与化时代的到来。受众从原来的消费者转变为生产型消费者，同时扮演着信息的接受者、制造者和传播者的角色。因此，我们要尊重学生参与文化建设的主体性作用，满足青年渴望表达自我的诉求和欲望，支持学生在新媒体平台上参与互动，实现交流反馈。同时更要加强对大学生新媒体素养的培养和引导，使学生具有健康的媒介批评能力，能够充分利用媒介资源实现自我完善。

新媒体的发展及营销策略的成功为新环境下的校园文化建设带来新的启示与思考。我们一方面要注重校园媒体受众需求，满足其合理、适度的诉求，同时更应积极探索、加强校园文化建设的顶层设计，共同促进校园文化建设向更好方向发展。未来，新媒体与校园文化建设的互动互促关系值得进一步分析与探究。

参考文献

[1]菲利普·科特勒等. 营销革命 3.0[M]. 机械工业出版社，2012.

[2]敬菊华. 网络环境下高校校园文化建设研究[M]. 四川大学出版社，2009.

[3]教育部高等学校社会科学发展研究中心. 大学校园文化建设研究述评[M]. 教育科学出版社，2011.

[4]周玉清、王少安. 社会主义核心价值体系引领大学文化建设论纲[M]. 人民出版社，2011.

（作者单位：南开大学电子信息与光学工程学院）

探索高校网络舆情防控中辅导员作用的发挥

兰 昊

摘　要：高校网络作为集中反映校园舆情、大学生思想动态和意识形态的主要阵地，近年来不断引起社会各方面的重点关注。如何掌握网络舆情传播的一般规律以提升防控效率已成为各高校网络管理工作的重点和难点。辅导员作为与大学生群体日常关系最密切，交流最频繁的群体，以敏锐的洞察力、良好的公信力、快速的反应力和灵活的处置力在网络舆情防控工作中具有显著优势。本文通过探索辅导员在高校网络舆情防控中作用的发挥，为高校网络管理提供参考。

关键词：高校　网络舆情传播　舆情防控　辅导员

随着高校校园网络的普及和互联网环境的开放，高校网络舆情不可避免地与全社会形成交流互通，这种开放的态势为校园日常管理提出了更高的要求。在以往相关课题的研究中，对于高校舆情防控工作重要性的论述较多，提出针对性指导方法的较少；分析高校网络舆情的成因与特点较多，对舆情传播的一般过程及特征研究较少；强调提升辅导员工作意识的较多，将网络规律与辅导员具体工作结合的较少。我们在研究中发现，如能理清一般舆情的传播特点并抓住其关键环节，充分发挥辅导员的工作优势和专长，围绕网络舆情发生发展规律进行科学的疏导，高校网络舆情的预防管理就可以开辟出新的途径，提高网络舆情的防控效率。

一、高校网络舆情的分类及特点

舆情是指在一定的社会空间内，围绕中介性社会事项（国家管理者制定和推行的法律法规、方针政策、工作措施，以及影响民众利益及主客体利益关系变化的事件、人物等）的发生、发展和变化，作为主体的民众对作为客体的执政者及其所持有的政治取向产生和持有的社会政治态度。[1]而网络舆情则是指网上传播的、被公众关注的、与切身利益相关的各种公共焦点热点事务表现出的具有一定影响力、倾向性的思想情感、态度观点的总和。[2]由于网络舆情本身具有中性色彩，正面的舆情我们要善加利用，积极引导，负面的舆情则是我们工作的重点。本文选取具有负面影响的舆情作为分析和防控对象，后文中使用的“网络舆情”一词也均属此类。通过研究高校人员主体构成，日常活动规律，将高校网络舆情概括为以下三类：

（1）学生对社会热点、突发事件的意见表达。此类舆情随着社会热点的变更和公众注意力的转移而产生，能在短时间内引发学生群体的关注，但因缺少组织、意见分散、难成规模，通常可随着社会热点的转移和突发事件的处理完毕而较快消除。

（2）学生在利益密切事件产生的建议请愿。主要包括校园安全卫生、奖惩分配等在内的与学生切身利益密切相关的舆论集合，与校园管理工作及决策密切相关。学生主体往往对此高度重视，较易形成有组织、有规模、时间长、意见集中的舆情。此类舆情如果处理不慎可能引发学生群体的严重不满甚至带来难以预期的后果。

（3）学生在各类学业生活压力中寻求情绪宣泄。此类舆情因宣泄对象不明、情绪色彩较重，难以在网络中引发共鸣，往往可自行消化。但值得注意的是，此类舆情背后可能隐藏着与学生心理危机事件相关的信息，不排除学生试图通过网络寻求援助的可能，因此对该类舆情不能一概漠视。

近年的研究显示，校园网络舆情除了以往研究中所具有的直接性、突发性、偏差性等基本特点外，[3]还具有以下三个新特点：一是不对称性。网络舆情的引发往往与信息不对称带来误解、误读、猜测直接相关；二是指向性，校园网络舆情的目标大多为表达意见或诉求，具有较为明确的指向；三是可继承性，舆情带来的结果对今后类似事件的处理具有借鉴作用，也容易引发相似的结果。

二、高校网络舆情传播的一般过程及特征

以往的网络舆情传播规律研究给出了如图 1 所示的影响曲线，[4]根据曲线形态并结合案例分析，可将当前高校网络舆情传播过程分为各具特征的四个阶段。学生网民作为最主要的参与对象，在不同阶段扮演的角色也不尽相同。

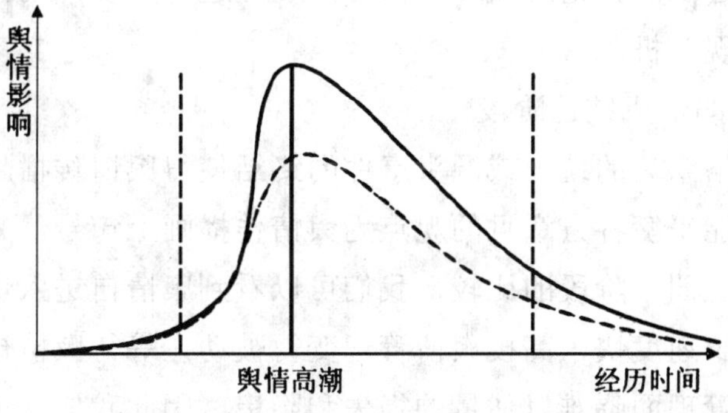

图 1　网络舆情影响曲线

1. 舆情的传播起始阶段

舆情通过校外网络引入或自高校内部网络媒体中出现，难于预期。学生网民在传播起始阶段大多持怀疑及审慎态度，主要表现为不确定的猜测或好奇。该阶段参与人数少，消息来源易核实，容易加以引导并化解。

2. 舆情的快速蔓延阶段

随着大量转帖、转载，尤其是意见领袖的加入，使得舆情在广度上全面铺开。在转载过程中有意佩戴“有色眼镜”撷取关键词或新闻看点，加之意见领袖所拥有的巨大号召力、影响力，也加剧了评论一边倒的可能。学生网民在评论中往往不乏煽动性言论或表现为“盲从”式的转帖分享。该阶段参与人数众多，舆情数量增长迅猛，难以控制。2012 年 7 月，由 CNNIC 发布的《中国互联网络发展状况统计报告》显示，微博在手机端的增长幅度仍然明显，用户数量由 2011 年底的 1.37 亿增至 1.70 亿，增速达到 24.2%。[5]即时通讯的发展，使学生网民的参与变得更方便快捷，舆情蔓延阶段也有了爆发更早、传播更快、势头更猛烈的趋势。

3. 舆情的意见交互阶段

在舆情的广度得以充分释放之后，网络评论的意见逐渐深化。在经历一个相对较长的时间后，随着真相的逐步揭示，论据的不断呈现，学生网民中一边倒的评论局面逐渐扭转，观点趋于客观，网民趋于理性，舆情引导出现转机。

4. 舆情的形成结论阶段

随着网络意见的统一或源头事件的终结使得舆情传播趋缓至终止，学生网民中能平衡各方意见的观点为舆情传播画上句号。

通过以上四个阶段的比较，我们可以看到舆情自进入快速蔓延阶段后，信息增长速度快，高校舆情管理变得被动，等待舆情自行缓解时间漫长，校园管理面临难以估量的损失和隐患。因此我们认为：应在舆情传播起始阶段即通过某种手段实施有效防控，预估舆情可能引发的后果，及时采取应对措施。

三、辅导员参与网络舆情防控的挑战与优势

纵观高校辅导员群体的工作现状，决定了这支队伍在肩负舆情监控任务时必然将面临若干挑战，对此我们首先要有清醒的认识。

1. 辅导员在高校网络舆情防控中面临的挑战

以往的研究表明，辅导员在面对网络舆情时主要存在了解有余、认识不够充分、应对处理没有方法等三方面弱点[6]。我们认为辅导员需要尊重网络虚拟世界一般规则和特点，采取与之相符的工作方法，这就会为辅导员的工作开展带来挑战：

（1）网络意见领袖的产生和形成是一个相对漫长和独立的过程，辅导员在重大舆情面前的影响力和号召力往往更多来源于他在网络中的形象。长期置身复杂学生工作的辅导员较难有充足时间在网络中营造自身形象。

（2）网络话题多变且难以捕捉，辅导员易出现评论引导的滞后，学科涉猎不足也使得在舆情面前不知从何入手。

（3）舆情工作对象的千差万别增加了辅导员工作的难度，选择不同的疏导方法要求辅导员具有相对丰富的舆情处理经验。

（4）在舆情防控中，部分学生易产生辅导员高高在上的逆反心理，不仅不利于舆情的化解，还可能对辅导员工作的开展产生干扰。

2. 辅导员在网络舆情防控中的优势

高校要在舆情传播的起始阶段实现“发现——收集——上报——处理”的有效防控，需要建立一支具备敏锐的洞察力、良好的公信力、快速的反应力和灵活的处置力的高素质防控队伍，而辅导员工作的特殊性恰恰又使他们具备了这几方面的优势：

（1）辅导员在日常工作中多采用和学生联系最为密切的网络办公，对高校网络环境熟悉，在重大舆情发生之前能更快掌握学生思想动态，高效预防或化解舆情，具有敏锐的洞察力。

（2）辅导员由于长时间参与学生日常管理和思想政治教育工作，在学生中具有较高威信和极强的责任心，其所主导的高校舆情防控更易受到学生群体的认可和信赖，具备良好的公信力。

（3）辅导员由于工作需要具有快速的反应力，上传下达渠道通畅，往往更接近事实真相，在高校舆情防控工作中能最快发布真实的事件经过及结果，对于舆情传播过程中流言的产生和扩散能起到极大的抑制作用，对从根本上化解舆情具有不可替代的效果。

（4）在特殊舆情面前，辅导员可以发挥其灵活的处置力，借用校园网络手段和学生骨干队伍对主要传播责任人及时定位，重点关注，定点突破等方式控制事态发展。

四、探索辅导员在高校网络舆情防控中作用的发挥

辅导员在参与网络舆情防控中，挑战与优势并存，这些决定了辅导员不仅仅是舆情防控中的管理者、服务者和执行者，更是教育者、引导者和参与者。只有认清该工作角色的正确定位，才能发挥优势，克服挑战，争取更好的工作成果。

1. 增进辅导员对学生的亲和力是网络舆情防控的基础

辅导员在网络世界中的亲和力和个人魅力极大程度地来自学生在现实世界中对他的认可。因此辅导员在日常工作中，应做到以下几点：

（1）关怀学生，无微不至，做学生的知心人。了解学生所思所想并对其进行疏导关爱，能较大程度提升辅导员在学生中的形象与口碑，使之成为无话不谈的对象。学生自我暴露程度的增加有助于辅导员更深入地接触舆情。

（2）言行如一，为人师表，做学生的领路人。辅导员在网络与现实中的言行不一，性格陡转往往会令学生难以了解其真实的一面，而不够慎重的网络行为更是会降低学生的信任。反之健康良好的形象则能折射出辅导员的优良品质，带给学生正能量。

（3）注重细节，严格保密，做学生的守护人。学生愿意袒露秘密是辅导员公信力高，深入群众的体现。在网络媒介的接触中，辅导员更应注重对学生隐私、个人信息的保护，从细微之处体现工作态度与责任，更能较大程度提升学生的安全感。

2. 积累辅导员在网络世界中的公信力是网络舆情防控的原则

网络世界有其自身的发生发展规律，辅导员即使在现实世界中享有

广泛的号召力与影响力，在虚拟世界中也仍需要从实际出发，积累经验。

（1）尊重真相，做客观公平的正义使者。网络的匿名性使学生在言论中往往无所顾忌，擅加评论，制造流言等。在面对该情况时辅导员要公正客观地分析问题，去除纷扰，还真相以本来面目。

（2）侧重引导，做疏导结合的治理专家。辅导员在日常管理中会经常遇到学生对政府工作、学校工作或其他敏感话题的讨论。此时辅导员要讲求方法，对于不认可的言论不能一删了事，而应当侧重引导，帮助学生甄别真实的信息，分享正面的观点，引导学生从不同角度看待事物。

（3）加强学习，做能言善辩的意见领袖。高校网络开放面广，信息多样，话题变化快，要求辅导员开阔眼界，不断学习，及时了解热点，加强自己在语言、逻辑、文学艺术等方面的修养，以风趣睿智的语言承载一针见血的意见，才能赢得学生的尊重和喜爱。

3. 发挥辅导员的处置力是网络舆情防控的手段

（1）推动独立思考，自我管理的教育模式。高校网络中，辅导员作为用户群体中的特殊组成部分，要充分调动网络外学生的积极性、创造力，投身到网络舆论建设的思考中来。如通过第二课堂等引导学生正确看待和认识网络舆情产生的一般过程，在重大舆情面前冷静思考、理性传播，从根源上实现学生的自我教育和自我管理，优化网络环境，提升学生的综合素质。

（2）建立结构有序、任免合理的激励机制。网络舆情预防工作虽然以辅导员为主，但仍需依靠学生骨干来分担舆情防控任务。在骨干队伍的建设和培训方式上拓宽思路，打破网络上按资排辈的管理员选拔方式，对觉悟高、能力强的学生骨干及时任用或奖励，为其提供发展的平台。

（3）完善反应灵敏、处置灵活的传输体系。辅导员的反应速度直接影响网络热点问题的收集和处理，事关舆情防控成败。通过飞信、QQ等即时聊天工具，关注人人网、微博、论坛等敏感话题多发地带，建设有觉悟有能力的学生骨干队伍，都对信息的上报和决策的下达速度具有显著提升的作用。

（4）发挥形式多样，灵活有效的管理手段。对于特别难处理的网络舆情，一般的引导方法不能较快奏效，辅导员不妨灵活迂回，即充分利用其身份特殊性，采用线上线下相结合的手段，如召开班会、组织讲座、个别谈话等方式正面引导，对个别学生加以劝诫警示，以抓主要矛盾的方式化解网络舆情。

通过以上分析可知，高校辅导员参与网络舆情防控是应对纷繁复杂网络环境的一种辅助手段，该机制的建立不仅有赖于辅导员综合素质的提升，也离不开网络舆情管理新技术和新理念的实现。在网络舆情日趋复杂的今天，只有保持谨慎的工作态度，坚持早发现、早预防的原则，将为学生服务作为高校工作的根本出发点，不断丰富经验，提升能力，才能坚强地占领校园舆论建设的主阵地，为构建和谐校园贡献力量。

参考文献

[1]郭红明，王永灿．基于思想政治工作视域的高校网络舆情探究[J]．大庆师范学院学报，2011（6）：125—128.

[2]邓燕．论网络舆情对高校群体性事件的影响[J]．重庆邮电大学学报（社会科学版），2009 （3）123—141.

[3]许益锋．网络舆情：高校思想政治教育工作的新领域[J]．宁波教育学院学报，2008（1）：47—49.

[4]兰月新，邓新元．突发事件网络舆情演进规律模型研究[J]．情报杂志，2011（8）：47—50.

[5]第 30 次中国互联网络发展状况调查统计报告[N]．中国互联网络信息中心，2012.

[6]孙逊．浅议高校辅导员网络舆情危机意识现状及公关能力培养[J]．太原城市职业技术学院学报，2011（2）：92—93.

（作者单位：南开大学）

第六篇

党建工作与校园文化

加强高校理工科学生党史教育的问题与对策

刘一博

摘　要：进一步加强高校理工科学生的党史教育，把社会主义核心价值体系融入他们成长成才的全过程，培养中国特色社会主义事业的合格建设者和可靠接班人。结合高校理工科学生党史教育的现状调研分析存在的问题，着重从思想政治课程的主渠道建设、党员示范引领作用的发挥、拓宽社会实践渠道和加强宣传阵地建设方面提出加强高校理工科学生党史教育的对策。

关键字：理工科学生　党史教育　问题　对策

中国共产党的历史，“是党领导全党同志和全国各族人民不断为实现民族独立、人民解放和国家富强、人民幸福而不懈奋斗的历史；是党坚持把马克思主义基本原理同中国具体实际相结合、不断探索适合中国国情的革命和建设道路，推进改革开放和社会主义现代化建设，推进马克思主义中国化、推进理论创新的历史；是党加强和改进自身建设、保持和发展党的先进性，不断经受住各种风险和挑战考验、发展壮大的历史。”[1]用中国共产党的历史教育当代大学生，是培养中国特色社会主义事业合格建设者和可靠接班人的重要精神资源，是高校开展思想政治教育的有效途径。

一、加强高校理工科学生党史教育的意义

青少年是祖国的未来和希望。特别是大学生，他们正处于世界观、人生观和价值观形成的最关键时期。加强和改进大学生的思想政治教育，把社会主义核心价值体系融入他们成长成才的全过程，对于培养中国特色社会主义事业的合格建设者和可靠接班人具有十分重要的意义。习近平同志指出，“中国共产党 90 年的历史，是党带领人民不断把中国革命、建设、改革事业推向前进的历史，所取得的成就与进步伟大辉煌，所经历的困难与风险也世所罕见。认识党的光荣伟大，不仅要充分认识我们党带领人民取得了光荣伟大的业绩，而且要充分认识我们党带领人民在应对各种困难和风险的考验中披荆斩棘、不断开辟胜利道路所展示出来的巨大勇气、巨大智慧和巨大力量，进一步增强建设中国特色社会主义事业的信心。”[2]党史中蕴含的理想信念与革命传统等内涵，彰显着爱国主义的民族精神和改革开放的时代精神，蕴含着当代中国最基本的价值取向和行为准则，具有重要的思想政治教育价值，是把社会主义核心价值体系融入大学生成长过程，坚定其理想信念，全面提高其思想政治素质的重要资源。习近平同志在全国党史工作会议上指出：“要着力抓好青少年这个群体，开展形式多样的党的历史知识、光荣传统和优良作风、英雄模范事迹的教育，积极推动党史教育进学校、进课堂、进学生头脑，从小培养青少年热爱党、热爱社会主义的感情。”[3]加强大学生的党史教育，引导他们深刻了解党的历史和党史中形成的伟大精神，不断加深对党的领导的情感认同和理性认同，不断坚定跟党走中国特色社会主义道路的信心和决心，是加强和改进大学生思想政治教育的重要和有效途径。

高校理工科学生所学专业是科学技术领域，日常的学术训练完全不同于党史学习，也不能满足党史学习的要求。他们的知识结构和思维方式不同于文科生，更容易被社会上不正确的思潮影响。加强理工科学生的党史教育，提升他们的思想政治理论水平，可以更好地帮助他们健康成长成才，同时也可以更有效地把掌握未来尖端科学技术的人才凝聚在

党的周围，引导他们用党的先进思想武装自己，树立坚定的理想信念，在科学道路上勇攀高峰，为完成“两个百年目标”，实现民族伟大复兴做出更大的贡献。近年来，笔者一直从事理工科学生的党史教育工作，发现理工科学生在党史学习中表现出和文科学生不尽相同的诸多特点。为了更真实地了解理工科学生党史教育的现状和存在的主要问题，进而探索加强高校理工科学生党史教育的对策，对南开大学各理工科学院进行了调研，发放调查问卷350份，回收有效问卷320份。问卷主要围绕“党史学习的基本情况”“党史学习的方法途径”“对党史知识的掌握情况”三个方面展开。

二、高校理工科学生党史教育的现状

调研结果显示，理工科学生党史学习效果存在较大的个体差异，其学习兴趣、学习渠道、学习方式方法等都存在不同程度的问题。理工科学生党史教育的现状主要可以归纳为以下四个方面：

1. 党史学习动机较为端正但主动性不强

从调研结果中可以看到，入党需要（48.1%）、提高自身理论修养（38.1%）和关注社会现实（36.6%）排在“学习党史动机”选项的前三位，这说明理工科学生学党史的动机总体上较为端正。此外，应付各类考试也是促使他们学党史的一部分原因。在对“通过哪些团体学党史”的调研中，学院、班级的比例分别为 56.9%和 36.6%，远远高于家庭（11.9%）、朋友（10.6%）和自学（21.9%）。这证明理工科学生学习党史的主动性不强，更多是通过学院和班级有组织地进行学习。而当被问到“如果不是必须，会否学习党史时”，明确表示“不会”的有 27.5%，还有 34.7%的人表示“不确定”。这充分说明了理工科学生学党史在相当程度上存在被动学习的问题。

2. 学习方法和途径单一传统

对“党史知识学习渠道”的调查结果显示，课堂和教材（62.5%）仍是理工科学生党史学习的主要渠道，而影视文学作品（41.6%）、参加纪念活动（33.8%）分别位列二、三位。这说明理工科学生党史学习的方法和途径还停留在较为单一和传统的阶段，对网络等新技术新平台利用不足。对于课堂教学，同学们普遍认为存在较大问题，最突出的是课堂讲授乏味（67.9%）和教材编写程式化（46.3%），对于学校举办的党史讲座，48.4%的学生表示“讲得不好”，这些表明对于课堂和讲座等党史教育主渠道的建设，特别是在讲授方法上还有很多工作要做。对于“纪念活动的参与情况”，“参加过”和“想参加”的合计达到 92.8%，但也有 66.3%的同学们表示希望纪念活动不要过于形式化。

3. 学生对党史的掌握程度个体差异较大

“党史知识的掌握情况”部分共 15 个题目，测试被调查者对党史知识的掌握情况。15 个题目了解率最高的达到 89.1%，最低的只有 30.6%，平均了解率达到 61.68%，这些表明党史学习的效果尚不理想，还有较大的提升空间。15 个题目中，如“第一次国共合作”“一国两制”“科学发展观”等的了解率都达到了八成以上，少数如“七届三中全会”“关于人民公社的紧急指示信”则了解率只有 30%多。这些表明学生对党史知识的了解程度差距很大，掌握还不够全面。

4. 政治面貌对党史学习态度和效果有显著影响

从调研结果来看，政治面貌对于党史学习的态度和效果有显著影响。如对党史学习的兴趣一项，选择“感兴趣”的党员比例是 55.5%，有入党意愿的是 32.4%，而无入党意愿的只有 8.1%，表现出明显的差异性。对于党史知识的掌握情况更是呈现出这种差异。如对“二大纲领”的了解，党员的了解率达到 90.7%，远远高于平均值 57.5%和没有入党意愿的 29%，在了解率最低的关于“人民公社紧急指示信”一项中，党员的了解率还是达到了 44.4%，高于平均值近 14 个百分点，是无入党意愿同学了解率的 2.5 倍。这些情况表明对于党史学习的态度和学习效果方面，党员的情况要好于非党员，有入党意愿的要优于无入党意愿的。

对比 2011 年针对南开大学学生“90 后大学生党史教育状况调查报告”，[4]可以看出目前高校理工科学生党史教育存在着几个突出的问题。

一是理工科学生学习党史的兴趣较差。在调查中仅有 31.5%的学生表现出有兴趣，理工科学生以自然科学为学习和研究方向，对于社会科学和人文学科缺少认知和了解，普遍兴趣不大。对于党史学习也是如此。二是理工科学生面临的课业压力大，且课业与党史不挂钩。有 40%的同学认为课业压力大是他们不愿学习党史的主要原因。对理工科学生而言，党史学习是一片完全陌生的专业领域，与自己平时的学习和研究方向完全不同。学生在繁重的专业课程之后，很少有时间和精力再集中学习党史。另外学习之后没有专业的老师进行指导，一些疑问无法得到解答，也影响了党史教学的效果。三是理工科学生党史学习主要靠教材，网络和影视等渠道利用不足。通过网络和影视剧等渠道学习党史的比例，在针对理工科学生的调研中分别仅为 24.1%和 42.6%，远远低于面向全校获得的数据 50.6%和 78.2%，这说明理工科学生进行党史知识学习的方法和途径较为单一，主要以教材为主，没有对网络和影视剧资源等加以良好利用。

上述问题的存在，使理工科学生党史教育无法取得理想的效果，在一定程度上影响了他们对中国共产党和党所领导的中国特色社会主义事业的信心和认同，影响了他们中国特色社会主义共同理想的确立和立志投身民族复兴伟业的自觉性。部分入党申请人动机有待进一步净化，部分党员不同程度上存在着党性不足、宗旨意识不强等弱点。为有效解决这些问题，使学生进一步坚定理想信念，必须重视加强和改进高校理工科学生的党史教育。

三、加强高校理工科学生党史教育的对策建议

根据理工科学生党史教育的调研结果，结合近年来笔者从事理工科学生党史教育的实践，把握好加强党史教育坚定理想信念这个目的，着眼于激发学生学习兴趣，改善党史教育方式，拓宽教育途径，丰富教育手段，从以下四个方面提出对策建议：

1. 深化课堂教学改革建设好理工科学生党史教育的主渠道

高校思想政治理论课作为大学生思想政治教育的主渠道，是帮助大学生树立正确世界观、人生观、价值观的重要途径，体现了社会主义大学的本质要求。加强理工科学生的党史教育，要集中精力把握好这个主渠道，建设好这个主阵地，切实改革教学内容，改进教学方法，改善教学手段，做好党史教育进教材、进课堂、进大学生头脑的工作。理工科学生的党史教育，可以而且应该结合他们思维方式和学习习惯的特点与需求，在思想政治理论课必修课之外开设与党史相关的选修课，注重提高课堂教学的感染力，以生动的党史故事或富有感染力的人物传记激发学生的学习热情，培养学习兴趣，对必修课做有益的补充，形成良性的互动，共同构建党史教育的课程体系。另外，在课堂教学方式上应注重互动性和参与性，可以动员学生让他们从革命历史人物的人生轨迹中寻找可供借鉴的人生经验，从而把党史学习融入到个人生涯发展之中，更好地用他们自己的语言阐述对党史的理解，更深刻地认识当代青年的历史使命。

2. 充分发挥党员在理工科学生党史教育中的示范和引领作用

把党员作为理工科学生党史教育的重要力量，充分发挥他们的示范和引领作用。一是要把党史教育与党员发展考核机制联系起来。调查显示“入党需要”是理工科学生党史学习的最重要动机，这就可以在认定入党积极分子、发展预备党员的培养和考察环节中加大党史的学习和考核力度，把对党史知识的学习和掌握情况同入党申请人政治上的进步联系起来。二是把党员作为党史教育的重点，鼓励并带动一批理论基础好，能学善学的党员开展较为深入的党史学习与研究，力争形成一定的成果，提高他们学党史的能力和水平；激励党员在同学中传播党史的积极性，提高他们带动同学学习党史的能力。三是抓好党员中一批党史学习的典型，宣传他们的学习成果，创造机会和平台让他们用理工科学生的视角，使更多的学生认识到党史学习就在他们身边，这些榜样可亲、可信、可学，从而提高学习兴趣，提升学习效果。

3. 大力强化社会实践拓宽理工科学生党史教育的途径

中发〔2004〕16号文件指出，深入开展社会实践是努力拓展新形势下大学生思想政治教育的有效途径。大力强化社会实践，不断拓宽理工科学生党史教育的途径。一是加强对红色理论社团的领导和管理，利用现有的或新建以党史为背景的社团，通过组织丰富多彩的理论学习活动推动形成党史学习的热潮。要注重社团活动广度和深度的统一，以做党史研究者和传播者号召学生，充分发挥社团吸引学生、凝聚学生的优势。二是大力开展以党史为背景和内容的红色主题社会实践与志愿服务活动，如走访纪念馆、展览馆和革命遗迹等。要注重实践活动和党史学习的统一，如在革命博物馆开展义务讲解活动，在志愿服务中运用所学到的党史知识。特别要注重实践活动和专业知识的有机结合，如为革命老区人民送医送药、提供信息化建设服务、环保咨询等，发挥理工科学生的专业知识优势，在服务中深化对党的宗旨的理解和认识。三是注重利用重要纪念日开展特色鲜明、吸引力强的主题教育活动。在活动设计上，一方面应注重挖掘纪念日的历史内涵，展示最新的党史研究成果，增加有历史感的思考和对学生思想上的引领，避免把主题教育活动办成节日庆典；另一方面应注重突出活动参与者的情感交流，把学生参与活动的情感体验与党史知识的传授结合起来，引导学生在参与中感悟，在感悟中思考，进一步激发党史学习兴趣，牢固树立中国特色社会主义共同理想。

4. 建设宣传阵地改善理工科学生党史教育的舆论环境

当前，国际国内形势都发生了广泛而深刻的变革。各种思想文化相互交织、相互激荡，再加上我国经济政治体制深刻变革、社会结构深刻变动、利益格局深刻调整、思想观念深刻变化的新形势，使得党史教育的舆论环境亟待改善。加强宣传阵地建设，引导大学生树立正确的历史价值观，自觉抵制历史虚无主义的影响。“历史价值观是历史主体对历史客体的规范而不是客观描述”，“马克思主义从来都是把对历史的价值判断置于对历史的事实判断之中的。”[5]历史虚无主义的要害是从根本上否定马克思主义的指导地位和中国走向社会主义的历史必然性，否定中国共产党的领导。要旗帜鲜明地批判错误观点，坚持用唯物史观解读历史，正确认识历史现象。一是注重有效利用新媒体。网络的繁荣特别是近年来社交网站、微博等新媒体的快速发展，使得各种观点和言论迅速传播扩散，一部分错误观点和言论借助网络泛滥，青年学生不辨真伪地盲目转载，对党史教育造成严重的负面影响。网络环境的营造，要建设一批正面宣传党史，传播正确历史观的主题教育网站，使之成为党史教育的重要舆论阵地，更为重要的则是要利用好网络特别是社交网络的交互性和青年学生的普遍参与性，有针对性、有力度地对网络上存在的错误观点进行批驳，在网上形成谈党史、学党史的良性互动氛围。二是要选择好的影视和文学作品，以丰富的人物和故事提升学生学习党史的兴趣。要注重筛选和推荐，把那些忠于史实且艺术性强的作品推荐给学生，使学生在观影或读书的过程中获得真实的党史知识，树立正确的历史观，避免不真实、不准确、不负责的作品误导学生。

党的十八大勾画了在新的历史条件下全面建成小康社会、加快推进社会主义现代化、夺取中国特色社会主义新胜利的宏伟蓝图，也提出了对当代青年的殷切希望。面临新的历史机遇和挑战，加强高校理工科学生的党史教育，不断提高党史教育时效性，就可以更好地以党的历史和党史中形成的伟大精神激励他们牢固树立中国特色社会主义共同理想，黾勉励志，修身成才，在他们的学术领域取得更大的成就，为全面建成小康社会和实现社会主义现代化贡献力量。

参考文献

[1]中共中央. 中共中央关于加强和改进新形势下党史工作的意见，中发〔2010〕10 号.

[2]习近平在中央党校 2011 年秋季学期开学典礼上的讲话，中央政府门户网站，2011 年 9 月 1 日.

[3]努力提高党史工作科学化水平[N]. 光明日报，2010-7-22.

[4]刘振. 90 后大学生党史教育状况调查报告——以南开大学为例. 伟大旗帜 领航中国[M]. 天津：南开大学出版社，2011.

[5]荣剑. 论历史观和历史价值观[J]. 中国社会科学，2010（1).

[6]丁林，邓良基，王克冬. 加强中共党史学习教育坚定青年学生跟党走的信念[J]. 中国高等教育，2011（12).

[7]高文兵.党史教育：高校思想政治教育的重要课题[J]. 红旗文稿，2011（18).

[8]田克勤. 加强和改进高校中共党史教育的几点思考[J]. 思想理论教育，2011（4).

[9]殷茵，许伟. 中国高校党史教育的现状分析及长远发展[J]. 文教资料，2007（17).

[10]毕晓敏. 发挥党史在大学生思想政治教育中的重要作用[J]. 党史文苑，2011（8).

（作者单位：南开大学电子信息与光学工程学院）

大学生党员教育培训效果评价指标体系研究*

易勇军　礼若竹

摘　要：在建设学习型党组织的大背景下，大学生党员的教育培训在高校人才培养和党的建设工作中的重要性日益凸显。本文尝试通过系统研究工具，将现有的理念方法加以整合，形成大学生党员教育培训效果评价指标体系。评价指标体系由三级指标构成：一级指标为目标层，涵盖了“增强学生党员的党性观念”“养成学生党员的优良作风”“提高学生党员的工作能力”和“发挥学生党员的先锋模范作用”四方面内容；二级指标为途径层，即将每一个一级指标分解为三个二级指标：“优化知识结构”“提高综合素质”和“增强创新能力”。在一级指标和二级指标组成的 3×2 矩阵的框架下，文章建议性地提出了具体的三级指标。

关键词：大学生党员　教育培训　指标体系

大学生党员教育培训工作历来是高校党的建设和人才培养的重要内容，是提升大学生党员素质、加强大学生基层党组织建设、保持大学生党员先进性的有效途径，也是坚持高校社会主义办学方向、培养社会主义合格建设者和可靠接班人的必要举措。当前大学生党员教育培训工作取得了长足进展，但仍面临许多亟待破解的关键性问题。如对大学生

* 本文为教育部人文社会科学资助项目，项目号10JDSZ3055

党员教育培训工作认识不深，重视不够，教育培训机制不健全，管理不严格，高校党务工作队伍建设有待加强[1]；主要是通过“三会一课”来对学生党员进行教育，手段单一，形式枯燥，教育效果不佳[2]；有些大学生党员缺乏足够的党性意识的锤炼与党内生活的锻炼，思想政治理论素质不高[3]等。从当前大学生党员教育培训的现状和实际需要来看，研究设计出一套旨在评价大学生党员教育培训效果的指标体系，为大学生党员教育培训工作提供清晰的提高目标和及时的信息反馈，切实有效帮助大学生党员实现成长成才。

一、大学生党员教育培训效果评价指标体系的构建

大学生党员教育培训效果评价指标体系的构建目标，是研究设计出一套能够评估大学生党员教育培训工作所取得的长效效果的有效度量工具。根据这一目标，本文主要应用层次分析法构建此指标体系。

层次分析法（AHP）由美国运筹学家 T.L.Saaty 教授提出，他将复杂问题按特定的要求分解为各个组成因素，并按属性不同分层排列，同一层次的因素对下一层的某些因素起支配作用，同时它又受上一层次因素的支配，从而形成了一个自上而下的递阶结构。[4]通过两两比较的方式确定层次中各因素的相对重要性，然后综合评价主体的判断以确定各个因素相对重要性的总排序。

1. 指标体系结构的设计

根据层次分析法，我们认为大学生党员教育培训效果评价指标体系的设计应该包括三级指标。第一级指标为目标层，是大学生党员培训的顶层设计，其解决的主要问题是：明确宏观目标，把握总体方向。从当前大学生党员教育培训的现状来看，急需在千头万绪的具体工作中将工作目标进行清晰明确的总结和表述，从而指导和分类评价实际工作效果。第二级指标为途径层，是大学生党员培训效果实现的过程，其解决的主要问题是：总结了达成目标的主要途径，为评价工作效果提供较为具体的思路。第一级和第二级指标为评价体系的主要思路，将评价内容划分

为“4×3”的主体框架。在这一框架下，我们提出了建议性的第三级指标，也即内容层，在主体框架中填入了具体的评价内容。每一级指标赋予一定权重，同属于一个上级指标的若干个下级指标所得到的权重之和等于 1。

2. 评价指标的选取

《2009—2013 年全国党员教育培训工作规划》指出，全国党员教育培训的工作目标是“通过教育培训，使广大党员的理想信念进一步坚定、党性观念进一步增强、优良作风进一步养成、工作能力进一步提高、先锋模范作用进一步发挥”。大学生党员教育培训作为党员教育培训的有机组成部分，理应将“增强学生党员的党性观念”“养成学生党员的优良作风”“提高学生党员的工作能力”和“发挥学生党员的先锋模范作用”作为工作的整体目标。因而指标体系将此四方面内容作为目标层的一级指标。[5]一线工作者在大学生党员教育培训中采用的途径是丰富多样的，在当前建设学习型党组织工作的视角下，根据《中共中央关于加强和改进新形势下党的建设若干重大问题的决定》精神，可以归纳为“优化知识结构”“提高综合素质”和“增强创新能力”[6]三个维度的途径。在此“4×3”的主体框架下，根据大学生党员培训现状和主要相关文献，我们选取了一系列三级指标。

通过分析《关于推进学习型党组织建设的意见》《中共教育部党组关于加强普通高等学校基层党组织建设的意见》《中共中央国务院关于进一步加强和改进大学生思想政治教育的意见》《中国共产党党校工作条例》等针对党员培训的纲领性文件及精神要求，通过文献法形成初步的评价指标集的基础上，我们运用专家问卷调查法，请专家对所选指标集中各指标的重要性和可行性进行评分，最终确定具体的评价指标。

3. 指标权数的确定

指标权数是指标体系科学合理的重要保障，设计出具有不同权重的指标，才能更准确把握培训的重点。由于各层次指标对支配其上一层的因素影响程度不同，通过专家问卷调查，获得关于各层次、各指标之间相对重要性的判断矩阵，作为表示各指标权重值的基本依据。首先，构造两两比较的初始判断矩阵。针对上一层次某因素，对本层次各指标之间的相对重要程度进行两两比较，每次取两个因子 y_i 和 y_j（$i \neq j$）让专家根据自己对这些因素重要性的认识，判断确定 a_{ij}，并生成比较判断矩阵 $A=(a_{ij})_{n\times n}$。a_{ij} 表示因素 y_i 和 y_j 对其上一层支配因素的影响大小之比，其取值标准参考“1-9 标度法”。而后，汇总专家判断，得到综合判断矩阵，计算层次权重值并进行一致性检验。大学生党员教育培训效果评价指标体系中详细的各项指标权重见附录。

4. 设计指标遵循的原则

研究和设计大学生党员教育培训效果评价指标体系是一项综合性、系统性的工作。为了在实用性和适用性之间，在理论性和实践性之间寻求平衡，在研究设计过程中，我们遵循全面性原则、理论性原则、实践性原则和科学性原则，以尽可能确保评价指标的合理性和可操作性。

二、大学生党员教育培训效果评价指标体系的基本内容

大学生党员教育培训效果评价指标体系包含不同的维度，指标具有不同的权重，它包含的内容涉及到大学生党员培训的方方面面，具体来说：

1. 增强学生党员的党性观念

作为指标体系中最重要的内容，“增强学生党员的党性观念”目标的实现，由理论知识、党员素质和创新能力等三方面组成。为评价“增强学生党员的党性观念”这一目标的完成情况，根据《关于推进学习型党组织建设的意见》提出的“坚持用中国特色社会主义理论体系武装头脑”“深入学习实践科学发展观”和“学习践行社会主义核心价值体系”[7]等学习内容，以及“加强党性锻炼和党性修养，增强党的意识、宗旨意识、执政意识、大局意识、责任意识”的工作要求，结合大学生党员教育培训实践中塑造党员党性观念的重点工作，本指标体系在“优化知识结构”[6]这一途径下，提出的观察指标包括“学习中国特色社会主义理

论体系”“学习科学发展观”和“学习社会主义核心价值体系”，评价方式为教师评价和党员间互评；在“提高综合素质”方面，提出应观察通过教育培训，学生党员是否增强了“党的意识”“宗旨意识”“执政意识”“大局意识”和“责任意识”，评价方式为教师评价、支委评价、党员互评、群众评议和自我评价等形式相结合；在“增强创新能力”部分，侧重考查学生党员对理论的应用能力，提出了“增强理论与实践相结合能力”“增强理论研讨能力”和“增强理论应用能力”三项指标，评价方式为支委评价、群众评议和自我评价相结合。

2. 养成学生党员的优良作风

为实现“养成学生党员优良作风”这一目标，在“优化知识结构”方面，指标体系提供了“学习法律知识”“学习党内民主相关理论”“学习学习型党组织理论”“学习公民道德实施纲要”“学习创新方法论”[8]等五个指标。这五个方面的内容能够帮助学生党员提高法律和民主意识，改善学习风气，增强公民道德责任感，提升创新能力，从不同的侧面为学生党员养成优良的工作和学习风气提供知识基础，采取教师评价和党员互评相结合的方式开展评价。在“提高综合素质”方面，指标体系提出了“改善学习作风”“改善工作作风”“提高法治意识”和“增强纪律观念”。其中“改善学习作风”和“改善工作作风”是当前学生党员群体养成优良作风的重要方面，关系到党员队伍在大学生心目当中的整体形象，是考察的重点，适于以群众评议、教师评价、党员互评和自我评价相结合的方式进行评价。“提高法治意识”和“增强纪律观念”两个指标由于其对大学生党员的长远影响而普遍受到专家的重视，在专家打分中获得较高的权重。在“增强创新能力”方面，根据《中共教育部党组关于加强普通高等学校基层党组织建设的意见》提出的“要始终保持同人民群众的血肉联系，把群众利益放在第一位，拓展党员联系群众的途径，丰富服务群众的内容”“以改革的精神研究新情况、解决新问题、总结新经验”，以及推进学习型党组织建设的有关要求，指标体系提供了“拓展学习内容和途径”（自我评价和教师评价）、“拓展联系群众的途径”（自我评价和群众评议)、"研究新情况、总结新经验"(五种评价方式综合应用)和"丰富服务群众的内容"(自我评价和群众评议)四个具体指标。

3. 提高学生党员的工作能力

在"提高学生党员的工作能力"这个一级指标之下，各项指标都围绕着学生党员的实际工作能力展开，这也是这个指标体系的主要创新之处，即不仅注重党员教育培训在传统的思想理论方面的效果，同时注重向党员传授实际工作所需的能力和技术。在"优化知识结构"这个二级指标当中，根据学习型党组织建设的有关要求，指标体系确定了五方面的学习内容进行考核，即"学习现代市场经济理论""学习现代国际关系理论""学习现代社会管理理论""学习现代信息技术常识"和"学习心理学健康知识"。从实际工作情况来看，这些知识的学习对于大学生党员提高工作能力有着切实作用。在"提高综合素质"这部分，针对当前大学生党员在日常工作中普遍需要使用的几项能力，结合《关于加强党员经常性教育的意见》的有关内容，提出了"提高组织群众的能力""提高宣传群众的能力""提高服务群众的能力""提高团队合作能力""增强日常工作效果"[6]等几个方面的评价指标。在"增强创新能力"方面，着重强调的是在当前形势下开展工作的能力，如"积极改进工作举措和思路""增强新形势下舆论引导能力""增强新兴媒体运用能力""增强创新工作和活动方式"。[9]

4. 发挥学生党员的先锋模范作用

在"发挥学生党员的先锋模范作用"这一目标下，各个指标更侧重于党员的日常表现。在"优化知识结构"部分，指标体系强调了对两项学习内容的考核，一是"学习先进典型案例"，另一个是"学习时事热点和形势政策"。其中，对时事热点的关注情况，更受到专家的重视，获得了超过 0.6 的权重值，可见准确把握时事政治对于大学生党员发挥先锋模范作用的重要意义。在"提高综合素质"部分，指标体系提供了"提高学业成绩""改善社会实践与志愿服务效果""积极参与校园文化活动""积极担任学生骨干"和"改善批评与自我批评情况"等指标，通过自我评价、群众评议、党员互评、教师评价等方式，对大学生党员在接受教育培训前后，在学习、社会工作、组织生活等方面的表现所产生的变化进行考核。最后，在“增强创新能力”部分，侧重于考察群众眼中一个党员在接受教育培训后是否展现出了相应的创新精神和才干，涉及的指标包括“开拓进取的精神状态”“增强创新思维能力”“积极参与文化创新或创业活动”和“积极参与科研创新活动”。[10]

三、大学生党员教育培训效果评价指标体系的应用

大学生党员教育培训效果评价指标体系的建立，结合了大学生党员培训教育一线所面临的具体情况，以指导性文件为理论依据，力求比较全面地将大学生党员在接受教育培训前后可以进行跟踪对比的指标涵盖其中。鉴于当前理论界对“学习型党组织”的内涵、外延和实现路径等问题还在深入探讨当中，指标体系也在不断完善和调整。在实际操作中，可以根据实际的情况进行指标的挑选和删减。另外，在应用这套评价指标体系时，建议使用 360 评估的思路进行多主体的全面评价，力求在评价每一名党员时，都动员起他所面向的群众、周围的党员、所在支部、培训教师和参评者本人对其进行多角度的评价，多维度评估培训效果，并在此基础上不断调整和完善大学生党员教育培训效果评价指标体系。

参考文献

[1]梁茜茜、陈志波. 大学生党员继续教育培训的创新研究[J]. 继续教育研究，2009（11）.

[2]马晓亮. 新时期高校大学生党员教育培训形式及其效果研究[J]. 科技信息，2011（4）.

[3]张国臣. 浅谈大学生党员教育培训的指导思想和目标要求[J]. 思想教育研究，2012（2）.

[4]彭国甫、李树丞、盛明科. 应用层次分析法确定政府绩效评估指

标权重研究[J]. 中国软科学，2004（6）.

[5]中共中央办公厅. 2009—2013 年全国党员教育培训工作规划，2009 年 7 月.

[6]中国共产党第十七届中央委员会第四次全体会议. 中共中央关于加强和改进新形势下党的建设若干重大问题的决定，2009.

[7]中共中央办公厅. 关于推进学习型党组织建设的意见，中办发〔2009〕44 号.

[8]中共中央办公厅. 关于加强党员经常性教育的意见，中办发〔2006〕21 号.

[9]中共教育部党组. 中共教育部党组关于加强普通高等学校基层党组织建设的意见，教党〔2007〕11 号.

[10]中共中央国务院. 关于进一步加强和改进大学生思想政治教育的意见，中发〔2004〕16 号.

（作者单位：南开大学）

维稳视角下高校学生社团活动管理状况的实证研究*

——基于全国17个省市54所高校抽样调查数据

李朝晖

摘　要：为深入了解当前高校学生社团活动管理现状，研究对全国17个省市54所高校进行了问卷抽样调查，发现高校学生社团活动呈现新的特点和趋势，对当前高校学生社团活动管理提出了新的要求。从维稳视角审视活动管理，提出高校应建立社团活动动态监管机制，实施活动管理项目化运作，并建立社团活动全程导师制和社团活动风险评估制。

关键词：高校维稳　社团活动　对策建议

一、问题的提出

在当前进一步加强和改进大学生思想政治教育的背景下，高校学生社团发挥着前所未有的重要作用，出现了网络社团增多、跨校活动增多、与社会联系增多等诸多新情况、新趋势。[1]然而，一些不良文化也渗透其中，隐蔽传播。如果听之任之，高校学生社团易在开展活动中迷失方向，失去价值判断，形成不稳定因素，甚至冲击高校和谐稳定的局面。

* 基金项目：教育部人文社会科学研究基金资助项目《高校学生社团活动管理研究（从维稳视角）》（项目编号：10JDSZ2051）阶段成果；天津市高等学校人文社会科学研究项目《网络背景下高校学生群体性突发事件预警机制研究》（项目编号：2012FDY10）阶段成果

因此，深入研究社团活动维稳监管机制，积极构建学生社团活动管理新模式，已成为当前高校思想政治工作中不容忽视的一项重要课题。从维稳视角审视高校学生社团活动管理，探究活动维稳监管机制，对于维护高校乃至社会的安全稳定，促进社团健康、有序发展具有重要的实践意义和一定的理论意义。

二、研究方法与资料来源

研究采取分层随机抽样的方法进行，调查对象涵盖全国东北、华北、西北、华东、华南、华中、西南七个地区17个省市的54所高校的师生，针对高校社团负责教师、社团指导教师、社团骨干和普通会员等四类群体进行调研，共发放问卷6400份，回收有效问卷5720份，有效回收率为89.38%。

调查问卷为自编的《维稳视角下高校学生社团活动管理调查问卷》，采用文献分析法结合专家法编制预试问卷，经过初测、筛选、修订后用于正式调查。问卷涵盖了管理机制、讲座报告、跨校活动、合作管理、宣传管理、应急管理等6个测量维度，64个测量指标，采用李克特五级评分制。经测验，问卷内部一致性系数、重测信度系数良好，可以作为有效测量工具。本次研究采用SPSS18.0统计软件进行数据分析。

三、数据统计与分析

1. 社团出现新的组织形态，成员构成趋于复杂化

调查发现，高校学生社团不断呈现新的形式形态。目前已出现在国家行政管理机关成功注册的社会团体、具有俱乐部性质的学生阶层团体，及以社团法人为股东的学生创业公司。此外，各种网络虚拟社团呈迅猛发展之势，新兴网络中构建的虚拟社区打破了地域界限，成为跨校乃至跨地区的学生组织，部分社团或社团联合会还在校区、学校之间设立联络机构，社团成员构成的复杂化。调查显示，有50.3%的受访者对网络社团成员构成的复杂性表示担忧，认为成员身份难以进行严格审查与认

定，缺乏对成员及活动的约束力，社团管理的难度加大。

2. 新媒体助推社团网络化，社团活动组织、传播途径隐蔽，难以监管

在“您认为新媒体对社团活动带来哪些影响”问题调研中，有 89.2%的受访者认为“新媒体已成为社团活动信息传播途径”，有 90.7%的受访者认为“新媒体促进社团活动网络化”。另外，受访者在“促使社团活动网络化”选项上评分的标准差最低，说明受访者对新媒体“促使社团活动网络化”持肯定态度，且观点高度一致。

在关于“您认为目前活动中最常用的宣传和组织活动的途径”的选项调查中，选择微博、QQ 群等新媒体作为社团活动信息宣传、交流平台占 69.6%，各种网络交流互动平台广泛运用，社团活动传播渠道呈现多样化趋势，社团活动的宣传、影响途径不断增多，社团活动的可支配资源更加丰富。

3. 跨校活动日趋频繁，与社会联动效应增强

调查显示，有 59.9%的受访者认为“学生社团经常或偶尔与校外机构合作开展跨校活动”，仅有 17.4%的受访者认为“只是在校内开展合作”。在了解“校外人员参与社团活动情况”，有 30.3%的受访者选择“作为合作伙伴参加”，27.2%的受访者选择“作为嘉宾受邀参加”，25.6%的受访者选择“偶尔有校外人士参加”，另有 16.9%的受访者选择“作为指导教师参加”。目前学生社团活动的内容和范围已不再局限于校园，涉外交流型社团日益增多，内部成员之间、与其他院校的学生社团之间、跨国际院校社团之间的交流日益频繁，跨校活动已成为社团活动的重要形式。此外，研究发现社会各界参与、支持高校社团活动已成为一种普遍现象，包括国外一些基金会资助高校社团开展有关环保、贫困、残障、妇女儿童、西部开发、农村建设等内容的调查研究。但其中一些外资基金会政治背景复杂，很可能在意识形态领域引发青年学生的认识偏差，应该引起我们的高度关注与警惕。

4. 社团经费来源多样化，社团活动兼具政治性、商业性、功利性

研究发现，社团经费的主要来源有 32.1%是“募集社会商业赞助”，

30.9%来自“社团成员会费缴纳”，23.9%来自“学校统一划拨的学生社团活动专项经费”，10.1%来自“通过社团活动盈利”，其他途径的占 3.0%。在关于“您所在的学生社团与校外机构合作的形式”选项调查中，有 64.9%的受访者认为“校外机构借活动冠名进行校园宣传”，有 36.7%的受访者认为“校外机构支付劳务费”，有 53.0%的受访者认为“校外机构提供专项赞助”，有 27.7%的受访者认为“校外机构有偿使用学校活动场地”，有 29.3%的受访者认为“校外机构为学生提供参观、实习或兼职机会”。由此可见，随着社团社会化发展，社团活动的经费来源呈现多样化特点，社会商业赞助已成为社团活动经费的主要来源。由于商业机构的介入，部分学生社团的功利化倾向明显。当问到“对社团与校外机构合作模式的合法性问题”时，虽然 92.3%的受访者认为“合作模式的合法性问题是首要问题”，但仍有 39.9%的受访者认为“只要能够对社团提供经费支持，其他问题都可以商量”。通过方差分析，发现不同人群在该问题态度上存在显著差异，功利化程度从高到低依次为普通成员、社团骨干、社团负责教师及社团指导教师，学生的功利化程度高于教师。

5. 社团活动管理滞后，校园安全维稳易受冲击

在关于学生组织性质的调查中，有 60.0%的受访者选择“意识形态性社团组织”，59.1%的受访者选择“潜藏着人身安全的以竞技类活动为主的特殊兴趣爱好类社团”，50.2%的受访者选择“地区性、民族性的同乡会、同族会”。而这类社团的活动往往存在诸多安全隐患。在关于“社团活动中如何把握与校外机构合作模式的合法性问题”调查中，40.9%的受访者认为“应请主管部门或指导教师把关”，37.0%的受访者“仅凭借个人感觉、或由社团骨干商议”，甚至仅把“是否给予社团足够支持”作为判断标准，仅有 22.1%的受访者认为“学校有严格的规定，按照规定审核”。同样，在对学生社团组织活动类型的调查中发现，培训宣讲、意识形态、商业宣传及宗教宣传等性质的讲座在校园里不同程度的存在。这充分说明，高校学生社团活动管理中缺乏规范的审批程序和监督机制，广大社团骨干缺乏风险意识教育和主流价值观引导。这些高校社团管理

中的不稳定因素，在特定时期或条件下，容易诱发校园危机事件。

四、对策与建议

1. 实施社团活动项目化运作，建立活动动态监管机制

学生社团管理部门应加强制度建设，强化监管措施，有效引入项目化运作模式，提高社团活动管理实效。（1）完善学生社团内部管理制度。尤其要健全社团准入制度、社团淘汰制度、社团骨干选拔制度和社团活动管理制度等。通过制度建设，进一步规范学生社团的申请和认定，严把社团“入口关”，取缔影响校园稳定的社团组织，使社团在内部管理上实现制度化；[2]（2）要引入社团活动项目化运行机制。建立社团重大活动、跨校活动申报制度，提高社团活动的可控性；（3）要建立重要事项审批、监督制度。建立学生社团刊物与宣传活动的管理方式和办法，社团管理部门应建立社团工作动态报表制度，如周报、月报制度等，各学生社团定期向社团管理中心报告工作动态，自觉接受社团联合会的监督，规范社团的运行机制；（4）要坚持社团事务公开制度。高校社团联合会应建立统一的社团经费筹集、管理与使用制度，强化社团经费管理原则，建立社团经费来源、管理、审批、账务审核及出纳管理规定等，形成一整套对资金的筹集、分配和使用的管理办法和监督手段，贯穿于社团活动始终。

2. 实施社团活动全程导师制，强化社团活动的规划与指导

社团作为思想活跃的当代大学生的自治组织，在运作过程中随时可能出现新情况、新问题。因此，需要组建一支业务精、热情高、责任心强的社团指导教师队伍，具体指导各学生社团开展活动，形成“全程导师制”的社团管理模式。同时高校要建立科学规范的导师管理制度，内容涵盖聘任、培训、管理、约束和激励等各项内容，例如在指导教师的定位与职责部分明确规定：社团导师不仅具有专业指导和活动管理的职责，而且具有育人义务，是高校思想政治教育的重要力量；[3]社团导师应通过对社团及活动的具体指导，指导学生社团进行活动可行性分析及风险评估，有效掌控活动过程，保证活动能够按照正确的方向科学、有

序地进行，并帮助社团总结凝练活动特色，提高活动品牌等。

3. 建立社团活动风险评估机制，规避社团活动安全事故

社团活动具有受众面大、影响面广等特点，高风险活动一旦实施，带来的负面影响往往是巨大的。为确保社团活动健康有序地开展，社团主管部门一定要在活动方案实施之前进行全方位的风险评估和可行性论证。[4]通过对社团活动（尤其是大型活动）进行安全风险评估，发现风险因素，界定风险源，判明风险的严重程度，及时采取风险应对措施或是停止活动开展，减少风险事故发生的机会、影响与损失，避免风险事故发生。因此，社团主管部门应建立符合学生社团管理实际和社团活动发展特点的活动安全风险评估体系。本文基于层次分析法（AHP），尝试建立大型社团活动安全风险评估指标框架（如表1所示）。高校可以依据该指标体系对社团活动进行安全风险评估，评估中应重点把握好以下环节：(1)把握正确的政治方向和价值导向。活动设计过程中要坚持主题性，提倡文化活动的高格调，弘扬主旋律，传递正能量；(2)坚守合理、合法的底线。社团指导单位或个人应把握活动的主题、形式和内容等，对于违背国家法律法规和校规校纪的活动要及时制止；(3)社团管理部门要加强对高风险活动的监管，对风险系数较高的活动应及时提出规避办法或终止建议；(4)在活动中要审时度势，对于随时可能出现的不稳定因素，要根据外界环境、活动形式和活动主体等条件的变化随时调整活动方案。[6]

表1　大型社团活动安全风险评估指标框架

一级指标	二级指标
活动属性	主办单位、活动时间、活动地点、活动规模、经费来源
环境因素	自然环境、社会环境、周边环境
人群因素	人群密度、人群结构、安全意识、人群状态
场地设施	可靠性、疏散设备设施、场地设施
管理措施	安全管理机构、规章制度、预测预警能力、应急救援能力

4. 建立社团活动维稳监管机制，防范安全隐患酿成危机事件

把握社团活动的维稳走向，完善维稳监管机制是安全稳定的必要保

障。具体包括以下几方面内容：（1）要建立完善的情报信息收集机制。充分发挥学生骨干作用，建立通畅的“三级信息网络”渠道，及时发现和捕捉可能危害国家安全、影响高校稳定的苗头性、倾向性和普遍性问题，排除不稳定因素，积极主动做好防范工作；[2]（2）要建立校院两级社团管理模式。高校可通过团委总体指导和管理学生社团，各社团以挂靠形式接受具体指导和管理，挂靠单位负有具体指导和管理的责任，形成校院两级联动机制。实践证明，在敏感时期和重大事件发生时，这一模式对于维护校园安全稳定提供了可靠保障；[5]（3）要建立统一有效的社团监督机制。学校要成立社团联合会和社团会员权益保障委员会，并在校团委的具体指导下开展工作，对全校各学生社团及活动进行统筹、协调、管理和监督；（4）要加强社团活动的应急机制建设。高校应在党委的领导下建立由团委、学生处、保卫处、宣传部、组织部、后勤服务集团等多部门联动的应急机构，针对社团活动中潜在的不稳定因素，研究并制定维稳防御措施。

参考文献

[1]教育部、共青团中央. 关于加强和改进大学生社团工作的意见. 中青联发〔2005〕5 号.

[2]田建伟，高校学生社团维稳功能的实现路径，学校党建与思想教育[J]. 2012（3）：67.

[3]夏建国，邓丹萍. 社团导师制的实效性研究——从高校思想政治教育工作载体创新视角进行探析[J]. 思想理论教育，2007（4）：61—65.

[4]潘秀山，赵彦莉，张春艳. 维稳视角下高校学生社团活动管理机制探究[J]. 中国轻工教育，2012（6）：35—37.

[5]潘秀山，李朝晖，穆娜. 维稳视角下的高校学生社团活动社会化研究[J].思想教育研究，2013 （5）：59—62.

（作者单位：天津科技大学法政学院）

精致化视角下高校学生宿舍导师制的实践和思考

易勇军　礼若竹

摘　要：精致教育理论是近年来教育领域的热点问题，精致化的核心理念和工作要求对大学生思想政治教育的科学发展提供了一些新的视角和思路，也为新形势下通过建立宿舍导师制来加强和改进高校思想政治工作提供了重要途径。本文在分析宿舍导师制的内涵及基本定位的基础上，简要概括实施这项制度取得的成效及存在的问题，并从精致化角度出发，就如何加强这项工作提出几点建议。

关键词：精致化　学生宿舍　导师制

随着高等教育招生规模的扩大和高等学校学生管理方式的转变，宿舍成为了学生思想政治教育生效最快、收效最好的地方之一。宿舍导师制注重以人为本、分类指导、周到细致、精益求精，是构建“全员育人、全过程育人、全方位育人”德育工作模式的一项创新。自 2004 年中共中央国务院颁布《关于进一步加强和改进大学生思想政治教育的意见》（后文中简称中央十六号文件）以来，宿舍导师制度逐渐为许多高校所重视并采用。南开大学从 2002 年起实施宿舍导师制，在精致教育的核心理念即精致化理论指导下，宿舍导师制积累的诸多经验、建立的总体模式进入了研究的视野。

一、思想源流与概念澄清

精致教育、精致管理是近年来教育领域的热点问题。我国台湾学者最早将这一思想从管理学领域引入教育学领域。他们认为，追求精致化的过程绩效是当代教育管理的目标之一，其基本内涵主要包括科学精神与人文精神相互交融，追求卓越、精益求精的管理，既注重过程，又重视结果，实现教育投入与教育产出均衡。作为教育理论界的前沿思考，精致化思想高度契合了高等教育继续深化改革和推进大学生思想政治教育的现实需要，对解决高等教育领域的一些实际问题具有重要的意义。现有的研究表明，大学生思想政治教育精致化的主要特征包括突出育人效果和组织结构优化，运用科学方法，鼓励教育者的灵动性和创造性，强调工作模式的可持续性。

根据实践经验，结合以往研究，笔者将宿舍导师制定义为：以宿舍为单位，配备具有较高政治素养和人文素质，较丰富教育心理学知识和人生阅历的导师，通过答疑解惑、开展活动和走访谈心等面向宿舍的工作形式，帮助学生适应大学学习、生活，开展学生心理和生涯规划辅导，解决学生面临的实际困难，促进学生的学业和身心全面发展的一种思想政治教育方式和管理制度。

从管理学理论角度看，宿舍导师制具有鲜明的精致化特征。一般是一名导师负责一到两个宿舍，管理幅度在 4 至 12 人之间，“扁平式”组织结构能有效保证沟通的效率和质量。与被选课制度打破的传统班级行政建制相比，它具有相对清晰、科学的管理边界，宿舍成员间的大量接触易于产生专属的组织文化，便于形成凝聚力和归属感，是可持续性的行动单元。

从实践角度上看，学生宿舍是大学生在校期间学习、生活、休闲、交流的重要场所和基本单位，是学校对学生进行精致化思想政治教育的重要阵地。宿舍导师制蕴含着丰富的精致化教育元素，能够细致入微、高效便捷的解决问题，针对性强，在满足学生现实需求的同时，取得了良好的育人成果。因此，如何在已有经验基础上，向更优质的精致化迈进，进一步完善宿舍导师制，使之更充分地发挥作用，成为高校需要关注的问题。

二、现状分析

中央十六号文件强调，要高度重视学生生活社区、学生公寓（宿舍）等新型大学组织的思想政治教育工作。通过几年来的实践，宿舍导师制取得诸多进展。

第一，取得了高度的共识。通过长期的推动，高校从领导到普通教师、学生对宿舍导师制的认知从无到有，从忽视到理解，直至重视，已经形成了相对统一的共识。随着近年来美国和台湾地区部分高校类似措施的施行，社会舆论对宿舍导师的关注和认可度逐渐提升。宿舍导师作为高校学生教育管理工作者，对促进学生大学生活适应、加强宿舍精神文明建设、形成“全员育人”的大德育工作氛围和推动高校学生思想政治教育起着重要作用。

第二，形成了完整的工作流程。中央十六号文件的颁布后，各高校纷纷采取多种方式推进宿舍导师制的建设，并形成了较为完善的工作流程和实施细则。从领导推动、选拔聘任、监督反馈、经费支持到评优评先、经验总结，已经初步形成了一套工作流程。

第三，拓展了学生思想政治教育的途径。宿舍导师在工作中充满爱心、热心和耐心，善于抓住重要的时间节点，精益求精地开展思想政治教育和专业辅导，如在新生入校、考试前和重大事件发生时等，不失时机地与学生培养起深厚感情，周到细致地解决学生人际、心理、学业、管理等方面遇到的具体困难，受到学生欢迎和信任。实践证明，宿舍导师制是学生思想政治教育工作“走进宿舍、贴近学生”的具体形式和措施，它不仅体现以学生为本的学生工作理念，更促进了教育管理手段的优化，提高了思想政治教育的针对性和实效性，达到了一定的精致化水平。

第四，展示了学生教育管理的成效。一方面，宿舍导师工作开展得到位，宿舍整体氛围好，精神面貌好，学生看到了宿舍导师对于自身成长的重要性；另一方面，通过发动教师、管理人员参与学生的思想政治教育工作，扩大了学生教育管理的参与度，让专业教师和管理人员更充分地认识到对学生思想引领的重要性，学生教育管理的成效得到了充分的认可。

实现精致化的过程本质上是一个动态化的过程控制和进程管理模式。在取得成绩的同时，我们必须直面若干亟待解决的问题。如制度还不够完善、导师个人素养参差不齐、对导师的评价标准不统一、奖惩机制不明确等。这些问题的存在，制约了宿舍导师制的精致化功能发挥，需要我们在实际工作中予以高度重视。

三、宿舍导师制精致化的实现途径

新时期，学生更加个性化、多样化，大学生思想政治教育工作面临更加复杂的情况，宿舍导师制要继续发挥其独特的作用，就必须深入开展研究，不断丰富宿舍导师制的内涵，完善工作制度，拓展工作手段，以期实现更为优质的精致化教育。具体包括以下几点：

1. 实现精致化制度，为宿舍导师制的深入开展提供保障

尽管宿舍导师制在实践中已经形成了一套比较成熟的工作流程和方法，但在尺度把握上标准不一，难以保障精致化教育所要求的“工作模式的可持续性”。如宿舍导师应该具备怎样的资质，高年级学生是否可以担任宿舍导师，究竟如何将承担宿舍导师工作与青年教师职业发展相衔接等。对此，需着力将导师制实行中积累的宝贵经验转变为具有约束力、可操作性强的工作制度，形成统一规范，明确操作流程，保障宿舍导师制健康良性发展。同时，在制度建设中要注重细节，科学设置具体操作者的“自由裁量权”，尊重个性发展的空间。在制定制度的过程中应使用科学的方法，注意在收集民意、草拟规章、征求意见、反复修改和形成决议等步骤上的程序公正，充分取得有关各方的认同，保障制度的

有效执行。

2. 精致化工作职责，为宿舍导师制的有效开展提供支持

只有定位明确才能确保宿舍导师在具体开展工作时抓住重点。现有宿舍导师多为兼职，本身有自己的工作、学习，其导师工作多为公益性质，酬劳也多为“象征性”。考虑到投入时间有限，应具体明确其“在宿舍中开展思想政治教育”的主要职责，进一步细分为宿舍文明建设、学业指导、心理疏导、职业生涯规划等几个具体的方向，在不同方向上选拔不同特长和专业背景的师资予以聘任。将原本由一人承担的“大而全”的工作，重新定位为由若干宿舍导师分工完成的“小而精”的板块，承担不同板块的宿舍导师则组成一个导师组。每个导师组内可以吸纳若干在某个方向上有专长的高年级学生骨干加入，由组内在职老师负责领导。每一位宿舍导师都明确职责，有所侧重的专攻某一方面。学生骨干可以在老师指导下开展工作，既弥补了师资的不足，又避免了学生骨干“单兵作战”时经验的缺失，学生也可以从宿舍导师组获得更立体、更专业的、细致入微的指导。

3. 完善评价体系，为宿舍导师制的效果评估提供参考

大学生思想政治工作精致化主要特征之一便是突出育人效果，而实施效果的认定需要一套科学的评价体系。鉴于评价指标体系的构建涉及管理学、社会学、统计学等多学科研究领域，应充分利用高校中的智力资源，邀请制定评价指标方面的专家学者提供专业的解决方案。在评价体系形成后，要积极加以应用，严格按照评价结果开展评奖评优，实现公平公正的考核与监督。

4. 给予资源支持，为宿舍导师制的可持续发展提供保障

任何制度的实施都需要相应的资源作为保障。宿舍导师制作为一项“年轻”的工作制度，更需要不断关注、支持和推动。为吸引优秀人才加入到宿舍导师队伍，除传统的精神激励措施外，也应在薪资等物质方面给予支持。根据现代人力资源理念，薪金不仅是酬劳，更在一定程度上体现了学校对宿舍导师岗位的重视和对宿舍导师劳动的尊重。同时，也

可以将宿舍导师工作计入青年教师的工作量考核和学生骨干的评优考核。

5. 开展系统培训，为宿舍导师制的科学开展提供支持

要实现大学生思想政治教育精致化，首先要实现培训工作的精致化。宿舍导师如果仅凭借经验来开展工作，没有科学的、框架式的方法作为支撑，从长期来看，会影响工作的持续性和有效性。因此，对所有从事思想政治教育的宿舍导师们必须开展系统的理念传授和技能训练。在每一位宿舍导师专攻的板块上，要培养其向专家方向发展，对其他板块也要有基本的认识。限于宿舍导师的时间和精力，培训形式必须高效务实，适当采用“体验式学习”等前沿授课方式。培训内容要紧贴宿舍导师工作实际，如谈话技巧、心理疏导、职业规划、学生管理流程等。

在精致化教育的视角下，本文归纳了宿舍导师制的定义、内涵，在总结以往经验的基础上，提出了进一步实现精致化的五点建议。只有直面实践中遇到的问题，本着精益求精、追求卓越的理念加以科学解决，宿舍导师制才能在大学生思想政治教育工作中继续发挥其独特作用，在精致化教育之路上进一步走向成熟。

参考文献

[1]车运景. 浅谈思想政治教育进公寓新模式——宿舍导师制研究[J]. 经济师，2010（9）.

[2]李春灿. 实施新生宿舍导师制工作的实践与思考[J]. 河南教育（中旬），2009（6）.

[3]张彦. 试论大学生思想政治教育的精致化问题[J]. 北大青年研究，2009（1）.

[4]谢桂玲. 实施学生宿舍导师制的几点经验[J]. 成人教育，2007（4）.

[5]王铁军. 精致化：学校管理的新理念、新策略[J]. 江苏教育学报（社会科学版），2007（3）.

[6]梅新. 实行高校学生宿舍导师制问题的探讨[J]. 昆明冶金高等专科学校学报，2004（9).

[7]付洪. 加强高校德育工作的一条新途径——宿舍导师工作的认识与实践[J]. 高校理论战线，2004（7).

（作者单位：南开大学）

以志愿服务促进高校医学生亲社会行为的育人模式实证研究

张 晶

摘 要：志愿服务活动是大学生社会实践活动的载体，是高校思政教育的有效形式。同时，青年志愿者活动也是医学人才道德素质培养过程中的重要内容，是把医学生培养成为合格医务工作者的有效途径。本文对比分析参加志愿服务前后高校医学生亲社会意识的差异，进而探讨志愿服务对医学生亲社会行为的促进作用，对如何构建以志愿服务活动为载体的医学院校育人模式进行了分析与思考。

关键词：志愿服务 亲社会行为 医学生

亲社会行为是指对他人和社会有益的能够带来积极影响的助人行为、利他行为或其他更为广泛的行为。诸如，人们在社会交往中所表现出的谦让、帮助、合作、分享，甚至为了他人利益而做出自我牺牲的行为等。[1]很多心理学家主张亲社会行为的习得论，认为亲社会行为是个人在社会化过程中学习来的一种行为方式[2]，它的发展受到父母、同伴、教师以及社会宏观环境的影响，通过树立榜样和给予鼓励等方式都可以提高个人的亲社会行为的发生率。

目前，国外通过志愿服务活动促进大学生亲社会行为的实证研究较多，其结果表明志愿服务活动可以增加人际交互作用，激发助人动机。志愿服务活动被认为是大学生社会实践活动的生动载体，是高校思政教育的有效形式。在我国，大学生志愿者服务是在总结和借鉴国外志愿者工作经验的基础上，由团中央发起并在全国高校中广泛开展的以倡导大学生利用业余时间，志愿无偿地参与扶贫帮困和社会公益事业为主要内容的一项社会服务活动。[3]医学生的成长成才离不开高等学校素质教育的目标。把医学专业人才的培养要求转化为医学生的个体内在综合素质是一个漫长而复杂的过程，而志愿者活动是这一过程中不可缺少的重要内容，也是把医学生培养成为合格的医务工作者的有效途径。志愿服务活动对于医学生亲社会意识、道德素质和业务素质的培养都具有十分重要的现实意义。

一、志愿服务活动促进医学院校大学生亲社会意识养成的调研分析

为了更好地探讨志愿服务活动对医学院校大学生亲社会意识的影响，笔者以天津市三所医学院校大一至大四自愿参加志愿者活动的在校医学本科生为研究对象，采用高健编制的《亲社会意识问卷》对选取的200 位被试进行前测。问卷包括助人意识、社会公德心、社会责任感等三个维度。[4]通过对被试参加所在学校组织的到社区、养老院、启智学校等进行的志愿者服务进行追踪调查，一年后使用和前测相同的问卷对志愿者进行后测。对前测和后测的数据进行统计分析，对比前后差异。

参加志愿服务活动前后亲社会意识得分见表 1。经配对样本 t 检验，显示参加一年不定期志愿服务活动前后社会责任感有显著性差异（$p<0.05$），助人意识和社会公德心均有高度显著性差异（$p<0.001$）。研究结果显示，参加志愿服务活动对于亲社会意识影响较明显。

表1　参加活动前后亲社会意识的比较（N=193）

项目	参加活动前		参加活动后		t值及显著性	
	M	SD	M	SD		
助人意识	16.64	2.06	16.98	2.08	-4.07	***
社会公德心	11.29	2.15	11.66	2.19	-4.06	***
社会责任感	13.45	1.40	13.60	1.60	-2.15	*
亲社会意识总分	41.37	3.56	42.24	3.62	-6.23	***
$p<0.05$；**：$p<0.01$；***：$p<0.001$.						

二、志愿服务活动促进医学院校大学生亲社会行为养成的功能分析

1. 志愿服务有助于医学生社会责任感和道德素质的提升

社会不是无数个独立个体的集合，而是一个相辅相成、不可分割的整体。社会不可能离开个人而存在，而纯粹独立的个人也是不存在的。[5]对一个公民来说，践行“社会责任”，意味着他要坚持正确的道德主张、具备利他精神，愿为他人做出奉献。志愿服务所体现的是一种自愿的、不计报酬而参与的、促进社会进步和完善社区工作的精神，是公民参与社会生活的一种非常重要的方式。[6]因此，志愿服务对强化医学生的公民意识、培养社会责任感具有不可替代的作用。

2. 志愿服务在提高助人意识的同时起到了自助的效果

志愿服务的开放性，为大学生提供了一个广阔的平台。这个平台使大学生可以通过对别人提供帮助和服务来获得进一步的自我评价与认可。中国志愿者精神中有一点是“互助”，即助人的同时实现自助[7]，2008年北京奥运会“我奉献、我快乐”的志愿者精神就诠释了这一点。志愿者在服务他人、服务社会的同时，也实现了自我完善，精神和心灵都得到了满足。医学生在志愿服务的过程中培养了组织领导及团队协作等能力，增强自信心的同时获得成就感，志愿服务对医学生起到了助人与自助的双赢效果。

3. 志愿服务是加快医学生社会化的重要途径。

志愿服务活动是大学生接触社会、实践学习的过程。医学生可以通过志愿服务了解社会状况，增强社会责任感，增加工作经验和人生阅历，了解自身优势，形成更加适应社会生活的心理倾向、性格特征和行为方式。志愿服务的自愿性和互动性，使得医学生认识社会、了解自身、构建个体角色身份等社会化过程能够更加深入地开展。[7]

三、构建医学院校大学生亲社会行为养成的志愿服务育人体系

1. 重视医学生志愿服务的规范建设，完善志愿服务机制

许多国家对于大学生志愿服务制度化的经验很值得借鉴，如墨西哥大学生获得毕业文凭的先决条件之一是在校期间需完成至少 6 个月的社会服务工作；印度尼西亚早在 20 世纪 70 年代就规定，大学生在校期间，应该有半年的时间有组织地为农村发展提供服务；美国的一些大学开设了志愿服务的相关课程，为志愿服务活动提供学分。[5]我们可以尝试将志愿服务纳入学生培养计划中，设置相应的课时和学分；划拨专项经费，建立志愿服务活动基地；建立相应的评价机制，把志愿服务情况纳入学生的综合测评，将服务时数与评奖、评优挂钩。志愿服务制度化建设有助于医学生志愿者活动的管理规范化和激励制度化。

2. 科学培养，实行医学生志愿服务培训的专业化

医学院校的志愿服务活动不应仅停留在简单的爱心互助上，而应提升到更为专业化、科学化的层次，这对志愿者服务技能的要求也更高。在专家指导和培训下参与或承接志愿服务活动，用培训的方式提高活动的广度和深度，将有助于志愿者更加圆满地完成志愿服务活动。除培训学习外，高校志愿者团队的相互交流访问也是自我提升、强化志愿服务理念的有益方式。[6]同时，还应继续注意结合医学生的专业安排志愿者工作，让志愿者学以致用，更好地发挥服务社会的作用。

3. 加强高校志愿服务与社会志愿服务组织的合作交流

高校志愿服务组织具有顽强的生命力和有效的行动力，但因为受到

财力、物力、经验等因素的制约，开展的很多公益活动内容相对单一，学生的参与度不高。而社会上独立的、具有职业性质的非营利志愿服务组织经验丰富、资金充足、信息畅通，可以为高校志愿服务的活动开展提供支持。[7]高校志愿服务团队与社会公益社团合作，将为医学生志愿者提供一个沟通和交流平台，促进志愿者之间经验的交流和分享，更好地锻炼能力。

培养大学生的亲社会行为是时代发展的迫切需要，我们应积极组织大学生参加志愿服务，构建促进医学生亲社会行为的育人模式。通过志愿服务，提高个人能力，增强奉献意识，培养新世纪复合型医学人才，全面推进和谐校园的先进文化建设。

参考文献

[1]钱新斌，张晓蕾. 大学生亲社会行为的意义及培养[J]. 安徽广播电视大学学报，2007（1）：79—82.

[2]张爱社，蒋建国. 论大学生亲社会行为习惯的培养[J]. 龙岩师专学报，2003，21（1）：101—103.

[3]李颖. 大学生志愿者服务与和谐社会的构建[J]. 现代经济信息. 2008（6）：53—54.

[4]胡文彬，高健，康铁君. 大学生共情与父母教养方式的关系及影响因素研究[J]. 中国健康心理学杂志. 2009（9）：1050—1054.

[5]张杨. 大学生志愿服务的现状与对策分析[J]. 山东省团校学报，2007（5）：41—43.

[6]张琳. 组织大学生参加社会主义精神文明建设的有效途径——对当前大学生志愿服务活动的评说与探讨[J]. 教育探索. 2007（4）：85—87.

[7]刘建萍，陈征. 大学生志愿服务及志愿团队的培养[J]. 思想政治教育研究，2007（6）：122—123.

[8]王泓. 大学生志愿者行动的可持续发展[J]. 重庆职业技术学院

学报，2007（3）：24—26.

[9]吴冰，高健，石扩等. 大学生情绪智力和人际交往能力与父母养育方式的相关[J]. 中国科教创新导刊，2009，23：228—229.

[10]钱新斌. 和谐社会视野中的大学生亲社会行为培养[J]. 高等农业教育，2007，9（9）：75—77.

[11]钱新斌. 亲社会行为与大学生心理健康教育[J]. 长春工业大学学报（高教研究版），2006，27（4）：118—119.

（作者单位：天津中医药大学）

第七篇

辅导员队伍建设

论高校辅导员队伍职业化建设中的深层次矛盾及其对策

杜广杰

摘　要：高校辅导员队伍建设对加强和改进大学生思想政治教育工作具有不可替代作用，关系到每一位大学生的成长成才。我国辅导员队伍建设虽已取得一定成效，但总体上仍处于“非职业化”状态。本文通过分析辅导员队伍职业化建设过程中遇到的深层次矛盾，探寻解决对策，进而促进辅导员队伍职业化建设。

关键词：辅导员队伍　职业化　矛盾

高校辅导员队伍建设是当前高校思想政治教育建设的重要方面。党中央、国务院发布的《中共中央国务院关于进一步加强和改进大学生思想政治教育的意见》中提出“拥有一支高素质的辅导员队伍对大学生的思想稳定、健康成长和全面发展有着至关重要的意义”；教育部颁布实施的关于《普通高等学校辅导员队伍建设规定》中指出，“高等学校应结合实际，按各校统一的教师职务岗位结构比例合理设置专职辅导员的相应教师职务岗位”。这两个关于大学生思想政治教育和辅导员队伍建设纲领性文件的出台，充分体现了党中央、国务院和高教主管部门对高校辅导员队伍建设的高度重视。随着高等教育的发展，高校辅导员队伍主导的学生教育和管理工作在高校学生思想政治教育中越来发挥着无可替代的“主阵地”作用。因此，我们要认真分析和把握当代辅导员队伍职业化建设中存在的深层次矛盾，克服辅导员队伍职业化道路上的瓶颈，努力促进辅导员队伍的健康、稳定发展。

一、正确理解辅导员队伍的“职业化”

所谓职业化就是一种工作状态的标准化、规范化、制度化，即在合适的时间、合适的地点，用合适的方式，说合适的话，做合适的事，是职业素养的专业化。具体而言职业化包含职业素养、职业行为规范和职业技能三个部分内容。对于高校辅导员队伍职业化建设，当今教育界和学术界存在意见上的分歧，有的学者侧重从“专业化”角度进行探讨，有的学者侧重于从“职业化”角度进行分析。如果从“职业”这个概念本身去分析，专业化应该是蕴含在其中的，因为某个具体的职业总是要从事一项标准化的、专业化的具体工作。就思想政治教育这项工作来说，就是辅导员应该具有职业自豪感、职业荣誉感、职业责任感，为思想政治工作真心奉献，把它当成自己毕生的事业。虽然我国早在 20 世纪 50 年代就开始建设高校辅导员队伍，但是直到现在还没有真正实现辅导员队伍的职业化。我们亟需找到造成这种局面的根源，对症下药，从根本上解决问题，推进辅导员队伍的职业化进程。

二、辅导员队伍职业化建设中存在的五大矛盾

马克思主义理论认为，任何事物的背后都存在一对矛盾或若干对矛盾，任何现象后面都隐藏着本质。问题的真正解决首先应该从这些深层次的矛盾着手，弄清楚矛盾的本质。当前辅导员队伍职业化建设出现了众多的问题，在这些表面问题的背后必然存在着诸多矛盾，我们必须找到它们，才能够标本兼治，为辅导员队伍专职化建设指明方向、扫除障碍。在笔者看来，要解决目前辅导员队伍职业化建设中出现的问题，必须着力分析和解决以下几对矛盾：

1. 辅导员队伍实务性工作与思想政治教育工作之间的矛盾

现在大家有一个基本的共识，那就是“学生思想政治教育是辅导员

的核心工作”，但目前各高校辅导员基本上都脱离了这一中心任务，工作中包含思想政治教育的内容较少，能够投入的精力远远不够。辅导员大部分时间和精力都用于处理各种繁杂的学生事务性工作上，很难在其中融入思想政治教育。部分辅导员不明确自己这份职业的职责和意义，甚至出现迷茫，无法产生职业认同感。

2. 辅导员个人能力与思想政治教育工作要求之间的矛盾

思想政治教育是一门科学，开展科学有效的思想政治教育需要教育者具有深厚的理论功底，熟练掌握党的一系列指导思想和理论，坚定拥护中国特色社会主义理想和信念等。思想政治教育工作作为一种职业，就要求辅导员具有从事这一职业的相关知识和能力，能针对性地开展工作，否则就很难谈及队伍的职业化。现在从业的辅导员个人专业知识背景、综合能力、人格魅力等方面很不均衡，很多辅导员个人能力距离思想政治教育这一核心工作要求，距离学生工作专业化管理要求之间还存在一定的差距。

3. 辅导员队伍在思想政治教育的行动研究与学术研究之间的矛盾

既然辅导员是一项职业，就需要在自己的职责领域内把理论和实践相结合开展各项研究。现在强调辅导员职业化建设，是要培养专家型辅导员，鼓励辅导员从事科学研究。但由于当前实际工作的需要，辅导员进行的多为“行动研究”，即教育实践中的研究，是为了改进实务工作而进行的。而行动研究不同于学术研究，单纯的行动研究很难提升到更高的理论层面，往往不被学术界所认可。囿于实践使辅导员工作显得平淡无奇，让人感到没有“含金量”，因此很难被认定为是具有高水平的一项职业。

4. 辅导员工作职责与辅导员自身专业学习之间的矛盾

职业化意味着辅导员工作是一个独立的职业体系，有其固定的工作体系、研究对象、研究方法和学科体系。但辅导员内容涉及学科广泛，目前尚没有一门学科能涵盖其全部工作内容，虽然思想政治教育专业在一定程度上与其相契合，但往往偏向理论研究，在心理咨询、职业发展等实践问题上缺乏有效指导。此外，目前高校辅导员队伍来自各类专业，他们在从事辅导员工作的同时，大多还坚持自己本专业的学习，或希望通过读博、转岗等方式离开这个工作岗位。这一矛盾成为辅导员队伍不稳定，职业化不强的重要诱因。

5. 辅导员队伍职业化建设与辅导员个人职业发展规划之间的矛盾

辅导员是否是一项职业，现在仍有许多争论。辅导员职业化建设明显与辅导员个人职业发展规划存在着突出的矛盾，这就是现在辅导员队伍不稳定的主要原因。部分从业者认为辅导员并不是一项职业，没有广阔的发展前途，它只是前进道路上的一个台阶或者是误区。如果任凭这种思想发展，辅导员队伍始终会处于变动和不稳定状态，难以形成良好的职业队伍格局。

三、加强和改进辅导员队伍建设的几点思考

1. 明确辅导员队伍职责，使两种任务相辅相成

《普通高等学校辅导员队伍建设规定》中指出："辅导员是开展大学生思想政治教育的骨干力量，是高校学生日常思想政治教育和管理工作的组织者、实施者和指导者。辅导员应当努力成为学生的人生导师和健康成长的知心朋友。"从中我们可以看出辅导员的核心任务应当是思想政治教育工作，但同时也担负着学生管理工作的组织和实施。这就需要我们妥善处理好二者的关系，既要避免使辅导员队伍陷于繁杂的实务性工作中，完全脱离思想政治教育职能；又要避免陷于毫无说服力的空洞理论说教工作。要意识到二者之间相辅相成的关系，把思想政治教育工作融入到日常管理工作中，达到互进互促的效果。

2. 严肃辅导员队伍选人、用人机制

在过去总有一种错误的观念，认为思想政治教育工作是一项没有技术含量的工作，在选人、用人上就非常随便。现在，我们已经深刻认识到思想政治教育工作的重大意义，认识到辅导员队伍建设的重大意义，这就要求我们必须摒弃错误的观念，真正意识到选拔优秀人才对辅导员

队伍建设的重要性，从源头上把好关，切实解决辅导员个人能力与思想政治教育工作要求之间的矛盾。

3. 进一步加强对辅导员队伍的教育和培训，提升其理论水平和职业化水平

在长远看来，应积极推动辅导员综合素质的提升，加强一线辅导员与理论专家的交流与对话，让有能力的辅导员走上理论课讲堂，促进理论与实践的结合。要逐步提高辅导员的科研能力，使他们能够把实际工作中的经验提炼、升华到理论的高度，进而用理论指导自己的实践，不断提高自身职业化水平。只有这样才能够解决辅导员队伍在思想政治教育的行动研究与学术研究之间的矛盾，解决辅导员工作职责与辅导员自身专业学习之间的矛盾，提高职业认同感和工作满意度。

4. 切实实施辅导员职业资格认证制度，提升职业的认可度

资格认证对辅导员职业化建设具有重要意义，它一方面可以明确辅导员这一职业的任职资格和职责，在客观上使辅导员这一职业有了程序和制度依托；另一方面可以逐步提升高校和社会对这一职业的认同和认可，让大家普遍尊重这一特殊却至关重要的职业，从而激励更多的有志之士加入到这一职业中来。资格认定有助于消解辅导员队伍职业化建设与辅导员个人职业发展规划之间的矛盾，让广大辅导员热爱，并投身这一职业，为祖国发展培养更多高素质人才。

参考文献

[1]中共中央国务院．关于进一步加强和改进大学生思想政治教育的意见，中发〔2004〕16 号．

[2]教育部．普通高等学校辅导员队伍建设规定，2006 年 9 月．

[3]朱正昌．辅导员队伍建设研究[M]．北京：人民出版社，2010．

[4]杨振斌，冯刚．高等学校辅导员培训教程[M]．北京：高等教育出版社，2006．

[5]申晓腾，戴赤彬．高校辅导员职业化进程中存在的问题及对策

[J]. 文教资料，2011（2).

[6]周琴. 我国高校辅导员职业化的影响因素分析[J]. 当代职业教育，2010，3.

[7]孙书光. 加强大学生思想政治教育工作干部队伍建设的思考[J]. 辽宁教育行政学院学报，2007，5.

[8]张静. 高校辅导员队伍职业化建设的理论与对策探析[J]. 思想理论教育导刊，2007，6.

[9]王洪才. 高校辅导员队伍职业化探析[J]. 国家教育行政学院学报，2006，6.

（作者单位：天津财经大学艺术学院）

试论辅导员沙龙培训模式的构建

钱森华

摘　要：为创新高校辅导员的培训模式，增强培训的针对性与实效性，很多高校就辅导员沙龙这一形式进行了积极有效的探索。高校辅导员沙龙培训具有培训理念清晰，培训目标明确；培训体系完善，培训方法灵活；培训内容实用，培训师资专业；培训计划持续，培训效果长久等主要特色。高校以辅导员沙龙为载体，进行辅导员培训模式的探索和实践，促进了辅导员队伍的专业化和职业化建设。

关键词：辅导员沙龙　培训　探索　构建

一、沙龙及辅导员沙龙来历

“沙龙”一词最早源于意大利语单词“Salotto”，原意指的是装点有美术品的屋子。17世纪该词进入法国，最初为卢佛尔宫画廊的名称，“沙龙”即为法语Salon一词的译音，在法语中意为较大的客厅，另外特指上层人物住宅中的豪华会客厅，之后逐渐指一种在欣赏美术结晶的同时，谈论艺术、玩纸牌和聊天的场合。[1]

2006年，为深入贯彻落实教育部颁布的《普通高等学校辅导员队伍建设规定》，清华大学、中国政法大学、浙江工业大学、南京师范大学等高校率先将沙龙形式引入到辅导员队伍建设中。辅导员沙龙作为增强辅导员之间沟通交流的有效平台和提升辅导员执行力的有效措施应运而生。辅导员沙龙的举办，有效提升了辅导员的自身素质，切实提高了辅导员的执行力，推动了大学生思想政治教育工作的发展和创新，促进了辅导员队伍建设。[2]

二、辅导员沙龙培训内容

高校辅导员是高校教师队伍的重要组成部分，是大学生思想政治教育工作的骨干力量，是大学生健康成长的指导者、引路人和知心朋友，是构建和谐校园的一支极为重要的力量。[3]

2009年，笔者参与教育部哲学社会科学研究重大课题“高校辅导员队伍建设创新及长效机制研究”。通过访谈和问卷调查发现，新形势下辅导员最希望通过“相关培训”来系统地、全方位地提高自身素质，特别是创新素质的提高。[4]

基于调研的结果，及国内其他高校前期的探索和实践，各高校可进行辅导员沙龙培训模式的实践探索，以增强高校辅导员队伍建设创新及长效机制，发挥辅导员在构建和谐校园中的作用。辅导员沙龙培训主要包括以下四个方面内容：

第一，大学生思想政治教育专题培训。可请本校或其他高校的思政专家主讲“年度理论热点问题”或者“辅导员职业素养”，从宏观上指导辅导员在学生工作中讲政治抓大局，明确学生工作中思想问题比实际问题更重要的理念。

第二，高校学生事务管理专题培训。例如请保险公司的人来讲医保，请保卫处的人讲安全教育。辅导员之间也可就工作体会分享、交流、探讨，如开展“贫困生奖助学金评定中的思考和感悟”“怎样与学生家长的沟通”等主题的座谈会。

第三，大学生心理健康教育专题培训。可请心理健康教育方面的专家或专职教师，就其研究专长和辅导方向开设专题沙龙。也可请辅导员中有实践经验和心理学背景的教师分享具体的心理工作案例。

第四，辅导员职业发展和学生职业生涯规划专题培训。可请优秀辅导员和“辅导员年度人物”分享了自己的经验和体会，参加“教育部全国高校辅导员骨干培训班”的学员汇报学习体会，在科研方面做得好的辅导员谈“开展科研需要注意的问题”等。

三、高校辅导员沙龙的优势

1. 培训理念清晰，培训目标明确

辅导员沙龙最大的特点就是培训具有针对性，培训目标明确。“确立培训理念是辅导员培训体系的核心。建设一支什么样的辅导员队伍，如何去建设这样一支队伍核心的问题是要有正确的理念指导。可以说有什么样的培训理念，就会有什么样的培训结果。培训理念失之偏颇，培训工作就会顾此失彼。”[5]

2. 培训体系完善，培训方法灵活

目前辅导员培训已经形成从上到下的培训体系。从教育部举办的全国辅导员骨干示范培训，到省市辅导员培训基地和研修基地举办的培训，再到邻近高校及各高校举办的日常培训，形成了“国家——片区——省——学校”四级分层递进的辅导员培训体系，全面提升了辅导员职业能力。辅导员沙龙培训方法灵活、形式多样，在传统的课堂讲授、专题讲座的基础上，主要以交流讨论、案例分析、经验分享、现场观摩，体验学习的方式进行，具有自主性、互动性、实践性、可操作性的特点。

3. 培训内容实用，培训师资专业

辅导员沙龙以专题的形式，培训的内容与辅导员日常工作密切相关，都是针对辅导员关注的、急需解决的问题。辅导员沙龙培训的师资队伍专业、实力雄厚。就目前参与高校辅导员沙龙的培训师资状况而言，有专家、学术型的，也有实践、实用型的，如心理专家、思政学者、有经验的辅导员、有经验的学工干部等。

4. 培训计划持续，培训效果长久

辅导员沙龙培训，由于培训计划的支撑，同时也因为培训形式、培训内容的创新，预期会收到较好的培训效果。由于培训内容与实际工作紧密相连，结合自主学习与小组讨论的方式，对于提高辅导员的工作水平有立竿见影的效果，解决问题的思路和方法对于辅导员的影响是长效的，能促进辅导员队伍的可持续发展。

四、辅导员沙龙培训的主要模式

1. 情境生成模式

以皮亚杰为代表的建构主义者认为，知识是学习者在一定的情景和社会文化背景下，借助他人的帮助，利用必要的学习资源，通过意义建构的方式而获得的。在辅导员沙龙，通过多媒体教学技术的利用，会为辅导员之间的交流带来很多新的信息和感悟，辅导员从他人那里吸收信息，然后通过合作交流与自我省思建构自己的知识领域，在民主的氛围里以“生成”的方式实现培训目标。

2. 自主探究模式

美国心理学家布鲁纳认为，学习过程是一个积极主动的过程。自主探究培训模式常以专题为中心，培养辅导员发现、探究的习惯与态度，掌握解决问题的方法。辅导员沙龙将培训的目标分解为细小独立的专题，每个专题都采用了自主探究培训模式。自主探究模式发挥了辅导员的主体地位，注重了策略和方法的培养训练，有助于辅导员今后的学习和研究。通过探究，辅导员对于自己的工作有了更多的解决方法。

3. 研究实践模式

辅导员的科学研究和实践教学的分享构成“研究实践模式”。学校可特设“辅导员专项科研项目”及特设专门的职称指标，来激励辅导员进行科研。辅导员以实践育人为载体，承担实践课程的教学，把日常思想教育与思想政治理论课实践教学紧密结合。在沙龙，更多的是经验介绍和成果分享。

4. 案例分享模式

在辅导员沙龙，案例分享作为一个固定的模式，辅导员共同对某个案例进行讨论、反思。案例分享模式最大的特点就是要求保密。如请有典型案例的学院辅导员主讲“危机干预中辅导员的角色定位”，通过危机干预的基本理论、危机干预中辅导员的角色定位及个案处理方式与大家交流，辅之以讨论和嘉宾的点拨。

五、辅导员沙龙实施的意义及注意事项

各高校需制定辅导员队伍建设的规划，明确提出加强辅导员队伍长效机制建设，推进专业化、职业化发展。其中包括：提高辅导员修养，实现入职有培训、中期有提高、任期有成绩。成立辅导员职业发展中心，以辅导员成长为根，以学生成才为本，关心辅导员的成长和身心发展，为其提供广阔的交流、成长、发展的平台。通过建立辅导员专业培养机制和科研机制，健全辅导员工作的绩效评价体系和激励机制。

辅导员沙龙作为辅导员培训的有效平台，在促进辅导员个体发展和辅导员队伍团队建设方面，发挥了重要作用。天津师范大学的辅导员张老师这样评价辅导员沙龙：“工作的实践可以让自己真切地摸索做好辅导员工作的思路和方法，但有关专家和资深教师的言传身教，将会使我们在有限且短暂的时间里迅速汲取理论层面的知识和丰富实用的经验。”

辅导员沙龙可以由学生处策划、组织、协调、实施，也可以由辅导员群体自己策划实施，间隔时间每两周一次或一周一次。辅导员沙龙以解决工作中面临的具有挑战性的、迫切需要解决的问题为导向，由具有工作经验和专业知识的成员担任主讲嘉宾，通过团队成员之间的自主合作、探究式学习，介绍经验、提出质疑，找到解决问题的有效办法并付诸行动，从而实现团队的共同发展。

组织好一次沙龙并非易事，需要从以下几个方面进行准备：

第一，精心策划选题。通过前期的调研、访谈和问卷调查，收集选择一些学生工作实践中具有普遍意义的专题。

第二，选好主讲人。沙龙的主讲人要熟悉沙龙的主题，并对相关问题有独到的见解和研究。

第三，选好主持人。主持人应由熟悉学生工作的领导担任，最好具有心理学专业知识背景。能控制好每个人的发言时间和发言内容，活动开始时有导入，结束时有总结。

第四，选好特约嘉宾。往往由主管学生工作的校级领导或部门领导参加。

第五，会场布置及气氛要轻松。桌椅摆放成小组型，桌上备有放松身心的小零食。

第六，要注意及时留存相关资料，做好总结。

高校辅导员培训是一项长期的工程，需要在实践过程中不断探索和完善。高校要采取"灵活多样"的培训方法，使培训、训练、训导、考察、进修等形式相结合，形成独具特色的培训模式。[6]辅导员沙龙是对高校辅导员培训的一种新的探索，实践证明它有效的增强了辅导员业务能力，促进了辅导员队伍的专业化和职业化建设。

参考文献

[1]百度百科. 沙龙. [EB/OL]http://baike.baidu.com/view/1118.htm.

[2]邱杰，张瑞. 以辅导员沙龙为载体提升高校辅导员执行力的实践探索[J]. 学术论坛，2010（8）.

[3]钱淼华.落实科学发展观 构建和谐校园[J]. 江西金融职工大学学报，2008（2）.

[4]宋德新，李鑫，钱淼华. 关于高校辅导员队伍建设创新及长效机制的调研——以天津师范大学为例[J]. 高校辅导员学刊，2009（4）.

[5]胡建新. 高校辅导员培训的现实困境和思考[J]. 思想教育研究，2008（12）.

[6]黄军伟，吴先琳. 高校辅导员培训和研修基地校本运行模式探究[J]. 教育与职业，2010（9）下.

（作者单位：天津师范大学）

附录一　南开大学理工科学生科研创新状况调查问卷

1. 您的性别是：A 男生　　B 女生

2. 您的年级是：A 大一　　B 大二　　C 大三　　D 大四

3. 您的专业属于：A 理科　　B 工科

4. 您是否参加过科研创新活动（科研项目或竞赛）：A 是　　B 否（若选“是”请完成第 5~6 题，若选“否”则直接跳至第 7 题）

5. 您在参与科研创新活动中是否能按预期进度完成？

A 非常　　B 一般　　C 不足

6. 您认为在参与科研创新活动中处理团队中人际关系及利益问题是否影响科研创新进展及成果？

A 非常　　B 有一点　　C 不影响

7. 您认为学校实验或实践课程数量是否足够？

A 非常　　B 一般　　C 不足

8. 您认为学校实验或实践课程设置是否与理论学习同步？

A 非常　　B 一般　　C 不足

9. 您认为学校实验或实践课程开设时间是否合适？

A 过早　　B 合适　　C 过迟

10. 您认为学校对科研创新及竞赛的鼓励措施是否能起促进作用？

A 非常　　B 一般　　C 不足

11. 您认为参加科研创新及竞赛是否带来收获？

A 非常　　B 一般　　C 不足

12. 您是否认同将科研创新纳入学分要求？

A 同意　　B 无所谓　　C 反对

13. 您是否熟悉学校的学术资料搜索资源？

A 非常　　B 一般　　C 不足

14. 您是否经常利用实验室资源进行科研活动？

A 非常　　B 一般　　C 不足

15. 您认为参加科研创新及竞赛是否带来收获？

A 非常　　B 一般　　C 不足

16. 您认为指导教师的帮助是否重要，如选题及克服科研过程中的难关？

A 非常　　B 一般　　C 不足

17. 您认为学校提供的科研创新经费是否足够？

A 非常　　B 一般　　C 不足

18. 您是否期待有更多关于科研创新的学术报告或科普讲座？

A 非常　　B 一般　　C 不足

19. 您认为科技类社团对于营造氛围是否起了作用？

A 非常　　B 一般　　C 不足

20. 您周围参加科研创新活动的同学多吗？

A 非常　　B 一般　　C 不足

21. 您是否会因周围同学的科研创新成果而受到鼓舞？

A 非常　　B 一般　　C 不足

22. 您选择研究方向是否会与社会热点问题结合？

A 非常　　B 一般　　C 不足

23. 您认为参与学校“国创”“百项”等对于提高科研创新的能力帮助是否明显？

A 非常　　B 一般　　C 不足

24. 您认为参加科研创新活动是否对未来升学或者工作有利？

A 非常　　B 一般　　C 不足

25. 您认为团队合作是否更有利于提供科研创新的灵感？

A 非常　　B 一般　　C 不足

26. 您更喜欢团队合作或单独研究？A 团队合作　　B 单独研究

27. 您为什么想参与科研创新？（多选）

A 锻炼实践能力　　B 积累科研经历　　C 有兴趣

D 丰富个人履历　　E 为升学提供帮助　　F 对找工作有利

G 充实课余生活

28. 您对学校理工科学生的科研创新状况有何看法或者建议（至少20字）：

附录二 大学生党员教育培训效果评价指标体系

一级指标	权重	二级指标	权重	三级指标	权重	评价主体
增强党性观念	0.3474	优化知识结构	0.3273	学习中国特色社会主义理论体系	0.4653	45
				学习科学发展观	0.2847	45
				学习社会主义核心价值体系	0.2499	45
		提高综合素质	0.3322	增强党的意识	0.3072	12345
				增强宗旨意识	0.2358	12345
				增强大局意识	0.2059	12345
				增强责任意识	0.2512	12345
		增强创新能力	0.3405	增强理论与实践相结合能力	0.5293	123
				增强理论研讨能力	0.1024	123
				增强理论应用能力	0.3683	123
养成优良作风	0.3328	优化知识结构	0.2391	学习法律知识	0.3501	45
				学习党内民主相关理论	0.1484	45
				学习学习型党组织理论	0.1633	45
				学习公民道德实施纲要	0.2159	45
				学习创新方法论	0.1223	45
		提高综合素质	0.4066	改善学习作风	0.2109	1245
				改善工作作风	0.1874	124
				提高法治意识	0.3099	124
				增强纪律观念	0.2918	134
		增强创新能力	0.3543	拓展学习内容和途径	0.2855	15
				拓展联系群众的途径	0.2535	12
				研究新情况、总结新经验	0.2106	12345
				丰富服务群众的内容	0.2505	12
提高工作能力	0.1052	优化知识结构	0.2729	学习现代市场经济理论	0.1979	145
				学习现代国际关系理论	0.1577	145
				学习现代社会管理理论	0.2177	145
				学习现代信息技术常识	0.2079	145
				学习心理学健康知识	0.2188	145

续表

一级指标	权重	二级指标	权重	三级指标	权重	评价主体
提高工作能力	0.1052	提高综合素质	0.3964	提高组织群众的能力	0.174	1234
				提高宣传群众的能力	0.1071	1234
				提高服务群众的能力	0.2221	12
				提高团队合作能力	0.256	134
				增强日常工作效果	0.2408	1234
		增强创新能力	0.3306	积极改进工作举措和思路	0.3753	1234
				增强新形势下舆论引导能力	0.2718	1234
				增强新兴媒体运用能力	0.3529	1234
				增强创新工作和活动方式	0.3753	1234
发挥先锋模范作用	0.2146	优化知识结构	0.2814	学习先进典型案例	0.3541	145
				学习时事热点和形势政策	0.6459	145
		提高综合素质	0.4015	提高学业成绩	0.2072	15
				改善社会实践与志愿服务效果	0.1893	12345
				积极参与校园文化活动	0.1795	12345
				积极担任学生骨干	0.1954	12345
				改善批评与自我批评情况	0.2286	1234
		增强创新能力	0.3171	开拓进取的精神状态	0.2619	12345
				增强创新思维能力	0.2438	12345
				积极参与文化创新或创业活动	0.2791	12345
				积极参与科研创新活动	0.2152	12345

（注：指标体系中为每一个指标附有可选用的评价主体，以供实际操作时加以参考。其中，数字 1 代表“自我评价”, 2 代表“群众评议”, 3 代表“支委会评价”, 4 代表“党员互评”, 5 代表“教师评价”）

南开大学出版社网址：http://www.nkup.com.cn

投稿电话及邮箱： 022-23504636 QQ：1760493289

QQ：2046170045(对外合作)

邮购部： 022-23507092

发行部： 022-23508339 Fax：022-23508542